国家自然科学基金应急项目系列丛书

中国（上海）自由贸易试验区 发展机制与配套政策研究

洪俊杰　赵晓雷　主编

国家自然科学基金委员会应急项目（编号：71341041）

科学出版社

北　京

内 容 简 介

2013 年 8 月，国务院正式批准设立中国（上海）自由贸易试验区。自贸区的建设是转变经济增长方式，促进经济可持续发展，应对国际经贸投资新规则，探索中国对外开放新模式的重要举措。自贸区在投资、外贸、服务业、金融、财税等多方面进行了突破性尝试，对于中国经济意义深远。本书将围绕自贸区的制度创新和政府职能转变，自贸区在国际直接投资方面的政策，自贸区在服务业开放方面的政策，自贸区的风险管控，自贸区离岸金融的国际比较及发展路径，自贸区的贸易模式转型和贸易便利化发展，促进自贸区发展的相关保障体制与政策研究等七个方面展开深入探讨和具体分析。本书内容将为有关部门制定和推进自贸区的改革政策与方案，保障中国（上海）自贸区的成功运行提供科学依据，为企业的经营决策提供重要参考。

本书可供相关政府决策人员、学术研发人员、相关院校师生及相关企业人员参考。

图书在版编目（CIP）数据

中国（上海）自由贸易试验区发展机制与配套政策研究/洪俊杰，赵晓雷主编. —北京：科学出版社，2015
（国家自然科学基金应急项目系列丛书）
ISBN 978-7-03-045887-2

Ⅰ.①中⋯ Ⅱ.①洪⋯ ②赵⋯ Ⅲ.①自由贸易区-经济发展-研究-上海市 Ⅳ.①F752.851

中国版本图书馆 CIP 数据核字（2015）第 234325 号

责任编辑：魏如萍 / 责任校对：韩　杨
责任印制：霍　兵 / 封面设计：蓝正设计

科 学 出 版 社 出版
北京东黄城根北街 16 号
邮政编码：100717
http://www.sciencep.com

中国科学院印刷厂 印刷
科学出版社发行　各地新华书店经销

*

2016 年 1 月第 一 版　开本：720×1000 1/16
2016 年 1 月第一次印刷　印张：21
字数：423 000
定价：126.00 元
（如有印装质量问题，我社负责调换）

国家自然科学基金应急项目系列丛书编委会

主　编

吴启迪　教　授　国家自然科学基金委员会管理科学部

副主编

李一军　教　授　国家自然科学基金委员会管理科学部

高自友　教　授　国家自然科学基金委员会管理科学部

编委（按拼音排序）

程国强　研究员　国务院发展研究中心

方　新　研究员　中国科学院

辜胜阻　教　授　中国民主建国会

黄季焜　研究员　中国科学院地理科学与资源研究所

李善同　研究员　国务院发展研究中心

李晓西　教　授　北京师范大学

汪寿阳　研究员　中国科学院数学与系统科学研究院

汪同三　研究员　中国社会科学院数量经济与技术经济研究所

魏一鸣　教　授　北京理工大学

薛　澜　教　授　清华大学

杨列勋　研究员　国家自然科学基金委员会管理科学部

本书课题组名单

总课题：中国（上海）自贸试验区配套政策、风险及影响评估
    承担单位：对外经济贸易大学国际经济贸易学院
    课题主持人：洪俊杰（教授）
    课题组成员：杨军、田巍、孙乾坤、林建勇、石丽静、杨超
子课题一：中国（上海）自贸试验区国际直接投资政策研究
    承担单位：对外经济贸易大学国际经济贸易学院
    课题主持人：崔凡（教授）
    课题组成员：邓兴华、覃松、荆然、刘青
子课题二：中国（上海）自贸试验区服务业开放政策与影响研究
    承担单位：对外经济贸易大学国际经济贸易学院
    课题主持人：樊瑛（副教授）
子课题三：中国（上海）自贸试验区贸易模式转型与贸易便利化研究
    承担单位：对外经济贸易大学科研处
    课题主持人：王强（教授）
    课题组成员：王春蕊、杨杭军、崔鑫生

总课题：中国（上海）自由贸易试验区发展机制与配套政策研究
    承担单位：上海财经大学自由贸易区研究院
    课题主持人：赵晓雷（教授）
    课题组成员：曹建华、鲍晓华、江若尘、邓涛涛、王婧、刘江华、何骏
子课题一：中国（上海）自贸试验区的制度创新和政府职能转变
    承担单位：上海财经大学公共经济与管理学院
    课题主持人：蒋硕亮（教授）
    课题组成员：唐敏、张林、那日松、周强、周幼平、郑长旭
子课题二：离岸金融的国际比较及发展路径研究
    承担单位：上海财经大学金融学院
    课题主持人：丁剑平（教授）
    课题组成员：刘敏、吴小伟、方琛琳、蔚立柱
子课题三：促进中国（上海）自贸试验区发展的相关保障体制与政策体系
    承担单位：上海财经大学法学院
    课题主持人：郑少华（教授）
    课题组成员：刘水林、张军旗、宋晓燕、吴文芳、商舒

总　序

　　为了对当前人们所关注的经济、科技和社会发展中出现的一些重大管理问题快速作出反应，为党和政府进行科学决策及时提供政策建议，国家自然科学基金委员会于 1997 年特别设立了管理科学部主任基金应急研究专款，主要资助开展关于国家宏观管理及发展战略中特别急需解决的重要的综合性问题的研究，以及与之相关的经济、科技与社会发展中的"热点"与"难点"问题的研究。

　　应急研究项目设立的目的是为党和政府高层科学决策及时提供政策建议，但并不是代替政府进行决策。根据学部对于应急项目的一贯指导思想，应急研究应该从"探讨理论基础、评价国外经验、完善总体框架、分析实施难点"四个主要方面对政府进行决策支持研究。每项研究的成果都要有针对性、及时性和可行性，所提出的政策建议应当技术上可能、经济上合理、法律上允许、操作上可执行、进度上可实现和政治上能为有关各方所接受，以尽量减少实施过程中的阻力；在研究方法上，要求尽量采用定性和定量相结合、案例研究和理论探讨相结合、系统科学和行为科学相结合的综合集成研究方法。应急项目的承担者应当是在相应的领域中已经具有深厚的学术成果积累、能够在短时间（通常是 9～12 个月）内取得具有实际应用价值的成果的专家。

　　作为国家自然科学基金的一个专项，管理科学部的"应急项目"已经逐步成为为党和政府宏观决策提供科学、及时政策建议的一个项目类型。与国家自然科学基金资助的绝大部分（占预算经费的 97％以上）专注于对管理活动中的基础科学问题进行自由探索式研究不同，应急项目和它们相比则有些像"命题作文"，题目直接来源于实际需求并具有限定性，要求成果尽可能贴近实践运用。应急研究项目要求承担课题的专家尽量采用定性和定量相结合的综合集成方法，为达到上述基本要求，保证能够在短时间内作出高水平的研究成果，项目的承担者在立项的研究领域应当有较长期的学术积累。

　　自 1997 年以来，管理科学部对经济、科技和社会发展中出现的一些重大管理问题作出了快速反应，至今已启动 45 个项目共 323 个课题，出版相关专著 16部，其他 2005 年前立项、全部完成研究的课题，相关专著已于近期出版发行。从 2005 年起，国家自然科学基金委员会管理科学部采取了新的选题模式和管理方式。应急项目的选题由管理科学部根据国家社会经济发展的战略指导思想和方针，在广泛征询国家宏观管理部门实际需求和专家学者建议及讨论的基础上，形成课题指南，公开发布，面向全国管理科学家受理申请；通过评审会议的形式对项目申请进行遴选；组织中标研究者举行开题研讨会议，进一步明确项目的研究目的、内容、成果形式、进程、时间节点控制和管理要求，协调项目内各课题的研究内容；对每一个应急项目建立基于定期沟通、学术网站、中期检查、结题报告会等措施的协调机制，以及总体学术协调人制度，强化对各部分研究成果的整合凝练；逐步完善和建立多元的成果信息报送常规渠道，进一步提高决策支持的时效性；继续加强应急研究成果的管理工作，扩大公众对管理科学研究及其成果的社会认知，提高公众的管理科学素养。这种立项和研究的程序是与应急项目针对性和时效性强、理论积累要求高、立足发展和改革应用的特点相称的。

为保证项目研究目标的实现，应急项目申报指南具有明显的针对性，从研究内容，到研究方法，再到研究的成果形式，都具有明确的规定。管理科学部对应急研究项目的成果分为四种形式，即一本专著、一份政策建议、一部研究报告和一篇科普文章，本丛书即是应急研究项目的成果之一。

为了及时宣传和交流应急研究项目的研究成果，管理科学部决定将2005年以来开始资助的应急研究项目成果结集出版，由每一项目的协调人担任书稿的主编，负责项目的统筹工作和书稿的编撰。

希望本套丛书的出版能够对我国管理科学政策研究起到促进作用，发挥丛书对政府有关决策部门的借鉴咨询作用，同时对广大民众也有所启迪。

国家自然科学基金管理科学部

前　言

2013年7月3日，国务院原则性通过了《中国（上海）自由贸易试验区总体方案》，8月22日，国务院正式批准设立中国（上海）自由贸易试验区（以下均简称上海自贸区）。上海自贸区的建设是党中央、国务院在新形势下推进改革开放的重大举措，是顺应全球经贸发展新趋势、探索中国对外开放的新路径和新模式、推动加快转变政府职能和行政体制改革、促进转变经济增长方式和优化经济结构、实行更加积极主动开放战略的"试验田"。其建设涉及投资、贸易、服务业、金融、财税、政府职能转变等重大问题的改革和尝试，对于"新常态"下的中国经济而言具有重要和深远的意义。

我国新一轮改革开放逐步深入诸多核心领域。十八届三中全会通过的《中共中央关于全面深化改革若干重大问题的决定》指出，进一步深化改革和扩大开放，以开放促改革、促发展，提高企业国际竞争力，转变政府职能和经济增长模式，迫在眉睫。

自1978年以来的改革开放取得了举世瞩目的成果，我国经济迅速发展，综合国力显著提高。但是随着人口红利逐渐下降，劳动力成本优势已经不明显，同时环境成本、能源成本、土地成本等上升，使得现有的粗放型经济发展模式已不可持续，急需探索新的发展模式，释放改革红利。

同时，中国面临的国际贸易和投资环境日益复杂。由于全球价值链低端竞争日趋激烈，中国在国际市场中面临的障碍增加，贸易摩擦接踵而至，中国平均每年都要遭到五六十起反倾销调查，已经成为遭遇反倾销调查最多的国家。中国企业在投资领域的行为也屡受质疑，多起跨国并购被东道国以国家安全为由否决就是例证之一。

美国正积极推进以"北美自由贸易协定"（NAFTA）、"跨太平洋战略经济伙伴关系协议"（TPP）、"跨大西洋贸易与投资伙伴关系协议"（TTIP）为"一体两翼"的自贸区战略。以WTO多边贸易规则为基础的世界贸易体系有被边缘化的危险，"服务贸易协定"（TISA）、TPP、TTIP等将成为全球贸易和投资规则重构的主要平台，发达国家借此重构新一代贸易规则和标准。中国的国际贸易与投资环境尚处于较低水平，又被美国排斥在这些主要的国际谈判和安排之外，这给我国的国际贸易和投资带来了重大挑战。

中国经济要保持长期稳定可持续发展，要在国际经济中增加影响力，掌握主动权，仅靠要素的成本优势已经远远不够。对内中国要深化改革，解决经济中存留的问题，进一步释放改革红利，对外要扩大开放，积极推进中日韩自由贸易协定（FTA）、"区域全面经济伙伴关系"（RCEP）、亚太自贸区、中美双边投资谈判、一带一路倡议等，加强与新兴经济体等国家的经贸合作，也需要以更加开放、更加积极的姿态面对新一代贸易规则。

因此，上海自贸区作为进一步推进改革开放的试验田，应时而生。上海自贸区将有助于推进投资、金融、贸易、物流、财税、政府职能转变等各方面的改革，形成可复制可推广的经验，为向全国推进起示范带头作用；同时，测试新一代国际贸易与投资规则对我国的可能影响，为我国的下一步开放和自贸区谈判战略做压力测试。

基于中国经济发展新阶段的特性，以及中国经济所面临的国际环境，上海自贸区的建设在中国经济发展的诸多方面都有了实质性的改革推进。这一系列的改革措施，涵盖了降低贸易壁垒，扩大引进外资，进一步开放服务业，贸易便利化与资本账户开放和人民币国际化，转变政府职能和税收体制等多个方面，是一次全面而深入的试点尝试。这些改革的每一方面内容都事关重大，有着牵一发而动全身的效应。这些新政策新规则，很多都是摸着石头过河，缺乏具体的可操作的细则，也没有十分丰富的经验可以参考。在新政策的试点摸索期，应当如何具体操作实施，如何完善政策制定，如何对可能出现的问题提早防范，在改革的试点中又暗藏哪些风险，以及这些政策实施后将对中国经济和中国企业产生怎样的影响和作用，都是亟待解答的问题。这些细节问题关系到上海自贸区改革的效果，也关系到中国经济发展的步伐。

第一，上海自贸区政策的制定尚在试验伊始阶段，并且很多都是首创之举，很多政策需要经过理论分析和实践检验。如何借鉴其他国家的已有经验，使得自贸区改革取得最大成效，比如，负面清单制定和调整的依据是什么，并没有现成的依据可寻。试验区改革是否会导致大量企业仅仅为了规避投资审批核准程序而在试验区投资，是否会导致国内其他地方的外资审批核准程序失效，有待观察。又如，股权激励个人所得税可参考中关村等地区的分期纳税政策，但具体哪些企业适用该类税收优惠政策，有待细化。

第二，上海自贸区政策从各个方面进一步打开了国门，势必会隐藏一些相应的风险，带来投机的可能。例如，如何预防和应对这些风险，做到稳健中的开放；在国家层面的国家安全审查制度尚不完善的情况下，如何根据总体方案要求"在试验区内试点开展涉及外资的国家安全审查"，相应的规则应如何制定才可以既保证国家安全又保证开放政策可以落实。自贸区的一大目标，是把上海建设成离岸金融中心。但是离岸金融的匿名性也使其潜藏了风险，在为金融市场带来了大量资金和交易的同时，也可能滋生洗钱、逃税、资助恐怖主义等诸多问题。如果监管不到位，离岸账户的开立和运作将会不断弱化金融监管当局对金融市场的掌控能力，同时离岸金融也会把国际金融市场中的风险传导到在岸市场，这种境外资金若不受监管任意进出，将极易导致东道国金融市场的动荡并将国内金融经济热点问题的影响扩大化。在投资方面，允许在试验区内设立境外投资股权投资母基金，同时对外投资采用备案制，可能会导致国内其他地方有对外投资意向的资金全部涌向上海，这将造成实质性的全面放开对外投资，使得全国对外投资的审批制度失效。如何应对以上的风险是监管部门面临的重大挑战。

第三，上海自贸区的政策涉及多个方面，有些会互相牵连彼此影响，如何分析和评估各项政策之间的相互作用，从而对整体经济的影响有更好的把握。比如，新增加的与境外股权投资和离岸业务相关的两项税收政策，会同时影响税收体制和金融业的发展，这在我国基本处于空白。自贸区的设立首次尝试"一线放开、二线安全有效管住"，大幅推进贸易便利化，这对引进外资、推动物流企业和服务贸易都会产生影响。

第四，如何在地理广度和政策深度上逐步将上海自贸区的经验推广扩大，甚至对未来可能新建的自贸区起到示范促进作用。上海自贸区的建设不同于以往中国的任何一个经济特区或是经济发展区，是在中国经济发展新阶段对对外开放的进一步深化改革。作为率先尝试，目前上海自贸区整合了外高桥保税区、外高桥保税物流园区、浦东机场综合保税区和洋山保税港区四大保税区，其建立的地理范围和政策范围有可能逐步扩大，特别是按照党的十八届三中全会的精神，未来很可能会将自贸区扩展到上海的其他地区和其他省市。如何在地理范围和政策范围稳步推进自贸区深入扩大，如何协调其他地方的自贸区和上海自贸区的政策措施也是一个值得研究的问题。

第五，上海自贸区对将上海建设成国际经济、金融、贸易和航运中心如何产生影响，怎样在自贸区现有方案的基础上进一步完善和推进改革，促进上海的四个中心建设。上海要想打造国际航运和航空中心，重要的要求是跟国际惯例接轨。虽然自贸区方案提出在远洋货物运输和国际船舶管理企业两方面放松管制，但在船舶航运管理体制、船舶注册制度、船舶保险、通关制度、境外所得免征利得税等方面跟香港、新加坡等世界级航运中心仍有一定的距离，需要研究如何在现有方案的基础上进一步开放航运服务。

第六，上海自贸区既会对我国区域经济和改革产生重要影响，也会通过压力测试影响中国参与区域贸易协定和自由贸易协定谈判。在上海自贸区实行外资管理负面清单和准入前国民待遇，这些经验将为中国参加高标准双边投资谈判提供重要的参考和借鉴。中国已于9月30日正式宣布参加TISA谈判，目标是参与制定服务贸易国际新规则，推动全球服务贸易进一步自由化。上海自贸区在服务贸易等方面采取了积极的改革和开放措施，为我国在未来的服务贸易谈判积累了重要的一手资料和数据。从税收优惠角度看，上海自贸区和传统的保税区相比并没有特别的优势，因此如何以优质的制度和营商环境而不是税收优惠来吸引国内外优质企业，是上海自贸区在财税体制上面临的重要挑战。

2013 年 11 月，国家自然科学基金委员会管理科学部组织了"上海自由贸易（试验）区配套政策、风险及影响评估"的应急研究项目课题研究。经过科学论证、严格筛选，最终确定由上海财经大学和对外经济贸易大学组成的课题组联合进行研究。其中各课题名称、承担单位、负责人的信息见本书课题组名单。

在各课题组成员的共同努力下，历经 2013 年 11 月于对外经济贸易大学召开的项目开题论证会、2014 年 5 月于上海财经大学召开的项目中期汇报会、2014 年 11 月于对外经济贸易大学召开的结题验收会，课题最终圆满结题，顺利通过评审。本课题深入研究了政府职能转变、保障体制、离岸金融、外商投资体制、金融体制、服务贸易、贸易便利化等众多领域在自贸区的改革试点政策，并在此基础上提出了相应的对策建议。尽管此次应急项目的研究成果大多数已通过不同渠道报送给了有关政府部门，产生了良好的政策效果，但是为了更全面地反映课题研究的成果，我们特将各分课题组的研究成果汇总整理、出版。当然，考虑到结构的合理性，我们对部分课题研究成果进行了整合，最终形成了本书的总体框架。

本书各部分分工如下：

前　言　洪俊杰、赵晓雷
第 1 章　蒋硕亮、唐敏、张林、那日松、周强、周幼平、郑长旭
第 2 章　崔凡、邓兴华、覃松
第 3 章　樊瑛
第 4 章　洪俊杰、田巍、孙乾坤、林建勇、石丽静、刘辉、戚建梅
第 5 章　丁剑平
第 6 章　王强、王春蕊、杨杭军、崔鑫生、洪俊杰、孙乾坤、杨超
第 7 章　郑少华、刘水林、张军旗、宋晓燕、吴文芳、商舒

本书各部分主要内容如下：

第 1 章，中国（上海）自贸区制度创新与政府职能转变。上海财经大学公共经济与管理学院蒋硕亮教授课题组从投资管理制度创新、贸易监管制度创新、金融监管制度创新，以及事中事后监管制度创新等几个方面，研究了上海自贸区的制度创新给政府职能转变带来的机遇和挑战，并讨论了上海自贸区制度创新和政府职能的方向定位、重心转变、权责配置，以及实现方式转变的具体做法和相关对策。

第 2 章，中国（上海）自贸区国际直接投资政策研究。本章由对外经济贸易大学国际经济贸易学院崔凡教授的课题组负责，以负面清单为主要研究目标，详细考察了负面清单的行业选择标准与动态调整方法，并对上海自贸区负面清单政

策的管理方法进行了深入研究；基于此，该章又从中国（上海）自贸区的外商投资管理体制出发，讨论了关于投资准入负面清单的几个基本问题。

第 3 章，完善中国（上海）自贸区服务业开放政策研究。对外经济贸易大学国际经济贸易学院副教授樊瑛，通过研究上海自贸区在金融、航运、商贸、专业、文化及社会服务等六大领域的开放，对我国现有服务业规则、具体做法以及相关的体制机制与国际新标准、新规则的差距进行总结分析，并有针对性地提出了我国在进一步提高标准、扩大开放的同时应如何积极参与国际新规则制定的政策建议。

第 4 章，中国（上海）自贸区风险管控报告与建议。本章主要由对外经济贸易大学国际经济贸易学院洪俊杰教授负责，从对主要国家金融开放的风险表现出发，对上海自贸区存在的潜在金融开放风险，诸如关于资本账户开放的风险、关于利率市场化的风险、关于汇率市场化的风险、关于金融衍生品的风险等方面进行了深入研究，并进一步详细阐释了关于上海自贸区金融开放风险的防控指标。

第 5 章，离岸金融的国际比较及发展路径研究——"覆盖"离岸业务的中国（上海）自贸区的选择。上海财经大学金融学院丁剑平教授的课题组负责此部分内容的写作。本章从离岸市场的发展格局出发，对跨境资本的异常流动监管、自贸区后续的资本账户有条件开放、助推人民币离岸（CNH）与在岸（CNY）偏离和收敛的因素，以及自贸区内扩大人民币跨境使用的措施等展开了深入分析和探究，为自贸区离岸市场的建设提供了重要的决策借鉴和参考。

第 6 章，中国（上海）自贸区贸易模式转型与贸易便利化研究。对外经济贸易大学科研处王强教授的课题组，从贸易便利化理论出发，对中国贸易便利化发展水平进行了测评和分析，并借鉴国际上自由贸易园区物流和贸易便利化的发展经验，对中国上海自贸区的物流和贸易便利化政策进行评估并提出政策建议。接下来，对外经济贸易大学国际经济贸易学院洪俊杰教授的课题组从中国的通关时间及国际比较出发，通过采用全球一般均衡模型（GTAP）对上海自贸区背景下贸易便利化将对中国经济和产业发展产生何种影响进行了细致分析，详细解读了通关时间下降对我国经济及其他国家的福利产生的重大意义。

第 7 章，促进中国（上海）自贸区发展的相关保障体制与政策研究。上海财经大学法学院郑少华教授的课题组，从国际投资法以及国民待遇模式等角度出发，对自贸区外资准入的立法进行具体分析，并提出了目前自贸区外资立法面临的国内外艰巨挑战以及部分可行的改进措施，以期自由贸易的法治保障试验确实可在区内进行试点，并能够在 2～3 年内探索出可向全国各地推广的新道路。

全书的统稿由洪俊杰教授和赵晓雷教授负责，全书由洪俊杰、赵晓雷担任主编，由蒋硕亮负责第 1 章，崔凡负责第 2 章，樊瑛负责第 3 章，洪俊杰负责第 4 章，丁剑平负责第 5 章，王强负责第 6 章，郑少华负责第 7 章。

在此，我们要特别感谢国家自然科学基金委员会管理科学部对此次课题研究给予的高度重视和大力支持；感谢国家自然科学基金委员会管理科学部李一军常务副主任、高自友副主任、杨列勋处长、方德斌处长等对课题研究定位和总体思路提出的重要指导意见和全程支持；感谢他们和各位评委专家在百忙之中抽出时间参加课题研究的开题、中期和结题验收会，为课题研究提出了许多真知灼见。还需要特别感谢的是对外经济贸易大学的一批博士生们，包括邓兴华、孙乾坤、林建勇、石丽静、杨超、刘辉、戚建梅等，他们不仅进行了最专业的研究助理工作，而且为本书的整理编纂作出了很多贡献；感谢科学出版社马跃编辑等为本书出版提供的帮助和支持。在此衷心地向他们一并表示诚挚的谢意！

尽管我们在课题研究的过程中秉承扎实、可靠、科学和高度负责的态度，力求从长远性和总体性两方面把握观点，在整理编纂书稿的过程中也力求认真仔细，在编辑的帮助下也反复修改多次，但是书中仍不可避免地会存在不妥之处，恳请读者批评指正！

洪俊杰　赵晓雷

2015 年 4 月

目　录

第1章 中国（上海）自贸区制度创新与政府职能转变

中国（上海）自由贸易试验区（简称上海自贸区）是由中国全国人大常委会授权、中央政府批准在上海设立的试行新的、特殊的贸易、投资、金融制度，并率先探索政府职能转变与行政体制改革的特定区域。2013 年 8 月 22 日，上海自贸区由国务院批准设立，2013 年 8 月 30 日第十二届全国人大常委会第四次会议通过在上海自贸区暂停实施相关法律，上海自贸区开始运作。2013 年 9 月 27 日国务院印发《中国（上海）自由贸易试验区总体方案》（以下简称《总体方案》），2013 年 9 月 29 日上海自贸区正式挂牌落地。上海自贸区从成立之初就引起了实务部门和学术界的广泛关注。上海自贸区作为中国扩大开放、倒逼改革、转变政府职能的综合试验区，通过改革创新，积累可复制、可推广的经验，更好地为全国范围内的改革开放服务。

1.1 上海自贸区制度创新及其对政府职能转变的机遇与挑战

上海自贸区建设要求率先实施以转变政府职能为核心的行政管理体制改革，创新政府管理模式；按照国际化、法制化的要求，积极探索建立与国际高标准投资和国际贸易体系相适应的行政管理体系，推进政府管理由注重事先审批，转为注重事中、事后监管。因此，上海自贸区政府职能转变基于自贸区制度创新，职能转变必须有效应对制度创新的挑战。

1.1.1 上海自贸区的重大制度创新

上海自贸区的制度创新是要不断完善和发展中国特色社会主义制度，推进国家治理体系和治理能力的现代化，从全能政府向有限政府转变，由人治政府向法治政府转变，由封闭政府向透明政府转变，由管制政府向服务政府转变。深化改革的实质就是进行系统的制度创新。制度问题带有全局性、稳定性和长期性，是决定一个国家性质和竞争力的根本。全面深化改革，必须紧紧围绕制度创新，大胆闯、勇敢试、有序改。自贸区把改革开放和制度创新放在第一位。在对外开放上，进一步思考政府如何管理市场、服务市场、推动投资贸易便利化；在政府职能转变上，就是要探索如何厘清政府与市场的边界，如何提高政府服务的透明度、便捷性。这不仅是上海自贸区需要解决的问题，也是我国在新常态下经济发展转型升级需要解决的关键问题。上海自贸区以制度创新为起点，带动金融、税收、贸易、政府管理等一系列政策变革，为全国性的改革和破局形成巨大的示范效应。

自贸区建设不是"栽盆景"，而是"种苗圃"，关键在于制度创新，不是挖掘"政策洼地"。制度创新主要包括四个方面：一是投资管理制度创新；二是贸易监管制度创新；三是金融监管制度创新；四是综合监管制度创新。核心在于政府职能转变，营造国际化、法治化的营商环境（艾宝俊，2013-12-13）。

1. 投资管理制度创新

一是负面清单管理模式。对外商投资实行"准入前国民待遇＋负面清单"的管理模式。在负面清单之外的领域，将外商投资项目核准和企业合同章程审批均改为备案管理。二是商事登记制度改革。具体目标是工商登记与商事登记制度改革相衔接，逐步优化登记流程，优化试验区营商环境。开展企业注册由"先证后照"（即须先取得业务许可证再办理营业执照）改为"先照后证"（即可先办理营业执照再申请业务许可证）；注册资本登记条件由"实缴制"改为"认缴制"（即实收资本不再作为公司登记事项，改为企业自主约定，并在企业章程中记载）。三是"一口受理"制度。具体目标是要形成完整的"一口受理"高效服务模式，实现企业登记全流程电子化操作。试验区工商、税务、质监、商务和管委会等部门对内外资企业设立的有关事项统一纳入"一表申报、一口受理"平台办理。四是境外投资备案管理。改革境外投资管理方式，区内企业到境外投资实行以备案制为主的管理方式，提高境外投资便利化程度。制定并发布了境外投资项目和境外投资开办企业的备案办法；已经建立了区内企业境外投资备案的窗口（机制）和程序，可在 5 个工作日内出具境外投资备案意见和证书。试验区营造跨境投资便利化环境，搭建境外投资管理平台，打造国内企业"走出去"的一个重要基础平台。

2. 贸易监管制度创新

一是"一线放开"。允许企业凭进口舱单将货物直接入区，再凭进境货物备案清单向主管海关办理申报手续，探索简化进出境备案清单。实行"进境检疫，适当放宽进出口检验"模式；推进"方便进出，严密防范质量安全风险"的检验检疫监管模式。二是"二线安全高效管住"。优化卡口管理，加强电子信息联网，通过进出境清单比对、账册管理、卡口实货核注、风险分析等加强监管，促进二线监管模式与一线监管模式相衔接。三是货物状态分类监管模式。在确保有效监管的前提下，探索建立货物状态分类监管模式。四是国际贸易单一窗口。积极探索管理模式创新、促进贸易和投资便利化，力争建设成为具有国际水准的投资贸易便利、监管便捷的自由贸易试验区。

3. 金融监管制度创新

一是自由贸易账户。做好自由贸易账户的主体认定工作，推动金融机构通过设立试验区分账核算单元的方式，为区内居民和非居民开立 FT（free trade，自由贸易）系列账户。二是投融资便利汇兑。在风险可控前提下，可在试验区内对人民币资本项目可兑换、金融市场利率市场化、人民币跨境使用等方面创造条件进行先行先试。三是人民币跨境使用。简化区内经常和直接投资项下跨境人民币结算手续，上海地区银行业金融机构只需凭区内机构和个人提交的收付款指令，即可办理跨境人民币结算业务，区内就业或执业的个人可开立个人账户办理人民币跨境收付。四是利率市场化。实现外币存款利率完全市场化，2014 年 3 月 1 日起试验区放开 300 万美元以下的小额外币存款利率上限（300 万美元以上大额存款已采取市场化定价）；允许区内金融机构发行大额可转让存单，区内符合条件的金融机构可优先发行大额可转让存单。加强自贸区跨境业务全流程的反洗钱风险管理，做好反洗钱审查、资金监测和名单监控工作。五是外汇管理改革。实行外商投资企业外汇资本金意愿结汇；简化经常项目收结汇、购付汇单证审核，银行可直接办理经常项目收结汇、购付汇手续等。

4. 综合监管制度创新

综合监管制度的重点是创新政府管理方式，推进政府管理由注重事前审批转为注重事中、事后监管，核心内容是深化行政管理体制改革，创新政府管理方式。关键是要在试验区实行"宽进严管"。既要把该放的权力，放开放到位，又要把该管的事务管住管好，通过建好风险防范体系和用好安全审查、反垄断审查、行业监督、技术标准、信用体系建设、社会力量参与等综合监管手段，防范和控制开放以后带来的各种风险，构建安全高效的开放型经济体系。目前试验区是通过安全审查制度、反垄断审查制度、社会信用体系、企业年度报告公示和经营异常名录、信息共享和综合执法制度、社会力量参与市场监督等六个方面推进试验区综合监管制度创新。

1.1.2　上海自贸区制度创新给政府职能转变提供了机遇

中国的每一次行政体制改革的讨论和实践都是在中国社会经济发展的大背景下，针对当前的主要问题而展开的。这一历史逻辑也适用于当前中国的新的形势和改革的动力。在自贸区制度创新的背景下转变政府职能和改革政府行政体制无疑也具有政府主导和市场经济倒逼改革相结合的特点。这次改革的主导者是政府。但是，这次改革也是在中国经济与社会发展面临新的问题、改革进入深水区这样一个大背景下，中央与时俱进作出的一个重大决策。

1. 自贸区制度创新为政府职能转变提供方向

比如，上海自贸区实施负面清单管理模式，为政府职能转变提供契机。现行投资审批制度带来了资源错配、宏观调控边际效率下滑和腐败频发等一系列问题，已成为打造中国经济升级版的"拦路虎"。我国现有的投资管理体制规定，对外资要进行审批和备案，但是在国外通常都是对外资实施准入前和准入后的国民待遇，程序非常简单。上海建设自贸区就是以开放倒逼改革，按照国际规范，触动体制改革中最难改的审批制度"硬骨头"。在现有体制中，最难改革的就是审批制度。目前实施正面清单管理的一个严重弊端是，政府管的多，留下了很大的寻租空间，导致的后果是中央政府这边在取消了几十项审批权后，地方和其他部门又在那边增加了几十项审批权，所以审批权永远减不完。实现负面清单管理模式以及商事登记制度改革，除了要求政府行政流程优化以及再造外，也要求出台相关配套的改革措施。比如，自贸区对企业注册实行备案制和注册资本认缴制，极大便利了企业登记注册。但如果其他领域的改革跟不上，企业发展仍然受到影响。比如可能出现企业注册容易落户难、备案容易开业难等情形。为此，需从税负、营业场所、基础配套等方面综合推进政府改革，使企业注册登记便利，开展业务经营便利，和政府打交道便利（周汉民等，2014）。

2. 通过国际交流，学习和借鉴其他国家政府职能定位的经验

上海自贸区建设本身增加了向世界其他国家学习政府管理经验的机会。欧美发达国家以及其他先行发展中国家在自贸区的建立上要么直接采用现有的常规政府管理和治理的方法而不做特殊设置，要么为自贸区的政府管理安排特殊体制。试验区从其他国家学习的包括设定独特的政策和制度优势，增强自贸区的"软实力"，全面打造自由、开放、诚信的自贸区形象。

3. 上海自贸区制度创新为全国范围内政府职能转变提供有益借鉴

自贸区是在一个区域里，小范围的，就自由贸易相关的具体政策而实行的一项措施。它们一般处在一个城市的一小片区域。在这片区域内，可以试验新型的管理理念和先进的管理方法。这些新的理念和方法可以包括近年在知识界形成的新的看法，也可以是在其他国家行之有效的做法。通过试验，政策分析人员可以对改革的效果和影响做评估，论证其向全国逐步推广的可行性等。此外，在一个隔离的区域里，也有助于克服传统制度下各既得利益对政府改革的阻碍。因此，上海自贸区的制度创新无疑为我国全国范围内的转变政府职能提供了一个重要的试验场所。

1.1.3　上海自贸区制度创新对传统政府职能的挑战

1. 上海自贸区制度创新重塑政府与市场的关系

上海自贸区在投资、贸易、金融等领域的制度创新实质上是建立一个全新的更加开放、自由、公平的现代国际市场，更好打造市场机制作用平台。这个市场与中国其他地区的市场相比，具有以下特征：第一，更加开放。比如，在金融领域，开放商业银行领域、证券期货领域以及金融保险领域，允许外资与民资更大程度进入银行业；开放融资租赁业务；开放船舶运输业；扩大开放增值电信服务业；解除外资销售游戏、游艺设备禁令；放松外资经营演出经纪机构的限制；扩大开放人才中介服务；降低工程设计的外资准入门槛；扩大开放建筑服务；在教育培训、职业技能培训、医疗服务等方面进一步开放。第二，更加自由。试验区市场自由与开放紧密相连。比如，在自贸区暂停适用审批色彩浓厚的三大外资法（《外资企业法》、《中外合资经营企业法》、《中外合作经营企业法》）。在金融领域，实现人民币资本项目可兑换（资金自由流动）、利率市场化（自由浮动）、人民币的跨境使用、取消服务贸易购付汇核准等。自贸区实施外商投资项目备案制、试验区企业境外投资备案制、注册资本认缴登记制，等等。第三，更加现代化。这是指自贸区打造的比传统实物交易更加高端、功能更加强大的市场体系。自贸区倡导市场交易的转型升级，积极培育贸易型新业态和功能。比如，鼓励跨国公司在自贸区建立亚太地区总部、企业开展离岸业务；自贸区设置国际大宗商品交易和资源配置平台；发展期货保税交割；推动服务业外包；开展航运金融；实施国际船舶登记规则，等等。第四，更具国际化。上海自贸区要打造国际市场，以便更好适应经济全球化的潮流，从而为中国参与新国际经贸规则的制定提供经验和参照。比如，自贸区实施的"负面清单"制度正是采用了国际上双边、多边投资贸易协定的普遍做法；自贸区致力于增进服务贸易市场准入、加强兼容性、透明度，大量减少监管与标准方面的差异，同时维护环保、卫生、安全等方面的高标准，以及制定全球关注的规则、原则与新型合作方式，包括知识产权保护和市场机制等议题（上海市社会科学界联合会，2013）。这些做法，正是为了培育更加国际化的市场体系与机制。

尽管试验区市场具有上述鲜明的特征，但市场不可能是完美的，它会存在种种自身难以解决的问题，这就需要市场之外的另一只手发挥作用，这只看得见的手就是政府。科学、合理处理市场和政府的关系决定自贸区建设的成败。因此上海自贸区的建设应包括两个方面：经济制度创新与政府职能转变和体制创新。经济制度创新是要打造一个全新的、国际化、市场化、规范化（法治化）的市场经济体系，这样的市场体系一旦形成，就会形成巨大的制度利好。与此同时，这种国际化、开放性的市场经济体系必然会要求政府职能、管理体制与之相适应，也就是第二个方面的改革和创新。这两个方面相互促进、不可或缺。只有二者形成良性互动，新一轮改革开放巨大的制度红利才得以充分释放，自贸区才得以顺利建成，中国经济发展和国民福利的提高才得以更好实现。

当然，政府在充分发挥服务市场职能的同时，也要确保社会安定，也就是有效履行政治职能。正如马克思、恩格斯所指出的，国家和政府的根本目的都是把冲突控制在秩序范围内（王惠岩，1998）。因此，自贸区政府首先要确保国家和社会的安全，比如建立与国际接轨的外商投资管理制度，加强外资并购安全审查，加强系统性金融风险的防范，等等。同时，政府不能一味强调政治统治职能而忽视社会管理职能。因为，"政治统治到处都是以执行某种社会职能为基础，而且政治统治只有在它执行了它的这种社会职能时才能持续下去"（中共中央马克思恩格斯列宁斯大林著作编译局，1972）。为此，自贸区政府要更好提供产权保护、市政设施、煤气水电、信息网络、治安、交易平台、公共交通等服务和管理，并且不仅要为中国公民和企业服务，而且也要为外国公民和企业服务。这样做的好处是促进经济发展，充分就业以及提高人民生活水平，从而进一步提升政府的合法性和有效性，确保国家和社会的安全稳定。在政府职能转变过程中，"应该有利于增强而不是削弱政府为人民服务的职责，有利于更好、更多地提供而不是减少满足人民群众需要的公共产品和公共服务，有利于更充分地实现而不是丢弃社会主义的优越性"（王一程和贠杰，2006）。因此要统筹兼顾政府的政治职能和社会职能，任何强调一方而忽视另一方的做法都是错误的，不可取的。

上海自贸区为更好地处理政府与企业、政府与市场、政府与社会的关系，一个更符合当前试验区社会经济发展的政府职能的转变应该以下面三个目标为导向。第一，政府职能转变需要与建立现代企业制度的要求相协调和统一。政府职能转变的首要内容就是要给予国有企业更多更高程度的自主权，让企业成为自主经营、自负盈亏的独立法人实体。政府转变职能，不再直接干预企业的生产经营活动，并不意味着政府不再管理国有企业，而仅仅是管理方式的转变，从直接干预转向间接调控。同时，政府职能的转变应该以国有企业有效自主经营为前提条件，如果国有企业缺乏自我发展的能力，国有企业拥有自主权后不能产生比原来更好的经济效益，政府职能转变就没有达到预期的目的。因此，转变政府职能、改变计划体制下的政企关系，不仅是政府职能的转变，而且必须完善国有企业的自我管理体制，建立现代企业制度，真正实现企业搞活的目的。可见，政府向企业放权应该与企业建立现代企业制度同步进行，要建立有效的机制保障企业在获得经营自主权后，能以高度的责任感和科学的精神有效地行使政府让渡的权力。第二，政府职能转变要与健全市场机制相协调。政府职能转变要把一些原由政府承担的职能交给市场。这种转变成败的关键在于市场能否有效地承担政府让渡的职能。如果市场发育不健全，市场不能有效发挥资源的配置作用，政府职能的转变仍然不能实现。政府的宏观调控职能，只能借助于市场机制这个纽带的中介效应，才能达到微观经济领域。也只有以市场为中介才能全面地调节社会经济活动，对企业产生指导作用。所以在将企业推向市场，市场对企业起引导作用的条件下，加强政府对市场的管理，建立市场秩序，规范市场主体，健全市场组织，完善市场机制，不断提高市场的组织程度，是政府职能转变的关键环节。因此，转变政府职能与培育市场机制是相辅相成的，市场这只"看不见的手"还得要由政府这只"看得见的手"来创造和引领。只有形成了健全的市场机制，政府职能转变才可能真正到位。第三，政府职能转变要与健全社会组织相协调。政府职能转变也使许多职能从政府转移到社会，如果没有相应的社会组织承担政府让渡的职能，必然导致大量社会事务无人管辖。因此，建立健全社会组织同样是实现政府职能转变的基本保障。在一定意义上，现代化是一个社会功能分化的过程，政府简政放权、社会自我管理空间的形成，为实现这种分化提供了前提条件和推动力量。社会组织是政府管理社会的有力杠杆，政府通过这个杠杆放大管理的效应。因此，政府不能对社会放任不管，要积极予以引导和管理，促进其不断健全和完善，从而有效地分担传统体制的部分政府职能。

2. 上海自贸区制度创新挑战传统政府职能

上海自贸区在投资、贸易、金融等领域制度创新的目标在于形成新的基本经济制度，对接国际投资、贸易通行规则，从而创建现代化、法治化的市场经济体系。具体而言，依据《总体方案》，上海自贸区的总体目标是：经过二至三年的改革试验，加快转变政府职能，积极推进服务业扩大开放和外商投资管理体制改革，要大力发展总部经济和新型贸易业态，加快探索资本项目可兑换和金融服务业全面开放；探索建立货物状态分类监管模式，努力形成促进投资和创新的政策支持体系，着力培育国际化和法治化的营商环境，力争建成具有国际水准的投资贸易便利、货币自由兑换的自由投资贸易试验区（艾宝俊，2013）。上述总体目标可分为两个相互联系的部分：经济基础目标和上层建筑目标。经济基础目标是指通过经济制度创新塑造一个全球性、开放、有序的市场，成为来自世界各地的经济主体自由营商的场所。上层建筑目标是建立与经济基础相适应的行政管理体制以及相关法律、法规和政策。这两个部分并不会天然一致，而是存在显性的或隐性的张力。上海自贸区能否建成取决于二者的适应性和耦合性。一旦上层建筑部分滞后、缓慢、欠兼容性，各种限制过多、过死，那么国际化、法治化的市场体系就难以建立起来。由于原来的政府职能与管理体制只适应于原有的经济基础，所以，试验区的各种经济制度的创新必然会给原有的政府职能与行政体制带来严峻挑战。

第一，上海自贸区制度创新挑战传统政府理念。政府理念是关于政府活动的宗旨、使命、目标的理性化表述。政府职能是指在行政机关对国家和社会应履行的职责和应发挥的作用，主要涉及政府"是什么"、"做什么"、"怎么做"等基本问题。政府理念深刻影响政府职能，有怎样的政府理念，就有怎样的政府职能。传统政府总是自视为经济社会管理者，并高居于经济社会之上，决定与支配经济活动的各个领域和各种行为。它就像捆绑在市场与企业身上的绳索，限制了企业的自主经营和市场的生机与活力。自贸区的制度创新就是要求政府回归原位，摆正位置。从实质上看，上海自贸区在投资、贸易、金融领域制度创新的核心是经济活动的自由化与便利化，如负面清单制度、先照后证制度、外商投资由审批制转为备案制等。这就说明市场经济活动的主体是千千万万的企业和经营者，市场作为整个经济活动不可或缺的平台，对各种稀缺资源起决定性的配置作用。而政府作为上层建筑只能是市场经济的规则确立者、服务者、监管者和仲裁者。作为交易规则确立者，政府将经济活动中自发形成的大家一致认可的经济规则上升为法律法规，为市场主体提供稳定的预期，使之产生长期的生产经营行为。作为市场经济的服务者，政府提供包括基础设施、营商环境、公共安全、社会保障体系等在内的公共产品，目的是培育、维护、规范公平、自由、低成本的市场体系。作为市场的监管者，它要作为公共权威来执法、维持公平自由竞争机制，反对垄断、打击假冒伪劣与非法经营等破坏正常市场秩序的行为。作为仲裁者，当经济活动中出现纠纷时，政府应该以公正的第三方身份出现，不偏不倚，调解纠纷、化解矛盾。这对于习惯了作为经济活动的指挥者、管理者、设计者的传统政府角色而言，无疑是巨大的挑战。

第二，上海自贸区制度创新挑战传统政府体制。政府体制也称行政体制，是指行政权力的配置、政府机构的设立、政府部门之间的关系等各种制度的总和。政府体制是政府职能的载体，如果没有一个强有力的政府体制作为承载，政府职能的履行就会落空。传统的政府体制重事前审批，权力配备和机构设置的出发点都是为了强化审批权。强势的行政审批权力、机构和人员在规制社会经济活动的同时，极大地提高了市场准入门槛、影响经营活动的便捷性，而且容易滋生寻租腐败。这种管制型体制历来为企业所诟病。上海自贸区的各种制度创新正是要削减乃至消除不必要的行政审批，而重视事中事后的监管和服务。如负面清单制度规定凡是清单之外的经营活动，外资准入备案；先照后证制度弱化了审批权；先入区、后报关也在弱化审查的同时增加了经营者的便利性。政府体制在削减行政审批权的同时，不是无所作为，而是注重服务和事中事后监管。这种服务和监管是传统政府体制的短板，表现在政府机构及人员对服务和监管认识不到位，服务和监管意识不强，不愿意放下身段来做好烦琐的服务工作。此外，从机构设置和权力配备来看，服务和监管的部门各自为政，难以形成合力，容易出现服务和监

管的盲点与死角。上海自贸区提出"一口受理"机制，企业只需在一个窗口提交
材料，一般 4～5 个工作日可以办结。这就涉及政府部门和办事流程的简化、
优化和再造。原有的政府体制无法适应。自贸区提出的"宽准入、严监管"原
则要求政府立刻在内部权力配置、机构设置、人员配备方面发生变化或转型。
否则，一旦放开或者降低准入门槛，会有成千上万的经济主体进入试验区，监
管的任务非常繁重，政府监管部门必将面临人手紧张、疲于应付、监管乏力的
窘境。

　　第三，上海自贸区制度创新挑战政府行政方式和能力。政府的行政方式和能
力直接影响政府的履职方式和能力。适宜的行政方式和强大的行政能力对于政府
职能的实现能够起到事半功倍的作用。以前政府更多地通过行政强制或命令的单
一方式履行职能，在收效不大的同时产生很大的负面效应。上海自贸区以国际上
流行的负面清单制度取代区外的正面清单制度，取消所有一般性的外资审批流
程，特许经营行业除了保留国家安全审查外，与国内投资者同等对待。这就意味
着自贸区越来越多地采取依法行政的方式，投资者面对负面清单有了更多的选择
和更稳定的预期。而且负面清单会不断变更，法治行政会更多地取代权力行政。
又如自贸区的用地手续、税务登记、外汇开户、海关手续、劳务许可等，不涉及
实质审查，并采取一站式服务，这大大改变了区外政府各自为政的服务，这就对
政府的服务平台、办事流程、部门衔接、分工协作的技术和能力提出挑战。自
贸区"一次申报、一次查验、一次放行"的"三个一"通关模式简化手续、降
低成本，极大地提高效率，对信息网络技术在海关管理、服务上的应用提出了
更高的要求。自贸区的监管分别有海关、工商、税务、检验检疫、质检、安全
生产、环保、土地、知识产权等方方面面，监管权分散在中央部委、上海市政
府、自贸区管委会、自贸区管委会所属部门等，如何将分散在各层级、各部门
的力量整合起来，形成强大的监管合力，确保自贸区安全有序，这确实是对政
府能力的挑战。此外，"二线管住"如何管，对区内企业的区外业务和活动如
何监管，由金融放开带来的金融风险的防范与处置等问题，都考验着政府的管
理方式和能力。

　　总之，自贸区的设立以及自贸区的制度创新为政府职能转变的思考和改革提
供了难得的条件。在国内经济发展规律的演变和国际环境大变化的前提下，自贸
区的设立为重新思考政府与市场的关系、政府的真正职能，以及政府的机构改革
都提供了新的契机。通过在一个区域的经济、金融、投资、贸易、服务等产业运
作的集中和更具深度的转变，自贸区可以彰显当前中国行政管理体制中的各种弊
端，并为解决这些问题提供方案。在自贸区内，通过更大程度的对外开放，政策
研究者和制定者可以从更具国际标准的实际经验中，吸取其他国家关于政府管理
社会和经济的经验与教训，为中国下一轮的政府体制改革积累经验。

1.2　上海自贸区制度创新与政府职能方向的转变

政府职能方向关系到自贸区未来究竟要建立一个什么样的政府，这样的政府如何处理好与市场、企业、社会的关系。按照党的十八届三中全会决议精神，自贸区要建立法治政府和服务型政府，在此基础上构建人民满意型政府，这是自贸区政府职能转变的大方向。

1.2.1　上海自贸区制度创新与服务型政府方向定位

上海自贸区构建服务型政府，意味着治理方式的根本变革。这种变革体现在政府范式的三个不同层面：一是观念层面，即在政府与社会的价值关系中，恪守社会作为价值主体与价值评价主体的信念，政府相对于社会只具有工具性价值；二是规则层面，这是在"服务"这一观念范式基础上生发出来的一整套概念、定理与规则，比如，按照公共管理理论改革政府，由此形成的相关规则，如民营化、竞争与合同制、内部市场、分权与权力下放、自由化与放松管制等，以及在此基础上形成的一些概念，如顾客导向、竞争战略、公众主权、结果导向等；三是操作层面，这是服务型政府观念与规则的具体化，它要求将服务型政府的理念、定理与规则具体化，成为实践中可操作的细则（王浦劬和燕继荣，2004）。

1. 服务型政府的含义

"服务型政府"自 20 世纪 80 年代提出以来就得到了学界以及政府部门的广泛关注。"服务型政府"既是与市场经济环境相适应的政府形态，也是当前所需要的行政管理模式。服务型政府是对传统管制型政府或者效率型政府的反思性建构，是一种全新的服务行政模式，其实质是一种"在公民本位、社会本位理念指导下，以为公民服务为宗旨，实现着服务职能并承担着服务责任的政府"（郭金云和李翔宇，2014）。

十八届三中全会明确提出要发挥市场机制对资源配置的决定性作用，这就说明市场经济活动的主体是千千万万的企业和经营者，他们是推动经济发展、创新科学技术、发明各种交易方式的主力军，只要法律不禁止，他们就具有充分的自主权；市场是整个经济活动不可或缺的平台，对各种稀缺资源起决定性的配置作用。政府作为上层建筑只能是市场经济规则的确立者、服务者、监管者和仲裁者，因此对政府而言，法无授权皆禁止。政府不是经济活动的主体。政府的四种角色，归根到底是服务于市场，维护公平竞争的市场秩序。因此，尽管服务型政府包括责任、法治、透明、监管、诚信、协作等多重内涵，但用"服务型政府"这一定义还是可以很好地概括上述多重含义。

2. 上海自贸区政府职能方向的探索

如前所述，上海自贸区的政府职能转变是基于试验区制度创新的伟大实践。上海自贸区把改革开放放在第一位，凸显制度创新。在对外开放上，进一步探索政府如何管理市场、服务市场、推动投资贸易便利化；在政府职能转变上，探索厘清政府与市场的边界，如何提高政府服务的透明度、便捷性。这不仅是上海自贸区需要解决的问题，也是我国经济发展转型升级需要解决的问题。上海自贸区以制度创新为起点，带动一系列政策变革，力争为全国性的改革和破局带来巨大的示范效应。综合起来看，自贸区的制度创新主要表现在四个方面：一是投资管理制度创新；二是贸易监管制度创新；三是金融监管制度创新；四是综合监管制度创新。

面对四个方面的制度创新，试验区政府职能转变必须与之相适应。提供优质的公共服务是自贸区政府，以及今后政府职能转变的根本目的。具体说来，上海自贸区政府职能方向的探索从以下几个层面展开。

第一，从国家治理现代化层面探索上海自贸区政府职能方向转变。在国家治理现代化体系中，政府作为治理主体之一，其作用和功能的发挥是不可或缺的。一般而言，国家治理体系包含市场机制、政府机制与社会组织协同机制。市场机制对配置资源起到决定性作用，它主要提供私人物品和服务；政府作为弥补市场失灵的治理机制，主要提供公共物品和服务；社会中介组织则进一步发挥将二者联系起来以及弥补政府机制不足的作用。如果缺失政府的作用，必将影响到市场机制和社会组织机制的作用，并且难以构建国家治理现代化体系。上海自贸区的开发和建设是国家战略，当然属于国家治理现代化的范畴，而且作为改革开放的试验田更要科学定位政府的公共服务职能。

第二，从建立与国际高标准投资和贸易规则体系相适应的行政管理体系的层面，推动自贸区政府职能方向转变。比如，试验区与负面清单相衔接的另一制度创新是"准入前国民待遇"，其核心是给予外资与内资平等的准入权并做好公共服务。此外，自贸区实行工商登记与管理制度改革，包括企业"先照后证"登记制、注册资本认缴登记制、年度报告公示制、新的营业执照样式、企业信用信息公示制等。其中"先照后证"制度让经济主体先获得营商资格，再凭营业执照申请行政许可。企业在申请期间，可以开展招工、洽谈、签约、贷款等前期筹备工作。这样方便了企业经营，降低市场主体准入门槛。

第三，从提升公共服务的效率和水平层面推动自贸区政府职能方向转变。截至 2014 年 10 月，上海自贸区的各类企业已超过 2 万家，今后还会有更多的企业落户试验区。越来越多的企业入驻，必将对政府的服务提出更高的要求。可以设想，如果政府继续沿用以前的管制型思维，行政效率低下，不仅不会有新的企业进入，而且原有的企业也会离开，寻求更好的影响环境。只有构建服务型政府，提供更方便、快捷的整体性、无缝隙公共服务，如"一口受理"、"一站式服务"、电子政务等，才能不断提高公共服务的效率和水准，提升上海自贸区的国际竞争力，吸引更多的国内外企业入区生产经营。

第四，从增进公共利益层面推动自贸区政府职能方向转变。从逻辑上看，政府服务比政府管制更能促进社会公共利益的提升。国内外大量的实践表明，政府过多的管制会妨碍经济的活力与市场的繁荣，进而影响到经济的增长。经济的疲软必将影响到就业，从而影响到民众的收入和福利的提高。政府将职能定位于公共服务，一方面可以充分发挥市场机制的决定性作用，提高资源配置效率；另一方面，可以有效补充市场之不足，政府将公共资源更多地用在教育、医疗、社保等民生事业上，民众福利的提高便水到渠成。对试验区而言，更好的基础设施、清洁的空气和供水、透明的信息以及行政效率等因素，不仅大大降低了企业经营成本，而且让企业享受到优质高效的公共服务，企业的效益提升有了体制的保障。当然，政府做好公共服务并不意味着放松监管，而是寓管理于服务，在高效的、人性化的服务中融入管理的规则规范，大大降低政府与企业成本。同时，通过政府规制，堵住市场中各种道德风险与机会主义行为，提高市场主体诚信意识和水平，维护和增进守法经营者的合法权益，避免出现市场中的"逆向淘汰"。

1.2.2　上海自贸区构建服务型政府的路径

上海自贸区服务型政府的构建是一个系统的长期的过程。在打造服务型政府的过程中，既可以借鉴其他地方成熟的经验，又要有新的探索。比如，要实行服务承诺制、岗位责任制、绩效考核制、政府信息公开、便民原则等，又要与国际高标准投资和贸易规则体系相契合，探索更具前瞻性的服务理念和更高的服务品质。比如，除了有投资方面的负面清单外，政府应该公示行政权力的正面清单，让公民和法人有更清晰的行为导向和更稳定的收益预期。立足上海自贸区"先行先试"的优势，探索一条建设精简、廉洁、高效的服务型政府的有效路径。

1. 上海自贸区构建服务型政府的基本条件和原则

1) 上海自贸区具备构建服务型政府的基本条件

上海自贸区作为我国可复制可推广的先行者，具备一些重要的基本条件。第一，从某种程度上来讲，上海已经进入了知识经济时代，现代化程度较高，经济的繁荣积累了大量社会财富，从而为自贸区服务型政府建设奠定了坚实的物质基础。上海自贸成立半年来，自贸区完成经营总收入 5835 亿元，完成工商税收 237.7 亿元，其中商品销售额 5033 亿元，航运服务收入 423 亿元。工商税收和商品销售额在全国 11 个海关特殊监管区中的比重分别达到 53.4% 和 51.6%（上海市人民政府发展研究中心，2014）。应该说，自贸区构建服务型政府有充分的财力作保证。第二，在后工业社会的上海，中产阶级地位上升，社会结构呈两头小、中间大的橄榄型，广大民众迫切盼望服务型政府早日建成。第三，上海自贸区政府与企业之间逐步建立了合作互动关系市场。经济的充分发展以及政府职能的转变为大批社会组织的产生提供了有利条件，政府、企业、社会内部的平等契约关系逐步规范化，为服务型政府建设奠定了社会基础。

从国际经验中，我们不难发现负面清单促进了政府职能方向的转变。负面清单让政府简政放权有了制度保障，将资源配置权最大限度还给市场，极大推动了政府管理体制的变革。2014年6月，上海自贸区修订出台的2014版负面清单，将外商投资准入特别管理措施由一年前的190条减少到139条。负面清单明确了"法无禁止皆可为"，企业对于能够做什么和不能够做什么心中有数，在负面清单以外，自贸区政府权力清单制度正在构建中。目前上海自贸区管委会已梳理出64项行政审批事项、30项日常管理事项、9项处罚事项，与之相配套，还将推进行政审批标准化管理，加大政府信息公开力度。权力清单制度要求政府法无授权不可为（储信艳，2014）。政府和市场的关系由此得以厘清，政府职能方向转变也就顺理成章。

2）上海自贸区构建服务型政府的基本原则

上海自贸区要顺利打造服务型政府，必须遵循以下基本原则：

一是社会导向原则。自贸区政府工作的起点和终点是企业以及企业的需要，可以说"企业本位"成为指导自贸区政府行动的核心价值。为更好满足企业和社会的需求，自贸区政府应建立公共服务的质量标准，规范服务程序，提升服务品质，成为不仅让中国企业而且也让外国企业满意的政府。

二是信任为本原则。上海自贸区众多公共事务必须依赖政府、企业和社会的沟通互动与合作治理；通过多种平等自愿的沟通、协商、参与甚至讨价还价，筑牢政府与企业、与社会的互信关系，奠定试验区政府治理行之有效的基石。

三是系统平衡原则。我们应将政府职能转变看成一个复杂适应性系统，是基于内、外部环境变化而进行的一个新旧观念的转换、改革范围和边界的调整、众多关系的平衡和调整、利益相关者的相互影响的动态过程（郭金云和李翔宇，2014）。自贸区政府职能方向转变不仅要适应投资、贸易、金融、监管等四大制度创新，而且需要政府自身革命，从理念转变、权力下放、流程再造、标杆服务等维度进行内部革新，以达致动态平衡。

四是无缝隙服务原则。无缝隙服务，指的是自贸区政府整合所有的部门、人员和其他资源，以单一的窗口或者界面，为公民、企业以及其他的组织提供优质高效的服务。比如，试验区"一口受理"工作机制，就是将工商、质监、税务等政府部门的服务无缝对接。无缝隙服务的目的是要突破传统的部门界线和功能分割的局面，将焦点集中于社会需求，围绕结果进行运作，以一种整体的而不是各自为政的方式提供服务（拉塞尔·M.林登，2002）。政府无缝隙服务一方面要求建构大部制，便于沟通与协调；另一方面，尤其强调突破部门壁垒，强化协同管理和服务，从根本上解决机构重叠、职责交叉、各自为政、推诿扯皮等问题，形成权责明确、相互沟通、高效运行的协同服务体系。

2. 上海自贸区通过政府体制创新构建服务型政府

1）理论层面的自贸区政府创新

它主要是指关于政府的性质、使命、愿景、结构、功能和程序等方面的观念与基本知识的革新。例如，新公共行政学的贡献在于将价值判断和社会公平价值注入行政管理提倡效率目标之中，弥补传统行政管理过分注重效率而忽视公平的缺憾。新公共管理提倡授权与分权，创造民主工作环境、市民参与政策制定、从而使政府管理更加规范、科学。新公共服务理论明确提出，政府官员并不是其机构和项目的所有者，政府为公民所有，公民是社会主人而不是"顾客"，它提出和建立了一套更加关注民主价值与公共利益，更加适合国家治理体系现代化需要的服务理念。自贸区政府理念一定要由官本位、政府本位、权力本位转变为企业本位、社会本位、权利本位。

2）体制层面的自贸区政府创新

《中国（上海）自由贸易试验区条例》列出了上海自贸区管委会的权力清单：负责自贸区内包括投资、贸易、金融服务、规划国土、建设、绿化市容、环境保护、劳动人事、食品药品监管、知识产权、文化、卫生、统计等方面的行政管理工作；领导工商、质监、税务、公安等部门在自贸区内的行政管理工作，协调海关、检验检疫、海事、金融等部门在自贸区内的行政管理工作；承担安全审查、反垄断审查相关工作；负责自贸区内综合执法工作，组织开展自贸区内城市管理、文化等领域行政执法；负责自贸区内综合服务工作，为自贸区内企业和相关机构提供指导、咨询和服务；负责自贸区内信息化建设工作，组织建立自贸区监管信息共享机制和平台，及时发布公共信息；统筹指导自贸区内产业布局和开发建设活动，协调推进自贸区内重大投资项目建设；承担上海市政府赋予的其他职责。因此，为提高服务和管理效率，自贸区需要打造协同政府和协作机制。

3）人员层面的自贸区政府创新

为政之要，首在得人。上海自贸区需要一支高水准、高素质的公务员队伍提供公共服务和管理。这支公务员队伍首先要有国际视野，熟悉国际投资、贸易规则；其次要有公共管理和服务的能力，包括计划、组织、协调、控制能力等；再次要掌握现代信息网络技术，有高水平的管理手段和方法。最后，公务员队伍还要有责任意识、服务意识和诚信品格，甘愿为自贸区建设和发展作出贡献。

4）操作层面的自贸区政府创新

为应对各方面的制度创新的挑战，自贸区要建设法治政府、服务型政府和人民满意型政府，在这三位一体的政府建设过程中，迫切需要转变政府职能实现方式。一是要依法行政，更多地通过契约、按照程序实施监管。二是要求采取恰当的多样化管理方式，如公民参与、弹性管理、公开透明等。比如，政府可以遵循公平竞争原则向非政府组织购买公共服务，缓解各种压力，提升公共管理和服务品质；提高自贸区行政透明度，建立健全体现投资者参与、符合国际规则的信息公开机制；简化流程，实行"先照后证"登记制，货物入区"一次申报、一次查验、一次放行"；海关监管上先入区、再报关；企业、车辆等常规年检转变为随机抽查；等等。三是在自贸区政府履行食品药品安全、知识产权保护、环境保护等方面的监管职能时，积极鼓励行业协会、中介组织等社会力量参与市场监督和社会管理。四是建设覆盖试验区企业的信息共享基础数据库，为政府监管提供技术支撑。

1.2.3　上海自贸区构建服务型政府要处理的几种关系

1. 正确处理自贸区服务型政府中的权力与法律的关系

在试验区服务型政府构建过程中，必须弄清楚权力与法律的关系，也就是权力与法治（rule of law）的关系——是依权力行政还是执行法律的意志。党的十八届三中全会明确提出要建设法治政府，十八届四中全会再次强调"坚持依法治国、依法执政、依法行政共同推进"。法治政府的应有之义是指政府机关及其行政人员要执行法律的意志而不是权力的意志，除非权力与法律是一致的。法治政府要求"法无授权不可为"、"法定职责必须为"。试验区不管是政府服务还是监管，政府行为主体、行为依据、行为程序要合法。对于缺乏具体法律条文的新兴领域，行政机关及其工作人员要依照法律的精神行政。此外，政府在服务和监管的过程中，要按照在法律面前人人平等的原则对待每一个行政相对人。对于政府机关以及公务员的违法行为，要依法追究其法律责任。在上海自贸区建设实践中，一是不断加强国家层面法制保障。中国（上海）自由贸易试验区（以下简称上海自贸区）是由中国全国人大常委会授权、中央政府批准在上海设立的试行新的特殊的贸易、投资、金融制度，并率先探索政府职能转变与行政体制改革的特定区域。2013 年 8 月 22 日，上海自贸区由国务院批准设立，2013 年 8 月 30 日第十二届全国人大常委会第四次会议通过在上海自贸区暂停实施相关法律，上海自贸区开始运作。2013 年 9 月 27 日国务院印发《中国（上海）自由贸易试验区总体方案》，2013 年 9 月 29 日上海自贸区正式挂牌落地。上海自贸区是依法成立的，通过调整实施《外资企业法》等 3 部法律、15 部行政法规和 3 部国务院文件的部分规定，为试验区推进外商投资体制改革、工商登记改革、服务业扩大开放等改革事项提供了法律的依据，提供了有力的保障。同时，国家有关部委已出台30多个支持自贸区建设的规范性文件，为推进工商登记、贸易监管、金融财税、服务业开放等领域的改革提供指引。二是不断加强地方立法，形成与试验区改革试点相适应的制度规范。上海市政府发布试验区管理办法，市人大调整有关地方性法规的规定。在此基础上，2014年7月《中国（上海）自由贸易试验区条例》出台。同时，已制定和发布实施涉及外商投资备案、境外投资备案、企业年度报告公示、服务业扩大开放等20多个配套规范性文件，进一步明确了试验区相关管理制度和操作细则。

上海自贸区法治政府还有一层基本含义是，留给执掌强制权力的政府机构的行动自由，应当降到最低程度。这也意味着要限制政府的专断权力，政府自身的行为要符合法律的原则和精神。为此上海自贸区要不断完善以概念定义、功能定位、管理体制、优惠制度、监管制度、检验检疫制度、土地法律制度、贸易管理制度、金融法律制度、投资贸易便利化制度等十大内容为核心的法律基本框架。争取从国家和地方两个层面、从制度和技术两个层次、从管理到市场两个维度，以及从贸易、投资、金融等多个领域构建法律框架，进一步约束和规范政府的行政自由裁量权，保障市场活力与秩序。

2. 正确处理自贸区服务型政府中服务与规制的关系

服务与规制的关系可以这样表述：从理念和本质上讲，规制是手段，服务是目的；从公共物品提供的方式上讲，规制与服务都是政府的职能。规制（regulation）是指公权力主体对社会、市场和相对人活动的规范、调节、监管和控制。规制的主要形式和手段有：审批与许可、限制相对人准入资格、税收、利率、价格控制、强制披露信息、设定环境、质量标准、监督检查、行政处罚、行政强制等（姜明安，2010）。

服务型自贸区政府之所以允许规制存在，是基于以下四点理由：其一，反对危害国家安全和市场垄断；其二，保证食品药品等产品安全和价格合理；其三，防范金融风险；其四，保护消费合法权益。显而易见，上海自贸区政府的职能重心是公共服务，但公共服务却不是上海自贸区政府的唯一职能，尽管其他职能要服从并服务于服务职能。2013年11月颁布的《中共中央关于全面深化改革若干重大问题的决定》将地方政府职能归结为"公共服务、市场监管、社会管理、环境保护"等四项。可见，政府"公共服务"的职能居于第一位，市场监管职能处于第二位。当然，如果从广义上看，除"公共服务"外的其他三大职能也可以统称为规制。因为广义的政府规制分为社会性规制和经济性规制。社会性规制涉及的是安全与健康、环境保护、消费者保护等领域的规制；经济性规制涉及的则主要是"具有垄断倾向的产业"领域的规制（姜明安，2010）。

　　上海自贸区坚持底线思维，防控扩大开放后可能出现的各种系统性风险。一是建立金融风险的防范机制。一方面，建立金融监管协调机制。中国人民银行上海总部牵头上海银监局、证监局、保监局，建立试验区金融信息共享及监管协调机制，提高资金流动、利率变化等监测的频度和实效性。中国人民银行上海总部与自贸区管委会签署了《反洗钱合作备忘录》，为自贸区合理评估、有效控制创新业务，及时发现隐含的洗钱风险建立了保障机制。另一方面，建设试验区资金监控系统。上海市相关部门对区内企业进行梳理摸排，帮助银行建立数据底账，推进试验区资金监控系统建设。二是强化贸易监管风险智能布控。一方面，建立风险监控机制。海关设计了涵盖企业、商品、监管条件这 3 个维度 98 项指标的风险监控指标体系，其中超过一半已经上线运行。另一方面，搭建中央监控平台。对自贸区各业务现场进行布控，建立从数据采集、风险判别、信息比对到执行处理、动态反馈的闭合管理回路。三是围绕投资贸易"高效、便捷"，不断创新综合监管模式。首先依托自贸区信息共享平台，健全综合执法制度。理顺法律授予的执法事权，建立与上海市相关部门、驻区监管部门的合作协调和联动执法工作机制，规范相对统一的文书和执法程序，构建试验区条块结合、运转顺畅的综合执法新体系。探索试验区权益保护制度。加大对区内生产、销售、进出口等环节知识产权侵权违法行为的监管力度，建立纠纷多元化解决机制。此外，在自贸区信息共享平台支撑下，推进国家安全审查、反垄断审查、企业年报公示和经营异常名录、社会力量参与市场监管等工作。四是完善政府信息公开制度。试验区管委会颁布的规章制度，应及时公开，主动作出解读和说明，制定过程中邀请相关专家学者、当事人参与。加强相关制度规范的事后监管，探索建立投资者有权向试验区管委会提出意见建议制度，以及对相关规范性文件进行审查的制度。

3. 正确处理服务型政府中的承诺与诚信的关系

　　政府诚信是以政府机关及其工作人员为主体的诚信，指政府必须履行其对公众承诺的责任，并取得公众的信任。试验区要建成具有国际水准的投资贸易便利、货币兑换自由、监管高效便捷、法治环境规范的市场经济升级版，必须高度重视政府诚信建设，并充分发挥政府诚信建设对社会诚信建设的示范效应和推动作用。政务诚信作为"第一诚信"，是试验区社会信用大厦的顶梁柱。试验区政府机关是提供公共服务、维护市场秩序的权威机构，是社会诚信体系建设的推动者和维护者。试验区政府及其工作人员必须率先垂范，自觉将诚信作为一种品质和责任，将政务诚信贯穿于试验区服务和监管全过程，并主动兑现政务承诺、回应企业需求。如果没有政务诚信，就没有商务诚信和社会诚信，社会信用大厦就会倒塌。

1.3　上海自贸区制度创新与政府职能重心的转变

政府职能重心是指在一定的历史时期，政府重点要解决的社会问题和达到的重要目标。明确了政府职能重心，有助于政府集中人力、物力、财力做好主要的工作，"咬定青山不放松"，从而避免资源浪费和工作主次不分。对于上海自贸区来说，政府职能重心的转变主要涉及两个方面：第一个重心的转变是从投资型向服务型政府转变；第二个重心的转变则是从事前审批向事中、事后监管转变。

1.3.1　上海自贸区从投资型政府向服务型政府转变

自贸区政府职能重心转变所包含的第一个转变就是从传统投资建设型向服务型的转变。这个转变的关键词是"服务"。一般而言，中国历史上可以说出现了统治型、建设型和服务型政府三种治理模式。统治型是以政府为统治者、老百姓为被统治者的政府单向管理模式；建设型是以政府和市场为二元主体、政府主要通过项目投资直接进行管理的模式；服务型政府则是以社会为主体、政府为公共服务者的双向沟通模式。服务型政府倡导的是以公共服务为导向的政府功能定位；政府行为模式则是政府与社会共同治理，按照社会需求提供公共服务和产品，从而弥补市场机制的不足。

上海自贸区政府改革的方向是构建服务型政府，它意味着治理方式的根本变革。自贸区政府在创建服务型政府方面，就是要变革政府范式的三个方面。

1. 从培育文化与理念层面建设服务型政府

自贸区在成立之初，就明确了向服务型政府转变的行政理念。政府的工作重心不再是单向度管制，而是根据公民、企业、第三部门等的需求和愿望提供公共管理和公共服务。例如，改革后的上海自贸区公司注册资本制度，逐步向授权资本制靠拢，因而不仅在很大程度上取消了以前的强制性规定，而且还赋予了市场主体在公司注册资本制度方面更多的意思自治，以让公司的设立、运作更加灵活效率化，高效便捷化，其释放的信号就是要寻求转向效率优先的法律价值目标。在这种资产信用的理念下，意味着政府机关在履行职能时，首先要尊重市场主体的自主安排，遵循市场机制在公司资本要素市场发挥决定性的作用，而不能以安全为理由去干涉市场本身可以解决好的问题（李金昌，2014）。

2. 从重塑制度与规则层面建设服务型政府

建立服务型政府，要在规则制度层面做到以下四个方面。一是建立健全服务承诺制。服务承诺制度是用刚性契约公布政府公共服务的内容、标准、时限、责任，争取做到家喻户晓，接受民众监督，并且完善投诉机制，以提高服务水准。二是建立健全政务公开制。上海自贸区通过《中国（上海）自由贸易试验区总体方案》、《中国（上海）自由贸易试验区条例》、负面清单等法规制度将公共信息公之于众，公民和企业可以通过大众信息平台进行查询。尤其是负面清单制度将禁止和限制外资进入的领域列表清单，一目了然，方便了企业办事。三是建立健全行政参与制。它要求自贸区政府在提供公共服务与管理过程中，与公众和企业多沟通，听取民意，提供公众和企业所需要的公共产品和服务。四是建立健全责任追究制。责任追究制是对行政权力行使的过程与结果的限制。它要求政府的行政行为不仅要合法，而且要有绩效要求。对于违法违纪的政府部门和人员追究其工作责任甚至法律责任。责任追究制度有助于加强公务员的责任意识和敬畏之心，提高行政效率，促进公务员为民服务。此外，行政责任追究制还可以有效防止部门利益，并阻止公共权力的滥用和异化变质。

3. 从完善操作和具体措施层面建设服务型政府

2013 年国务院颁布的《总体方案》可以作为向服务型政府转型的重要依据。该方案着重强调了如下建立服务型政府的措施：自贸区要建立一口受理、综合审批和高效运作的服务模式；自贸区要完善信息网络平台，实现不同部门的协同管理机制。[①] 现阶段政府不仅要求合法地行政、合理地行政和公平、公正地行政，而且要求高效地行政，要求在合法性、合理性与效率之间保持适当的平衡。我国《行政许可法》就规定了集中行使许可权制度、统一办理许可制度等提高行政效率的制度。自贸区的这种审批方式就是贯彻和实施我国《行政许可法》的必然要求。《总体方案》也提到了建立集中统一的市场监管综合执法体系，在质量技术监督、食品药品监管、知识产权、工商、税务等管理领域进行综合执法。自贸区政府通过优化公共服务流程来提高公共服务的效率和质量，强化必要的政府监管；并且通过公共服务的方式创新，来扩大政府公共服务信息的宣传。例如，自贸区工商部门所实行的服务模式是"一口受理、并联办事、统一发证、信息共享"。该模式就是从企业需求的角度出发，在优化公共服务流程的基础上提出的。上海自贸区争取成为全国行政效率、透明度最高的地区。上海自贸区还注重强化行业协会和中介机构在规范行政审批中的作用，将一些不该由政府承担、不涉及重大公共利益、技术性和专业性较强的职能，逐步转移给公正、规范、诚信度高的行业协会来行使。例如，把一些从事司法、金融、教育等行业工作的专业人员和特殊作业人员的从业人员资格考评认定，转移给相关行业协会；探索建立以"直接登记制"为核心的行业协会监督管理体制等。

---

① 《中国（上海）自由贸易试验区总体方案》第二条"主要任务和措施"。

1.3.2　试验区政府重心由事前审批向事中事后监督的转变

自贸区政府职能重心转变的第二个方面是由事前审批转向事中事后监督。在中国经济发展的进程中政府主导型的政府职能在一定历史时期发挥了积极的作用，但是随着改革和开放的进一步深入，我们知道政府在经济中的作用必须发生改变，以实现由管制型政府向服务性政府的转变。

1. 减少与完善事前审批

上海自贸区在简化事前审批方面的具体举措有以下 4 个方面。

1) 精简政府机构

自贸区做了很多对政府机构设置的探索。比如，为了切实提高行政效率，上海自贸区管委会对政府机构进行了精简，按照新的大部制改革思路，把原上海综合保税区管委会下辖的 9 个内设机构和外高桥、洋山、浦东机场等 3 个驻区办事处由"9＋3"合并减少为"7＋3"。这一转变的主要目的是扩大单个部门管理业务范围，将多种内容有联系的事务交由单个部门管辖，最大限度避免职能交叉、多头管理，提高行政效率，降低行政成本（曲潇，2013）。

2) 采用"负面清单"管理模式

上海自贸区已经开始尝试更彻底的、和国际惯例接轨的改革，利用"负面清单"管理模式来实现由审批制向备案制的转变。上海自贸区率先试点国内首份负面清单。所谓负面清单，相当于投资领域的"黑名单"，列明了企业不能投资的领域和产业，对负面清单之外的领域按内外资一致的原则，将外商投资项目由核准制改为备案制。上海自贸区推出的首份负面清单列出了 18 个门类 1069 个小类，其中对约 190 个小类有管理措施，也就是说，超过 80％的外商投资项目将由核准制改为备案制。负面清单的设立，使过去一些桌面之下的"潜规则"都成为台面上的"明规则"，既与国际惯例接轨，又有效增强了行政的公开透明度，减少了行政成本和寻租空间（刘玉海和高莹，2013）。负面清单为代表的更是上海自贸区的公开、透明的管理方式。上海自贸区政府信息充分公开，打造透明政府，方便企业查阅、办事。此外，自贸区政府制定相关政策也充分征求驻区企业的意见和建议。此类政府职能的转变，更有利于市场和企业形成对未来稳定的预期，并由此计划自己的生产与投资活动。

3) 采用"一线放开"的原则

自贸区政府职能从"重事前审批"向"重事中、事后监管"转变的一大特色是"一线放开"。例如，企业可以凭进口仓单将货物直接入区，再凭进境货物备案清单向主管海关办理申报手续，目前已有多批试点货物以"先入区、后报关"的新型通关模式、在货物到达港口但未办结海关手续前就进入了自贸区（李燕，

2013）。

　　自贸区的商事登记制度改革是最具有一线放开意味的一个。目前在自贸区，实行注册资本认缴登记制，公司股东以其认缴的出资额或者认购的股份为限对公司承担责任。此外，自贸区还实行"先照后证"登记制，自贸区内取得营业执照的企业即可从事一般生产经营活动。但"一线放开"并不意味着管制的放松，而是要根据政府职能转变的要求，从过去的"重事前审批"转向"重事中、事后监管"，实现职能重心转移。

　　4）自贸区积极探索管理模式创新，促进贸易和投资便利化

　　自贸区在提升服务质量，同时提高服务效率，采用了电子化监管、网络化办理、纸面程序简化等管理模式创新。同时，监管的要求也使电子化政府的必要性更加突出。在传统体制下，政府要监管企业的资本、资金向外流动大多采用配额制的方法，也就是主要由相关企业向政府申报，政府给予相关的指标，但在自贸区内，外资企业的资本、资金向国内外的流动很可能在瞬间完成，因此，这些资金、资本流动是否符合外汇管理规定，是否符合我国相关法律，意味着政府监管部门必须尽快建立能够与企业业务流程全面对接的电子化、智能化和高科技的监管体系。信息化建设可以给自贸区提供有力的技术支撑和数据资源支持。因此自贸区也在尝试创建一个特殊区域的监管信息平台，把区内海关监管、企业申报操作等纳入其中，成为综合平台管理体系。在构筑对外服务促进体系方面，建立多个部门共享的监测平台，促进境外投资事后管理和服务，做好对外直接投资的统计及年检的工作等（程贤淑，2013-10-10）。

2. 建立健全事中事后监督机制

　　政府在放权前行政之手伸得过长，干预市场，但是放权后又容易出现撒手不管从而导致监管不到位的情况。而政府对于维护市场秩序有着不可替代的作用，因此政府必须履行好其监管职责。市场规则如果被破坏，就无法实现公平竞争。在这一点上，政府作为规则守护者和权益维护者，其责任重大。因此，重视事中事后监督，建立一套完整的组织机构和完善的运行体制，这些对上海自贸区政府职能重心转变都是至关重要的。所以，要做好事中事后监督，需要做到以下几个方面。

　　1）建立安全审查制度

　　上海自贸区关键技术安全审查制度作为完善国家外资安全审查制度的探索和实验，对其定位应有以下认识：一是关键技术安全审查是构建安全高效的开放型市场经济体系的重要制度安排。经济全球化和与国际投资规则对接的大背景决定了试验区必须在原则上采取中性化的外商投资政策。中性化外商直接投资政策要求弱化利用外商直接投资的鼓励和准入限制，对外商直接投资实行国民待遇，减

少对国内产业的过度保护，加大利用外商直接投资的自由度。与此同时，方兴未艾的外资并购潮势必会通过技术控制在内的各种手段迅速占领国内市场，从而对本土企业的生存和发展构成威胁。试验区安全审查必须处理好投资自由化与确保国家安全的平衡关系。在进一步扩大开放的同时，还应建立和完善关键技术安全审查机制，加强与"负面清单"管理模式的衔接，防范和控制风险。为此，试验区应将外资并购中"影响国家安全的技术控制"明确纳入安全审查的内容，且这种审查并不一定要以境内企业实际控制权的转移为前提。安全审查不仅指外资获得涉及国家安全的技术本身，也应包括外资得以有效约束中方技术研发自主决定权的情形。通过法律加强对技术控制的安全审查。至于何为"涉及国家安全的技术"，借鉴国际经验，立法上无法也不应予以明确界定，而只能诉诸个案判断。比如，《中国禁止出口限制出口技术目录》（应根据科技发展适时更新）中所列举的禁止和限制出口的技术可视为属于"涉及国家安全的技术"。在外资并购时要提出中外双方对核心技术的共同研发、共同利用，而不能损害中方关键技术的研发权利。二是上海自贸区关键技术安全审查工作应与国家安全审查制度相协调。三是上海自贸区关键技术安全审查工作机制应可复制、可推广。

　　2）建立反垄断审查制度

　　基于我国《反垄断法》等法律法规要求，在国家部委的指导下，自贸区在经营者反垄断上遵循"严格申报范围、便利审查过程、强化后续监管"的要求。试验区反垄断审查的内容有：一是对涉及试验区内企业的经营者集中进行反垄断相关调查，并向商务部出具初审意见。二是对试验区内虽未达到申报标准规定的经营者集中，但按照规定程序收集的事实或证据表明该经营者集中可能妨碍公平竞争的，由实验区管委会提请商务部依法审查。三是对涉及试验区内企业附条件批准的经营者集中开展附条件执行情况检查，并将检查情况报商务部。四是对试验区内达到申报标准、未事先向商务部申报而实施的经营者集中开展调查。

　　3）健全社会信用体系

　　社会信用体系建设是试验区又一重要事中事后监管手段。试验区以管理运行和贸易投资的实际需求为导向，以上海市社会信用体系建设为支撑，充分发挥政府部门和行业协会等各方面的作用，从数据基础、制度机制、信息应用和行业发展四个角度，探索建立具有自贸区特点的信用制度和规范。试验区要率先实现各类市场主体的信用信息的记录、披露、共享和使用，并率先实现跨领域的信用联动奖惩，提高区域社会诚信意识和信用水平。具体措施有：一是形成试验区信用体系的数据基础；二是建立完善试验区信用相关制度规范；三是推进试验区信用信息使用和信用联动奖惩；四是促进试验区信用服务行业快速发展。

　　4）建立企业年报公示制度和经营异常名录制度

　　上海市工商局已于2014年3月3日正式印发《中国（上海）自由贸易试验

区企业年报公示办法（试行）》、《中国（上海）自由贸易试验区企业经营异常名录管理办法（试行）》。企业年报公示制度是指在自贸区内注册的企业通过上海市工商局门户网站提交上一年度报告，并由工商局适时向社会公示。公示内容包括企业登记备案事项、注册资本缴付情况、资产状况、运营状况、企业从业人数及联系方式等[①]。经营异常名录制度是指工商部门将企业未在规定期限内公示年度报告或者通过住所（经营场所）无法与企业取得联系的情形汇集成名录，并采取相应监管措施[②]。

为更好落实上述制度，试验区要建立企业年报公示的监督检查制度，完善后续管理。此外，还要加强与各职能部门信息的互联互通。形成政府各部门间信息沟通共享机制，强化协同监管，对已载入经营异常名录或者严重违法违规的企业，制定有针对性、有效力的约束机制，形成"一处违法、处处受限"的局面。

5）健全信息共享和综合执法制度

自 2013 年 9 月 29 日上海自贸区挂牌以来，各类企业纷纷入驻试验区。据初步统计，上海自贸区原有企业达 8000 家，新设立的企业每月平均达 1000 家。到 2014 年 10 月，自贸区大约有各类企业和经营组织超过 2 万家。今后，会有越来越多的企业落户上海自贸区。从动态上看，由于政府编制的限制，政府机构和人员增长速度远远赶不上企业增长的速度，从而导致监管者与被监管者在数量上的差距越拉越大。传统政府监管的"人海战术"难以实施和奏效。在这种情况下，依靠信息网络等高科技手段进行监管和服务成为自由贸易区的最根本路径。

6）建立社会力量参与市场监管制度

根据社会治理理论，社会力量参与市场监管，就是多元化社会主体承担一定的公共职能，为市场主体服务；它们在市场中发挥"黏合剂"、"稳定剂"的作用。多元社会主体参与市场监管，与政府部门监管和企业经营自律相互影响、相互制约、互为补充，构成了较为完善的生产监督体系。对自贸区而言，一是制定鼓励社会力量参与市场监管的扶持政策。比如借鉴新加坡、我国香港地区的做法，在每年的预算中，确定一定规模的专项财力，对区内社会组织予以基本资助；同时，要建立社会力量参与市场监管的奖励办法。二是大力发挥专业性服务机构作用。试验区管委会和驻区管理机构进一步梳理政府购买服务事项、可以委托或交由社会力量的管理事项，发挥社会组织特别是专业性服务机构的作用。政府要创造条件将资产评估鉴定、咨询、认证、拍卖等社会职能交由律师事务所、会计事务所、审计事务所等专业性服务机构承担，为社会力量参与市场监督搭建平台。

---

① 该项制度至 2014 年 3 月 1 日启动。
② 2014 年自贸区企业提交的前一年年报的截止日期为 6 月 30 日。

1.3.3　试验区政府借鉴国际经验，做好服务和监管工作

从 20 世纪 60 年代开始，新加坡为吸引全世界销往亚太地区的货物集中于新加坡转运以及强化货物集散地功能，制定了《自由贸易区法令》。1969 年 9 月在裕廊工业区的裕廊码头内划设了第一个自由贸易区。1996 年 9 月，新加坡政府又在机场及港口附件设置自由贸易区。目前，新加坡的自由贸易区有 7 个。这 7 个自由贸易区用围墙与外界隔离，进出自由贸易区由海关检查管理。新加坡自由贸易区发展十分成功，通过集聚跨国公司总部和营运中心、研发中心等功能性机构，服务贸易功能不断向贸易营运、控制、离岸贸易等功能升级（上海财经大学自由贸易区研究院和上海发展研究院，2013）。面对越来越多的市场主体服务、管理的需求，新加坡政府采取一系列举措，满足了企业需求，维护了市场的良性、高效运转。新加坡政府的成功经验值得我们借鉴。

一是新加坡企业通（EnterpriseOne）和在线商业执照系统（OBLS）形成了政府高效服务企业的平台。二是企业在线电子填报与信息更新系统（Bizfile）和年度报告制度（AR）营造了透明、高效、严格的政府服务环境。三是新加坡贸易网（TradeNet）和港口网（PortNet）实行了单一电子窗口服务，促进了贸易便利化。四是新加坡移动电子政府，政府首席信息官统一委派机制助推政府服务与在线系统整合到位。五是新加坡企业信用系统，私人评级机构提供全面的企业信用服务。

新加坡在电子政府服务、实现高效的企业监管服务方面，值得上海自贸区学习和借鉴。

第一，贸易便利化和高效的政府服务必须依托信息联通、流程共享和服务整合。新加坡建立高效服务政府理念成功的关键词是"整合政府与电子政府"。"智慧国 2015"计划两个阶段的主体任务，也分别体现在整合政府和电子政府上。所谓整合政府，核心就是实现政府内部的流程、数据和系统的大规模共享，如 ACE 的政府内部管理共享、OBLS 的企业信息流程共享等。所谓电子政府，核心就是实现政府的管理服务、政府与企业和民众之间的互动都通过在线、实时和一站式方式来提供完成，如 TradeNet、PortNet 等新加坡政府一系列在线服务窗口。建议在加快推进建立自贸区便利化环境和有效的过程监管制度过程中，更加注重关键的创新环节；要深入地借鉴新加坡的经验，把在电子化和在线化服务框架内实现信息共享和流程整合作为试验区政府管理职能转变的基础和重点抓手，克服现有的障碍，加以推进。

第二，信息化和电子政府的建设需要长远的规划、顶层的推进、有效的制度和持续的努力。新加坡电子政府基于 30 多年持续规划和推进，才取得今天的成功。如 20 世纪 80 年代开始的国家信息化计划，90 年代的 IT2000，21 世纪前 10

年的电子政府计划、移动政府计划，以及近年大力推进的智慧国 2015 计划等。为确保这些计划的实施，新加坡建立了强有力的、自上而下的信息化推进制度。概括起来有三个层面：一是顶层领导规划，几乎所有大的电子政府项目如 TradeNet、PortNet 等都是由内阁部长直接领导挂帅推动的。二是部门间协调，建立了财政部牵头的信息化联席会议，各政府部门的常任秘书长是该联席会议的联络人，确保了部门间的协调力度。三是技术和执行，新加坡信息通信发展管理局统一向各部门派任首席信息官，确保项目技术流程的标准和有效执行。

建议在推进自贸区信息共享平台建设中，市政府要提升推进工作层次力度，设立有效运转的专门领导（或工作）小组，形成试验区信息化发展更加科学、清晰的目标规划和推进步骤，加大对信息化过程中部门之间信息、业务、流程的共享整合力度。建议试验区在借鉴吸收新加坡电子政府建设理念的同时，对有关电子平台如"单一窗口"等的开发建设，可邀请新加坡相应的机构和技术支持企业（如新加坡劲升逻辑有限公司、新加坡信息技术公司等）直接参与合作或进行外包，以确保试验区电子服务平台建设的高起点和短周期。

第三，企业综合监管需要将便利的政府服务、严格的监管执法和市场化引导的约束机制有机结合，形成一个综合的过程监管环境。

新加坡在企业准入服务方面的规定是十分完善的，政府对企业守法要求也十分严格，并有严密的配套机制如企业年报（AR）系统来执行。它要求企业及时履行召开股东大会的责任、及时履行报送年度报告和会计报告的义务，这些规范的执行力度十分到位。新加坡政府也注重营造信用环境。DP Info 等少量信用评估机构以市场化方式提供新加坡企业和个人信用评估服务，形成了对企业信用环境很好的引导和影响力。

建议试验区综合监管制度在加快已经确立的六个方面创新建设的同时，一是要深化探索企业年报机制，丰富区内企业守法规范的义务内容，如在工商年报公示和异常名录等机制基础上，增加企业年度财务报告报送制度以及年报（财报）评估机制。二是建立对不履行守法守规义务的区内企业实行有效处罚的机制。三是加大营造区内企业信用服务环境的力度，在政府主导建立试验区社会信用制度的同时，探索引入市场化信用评级运作的专业机构，在试验区形成公正、权威且为大多数企业经济上能承受的信用评估服务模式，如引入新加坡信用评估机构参与试验区信用市场培育。同时，要求试验区各政府部门在监管服务、政策扶持、业务外包等环节中主动采信企业信用等级状况，鼓励企业将自身信用作为提升市场竞争力的一个重要手段。

1.4　上海自贸区制度创新与规范政府权责配置

权责合理配置及其有效运行是政府职能履行的有效支撑。自贸区政府权力的配置要以其职能充分履行为依据。自贸区不能简单地只是形式上放权、还权、分权，而是要结合具体情况，以能否有效规范政府权力运行、发挥其职能作用为依据。要认真梳理自贸区政府的职权和职责、机构设置、人员编制，并用法律、法规固定下来。此外，还要研究自贸区纵向权力关系，比如自贸区政府与中央政府、上海市政府在信息共享、行政审批、事后监管等方面的协作机制；研究自贸区横向权力关系，自贸区政府与浦东区政府以及其他地方政府的关系。另外还需研究自贸区政府各部门行政协调、协同管理机制。

1.4.1　上海自贸区制度创新对政府权责配置的要求

上海自贸区并不是传统意义上的货物贸易自由化区域，它承担着中国下一轮改革开放试验田的重任。《中国（上海）自由贸易试验区总体方案》指出深化行政管理体制改革的主要任务是：加快转变政府职能，改革创新政府管理方式，按照国际化、法治化的要求，积极探索建立与国际高标准投资和贸易规则体系相适应的行政管理体系。由此可见，改革的重点是政府管理体制按照国际惯例进行重构，其目标即党的十八届三中全会决议提出的"市场在资源配置中发挥决定性作用和更好发挥政府作用"。这是一个非常艰巨的任务，因此上海自由贸易试验区实际上承担了比一般意义上货物自由贸易区更加艰巨的任务。

1. 国际高标准投资和贸易规则体系

从 20 世纪 60 年代以来，伴随着全球化浪潮，世界自由贸易区获得了蓬勃的发展。目前，全世界拥有大约 3500 个名称各异的自由贸易区。其中美国是世界上拥有自由贸易区最多的国家，东亚成了自由贸易区较为密集的地区。自由贸易区的发展适应了世界贸易自由化的客观需求。为应对国际贸易的激烈竞争，保持与提升国内产业的竞争力，无论发达国家，还是发展中国家，都非常重视发挥自由贸易区的功能和作用。尤其对于发展中国家而言，创建自由贸易区更被寄予厚望。其往往成为发展国际贸易、转口贸易、引进外资、扩大就业、引进技术、实施新经济政策、促进区域经济发展以及振兴本国经济等的试验基地和示范区。目前，世界自由贸易区的发展主要呈现如下趋势：

（1）目标多元化。比如，世界自由贸易区的目标和功能进一步趋向多元化、复杂化。世界自由贸易区不断从单一目标向多元目标转化，并逐步向综合性目标发展。

（2）开放自由化。在自由贸易区内，各国大多实行"境内关外"政策导向，在市场准入、外资待遇、业务经营、金融与投资服务等方面营造高度开放宽松的经济环境，不断实现朝贸易自由、投资自由、金融自由等自由化方向转变。

（3）功能服务化。自由贸易区的服务功能日益突出。自由贸易区从货物贸易为主，转向货物贸易与服务贸易并重，且更加注重服务贸易的发展，出现了从贸易主导、加工主导向服务业开放的趋势，形成了服务贸易的自由化。

（4）贸易便利化。在自由贸易区内，各国正积极采取各种措施推进贸易的便利化。比如，准备快速便捷的进出口商品通关条件；建立一系列与国际接轨的现代商贸流通体系；拥有能与各种贸易结算方式对接的金融服务条件；拥有数量庞大的专业服务业的配套支撑等。

自由贸易区的上述发展趋势，对世界各国的政府管理模式提出了严峻的挑战。作为上层建筑的一种，政府必须应社会情势的变迁创新政府管理模式，以适应自由贸易区未来经济、社会发展的需要。

2. 上海自贸区制度创新对政府权责配置的要求

概略而言，上海自贸区制度创新对政府权责配置及管理提出了如下基本要求（唐健飞，2014）。

（1）市场化要求。自由贸易区的市场化要求创新政府管理模式，充分发挥市场在配置资源、提供公共产品服务等方面的基础性作用。这主要体现在两个方面：一是自由贸易区应尽量减少政府对市场的干预，政府职能的最优化应主要通过市场自我发展来实现，而且要充分调动市场和社会力量来弥补政府在提供公共产品和服务方面的不足；二是自由贸易区政府内部应引入市场机制的合理因素，以提高政府的行政效率，其主要目标是建立民众对政府机构的直接影响机制，给予民众充分的自由选择机会。

（2）高效性要求。基于投资、贸易自由化的需要，自由贸易区必然要求低限的政府管理，即政府应是有限政府，但是这种有限政府又能高效地处理好它的分内之事。这主要包括两层含义：一是有限政府。自由贸易区应实现企业和社会组织的自我管理，减少社会对政府的依赖。政府要做到权力有限、职能有限与责任有限。二是高效政府。自由贸易区应该创新管理手段与方式，实现机构设置、职能配置、管理行为，以及人力、物力资源配置等方面的高效率。

（3）多元参与要求。随着自由贸易区内社会主体的不断多元化，传统单一的政府管理模式已经显得捉襟见肘。现代自由贸易区的管理模式应是一种政府、企业与社会组织多层次、多主体、多领域参与的复合治理模式。这种模式要求：第一，自由贸易区的政府管理主体应该多元化。企业与社会组织等应有权参与区内公共事务的管理。第二，管理方式强调合作与互动。自由贸易区的政府管理应更多采取诱导、协商与谈判等方式，而不仅仅是单方面的行政命令方式，来达到对公共事务的管理目的。

在自贸区将要实施的政府治理模式，将是以政府-市场-社会为主的多元主体的服务型政府治理模式。政府的角色也不再是单向地针对市场和社会的管理与管制，而是根据市场主体、社会的意愿以及整个国家的公共利益进行相应的调整。这种调整意味着在相关行政制度，更广泛地听取市场、社会、公众的诉求与意见，特别是要在操作维度上为社会自主发展制定各种有利的政策导向，包括从职能转变向工作流程再造转变、从内部操作向公开运行转变，从单中心治理向共同治理转变。

（4）弹性化要求。由于管理对象和社会环境的深刻变化，自由贸易区政府管理的方式、方法等应具有灵活性与应变能力，因而要求构建一种较具弹性的政府管理模式。其主要表现在如下方面：第一，政府管理应能根据社会环境的变化而变化，而非采用固定的方式回应新的挑战。第二，在组织结构上，自由贸易区既要强调政府常设机构的灵活性，能够因应社会情势而具有能动性，又要重视发挥临时性机构的作用。如临时性事务可用特别委员会、项目小组等临时机构解决，并应根据需要成立一些临时的跨部门协调组织等。

（5）法治化要求。现代自由贸易区的政府管理更加注重法律的规范作用，提出了法治化要求。这主要表现在如下方面：一是政府管理权能的法治化。这要求自由贸易区政府管理的职权来源、管理模式与管理范围等要有明确的法律规定。二是管理行为的法治化。这要求自由贸易区的管理行为、管理方式、管理程序等都应严格限定于法律框架之内。三是政府管理的可诉性与司法的公正性。对于政府管理可能引起的争议纠纷，自由贸易区应提供公正、便捷的司法程序机制，保障区内不同主体的合法权益。

1.4.2　上海自贸区政府权责配置存在的问题及原因

根据《中国（上海）自由贸易试验区总体方案》与《中国（上海）自由贸易试验区管理办法》（以下简称《管理办法》）的规定，上海自贸区的政府管理模式乃是一种政府主导型的管理模式。其中，上海自贸区管委会作为上海市人民政府的派出机构，具体落实上海自贸区的改革任务，统筹管理和协调自贸区有关行政事务。新成立的上海自贸区管委会对机构进行了精简，按照大部制改革思路，由"9＋3"合并为"7＋3"。主要目的是扩大单个部门管理业务范围，将多种内容有联系的事务交由单个部门管辖，最大限度避免职能交叉、多头管理，提高行政效率，降低行政成本。此外，上海WTO事务咨询中心总裁、上海市政府参事室主任王新奎认为，上海自贸区的一大创新，是将原有内设处室改革为可以独立主体身份对外开展业务管理工作的"局"。这样的调整，不仅有利于这些部门对外开展协调工作，今后也可以通过立法将事权直接授予这些部门，对于完善自贸区的投资环境将是一个极大的促进（施本植，2013-10-22）。尽管为适应制度创新，自贸区机构改革取得很大进步，但仍然存在一些问题。

1. 上海自贸区政府权责配置存在的问题

1）从外部关系看，条块分割、协调层次过多

首先，上海自贸区作为上海市人民政府的派出机构，除了直接受上海市地方政府管理外，还受制于中央各个职能部门。这种多头管理的情况必然会影响到自贸区的监管效率。例如，现有上海自贸区管理委员会下设有财政和金融服务局，但其更多的是起到配合"一行三会"对自贸区进行监管的作用，而不是真正的监管主体，不能够发挥相应的监管作用，无法对即将混业经营的金融市场起到及时的监管作用。

其次，由于不是一级政府，从横向上看，上海自贸区还易受到浦东新区等不同管理部门、单位、地方利益等多重因素的影响。

同时，与国外自由贸易区相比，上海自贸区管委会的法律地位偏低，独立性不强。由于在宏观管理层面，国务院尚未建立专门机构对自由贸易区予以统一监管和指导，上海自贸区管委会作为自贸区的最高管理机构，只是上海市人民政府的派出机构，其法律地位不高，权威性显然不够。而作为一个具有多元贸易、投资功能的经济试验，上海自贸区目前正在国家有关部门的指导配合下，构建国家安全审查制度、反垄断审查制度、社会信用体系建设、企业年检改成企业年度信息公布制度、建立政府间各部门信息共享平台和统一监管执法体系、社会力量参与综合监管（中介机构和行业组织参与监管）等六个子体系为主要内容的政府事中事后管理体制。这六个方面的子体系有些是中央相关部门的事权，在自由贸易区将实行中央授权的方式委托相关派出机构承担，比如国家安全审查和反垄断审查就属于这一类；而另外一些则属于地方政府的功能，比如社会信用体系的建设（包括信用信息平台的构建和营运）、企业年度信息公布、社会力量参与综合监管等；还有些需要中央部门参与协调的，如政府各部门信息共享平台建设，则需要垂直管理的一些政府部门（条）与地方政府的一些职能部门（块）相协调（徐明棋，2014-08-27）。其协调难度可见一斑。据一位参与自贸区方案研究的学者透露，上海方面在前期进行方案征求意见的过程中，与超过 20 个部委进行过沟通。"有时一个需要在自贸区内推行的改革事项，就需要与多个部委沟通。"（曲潇，2013-09-27）

显然，这必然牵涉到非常复杂的法律及行政管理事务，如果没有相应的地位与权威来处理各种问题，协调自贸区内、外的各种关系，在这种条块分割的情况下，改革容易受到部门利益的阻碍。因而，在上海自贸区试行准入前国民待遇和负面清单的管理模式难免面临重重阻力，市场的作用也很难充分发挥。

2）自贸区政府权责配置的法制保障尚不完备

法治化是自由贸易区发展的必然要求。应该承认，自贸区在依法行政方面做

了很多努力。从自贸区的设立过程到有自贸区"基本法"之称的《中国（上海）自由贸易试验区条例》的出台，都表明上海自由贸易试验区具有较高的法治化水平。但是也仍然存在一些尚未完善的地方。

第一，与国外先立法、再设区的做法相比，我国这种做法的法治理念存在欠缺。第二，自贸区管委会在法律上的地位和关系尚不明确（颜晓闽，2014）。虽然在我国改革开放的实践中，管委会这一组织管理形式已经屡见不鲜，并积累了不少经验，但一直以来，管委会的性质和地位在我国现行的法律、行政法规中都找不到明确依据，是一种法律地位不确定的组织管理形式，表现在：其一，自贸区管委会不是一般意义上的政府派出机构，自贸区管委会拥有在区域范围内整合各职能部门的"综合管理"和"集中行政处罚"等权力，这种权力是我国行政法上的新生事物。其二，上海市人大常委会与自贸区的法律关系尚不明确。其三，浦东新区与上海自贸区之间潜在的法律冲突。其四，洋山保税港区跨越不同行政区划可能引发的法律冲突。

3）自贸区政府职能较为单一，重经济、轻社会

就当前看，上海自由贸易试验区已经改革的政府管理体制涉及多个方面，重点是在投资管理体制和事中事后管理体系的构建上。可以说，这一改变顺应了国际经济发展的新趋势，与我国正在推行的行政审批制度改革的方向一致。与之相适应，上海自贸区管委会的部门设置中绝大多数都是与经济功能密切相关的。而在社会管理以及社会服务方面的重视程度显然要低得多。例如，从自贸区管委会的组织机构上看，只有综合监管和执法局一个部门承担"探索社会组织参与市场监管运作机制"的职责，其他部门都是与经济管理密切相关的部门，由此也折射出自贸区管委会职能上重经济、轻社会的倾向。

4）上海自贸区机构设置仍需改进

就上海自贸区管委会而言，上海自贸区管委会进一步强化了大部制改革的力度。此前，上海综保区管委会由9个内设机构和3个驻区办事处组成，新成立的自贸区管委会由"9+3"进一步合并为"7+3"。"将多种内容有联系的事务交由单个部门管辖，最大限度避免职能交叉、多头管理，提高行政效率，降低行政成本。"从综保区管委会整合成自贸区管委会，管理的层级提高了、难度增加了，管理的机构却减少了（陈恒，2013-10-29）。这就会导致机构、人手、权力等的欠缺，严重影响自贸区政府的公共服务和综合监管。

可见，自贸区不仅延续了2008年大部制改革的思路来整合各个部门、机构，而且通过实行"准入前国民待遇和负面清单"管理模式加速政府职能转变。但从适应服务贸易自由化和有效地"发挥市场配置资源的决定性作用"的角度看，仍然存在一些不足。第一，决策机关和执行机关缺乏适度分离；第二，缺乏专门的决策咨询机构；第三，缺乏与民众直接沟通和联系的综合服务机构；第四，缺乏

有效的监督体制。目前自贸区管委会延续了我国政府管理体制权力高度集中的结构、决策、执行、监督分离程度很低，既不利于行政管理效率的提高，同时，权力的高度集中，也留下了权力寻租，公共权力部门化、利益化的空间和隐患。

2. 上海自贸区政府权责配置存在问题的原因

1) 传统的较为封闭的政府体制的影响

受经济赶超战略和议行合一体制的影响，自新中国成立以来，我国就形成了政府主导、政治推动的发展模式。众所周知，中国的政府制度是遵从议行合一原则进行设计的。列宁认为，议行合一原则是马克思主义创始人在阐述巴黎公社的原则时提出来的，要克服的正是西方政府实行分权制衡的无效率弊病（中共中央马克思恩格斯列宁斯大林著作编译局，1995）。但是行政相对于政治处于从属地位使政府体制表现出一种较为封闭的特征。

2) 利益相关性使行政体制改革缺乏内在动力

根据新制度主义经济学的制度变迁理论，"诱致性变迁是指一群（个）人在响应由制度不均衡引致的获利机会时所进行的自发性变迁；强制性变迁指的是由政府法令引起的变迁"（林毅夫，1994）。政府体制改革无疑能够给整个社会带来巨大的获利机会。然而，这并不意味着这一变迁能够沿着诱致型变迁的轨道进行。政府体制改革中的利益相关性会导致改革缺乏重要的内动力。

根据公共选择理论，在行政体制改革的过程中，作为改革执行主体的公务员同样是具有"经济人"特征的行为人。在行政体制改革的过程中，公务员也同样存在趋利避害的动机。这样，当改革开放过程中出现的权力寻租空间因为政府体制改革而变小甚至消失时，作为改革执行主体的公务员自身的利益就和社会整体利益之间出现了矛盾。同时，由于我国政府体制的"政治上位的政治与行政一体化"特征，政府在很大程度上是一个较为封闭的组织。经济全球化等外部环境变化导致的机会和威胁并不能被有效感知和积极、认真地对待。这就会导致作为改革执行主体的公务员缺乏通过政府体制改革将政府体制改革的红利变成现实的内在动力。政府体制改革也因为在很大程度上不得不沿着"强制性变迁"而非"诱导性变迁"的路径进行而变得步履维艰。

1.4.3　上海自贸区政府权责配置的优化与完善

自贸区的制度创新要求政府全责的配置更加优化、更加科学。结合具体情况，以能否有效规范政府权力运行、发挥其职能作用为依据，自贸区在权责配置上既要做减法，也要做加法。在传统政府审批和准入过多过严的领域要做减法；在公共服务和事中、事后监管领域做加法。要认真梳理自贸区政府的职权和职责、机构设置、人员编制，并用法律、法规固定下来。研究自贸区纵向权力关系，比如自贸区政府与中央政府及上海市政府在信息共享、行政审批、事后监管等方面的协作机制；自贸区横向权力关系，自贸区政府与浦东区政府以及其他地方政府的关系；自贸区政府内各部门行政协调与协同管理机制。

1. 上海自贸区简政放权

1）负面清单还需进一步"瘦身"

负面清单明确列出外资不能进入的经济领域，明确政府该管什么，不该管什么；企业不能做什么，可以做什么。负面清单管理模式简化了外资进入的审批管理，同时扩大开放。外资准入管理原有审批 1000 多项，2013 年实行负面清单后减到 190 项，2014 版的负面清单特别管理措施共计 139 条，比 2013 版减少了 51 条。在 139 条中，限制性措施 110 条，禁止性措施 29 条，调整率达到 26.8%。2014 年 9 月 18 日，国务院总理李克强考察上海自贸区，李克强指着空出大半的橙色桌面说，要继续压缩负面清单，给市场"让"出更大空间！李克强还指出，负面清单实际上支撑着政府的责任清单：禁止做什么比允许做什么更难！负面清单更加精细化，不像之前大而化之，这实际上也增加了政府责任，要求政府要对负面清单更加熟悉，加强事中、事后监管，提高行政效率（储信艳，2014-09-19）。上海财经大学自由贸易区研究院秘书长陈波在接受中新社记者采访时表示，相较于国外一些大的自由贸易区而言，上海自贸区的负面清单还比较长，尤其对于外商而言，他们希望中国给出的准入条件越宽越好，"中国开放更多的是自己的优势领域，如制造业；而外商则希望在他们强势的服务业、金融业得到更多的优惠"（马化宇，2014）。上海自贸区负面清单采用我国国民经济行业分类标准，与国际上通行的《服务部门分类清单》（GNS/W/120）或者《联合国临时中心产品分类目录》CPC 分类法有一定差距，还需深化服务业开放，减少负面清单中的特别管理措施，与国际投资贸易规则更好衔接。

2）上海自贸区商检职能的简政放权

相关部门要严格遵守《商检法》规定的进出口检验的依据，将主要精力放在维护公共利益和国家安全上，而不是对一般商品的质量检验上；也要遵守《行政许可法》的相关精神，企业自己能够解决的、市场和行业组织能解决的、政府事后惩罚能够解决的事项不能设立行政许可。首先，目前可将服装、鞋类、家具、家电、布匹、螺母、瓷砖等一般商品从法检目录中去掉。对需要检验的商品可减半征收相关费用，降低企业成本。其次，还要缩短检验、许可时间，推进与海关"三个一"合作，提高口岸工作效率。最后，暂停实施出口商品检验，从而最大限度地消除自己制造的出口贸易壁垒。

3）上海自贸区政府部分职能向中介组织转移

从国际上通行的规则来看，进出口商品检验以及原产地签发工作由商会、贸易促进会等中介组织来完成，比如澳大利亚、韩国、英国等很多国家和地区（包括我国的香港特别行政区）的政府都是授权商会组织承担，政府建立对第三方检验鉴定机构检测结果的采信机制。这些做法值得自贸区借鉴。

2. 上海自贸区充实公共服务与市场监管权责

上海自贸区政府除了在行政审批和许可方面做减法外，还必须在服务与监管职能重心方面做加法，也就是要加强政府公共服务与市场监管上的权责配置，以此确保试验区政府职能的转变和落实。有学者指出，新成立的自贸区管委会由"9＋3"进一步合并为"7＋3"，将多种内容有联系的事务交由单个部门管辖，最大限度避免职能交叉、多头管理，提高行政效率，降低行政成本。从综保区管委会整合成自贸区管委会，管理的层级提高了、难度增加了，管理的机构却减少了（陈恒，2013-10-29）。这就会导致机构、人手、权力等的欠缺，严重影响自贸区政府的公共服务和综合监管。因此，我们可采取以下措施加强权责配置。

1）调整和完善上海自贸区机构设置和权责配置

第一，考虑到自由贸易区的事务涉及多个职能部门利益和我国条块分割的现状，借鉴国际经验，我国应该建立一个全国性的自贸区专门管理机构（国务院自贸区协调委员会），统一协调、管理全国自贸区事务。这一专门机构应该在国务院下设立，实行专门机构主管、地方政府协管的自由贸易区管理体制，成员由各相关的中央职能部门和各自由贸易区所在地方政府派出的代表共同组成，以保证其既有足够权威协调相关部门共同制定自贸区的政策和制度，又能与地方政府共同协调、组织实施自贸区的政策。其职责包括：负责确立自贸区的发展总目标和总体规划；负责对自贸区的宏观调控，协调自贸区与国家各职能部门和地方政府的关系；负责与全国人大、地方人大和各部委进行联系，制定关于自贸区的法律、政策和各项具体规定；负责协调自贸区与各部委以及地方政府之间的纠纷。

第二，自贸区区内的政府管理体制，可以在大部制和新加坡的法定机构管理模式的基础上加以创新，通过科学设置机构和有效配置职权，努力实现决策集中、执行专业高效、监督有力到位，决策权、执行权、监督权的适度分离及其相互制约、相互协调关系的形成。

首先，在自贸区管委会原有的"7＋3"下设机构外，增设专家咨询委员会、监察审计局、法治和行政听证办公室等机构。

其次，在人力资源局、经济发展局、财政和金融服务局等机构下根据情况设立一个或多个法定机构。各法定机构由人大专门立法设立，董事会主席是最高领导人员，由各个部门委任，对所属部门负责，资金使用自主，用人自主，具有独立法人资格。这种组织形式使机构内部各个部门分工明确，职责清晰，相互之间能合作协调，信息共享，减少内部交易成本，提高监管效率。

2）充实上海自贸区食品安全监管权责

比如，建立自贸区食品安全专业机构，建议参照工商、质监的做法，由市食品药品监督管理局设立派出机构，配备专业技术能力强的执法队伍，实施食品安全监管。再如，建立自贸区食品企业的诚信平台或诚信档案。虽然各种法律都明确政府部门要设立食品安全诚信档案，但目前仅流于形式，普遍没有设立，尤其是对于注册型的企业要公示并明确其实际经营地，实行定期报备制度。

3. 上海自贸区行政权力的分工与协作

权责合理配置及其有效运行是政府职能履行的有效支撑。自贸区政府权力的配置要以其职能充分履行为依据。自贸区政府权力要配置在维护市场经济秩序和打造经济发展环境上面，要弱化事前审批权，加强事中、事后监管权。因此要认真梳理自贸区政府的职权职责、机构设置、人员编制，机构调整与职责整合并行。在自贸区要实行大部门制，将同一件事交由一个部门负责，最大限度地解决部门职责的交叉和分散，并用法律、法规固定下来。在这方面，《中国（上海）自由贸易试验区条例》列出了上海自贸区管委会的权力清单：负责自贸区内包括投资、贸易、金融服务、规划国土、建设、绿化市容、环境保护、劳动人事、食品药品监管、知识产权、文化、卫生、统计等方面的行政管理工作；领导工商、质监、税务、公安等部门在自贸区内的行政管理工作，协调海关、检验检疫、海事、金融等部门在自贸区内的行政管理工作；承担安全审查、反垄断审查相关工作；负责自贸区内综合执法工作，组织开展自贸区内城市管理、文化等领域行政执法；负责自贸区内综合服务工作，为自贸区内企业和相关机构提供指导、咨询和服务；负责自贸区内信息化建设工作，组织建立自贸区监管信息共享机制和平台，及时发布公共信息；统筹指导自贸区内产业布局和开发建设活动，协调推进自贸区内重大投资项目建设；承担上海市政府赋予的其他职责。

此外，为提高行政权力的运行效率，做好监管和服务，自贸区需要打造协同政府。协同政府的核心目的是整合相互独立的各种组织以实现政府所追求的共同目标，它既不能靠相互隔离的政府部门，也不能仅靠设立新的"超级部门"，唯一可行的办法是围绕特定的政策目标，在不取消部门边界的前提下实行跨部门合作（解亚红，2004）。自贸区权力协同运行的主要做法有：一是"一口受理"机制和平台。自贸区在外商投资项目核准（备案）、企业设立（变更）以及企业境外投资备案等方面，实行"一口受理"。"一口受理"工作机制通过工商、质监、税务等部门相互协作，简化办事流程，提高行政效率。在"一口受理"工作机制下，企业只需要到一个窗口提交材料，对于外商投资企业设立事项，如果外商投资领域在负面清单之外，自贸区完成窗口收件后，可以在4个工作日内办结。对于区内企业办理境外投资备案事项，自贸区完成窗口收件后，可以在5个工作日内办结相关事项。二是建立信息共享机制和综合执法体系。自贸区目前正在推进海关、检验检疫、海事、金融、发展改革、商务、工商、质监、税务、环境保护、安全生产监管、港口航运等部门监管信息的互通、交换和共享。在此基础上，建立由自贸区管委会牵头、区内各管理部门共同参与的自贸区监管与执法联席会议制度，形成常态化协同机制。三是国家安全审查与反垄断审查的中央部委、上海委办局、实验区管委会三级政府协同。比如，在国家安全审查上，试验区管委会综合监管部门、上海市发展和改革委员会、商务委员会、中央部际联席会议三级联动，经常性联络协调和沟通指导，共同完成任务。四是海关与检验检疫部门协同，实施通关联网核查，车辆通过卡口时间从 6 分钟缩短至 30 秒（李燕，2013）。

1.5 上海自贸区制度创新与政府职能实现方式的转变

从行政与社会互动关系角度看，政府职能是一个社会的行政体系在整个社会体系中所扮演的角色和发挥的作用。它反映了国家行政管理活动的实质与方向，是政府活动的全面概括（吴爱明等，2009）。当社会需要某种权威性力量对其活动进行调节，以维持社会秩序、实现社会价值的合理分配时，政府职能的作用便会得到体现与发展。然而，社会始终处于不断地发展之中，政府职能也会随着社会需求的变化而不断实现自身作用方式的转变。上海自贸区不是以往的"政策洼地"，而是处在制度创新的新阶段，难度更大、涉及面更广、涉及的领域更多，是全面深化改革的关键时期，其职能和治理方式的转变是社会发展进步的必然要求。

1.5.1 上海自贸区政府职能实现方式转变的背景

与以往的政府职能转变相似，自贸区政府职能实现方式转变不是政府官员、专家学者的主观臆断，其背后有着深刻的时代背景。一是以制度创新为主、进入深水区的攻坚战改革。在浦东开发之初，政府改革的焦点是吸引人才、招商引资等，并出台了一系列优惠的政策。而如今，自贸区的改革肯定不再是为了招商引资出台优惠政策，而已进入到多层面的制度创新阶段。政府自身是否愿意解放思想，是否有足够的勇气和智慧克服各种困难，是否能够对改革创新的风险进行有效控制，将直接关系到自贸区改革能否顺利进行。二是要形成可推广、可复制的模式。早在 2005 年，上海、深圳、天津、成渝地区等地都曾向国务院及各部委提交关于保税区转型自由贸易（园）区的建议。之后，国家发改委、国务院发展研究中心先后多次到这些地区进行调研（袁志刚，2013）。经过几年的反复论证，因为特有的基础设施、监管制度、管理经验和区位优势，自贸区首先在上海设立。上海自然就成为"第一个吃螃蟹的人"，也没有可以直接借鉴的经验与模式。国务院在批准的《中国（上海）自由贸易试验区总体方案》中指出，"使自贸区成为推进改革和提高开放型经济水平的'试验田'，形成可复制、可推广的经验，发挥示范带动、服务全国的积极作用，促进各地区共同发展"。此外，习近平总书记在参加十二届全国人大二次会议上海代表团审议时指出，"建设自由贸易试验区是一项国家战略，要牢牢把握国际通行规则，大胆闯、大胆试、自主改，尽快形成一批可复制、可推广的新制度"。可见，自贸区肩负着十分艰巨的改革创新任务，在新一轮改革中充当"试水者"的角色，其意在"种苗圃"，而非"栽盆景"。三是国际贸易自由化进程加速。无论是《关税与贸易总协定》（GATT），还是世界贸易组织（WTO），其最终目的都是要减少一国对另外一国商品和服务进口的限制，推动跨国交易活动的市场化，以促进全球资源的合理配置。现今，国际贸易自由化进程中又出现了"自由贸易协定"，贸易自由化的领域不断增多，其已成为各国开展经济战略合作的新途径。这也预示着过去多边贸易体制的作用开始减弱，国际贸易更加复杂，任何贸易大国都需要与邻国或主要贸易伙伴国共同合作，以减少贸易壁垒。四是全球经贸体系规则正在重构。以美国为主导的"跨太平洋战略经济伙伴关系协议"（TPP）和"跨大西洋贸易与投资伙伴关系协议"（TTIP）正在形成更高标准的跨境投资和贸易规则体系，已经使得世贸组织和许多发展中国家处于边缘化的位置。如果不主动参与并进行改革，进而建立国际化、法制化的投资和贸易规则体系，我国就会在国际贸易中始终处于被动地位。

1.5.2　当前上海自贸区政府职能实现方式的具体做法

如前所述，当前上海自贸区政府职能实现方式的做法主要包括负面清单管理模式、管理流程上由事前审批转为注重事中事后监管、构建全方位的综合监管体系、"一口受理、综合审批和高效运作"的服务模式、加快电子政务建设、完善信息公开机制等方面。

1.5.3　上海自贸区政府职能实现方式存在的主要问题

上述政府职能基本都已被写入法规规章之中，成为现今自贸区政府运作必须遵循的"模板"。然而，自贸区毕竟是"试水者"，没有完全成熟的经验可供借鉴，只能摸着石头过河。所以，在实现政府职能过程中不可避免会存在着一些突出的问题。正确认识这些问题，是成功"渡河"的前提。

1. 多元化的政府职能部门管理带来的协调问题

作为一个涵盖投资管理、贸易发展、金融创新的多元经济试验区，自贸区的建立与发展牵涉到纵向和横向两个维度的复杂行政管理事务。在纵向上，《中国（上海）自由贸易试验区条例》规定，上海市人民政府在国务院领导和国家有关部门指导、支持下开展工作，而自贸区管委会为市人民政府派出机构，具体落实自贸区改革试点任务，统筹管理和协调自贸区有关行政事务。可以看出，"领导"、"指导"、"支持"等使得自贸区受到国务院、国务院各部委、"一行三会"等多种部门的制约。各部门往往都会从自身的角度出台政策，缺乏相应的协调，容易引发管理冲突，导致管理效率低下。另外，自贸区自身担负制度创新的使命，一项改革措施如果需要中央部门的批准，自贸区也缺乏相应的权威来同中央部门进行博弈。所以，自贸区缺乏可以协调区内、区外关系的能力，独立性不强、法律地位不高。在横向上，自贸区除了要领导工商、质监、税务、公安等部门在区内的行政管理工作外，还要协调金融、海关、检验检疫、海事、边检等部门在区内的工作。同时，自贸区不是"孤岛"，它也要与市政府其他职能部门、浦东新区政府进行协作，获得相应的支持。如此来看，自贸区在横向上的管理权限还不够宽泛，受到不同管理部门、单位和利益因素的影响。一旦需要制度改革与创新，自贸区并没有超脱于这些部门之上的权力，不得不与这些部门进行反复协商，甚至要到市级、国家级层面才能有效解决。所以，自贸区还较多残留着过去保税区管理体制的痕迹，条块分割、多头管理的体制弊病没有得到有效的解决。

2. 负面清单的冗长与开放本意形成反差

2014 年 6 月 30 日负面清单（2014 版）已经对外公布，与 2013 版相比，新版负面清单经过删除、修改、合并后，其中的特别管理措施由原来的 190 条调整为 139 条，同比缩减 26.8%，"瘦身"效果较为明显。同时，负面清单中"限制投资银行"的特别管理措施也被修改为"投资银行业金融机构须符合现行规定"，以达到与国家政策的统一。但经过比对，我们可以看出，新版负面清单释放的空间依然有限，与外界预期的程度还是存在不小的差距。总体上来说，新版清单给予外商一些参与基础设施、自贸区土地开发等方面的权利，但在第一、第三产业上的特别管理措施还是偏多，特别是金融业与 2013 版几乎没有太大变化（只是取消了投资小额贷款公司、融资性担保公司的限制），开放力度非常小。从长远角度来看，贸易自由的前提是要有良好的金融环境，而上海"四个中心"建设更是离不开金融服务业的进一步开放。因此，负面清单的制定必须要统筹考虑，要在科学论证的前提下进一步"瘦身"。

3. 政府职能实现方式转变的法律法规保障不足

上海自贸区的"新生性"和法律法规制定与调整的"缓慢性"还是产生了明

显的冲突，具体表现在以下几个方面：第一，法律法规位阶较低。目前自贸区还处于起步阶段，其建设的依据是《中国（上海）自由贸易试验区总体方案》、《中国（上海）自由贸易试验区管理办法》和《中国（上海）自由贸易试验区条例》（以下分别简称《总体方案》、《管理办法》、《条例》），这三大文件分别是政策性文件、地方规章和地方法规，不属于效力位阶较高的法律文件。与美国等发达国家由国家立法机关制定对外贸易区基本法相比，我国自贸区的低位阶法规容易导致经济主体认知度低、协同性低、执法难度大等问题。第二，立法存在缺位。自贸区实现外资准入的负面清单和备案制。同时，2013 年的《中共中央关于全面深化改革若干重大问题的决定》在加快完善现代市场体系一部分提到，"实行统一的市场准入制度，在制定负面清单基础上，各类市场主体可依法平等进入清单之外领域"。显然，这里的市场主体不仅包括外资，也包括民营资本。而如果全国人民代表大会常务委员会仅在自贸区暂停上述三法，这就不符合当前市场制度改革创新的要求。因此，制定统一主体条件的《公司法》势在必行（上海对外经贸大学 2011 计划办公室和上海对外经贸大学科研处，2014）。第三，相关法律法规的适用性问题。《条例》及其他规章的推行在一定程度上引起了其他法律的适用问题。例如，自贸区内实施注册资本认缴制、"先照后证"、企业年度报告公示等创新性制度。而一旦发生与原有工商制度相关的刑事犯罪，原有的刑罚标准在自贸区是否适用？该如何适用？此外，自贸区与外界是两套运行体制，区内注册到区外经营的市场主体在违法的情况下又该如何适用法律？所以，建立与完善区内、区外互动对接的法律适用机制十分重要。第四，《条例》本身还有很大的完善空间。当前，一份详细的指导文件对于自贸区建设来说特别重要。而细观《条例》我们可以发现，其中部分条款多是原则性、概括性的，缺乏具体的表述，如第四十二条中提到，"管委会、驻区机构和有关部门应当通过制度安排，将区内适合专业机构办理的事项，交由专业机构承担"，这里的制度安排包括哪些？适合专业机构办理的事项又包括哪些？很明显，这些暂时还没有得到明确的规定。其实，这种为自贸区改革预留空间的做法，其初衷是好的，但往往也具有很大的模糊性，会让市场主体对投资行为产生一定的犹豫。

4. 网络信息平台建设有待深入推进

网络信息平台是自贸区各部门实现资源共享、创新行政运作模式、推进综合监管的必要技术载体。《总体方案》中明确提出，要完善网络信息平台，实现不同部门的协同管理机制。而从目前的建设来看，网络信息平台要发挥出完整的功能，离不开信息的采集、"前台"和"后台"三个部分的有效建设。"前台"多指政府网站、综合信息系统等，它直接面向公众和企业，并承接他们的服务需求和反馈结果。在这方面，"中国（上海）自由贸易试验区门户网站"已经建立，并成为集政务公开、办事服务、互动交流于一体的综合性网络信息平台。据统计，自贸区官网日均访问量已是原来上海综合保税区网站访问量的数倍，让许多企业和公众体会到高效、便捷与灵活。"后台"则指为企业和公众提供信息和服务的实际执行部门，他们突破传统政府实体窗口提供服务的弊端，运用信息技术对组织服务结构、服务模式和流程进行再造。同时，网络信息平台并不是"单口相声"，它也强调"后台"部门之间的信息共享与合作。当前，上海国际贸易"单一窗口"首个试点项目就是将海关、检验检疫、边检、海事共同准予船舶离港电子放行信息发送至"单一窗口"平台，实现贸易和运输企业通过单一平台一点接入、一次性递交满足监管部门要求的格式化单证和电子信息，监管部门处理状态和结果通过单一平台反馈给申报人，监管部门按照确定的规则，共享监管资源，实施联合监管（夏冰，2014）。除了"前台"和"后台"，网络信息平台还须有完善的信息采集机制。为促成信息的共享和使用，对于信息的采集必须要协调一致，明确信息采集的环节和规范。综合来看，虽然自贸区网络信息平台建设已经取得不少成绩，但与预期相比，还是存在一定的差距。在"前台"方面，除了自贸区官方网站，还没有能够形成可以综合企业基本信息、运营信息和信用信息的企业基础数据库，也没有形成能够综合海关、质监、工商、税务、金融等多部门的监管信息共享平台。在"后台"方面，自贸区内各部门的信息管理仍处于各自为政的状态，基于网络信息平台之间的合作还有待于深入推进。在信息采集方面，要想对众多企业信息、信用信息、监管信息等进行全面收集并不容易。况且，信息采集的标准、加工、传递等涉及多个环节、多个部门，大量的协调也在所难免。

5. 社会力量参与自贸区治理的薄弱性

《管理办法》规定，自贸区有关政策措施、制度规范在制定和调整过程中，应当主动征求自贸区内企业意见。但这些还只是顶层设计，具体如何参与、如何建立合作机制、如何平衡政府和社会之间的关系等，还需要不断探索与完善。其实，社会力量参与自贸区治理还有许多薄弱的地方，具体表现在：第一，自贸区社会共治的局面多由政府在推动（比如将要建立的社会力量参与的综合监管机制），而市场、社会团体、行业协会、公众等都是比较被动的，这容易使政府治理再次回到过去的高度集权模式，从而失去共同治理的意义。第二，现有共同治理的领域多在市场监管方面，而且其中依然以政府监管为中心，社会力量能够发挥作用的空间比较有限。第三，共同治理需要有平台和机制，否则共同治理就只能停留在口头上。现在自贸区正尝试建立由企业和相关组织代表等组成的社会参与机制，但共同治理还应该有更多较为开放的平台和机制，这样社会力量才能更加便捷地加入到共同治理的过程中。

6. 政府公共服务提供方式的单一性

《条例》已经提出要引入竞争机制，通过购买服务等方式，引导和培育专业机构发展。问题是，在自贸区内，哪些公共服务必须由政府直接提供？哪些可以交给市场和社会进行提供？通过什么样的方式进行提供？这些还没有得到很好的体现。目前，自贸区正在全力建设之中，而相应的公共服务基本都是由政府在承担。未来，多元化的公共服务提供应该引起自贸区重视，并应尽快改变政府公共服务提供单一性的现状。

1.5.4 推进自贸区政府职能实现方式转变的对策

自贸区建设可以看作打造中国经济"升级版"的重要一步，而政府职能转变无疑又是自贸区建设关键，具有牵一发而动全身的效用。但由于自贸区的新生性，政府职能实现方式的转变面临着管理体制、市场开放、法律法规、电子政务建设、社会力量参与等许多问题。为此，在坚持我国和上海实际情况的基础上，结合国际自贸区建设的成熟经验，我们需要从多方面着手，以进一步推动自贸区政府职能实现方式的转变。

1. 建立各政府部门自贸区事务的协同管理机制

当改革进入深水区的时候，其最大的阻力并不是来自自贸区政府本身，因为它有一种向前发展的冲动，而纵向上的部门利益、横向上的协调问题等可能会给自贸区的建设带来不小的麻烦。这方面并非没有前车之鉴。前届中央政府任内，天津滨海新区被国务院确定为综合配套改革试验区，可以在包括金融在内的诸多领域先行先试，然而在争取设立 OTC（场外（柜台）交易）系统时，却遭遇国务院部门的拖延，直至中央政府换届，也没有取得进展，最终不了了之（刘玉海和高莹，2013）。面对自贸区管理体制存在的问题，我们真正需要的是顶层设计，在宏观和微观两个层面来尝试建立各政府部门的协同管理机制。在宏观层面，为提高现有自贸区政府的管理权威，可以参考发达国家的做法，在国家层面设立"专管型"的自贸区管理机构，由国务院直接管理，比如国家自贸区管理委员会。在人员和机构配置上，国务院各部门、上海市自贸区管理机构应该派出代表共同组成国家自贸区管理委员会，日常事务交由常设机构处理，重大事项召开管理委员会大会讨论决定。在职能行使上，由这个国家层面的管理机构来负责协调上层部门之间关系，拟定自贸区发展的整体方案，起草自贸区法律，指导与监督自贸区的发展。而在微观层面，现有自贸区内的管理体制是地方政府主导型，即由上海市政府的派出机构负责对自贸区进行管理。如前文所述，自贸区政府不是一个"孤岛"，它面临工商、海关、金融、检验检疫、海事、边检等多个驻区部门的横向协调问题。此外，自贸区还要与市政府其他职能部门、浦东新区政府进行一定的协作。所以，建立自贸区多部门的横向协调机制十分有必要，如部门负责人联席会议、定期联系会议机制、专题调查会、应急联动协调机制等。除了横向的协调外，自贸区也应借鉴国外自贸区管理的政企分离模式，如上文所述新加坡自贸区港务局被分为港务集团（民营化）和海运与港口局，双方分别负责自贸区内的经济运营和行政管理工作，互不干涉。同样，上海自贸区政府可以专门负责行政管理事项，其中包括行政执法、投资注册、工商、税务、市场监管等。而具体的经济运营事项则交由开发公司负责，实现行政与经济职能的分离。自贸区政府只负责相应的指导和监督，但不直接干预开发公司的工作。这样一来，我们既能发挥政府的协调、监管等优势，也能充分调动社会的积极性，有利于集中优势进行自贸区建设。

2. 完善负面清单管理模式

继负面清单（2013 版）备受诟病以后，负面清单（2014 版）吸取教训，进行了一定程度的"瘦身"。但新版负面清单除了在参与基础设施、自贸区土地开发等方面给予外商一些权利外，其他领域依旧开放有限，特别是金融领域，几乎没有太大的变化。为此，我们首先应该在思想上转变以往将外资视为"洪水猛兽"的观念，正确认识负面清单扩大对外开放和与国际接轨的本质目的。其次，结合我国的现实情况，通过以下几个方面来科学制定负面清单：第一，注重政策的协调性。正如前文所述，除了负面清单以外，为扩大服务业开放，国务院《总体方案》中专门列出了正面性的清单。二者在设立外资银行方面存在一定的冲突，最终以负面清单（2014 版）的修改而告终。这说明，一方面制定负面清单时应注意与国家其他政策之间的协调性，以便于政策的有效执行。另一方面，负面清单的政策性地位还不够明确。理论上，自贸区是国家在上海设立的专门试验区，属于国家层面的政策措施。但负面清单与国务院其他职能部门的政策发生冲突时，退让的是自贸区。所以，有必要进一步明确负面清单的政策性地位。第二，负面清单的制定应该有相应的法理性依据。在国外，负面清单的制定有三类依据：一是一般例外，为保护人类、动植物的生命或健康所必须采取的措施，与保护可用尽的自然资源有关的、与限制国内生产或消费一同实施的措施等；二是不符措施，由国家安全审查制定，关键基础设施保护等；三是保留措施，指准许缔约方在特定情况下撤销或停止履行约定义务，以保障某种更重要的利益（孙元欣等，2014）。而在上海自贸区负面清单制定之中，也可以借鉴这样的惯例与框架，以使负面清单更加透明，更加具有说服力。第三，进一步扩大对外开放。从国外自贸区发展来看，它们的开放程度远比我们高，如前面提到的新加坡，对外资进入行业几乎没有限制，即使是重要行业与领域也很少有股权比例限制。当然，负面清单的开放也不是毫无底线的，它是根据我国目前的产业结构发展情况来进行定夺的。当前，我国高度重视服务业的对外开放，那么负面清单在金融、航运、社会服务、商贸等领域就应该加大开放力度，特别是金融领域，其发展事关其他外资进入领域和上海"四个中心"建设，重要性不言而喻。此外，在扩大对外开放的过程中，短期内外资大量涌入会对相关基础薄弱行业造成一定的冲击，金融领域人民币资本项目可兑换后也可能出现跨境套利行为，这些都需要政府提前做好应对。

3. 健全与完善依法行政

自贸区必须有完善的法律法规来保障其有序运行。在认真分析当前自贸区法治的现状和问题后，结合国外自贸区法治建设经验，应该就法治保障做出以下努力：一是在国家层面进行立法，以解决《条例》效力位阶不高的局限性。目前自贸区缺乏同上层部门博弈的能力，负面清单等政策性地位也难以同国务院部门规章媲美，根本原因就在于缺乏一部国家层面的法律来对自贸区进行更高的定位。而在我国台湾，台湾当局于 1965 年和 2003 年就分别制定了"出口加工区设置管理条例"、"自由贸易港区设置管理条例"，并用其来规范台湾地区所有出口加工区或自由贸易港区的相关活动。除了要提升自贸区法律位阶以外，还需要考虑未来其他地区自贸区的批准与建设工作。因为上海自贸区还只是"第一个吃螃蟹的人"，将来肯定还会有更多的自贸区获批，并进行建设，从而也更加需要一部全国性的法律法规，以对它们进行指导和定位。二是加快制定与自贸区改革相适应的法律法规。自贸区实行负面清单以后，政府职能更加注重事中、事后监管。而相应的监管程序、内容、方式等均需要一定的规范，这样才能有效避免外资进入带来的风险。三是建立区内区外法律适用的协调机制。平等民事主体之间的横向交易法在区内区外必须适用相同的法律准则，否则会出现"超国民待遇"。假如出现有人故意制造区内法院管辖的情况，根本的做法是严守《宪法》，遵从"条约必须信守"这一国际法原则，按照统一的法律规则进行办案。针对区内注册企业到区外活动的法律适用问题，一般来说，如果是横向交易法，法律尺度应该一致，避免产生区内区外的不公平竞争。而如果是纵向性的案件，则应主动适用新的法规。且在新法规未建立以前，应该建立判例库作为今后案件的审理依据（上海对外经贸大学 2011 计划办公室和上海对外经贸大学科研处，2014）。四是进一步完善《条例》。《条例》涵盖管理体制、投资、贸易、综合监管等，既是自贸区建设的法规保障，也是指导自贸区建设的纲领性文件。接下来，应该对其进一步细化，使得其中模糊性、原则性的条款变得更加具体、可操作，从而能够更好地对自贸区建设进行指导。

4. 深入推进网络信息平台建设

自贸区网络信息平台建设是一项系统工程，它涉及前文所述的"前台"、"后台"和信息采集机制三个方面的建设。与这三个方面相对应，我们可以从以下几个方面着手：第一，在上海自贸区内整合并建立涵盖日常监管、行政执法、信用评定、行政许可管理等的信息系统，打破海关、工商、税务、质监、金融、综合监管等部门信息各自为政的状态，实现监管信息的共享与互换。此外，政府职能的重点转为事中、事后监管后，对于企业经营、注册备案、信用信息等方面的掌握十分重要。因此，要尽快建立涵盖企业经营运作等基本信息的数据库，从源头上预防企业违规行为的发生，有利于监管的科学化和精细化。当然，企业基础信息数据库不仅要在政府监管上发挥作用，也要面向社会，建立相应的企业信息查询平台。这样一方面能够让社会了解企业，在投资、就业和消费方面"用脚投票"，另一方面也能够充分调动社会资源来对企业进行监督，与政府一道形成严密的监管网络。第二，在监管信息共享平台、企业基础数据库建立的背后，是政府对以往职能实现方式的流程重组，也即过去政府部门之间的工作是依托各自窗口的实体型服务，而现在随着网络信息平台的推进，政府之间业务交流、信息共享与互换、综合监管与服务等实现了一体化、虚拟化。原有的众多实体窗口就会缩减至一个，甚至不再需要实体窗口，直接通过网络进行服务和监管。此时，政府内部组织结构和服务模式必须要进行改变，以适应网络信息技术发展的需要。第三，深化电子政务建设，完善信息采集机制。一般意义上，网络信息平台也属于电子政务建设的一个部分。而电子政务所带来的并不止这些，政府运作的透明化、责任性、服务性、公民参与性等应该是电子政务致力追寻的目标。因此，深化电子政务建设需要依托网络信息技术载体，从更好地服务公众和企业着手，建立公众服务中心、公众参与机制、政务信息公开机制等。另外，网络信息平台建设离不开对企业运营信息、信用信息、注册信息的及时采集，也离不开政府各部门信息共享与互换规范的确立。各部门应该就信息采集的渠道、加工、应用和反馈等进行沟通，尽早确立信息采集规范。

5. 积极引导与培育社会力量参与自贸区管理

在这方面，第一，可以借鉴国外伦敦金融城、国内南京等城市以及上海新天地等单位在推行城市管理社会共治方面的实践经验，设立试验区市场监督社会参与委员会。社会参与委员会应该囊括三类人员：一类是工商、税务、质监、海事、边检、海关、综合监管与执法局等政府部门人员；二类是律师事务所、会计事务所、行业协会、商会、第三方检测机构等专业服务机构人员；三类是企业、公民、媒体、专家学者等社会人员。作为由众多力量组成的社会参与平台，其成员的地位应该是平等的，且共同负责指导、组织、考核社会力量参与自贸区市场监管工作。另外，社会参与委员会应定期召开会议，听取成员对于自贸区管理的意见，并设置专门性机构来负责社会管理信息数据库的建设，促进社会管理信息和政府综合监管信息的对接与共享（朱咏，2014）。第二，充分发挥行业组织的自我管理作用。在国外自贸区建设中，普遍重视发挥行业组织的自律、自我监管作用。其中，某些较为权威的行业组织可以制定行业标准、自律规则，代表政府对会员进行监督和约束。同时，行业组织也可以代表会员向政府提出意见，影响政府的决策过程，如上文提到日本与美国的行业组织就具有制定行业规范、受政府委托承担相应的监管职能，以及对公共政策、法律制定的结果施加影响的作用。上海自贸区也应更加重视行业组织的自我管理作用。在出台涉及行业发展的重大政策时，政府要主动征求相关行业组织的意见。同时，政府也要创造条件让行业组织主动参与到政策的制定过程之中，并且与政府一道对企业进行必要的监督。除此之外，行业组织也需要加强自律建设，一方面，行业组织应当制定出完善的行业规范，对会员进行有效的监督；另一方面，行业组织也应当健全内部管理制度，推进诚信体系建设，形成行业自律性管理的约束机制。第三，进一步发挥专业机构的专业服务功能。自贸区的有序运行也离不开律师事务所、第三方检测机构等一批社会专业性机构来为其提供专业性的服务。因此，应该鼓励专业性机构的设立，支持资产评估机构、会计师事务所等机构对企业的运营情况进行监督。第四，拓展社会公众参与管理的途径。社会多元共治的主体是多元的，其共治的渠道、机制和途径也应该是多元的，因为单一的机制或平台根本无法传达与代表多元化的利益需求。所以，自贸区应该形成多渠道的公共利益表达途径，具体可以包含：充分发挥新闻媒体的舆论监督作用，在对区内不良行为进行曝光的同时，也要弘扬先进，通过舆论引导形成风清气正的和谐环境；鼓励工会等组织积极开展维护职工合法权益的活动，积极参与和监督相关政策的制定与执行；鼓励专家学者对自贸区建设进行理论性的研究，以为自贸区的发展提供智力支持。

6. 大力提倡政府购买公共服务

我国政府购买公共服务最早可以追溯到 1994 年深圳罗湖区的环境卫生领域。随后，1996 年，上海市浦东新区社会发展局向民办非企业单位"罗山会馆"购买服务，开创了我国政府购买社会组织服务的先例。进入 21 世纪以来，各地政府在社工服务、行业服务、公交服务、医疗卫生等多个领域进行了购买服务，相应的购买服务机制也在我国得以迅速发展（周俊，2010）。政府购买公共服务的对象主要有两类：一类是企业，主要存在于公共交通、环境卫生、城市治安等领域。在国外自贸区中，政企分开治理的模式较为普遍。自贸区内的行政性事务由政府负责，而经济管理类活动则委托给专业公司经营。例如，美国 1 号对外贸易区的经营者是一家私营仓库有限公司。另一类是社会组织，主要存在于医疗卫生、文化服务、专业服务、社会工作等领域。例如，自贸区内行业组织、资产评估机构、会计师事务所等专业性组织会受政府委托开展相关专业活动或提供服务，政府会支付一定的费用。

尽管政府购买公共服务的对象趋于多元、购买的领域日渐增多，但也有两个突出问题摆在政府的前面，需要加以解决：第一，有些政府错把手段当作目的，购买公共服务操作上不够规范，缺乏对购买合同的监督和评估。为此，政府在购买公共服务的过程中要建立相应的责任机制。在对提供服务不合格的社会组织或企业进行调查的同时，也要追究政府相应的购买责任。除此以外，政府也要实现行政透明，在保障社会公众对政府购买公共服务的知情权和监督权的同时，引入第三方评估机构对公共服务的质量和效益进行评估。第二，近年来，虽然我国社会组织有了很大的发展。但出于政治原因考虑，社会组织的发展始终没有取得政府的充分认同，导致政府对其提供的公共服务购买意愿不强。其实，有些政府也在承诺并努力让社会组织来提供相应的公共服务，不过这些社会组织独立性不高，所提供的公共服务质量也不高，更多的是依附政府。因此，政府首先要转变观念，营造有利于社会组织发育与成长的条件。2013 年《国务院机构改革和职能转变方案》明确提出："重点培育、优先发展行业协会商会类、科技类、公益慈善类、城乡社区服务类社会组织。成立这些社会组织，直接向民政部门依法申请登记，不再需要业务主管单位审查同意。民政部门要依法加强登记审查和监督管理，切实履行责任。"这意味着政府已经降低了社会组织成立的门槛，未来社会组织的发展环境也将越来越好。此外，社会组织也要加强自身建设，解决一直存在的内部管理"家长式作风"、外部治理能力不强、监督机制不健全等问题，真正赢得政府和社会的充分信任。

本章参考文献

艾宝俊 . 2013-12-13. 上海自贸区制度创新包括四方面 . 文汇报 .

陈恒 . 2013-10-29. 负面清单：正面破题职能转变 . 光明日报 .

程贤淑 . 2013-10-10. 上海自贸区将设信息化服务平台 . 新闻晚报 .

储信艳 . 2014-09-19. 李克强考察上海自贸区：压缩负面清单给市场让空间 . 新京报 .

戴维·奥斯本，彼德·普拉斯特里克 . 2002. 摒弃官僚制：政府再造的五项战略 . 谭功荣，刘霞译 . 北京：中国人民大学出版社 .

郭芳，王红茹 . 2014-12-05. 自贸区：为什么是上海？中国经营网 . http：//www. cb. com. cn/index. php？m＝content&c＝index&a＝show&catid＝26&id＝1012421&all.

郭金云，李翔宇 . 2014. 整体政府：服务型政府建设的治理方向 . 上海行政学院学报，（1）：70-76.

霍布斯 . 2010. 利维坦 . 黎思复，黎廷弼译 . 北京：商务印书馆 .

季明，叶锋，向欣荣 . 2014-12-05. 透视中国（上海）自贸区转变政府职能新举措 . 新华网 . http：//news. xinhuanet. com/2013-10/22/c_117826948. htm.

姜明安 . 2010. 建设服务型政府应正确处理的若干关系 . 北京大学学报（哲学社会科学版），（6）：110-119.

姜微，徐寿松，季明 . 2014-12-06. 上海自贸区取得四大制度突破　成果好于预期 . 新华网 . http：//www. chinanews. com/gn/2014/09-28/6640345. shtml.

拉塞尔·M. 林登 . 2002. 无缝隙政府——公共部门再造指南 . 汪大海等译 . 北京：中国人民大学出版社：译者序 .

李金昌 . 2014. 从公司信用转变看中国政府职能转变 . 河南司法警官职业学院学报，（1）：38-41.

李燕 . 2014-11-09. 自贸区货物过卡时间缩至 30 秒　6 家企业率先试行 . 东方网 . http：//sh. eastday. com/m/20131010/u1a7703907. html.

林毅夫 . 1994. 关于制度变迁的经济学理论：诱致性变迁与强制性变迁 . 上海：上海三联书店：384.

刘玉海，高莹 . 2014-11-15. 上海自贸区：另一种突破还是某种困境？中国质量新闻网 . http：//www. cqn. com. cn/news/zggmsb/diqi/790553. html.

马化宇 . 2014-12-05. 解析李克强考察上海自贸区：将继续压缩负面清单 . 中国新闻网 . http：//news. cnfol. com/guoneicaijing/20140919/19025897. shtml.

欧文·E. 休斯 . 2007. 公共管理导论 . 张成福，王学栋译 . 北京：中国人民大学出版社 .

曲潇 . 2013-09-27. 上海自贸区三层管理体系透视——部委与地方有效沟通成关键 . 21 世纪经济报道 .

上海财经大学自由贸易区研究院 . 2014. 赢在自贸区：寻找改革红利时代的财富与机遇 . 北京：北京大学出版社 .

上海财经大学自由贸易区研究院，上海发展研究院 . 2013.2014 中国（上海）自由贸易试验区发展研究报告 . 上海：上海财经大学出版社：152-153.

上海财经大学自由贸易区研究院，上海发展研究院 . 2013. 中国（上海）自由贸易试验区与国际经济合作．上海：上海财经大学出版社．

上海对外经贸大学 2011 计划办公室，上海对外经贸大学科研处．2014.2014 年中国（上海）自
　　由贸易试验区研究蓝皮书．上海：格致出版社，上海人民出版社：103，108.

上海市人民政府发展研究中心．2014. 中国（上海）自由贸易试验区半年运行评估报告．内部
　　资料．

上海市社会科学界联合会．2013. 中国（上海）自由贸易试验区 150 问．上海：格致出版社，
　　上海人民出版社：9.

施本植．2013. 东盟国家投资贸易壁垒及其对策研究．北京：科学出版社．

石国亮．2008. 服务型政府：中国政府治理新思维．北京：研究出版社．

孙元欣，吉莉，周任远．2014. 上海自由贸易试验区负面清单（2013 版）及其改进．外国经济
　　与管理，(3)．

唐健飞．2014. 中国（上海）自贸区政府管理模式的创新及法治对策．国际贸易，(4)：27-32.

王惠岩．1998. 当代政治学基本理论．天津：天津人民出版社：22.

王浦劬，燕继荣．2004. 政治学原理．北京：中央广播电视大学出版社：164-165.

王一程，负杰．2006. 中国行政管理体制改革的进展与面临的挑战．政治学研究，(3)．

吴爱明，沈荣华，王立平，等．服务型政府职能体系．北京：人民出版社：1.

夏冰．2014-12-06. 上海国际贸易 "单一窗口" 首个试点项目运行．中国（上海）自由贸易试
　　验区官网．http：//www. china-shftz. gov. cn/NewsDetail. aspx? NID＝4ccfbab0-e6ae-4cc7-
　　bf04-76e0a813dc7e＆CID＝f672f518-99a3-4789-8964-1335104906b4＆MenuType＝1.

向欣荣．2014-12-06. 上海自贸区 2014 版负面清单发布．搜狐财经．http：//
　　business. sohu. com/20140701/n401591781. shtml.

肖林，马海倩．2014. 国家试验：中国（上海）自由贸易试验区制度设计．上海：格致出版社，
　　上海人民出版社．

解亚红．2004. "协同政府"：新公共管理改革的新阶段．中国行政管理，(5)：58-61.

徐明棋．2014-08-27. 上海自贸区政府管理体制改革先行先试取得突破．上海证券报．

许晓青，季明，杜放．2014-12-05. 新闻背景：中国（上海）自由贸易试验区．新华网．
　　http：//news. xinhuanet. com/fortune/2013-09/29/m_117563968. htm.

颜晓闽．2014. 自贸区与行政区划法律冲突的协调机制研究．东方法学，(2)：133-140.

袁志刚．2013. 中国（上海）自由贸易试验区新战略研究．上海：格致出版社．

中共中央马克思恩格斯列宁斯大林著作编译局．1972. 马克思恩格斯选集．第 3 卷．北京：人
　　民出版社：523.

中共中央马克思恩格斯列宁斯大林著作编译局．1995. 列宁选集．第 3 卷．北京：人民出版
　　社：149.

《中国（上海）自由贸易试验区指导》编委会．2014. 中国（上海）自由贸易试验区指引．上
　　海：上海交通大学出版社．

周汉民，王其明，任新建．2014. 上海自贸区解读．上海：复旦大学出版社：177.

周俊．2010. 政府购买公共服务的风险及其防范．中国行政管理，(6)：13-18.

朱咏．2014-12-05. 社会力量与自贸区综合监管．《金融时代》电子杂志．http：//shages. com/
　　jinrong/213. html.

Bovaird T，Loffler E. 2003. Public Management Governance. London and New York：Routledge.

Forristal P M，Wilke D L，Mccarty L S，et al. 2008. Improving the quality of risk assessments in Canada using a principle-based approach. Regul Toxicol Pharmacol，50：336-344.

Morrall J F. 2001. Regulatory Impact Analysis：Efficiency，ccountability，and Transparency. http：// www. oecd. org/ dataoecd/18/46/1901526. doc［2007-10-16］.

Ren Z，Anumba C J. 2004. Multi-agent systems in construction-state of the art and prospects. Automation in Construction，(13)：421-433.

Sofos J N. 2008. Challenges to Meat Safety in the 21 Century. Meat Science Symposium on Meat Safety：From Abattoir to Consumer，(78)：3-13.

Von Witzke C，Hanf H. 1992. BSE and international Agricultural Trade and Policy // Hallbe M. Bovine Somatotro Pinand Emerging Issues：An Assessment. Boulder，Co：Westview Press.

Wamin L B. 2004. Consumer ideatuion to food safety crises. Advances in Food and Nutrition Research，48：103-150.

第2章　中国（上海）自贸区国际直接投资政策研究

2.1　负面清单的行业选择标准与动态调整方法

负面清单是指某国政府保留权力制定针对外资的与最惠国待遇不符的管理限制措施（包括但不限于限制准入、股权、业绩、高管要求等）。由于清单内的行业是无法享受正文条约所给予的国民待遇或最惠国待遇等正面待遇，往往需要面临附加的管理约束，故称为负面清单。上海自贸区率先制定了2013版负面清单，并在此基础上进行修订，发布了2014版负面清单，在国内外引起了广泛关注。本节将首先探索负面清单的行业选择标准和调整方法。

2.1.1　研究意义

行业选择问题是负面清单研究和中美双边投资协定谈判中最重要的问题之一。目前我国对负面清单的研究还处于初级阶段，缺乏相应的实践经验，政府部门在制定和修改负面清单的过程中，还存在着负面清单的行业入单依据相对薄弱、修订程序不够透明、缺乏相应的动态调整机制等问题。我们试图从负面清单的行业选择标准与负面清单的动态调整程序这两个方面入手来解决上述问题，力图在行业选择和修订过程中做到"入单有据，出单有期"，在采用对应的不符措施管理负面清单内行业的过程中做到"禁限结合，适当谨慎"，针对我国经济社会处在转型期，部分行业可能在不同时期面临较大变动的情况，我们进一步提出负面清单的动态调整过程中应该充分听取相应行业、学界以及相应政府主管部门的意见，做到"政学商结合，动态核审"。在充分把握中共中央与国务院关于发挥市场的主体性作用和"法无禁止即可为"的指导思想基础上，对相应的行业给予公开透明且可预期的调整期，促使相关行业在调整期内不断提高自身竞争力以适应未来外资参与的充分竞争环境，并给予外资一个可期待可选择的开放时间，最大限度地增加我国行业与企业的竞争能力与开放程度，提高我国经济水平，并为相关行业转型升级提供一个渐进的、过渡性的环境。

在我国初步探索使用负面清单保留相关行业的外资管理权限的过程中，需要重视结合我国现有的经济发展水平，不断提高相关政策的透明度和修订的公开性与科学性。一方面，我们应该努力争取达到或接近日本和澳大利亚等发达国家的水平，力求做到入单有据，即所有负面清单内的管理外资限制措施，都应该是国内法律和部门规章法规等已经明示区分限制的行业，所有清单内的行业都应该能查到相应的入单依据。另一方面，在制定负面清单的过程上，对部分行业应该做到出单有期，即对于一些有可能存在外部性或者尚属于幼稚或新兴产业的部门，不得不在一定时期内采取外资进入审批或者是相应的外资控股限制的情形下，也应该时刻考察监管这些行业的动态经济变化。对于一些在规定时期内，在限制外资的过程中由于自身行业所存在的各种问题而没有得到充分发展的，由于过度保护而给相关上下游行业和消费者带来了不利影响的，应该设定期限使其行业对外资进一步开放，利用外资的竞争效应和相应地给消费者带来的福利改进来弥补该行业由外资进入带来的潜在风险。对于另外一部分通过一定时期的外资限制而得到了保护和发展的行业，也应该在行业发展水平提高之后取消对外资的相应限制措施，以争取在未来获得更好的发展。对这些行业的动态调整，既可以反映出我国外资管理政策的前瞻性与科学性，又向外资展示了我国较高的开放水平与改革意识，也使国内企业意识到行业的保护是有限度的，这种限度既可能是时间上的限制，也可能是地域或者是相关竞争性外资企业规模产权等的局部限制，在这种情况下负面清单既会给予外资一种开放的信号，也会给内资一种强调未来转型升级和竞争加剧的信号，有利于内资企业充分利用相关资源推进改革创新和转型升级，以适应将来更加公平开放的激烈竞争环境，这也将会促使我国在以采取负面清单和不符措施为主要形式的高水平双边投资协定的谈判中占有更为有利的地位，同时有利于我国企业更好地进行海外投资和扩张。

2.1.2　负面清单管理的理论背景

在负面清单的修订管理过程中，最核心的问题就是判断一个行业是否需要放入负面清单进行特殊管理，还是将其留在清单之外，对内外资平等对待并进行统一管理。巴格瓦蒂的次优理论在负面清单的管理过程中具有重要的指导意义。次优理论可以简单表述如下："如果在一般均衡体系中存在着某些情况，使得帕累托最优的某个条件遭到破坏，那么即使其他所有帕累托最优条件得到满足，结果也未见得是令人满意的，换句话说，假设帕累托最优所要求的一系列条件中有某些条件没有得到满足，那么，帕累托最优状态只有在清除了所有这些得不到满足的条件之后才能达到。"这一理论由 Lipsey 和 Lancaster（1956）提出，Bhagwati 在 1963 年和 1971 年做出重大改进，并经 Rodrik（1991）和 Krishna 等（1998）发展，现在已成为各国政府制定和解释政策的重要理论依据。

在现实世界中，市场的不完全性，必然会使得在一些特定部门或地区在某些领域产生扭曲，而 Bhagwati 对次优理论最大的贡献即他认为政策的作用就是以政策造成的扭曲对抗原先已有的扭曲，在这一思想的指导下，政策制定对象应该是原先就由于市场失灵已有扭曲的领域，同时对于已经有扭曲的领域，应该采用直接和该领域相关的政策来进行干预，比如，对于保护国内幼稚产业应该直接应用产业政策，而不是关税等贸易政策，政策和管理对象的原有扭曲一一对应，这就是次优原理的盯准原则（target principle）。

这一原理在关于贸易、农业、税务等政策工具的研究中得到了大量的证实。国内学者也对次优原理与盯准原则的具体行业适用性进行了初步的研究。从这一理论对应到现代的以负面清单和不符措施为基础的单边或双边的新型投资自由化进程中的政策选择问题，即可理解为政府应该选择原先存在扭曲的行业，通过列入负面清单采用不符合准入前国民待遇的特殊监管措施对这些行业进行管理，包括核审、限制外资比例、控制外资进入速度与禁止进入等手段来修正这些行业所存的扭曲。因而，政策制定者研究具体行业是否进入的时候，最重要的原则是考察该行业在不采用特殊监管措施而进行单外管理的情况下，会否出现由于外资进入而带来的扭曲，例如，负的外部性，对于文化资源等的潜在风险，以及外资本身撤资和运营过程中与东道国的潜在冲突带来的系列扭曲等。如果该行业存在一种或多种扭曲的可能性，则政府应用负面清单与特殊监管措施对这些行业进行管理即是可行的、合理的。但如果行业不存在这些扭曲，政策制定者强行将这些行业放入负面清单进行管理，反而会由于政策干预而造成新的偏离。在这一理论基础上，我们审视不同行业是否应该列入负面清单进行管理，即可以转化为考察这些行业内在是否潜在扭曲问题，进一步即考察一个行业是否存在外部性，是否潜在地给对国家安全和文化及社会稳定等带来风险，是否有内外资事后监管和控制的差异，是否有可能是幼稚性行业等因素。

在现实中，对所有行业是否存在潜在的扭曲进行非常精确而客观的度量非常困难，而我们制定和调整负面清单的过程，也是一个动态学习的过程，具体而言，更是一种信息不完全情况下应用次优理论运用政策工具调整相应行业问题的过程。在这种情况下，一方面需要相关政策制定部门相对谨慎，在推动开放和外资进入的同时对于一些较为敏感的行业进行适当的负面清单内监管；同时还需要参考其他国家采用负面清单与不符措施等方式进行管理的行业选择与部门选择经验。对于在多数国家都采取外资限制措施的行业或者部门，我们在对相关行业是否存在扭曲无法清晰判断的情况下，还是应该参考相关国家的政策选择，对相关行业采取稳健的清单内监管措施。

2.1.3　负面清单行业选择依据与调整框架

结合我国的国情以及明确了理论指导依据后，我们下一步工作的重点即在实际操作和政策实践中，探索如何判断一个行业是否存在扭曲或者外部性现象。只有解决判断某一行业外资获得准入前国民待遇之后是否会造成该行业的无序竞争与其他更多潜在的经济社会风险这一难题，才能将抽象的行业判断原则与其背后的理论基础转化为可操作的执行手段。

　　按照兰卡斯特和巴格瓦蒂等发展出来的关于政策执行的次优理论和盯准原则，所有需要放入负面清单进行管理的行业都应该是存在一定的扭曲而不能达到自动调整的帕累托最优行业。对于这类行业，政府或相关外资主管部门可以通过实施相应的监管措施推动行业的健康发展，在提高竞争能力的同时实现社会福利最大化，实现对负面清单进行管理的基本目标。

　　在现实操作中，我们可以通过以下途径观察行业是否存在扭曲：

　　（1）我国已有法律和部门规章。法律和部门规章是已有的国内法，无论是将上海自由贸易试验区作为区域尝试性立法，还是在未来的中美和中欧以负面清单为基础的双边投资协定的谈判过程中，都应该考虑以已有的法律为基础，这也是多数国家的双边投资协定中最常见的做法，即保留原有立法中不符合新的投资开放规定的条款不变，待以后的国内法修订的时候再行开放，不因为双边协定的成立而直接将冲突的国内法全部清除。这是因为作为外资管理和政府部门或者从事双边投资协定谈判的部委而言，按照已有法律和部门法规对外资的限制性规则，即是遵从了从事相关行业管理或经营的相关立法人士与实际管理部门的意见，尽管在立法过程中存在部门利益和保护主义，但整体而言这些法规中对外资的限制往往更多地反映出相关行业的一种原生保护的需要，也反映出这些政策制定者对于政策目标与政策工具的对应性的考虑。在上海自由贸易试验区的两版负面清单制定过程中，这一原则无疑是最为重要的。在最初的负面清单出台的过程中，最重要的参考文本即商务部的《外商投资产业指导目录》，特别是 2013 版的负面清单，基本全面采纳了《外商投资产业指导目录》中的内容，只有在 2014 版才去掉了一些行业。类似地，在我国未来与各国进一步进行双边谈判提高投资开放水平的过程中，需要进一步整理我国已有的法律和部门规章条款中对外资的限制和监管措施，把散落在不同文件中对具体行业的监管要求与管理方案充分地反映到谈判草案中，充分吸收各部门和各立法机构已有的对各行业的认识，在进一步的研究讨论中，再去除部分由于市场环境变化已经不适用的保护条款，使立法者与行业主管者对行业是否存在扭曲达成共识。

　　（2）学界、行业主管部门和行业具体经营企业关于行业的研究报告与申请文书。在负面清单的修订和增删过程中，在程序上增加透明度和增加政策的说服力是实现"政学商结合"的重要途径之一，是要广泛听取各方面意见，而这当中最重要的就是听取对相关行业有充分研究的学者、主管的部委和龙头企业的管理者的意见。通过他们来观察行业内是否存在潜在的外资进入过快带来的问题，是否有必要保证这些行业的内资比重。另外，考察外资所投行业的环境外部性等也是合适的，夏友富（1999）、沙文兵和石涛（2006）讨论过在华外资倾向于投资重污染行业和从事废料进口，同时外资增加会导致区域的工业废气排放量增加。因此，对于一些排放水平较高的行业，或者是包括二氧化碳排放量等系列环境废弃物排放较高、能耗较大的行业，适当的限制外资将我国作为"污染天堂"过快过急的进入也是合理的。但是这种信息往往来源于具体行业经营者和主管部门的数据与统计资料，而难以为制定外资管理政策和从事双边投资协定谈判的主管部门所得。这就需要在负面清单修订的过程中广开门路，广泛听取相关行业和主管部门的看法，综合审慎考虑，稳健地调整负面清单内容。

（3）各国现存的负面清单和不符措施所覆盖的行业范围。在我国的负面清单发展初期，由于缺乏以负面清单为基础的外资管理经验，特别需要相关政策制定者在把握基本国情和行业特征的基础上，充分考察其他国家现存的双边投资协定，把世界上多数国家都有所保留的行业也进行相应的保留，避免未来陷入无法周转的境地，同时将一些与我国较为相似的国家所保留的行业也引入到我国负面清单的修订中。需要注意的是，在上海自由贸易试验区 2014 版的负面清单出台的过程中，由于社会和外国媒体对缩减负面清单扩大开放的呼声很高，相关主管部门在去除部分条款的过程中，认为如果是国内对内资也有所监管和限制的行业，就可以不必列入负面清单之中，这样可以进一步压缩负面清单的条款。但实际上这一看法并不正确，在加拿大与日本的双边投资协定中，就包括了核能等行业的准入限制，而多数国家的不符措施中也包括了核能、军工等国防敏感行业，但事实上这些国家在这些行业对本国投资者同样是有所限制的。但是为何还需要专门针对外国投资者再提出实际上不要执行的限制呢？这是因为在负面清单中对于一些尚未向国内普通投资者开放的行业保留了对外资限制以后，未来向国内投资者开放这些行业就可以直接开放，而不用担心这些行业附带着也直接向外资开放。如果我国政府或者负面清单修订部门为了负面清单的简洁，将所有未对国内普通投资者开放的行业都列为清单外行业，那么未来在向国内普通投资者开放这些行业的时候，就需要担心可能开放的结果并不是国内普通投资者的发展，而是外资的涌入，而这些对于国内普通投资者都尚未开放的行业往往是非常重要或者是由于种种因素而很容易出现市场失灵的行业，如果在这些部门中由于负面清单的省略而造成未来国内普通投资者与外资面临着同样的开放门槛，相关主管部门在这些行业的开放上就会瞻前顾后而举棋不定，最终造成负面的影响。因此，在负面清单的制订或者是双边投资协定中针对不符措施或特殊监管措施的应用部门或行业的列示中，应该尽可能地列示更多行业，包括在多数国家都进行不符措施保留的行业，即这些行业可能在这些国家是存在扭曲或者外部性等情况的，因而在中国也很有可能会出现同样的情况，另一种即要结合我国的实际情况，除了对一些涉及国家安全、自然资源与环境、土地，以及高科技行业或者是文化等意识形态领域较重要的行业保留在负面清单中进行特殊监管外，还应该考虑将在国际上曾经由于外资大规模撤离或者是与东道国容易发生冲突而有负面影响或潜在风险的行业也一同列入负面清单。

（4）行业的技术进步速度与我国在该行业的科研水平。负面清单的管理方式，对于清单内的行业而言，更多的是起到一种保护作用。那么这种保护作用除了在一般情况下适用于一些外部性较大、市场失灵风险较高的行业之外，另一种可能的需求就是当前发展还相对薄弱，随着我国科技水平的进步在未来有可能成为具有全球竞争力的一些行业部门。对于这些部门而言，直接开放外资的准入前国民待遇，可能会对一些处于增长期的企业造成毁灭性的打击，因此，同时运用产业政策和外资管理政策对相关行业进行一定程度的扶持可能在一定程度上是合理的。对这些行业进行研究讨论的时候，就需要考察这些行业现有的发展情况，以及根据这些行业的科技储备和行业增长水平观察未来一定时期内这些行业的增长前景。对于一些具备潜力能够在未来一定时期内成长得竞争力较强的行业，可以考虑由于行业的幼稚性给予一定时间的负面清单内的外资监管措施，以争取进入的外资相对有序，能够对国内行业产生良好的示范和竞争效应，而又不致过度剥夺相关行业的增长空间。在这一意义上，我们就需要注意考察行业的增长空间与潜力，将巴格瓦蒂的次优理论放到一个动态的环境下进行考察，对于一些动态静态收益不一致的部门，以其长期的总收益是否适用负面清单进行监管作为最终决定的依据。目前来看，一些生物制药行业、一些新能源行业和一些新型制造业都有可能存在这样的一种增长空间。可以适当地考虑将这些行业列入负面清单中进行相应的一定期限的保护。

我们可以基于上述标准选择负面清单应包含的行业，一方面是国内已有的成文法或者成文的部门规章中对具体行业的外资的限制和监管措施，多数国家也会对这些已有的不符措施采取列明行业。另一方面，我们可以从政界、学界、商界来了解相关行业是否存在对环境、自然资源、土地、经济社会稳定以及文化冲突或者意识形态渗透的风险，在听取多方意见的基础上对已有的法律文本中对外资的相关管理规定进行增删来确定。在此基础上，再考虑动态和静态的行业得失的区别，可以考虑在负面清单中也列入部分幼稚性行业。武芳（2014a，2014b）通过分析韩国和墨西哥与美国签订的双边投资协定中的负面清单列示内容，发现韩国一方面对涉及国家安全的行业严格保护，同一方面对竞争力较差和较强的行业也分别采取了审慎保护和渐进放开的手段。

一个值得关注的问题是，列入负面清单采用不符措施对外资进行限制的行业，往往也会给国内企业一种保护的幻觉，甚至有可能使得部分国内企业由于相关的保护而产生垄断或侵害消费者利益的行为。因此我国的单边负面清单中，可以考虑增加一种创新性的动态调整条款。动态调整，即对于部分竞争力较弱的行业，以及部分幼稚性行业，这些行业的扭曲往往是由行业发展不充分造成的，因而需要政策进行保护或者是调整，但是这些行业所存在的扭曲，可以随着行业的发展而逐渐减少，因而在这些敏感行业中，可以考虑在负面清单修订的过程中，增加对相关行业包括行业平均利润水平、行业规模、行业国际竞争力等情况的定量考核，对于一些通过保护有显示改善的企业，在继续通过负面清单保护的同时也在负面清单中清晰指出，在若干年后将从负面清单中删减相关行业，在已有的负面清单中列出一个未来删减的方向与时间表，从而避免部分行业由于相关保护而懈怠，进一步丧失国际竞争力。

通过上述分析，我们可以得到未来修订或准备在双边投资协定谈判中的负面清单一般程序性框架。首先，按照已有的国内成文法和部门规章，整理出完整的外资行业限制；其次，咨询并听取相关行业主管部门、学者与企业的意见，对部分行业是否确实存在市场失灵，特别是会由于外资广泛进入而加重的市场失灵进行核实研究，对确实存在包括但不限于外部性、环境资源等公共品风险、文化与意识形态风险、国防安全以及行业发展初期等动态和静态的扭曲需要通过负面清单这一保护政策进行保护的行业，在已有的成文法的保护上进行增删，再列入负面清单进行管理；对已经列入负面清单的行业中涉及国防安全与文化和意识形态等问题的部门，应该学习其他国家经验，坚定地进行管控，而对于一些外部性或资源性行业，则根据社会经济发展需要，在坚持可持续发展的基础上进行保护，但对于一些属于短期内产能过剩或发展阶段较为初期的行业，则应该在采取对行业的动态考核基础上，考察负面清单管理和外资进入对行业的利弊得失，并依据考察结果，对于在保护中依旧无法发展，或者已经得到较为充分的发展而足以与外资合理竞争的行业，列示其移出负面清单的过渡期，为行业转型升级、面对竞争和指导外资未来的投资方向提供明确的信号。坚持这些基础与原则修订的负面清单，将更具有透明度与指导意义，对于给外资提供一个明确的可预期的投资开放自由化和适当地保护我国行业与产业的竞争力、有序稳定的经济社会秩序，是更为有益的。

2.1.4　负面清单修订标准的现实应用与行业示例

上海自由贸易试验区 2014 修订版负面清单体现了本书所提出的一系列原则。我们经过对上海自贸区 2014 版负面清单的分析，得出以下结论：首先，其表现出了对国内已有成文法的充分尊重，一方面延续了 2013 版负面清单中的主要内容，这些内容来源于商务部的《外商投资产业指导目录》中的行业限制与禁止措施，以及上海商务委员会在自贸区筹建的过程中向各中央部委征询的意见，另一方面突出地表明了以国务院于 5 月 28 日通过的《中国（上海）自由贸易试验区进一步扩大开放的措施》为基础，一定程度上保持了以中央政策与法规为基准的修订原则。同时在修订出台的新版负面清单中，139 条特殊监管措施有涉及公共物品资源性行业的，如煤炭、石油、稀土及硼镁和萤石等资源性产品的开采与开发等；有涉及国家安全的，如放射性原料的开采与使用，以及核电的投资等；有涉及国家传统文化的，如中药、传统茶艺等行业；涉及文化和意识形态的新闻与图书音像等出版行业，以及明显存在污染风险的如汞、镍等开口式酸雾电池制造，还有可能会大量占用土地资源的别墅建造和高尔夫球场与主题公园等的建造。其次，我们需要注意的是，在上海自贸区的负面清单列示的行业中，幼稚行业和竞争力较弱有待发展的行业相对较少，其中关于新能源汽车能量电池的制造与无人机、浮空器等部分可能反映出相关主管部门对这些行业未来发展的期许。总体而言，我国负面清单覆盖了多数与环境、资源，以及国家安全、文化与意识形态相关的行业。但对于一些制造业，比如推土机、大排量摩托等行业的保护则相对依据不清。在未来修订的过程中，除了保持一些污染风险大、资源消耗高以及涉及国家安全和政治安全等不可动摇的行业外，对于一些民营民用的制造业行业，可以适当考察我国民资和内资在国际上的竞争力，对于行业有转型升级潜力和时间要求的，可以考虑对其列示一定时间予以开放。如现有的 2014 版清单中42 项、44 项关于 C343 和 C351 等大型机械制造业的限制，也可以考虑在进一步考察相关行业发展阶段与国内企业情况的基础上，逐步地进行开放。

从国际上来看多数国家都把交通（包括轨道、海运、空运、道路）、通信、核能及文化（包括节假日、民俗活动）等行业列入负面清单进行特殊管理。对于保护这些行业主要在于其对国家内在规模经济、国家安全，以及文化传统等的影响，也有些国家分别将渔业、房地产业等列入的。从与美国、韩国、乌拉圭、卢旺达等国已经签订的负面清单的行业涉及类别来看，当前我国的负面清单在总体范围上还是较为完整的，在具体的行业上较其他国家保护更多，但尚不像如加拿大、美国、澳大利亚和日本等国家那样能够明示每一个负面清单内行业与不符措施中的特殊监管条款来自于国内已有的哪一项法律法规。这意味着在未来的双边投资协定的谈判中，我国删减降低负面清单规模和通过国内立法提供负面清单行业监管依据的任务还很重。这也是可能通过上海自贸区的实践和研究需要在未来有所突破的方面。

2.1.5　负面清单修订中需要注意的相关问题

在基于上述原则修订调整负面清单的过程中，一些问题需要决策者提高警惕。应用负面清单对外资进行符合当代国际投资开放新规则的管理，是继续深化改革开放的一个重要环节，但其与改革国内行业管理体制，特别是改革内资、民营企业面临的准入门槛是密不可分的。负面清单修订的过程中，除了努力提高开放水平进一步营造良好的外商投资环境，更重要的是理解和关注内资企业在其中可能受到的影响。重点应该注意以下几个方面：

（1）严格坚持清单外行业内外资一致，清单内的行业对外资加强事前监管的原则。避免形成区域和局部的政策洼地，给予外资在部分地区部分行业中获得准入门槛的超国民待遇。外资获得的待遇优于或超过内资是我国改革过程中各地方政府大力招商引资所造成的屡见不鲜的现象，而在上海自由贸易试验区的运行过程中，为了相关改革实践可以更好更快地展开，人大批准相关部分法律法规在自贸区中停止实施，尽量避免造成负面清单的法理冲突。这些停止使用的法律法规很可能使得上海在如游戏机制造生产等行业上成为外资的洼地，有可能对其他企业造成不良的影响。

（2）避免过度注重负面清单的简短而丧失未来政策调整的灵活性。负面清单管理办法的出台过程中，国内外的舆论都倾向于看到一份更短的负面清单，由于我国处于改革转型期，部分行业的审批准入仍较为繁杂，对这种呼声可以理解。但是作为决策者，需要了解的是负面清单列示的行业，特别是在双边投资协定中作为不符措施保留的行业，其实质是保留在相应行业已有的立法成果或者为了保留该行业未来的立法权和政策调整空间，如果为了负面清单简洁而一味地将所有能不列入的行业都不列入，就可能使得在未来政策调整过程中，不再具备对某些行业的民营和内资先行开放的条件，进而限制了未来的政策灵活性与操作空间，这也是值得政策制定者慎重考虑的。

（3）避免单方面过度开放影响未来国际双边谈判的筹码。以负面清单为主的外资管理方式的应用和修订，最终目的既是为了更好地营造外商投资环境保证外资对我国经济的推动作用，更重要的通过这一方式为我国企业获得在海外相关国家相关行业的准入前国民待遇资格，所以这一过程中应该强调的是对等开放，而不是简单地开放国内市场。对于部分可开放可不开放的行业，应该是在获得相关国家相关保证后，有条件的对某些国家开放，更好地推动我国企业通过这一国际贸易投资新规则更好地走出去。

2.1.6　结论

以上基于负面清单政策的理论背景提出了由行业的市场失灵造成的扭曲，特别是可能由于外资进入加重市场失灵而需要将相关行业列入负面清单内采取特殊监管措施进行监管的思路，并应用上海自由贸易试验区 2014 版负面清单的修订理念与若干国家在双边投资协定中的负面清单的实践进行了具体分析。同时，基于现实政策操作中的信息不完全性，考虑到我国的现实国情与外资管理政策实践中的摸索过程，我们进一步提出了在制订修改负面清单的时候，应该以我国已有成文法和部门规章为基础，充分研究各国已有的负面清单所管理的行业为补充，通过对行业主管部门和相关国内企业的咨询了解，审慎地核实相关行业是否存在市场失灵而需要限制外资在该行业的自由进入。在确认行业列入负面清单进行监管之后，对清单内的行业也需要实施动态核审退出机制，对于行业长期得不到发展或者是已经具体应对外资公平竞争能力的行业，通过在清单内列示行业的移除期限，给予内外资一种明确的行业监管变动的信号，推动相关行业更好更快地主动进行转型升级适应竞争，从而保证我国投资开放的水平得到有序、稳健提高。

2.2　上海自贸区负面清单管理方法研究报告

2.2.1　负面清单管理的历史沿革

负面清单是国际上重要的投资准入制度，目前国际上有 70 多个国家采用"准入前国民待遇和负面清单"管理模式外商直接投资。负面清单一词除在菲律宾、新加坡等国家的政策中出现外，各国对其称谓并不统一，在美国与 48 个国家签订的双边投资协定及韩日投资协定中，负面清单是指其附录中的行业例外（sector exceptions），在 NAFTA 中称为不符措施（non-conforming measures），国内学者早期引入它进行讨论时也称之为"否定清单"，但所有这些从本质上来说都是一种负面清单的管理方式。

负面清单作为协约谈判中与正面清单相对应的一种技术手段，很早就已经出现，其历史最早可以追溯到 19 世纪 30 年代，有关负面清单的标志性事件发生在德意志。当时的普鲁士在 1834 年领导并建立了"德意志关税同盟"（Zollverein），这也是历史上第一个具有超国家性质的关税同盟。加入同盟的 18 个德意志邦国就用负面清单模式，订立彼此之间共同的贸易条约，即"同意开放所有进口市场、取消所有进口限制，除非列明不开放和不取消的"①。

负面清单在经济领域中有着非常广泛的应用，美国与日本于 1953 年签订的《友好通商航海条约》第 7 条规定，缔约方应当给予另一方的国民或企业国民待遇，以在其境内从事商贸、工业、金融和其他商业活动，但公用事业、造船、空运、水运、银行等行业除外，这些例外便可以视为国民待遇义务的负面清单。负面清单的真正成型是在 20 世纪 80 年代以后美国与若干国家签订的双边投资条约中，如 1982 年签订的《美国-埃及双边投资条约》。这些协定以附件的形式专门把例外行业列举出来，形成了和现代较接近的负面清单模式；而在《友好通商航海条约》中，关于负面清单的表述仍是以正文形式出现在条约里的某一条款②。当前公认的负面清单的典型是美国于 1992 年签订、1994 年生效的 NAFTA。该协议里出现了两类负面清单，分别是措施列表和行业列表，前者列举了现存不符措施，后者则是列举保留将来采取不符措施权利的行业。从技术手段上来看，美

---

① Hosuk Lee-Makiyama on GATS negative listing in the 21st Century Business Herald，ECIPE，http：//www. ecipe. org/people/hosuk-lee-makiyama.

② 行业列举出来，形成了和现代较接近的负面清单模式；而在友好通商航海条约中，关于负面清单的表述仍是以正文形式出现在条约里的某一条。

国推动的这种负面清单加准入前国民待遇的投资自由化是种高标准的投资自由化，但其在技术手段上采取了一定的模糊处理，对于可能限制的行业和可能限制的措施都进行了提示，但并没有直接约定对具体某个行业将采取何种限制措施，而是将这一解释权保留给了国内立法和政策。这一思路影响了美国之后的双边投资协定，之后签订的投资协定虽然在具体行业上有所微调，但以行业描述与例外措施分别列出的负面清单成为其主要内容，包括韩日双边投资协定，菲律宾外商直接投资管理的负面清单中，也是采取了类似的只列明例外行业与例外措施，而并没有把这两者直接挂钩。美国 2012 双边投资协定范本（Bilateral Investment Treaty，BIT）是美国政府提出的用来进行双边投资协定谈判的最新基准，也可以作为当前最高标准的国际投资的负面清单模范供我们参考。这一协定第 14 条详细解释了"不符措施"的适用对象，即条约所涉及的一系列包括准入前国民待遇、最惠国待遇等权利，可以不适用于缔约方已经存在的并在附件一与附件三中列明的区域与中央政府的规制和条款，以及在附件二中列明的行业。但对这些不享受国民待遇与最惠国待遇的行业采取什么样的具体管理措施，美国双边投资协定范本中并没有列明。

除美国外，世界上还有 70 余个国家也使用了基于准入前国民待遇的负面清单管理模式作为其外资管理的基本模式，而其中对于我国有较强借鉴意义的是亚洲地区国家的投资开放过程，当前包括日本、韩国、印度、新加坡、印尼、斯里兰卡等国家和地区都已经采用了负面清单。其中日本作为主要的资本输出型的发达国家，其负面清单主要包括两部分：一种是当前国内现有的措施清单，对此清单中措施的基本要求是保持现状。即纳入本清单中的措施或清单中指定部门或事项的措施，不论是中央政府颁布的还是地方政府颁布的都可以延续、展期、变更和修改，但不允许采用新的措施。所有协定都规定，延续和展期是无条件的，变更和修改则是有条件的，即不得增加原有措施的不符程度。另一种是指定部门和事项清单，凡针对清单中的部门和事项采用和维持的措施都免于履行国民待遇、最惠国待遇以及禁止业绩要求等义务。该清单的特点是在指定的部门或事项中不但可以维持现有不符措施，还可以采用新的不符措施，除了在提交格式上的要求外，几乎所有协定对这个清单中的措施都没有具体的要求。从总体上来说，日本签订的双边投资协议数量较少，在对外投资开放上比较审慎，但其给予准入前国民待遇的负面清单管理模型也与美国类似，即措施与行业清单分别列示，保留对行业清单的最大政策灵活性。

除日本外，另一个值得注意的亚洲国家是印度，作为与中国类似的新兴经济体与发展中国家，印度也积极推动了其基于准入前国民待遇与负面清单（负面列表）的区域贸易与一体化协定，但其表现出明显的国别异质性，以印度正在与美国谈判双边投资协定为例，准入前国民待遇构成双方达成协定的核心障碍，印度不同意给予美国投资及投资者准入前国民待遇。但与此形成鲜明对照的是，印度并不反对给予自贸区伙伴投资准入前国民待遇。印度与新加坡、韩国、日本已签署的自贸区协定投资条款都包含以负面列表方式实施的准入前国民待遇，而且印度对日本和韩国承诺的准入前国民待遇条款还涉及要求地方政府履行给予外国投资者的待遇不低于给予本国其他地区和地方投资者在相似情况下的待遇的承诺。这一内容说明印度在考虑准入前国民待遇及负面清单的管理过程中，既以一种更加包容和开放的态度争取与周边先进经济体建立更加紧密的经济联系，以便利用这种关系带来的巨大资源和机会加速国家发展，又在极力避免行业技术实力较强和资本较充裕的国家过度进入影响印度自身的产业结构发展的负面影响。

我国应用负面清单的政策相对比较缓慢，在已经谈判缔结的区域自由贸易协定和我国建立的双边投资协定之中，还没有一项是应用负面清单方式进行谈判的。而在我国的国内政策当中，也是以正面清单为主，对负面清单的认识还相对模糊，以我国的外资管理政策为例，我国就同时采用了负面清单与正面清单相混合的模型来进行管理，但其中又有一些内在的冲突与模糊之处，从形式上看，《外商投资产业指导目录》是一个以负面清单为主（限制类、禁止类）、正面清单为辅（鼓励类）的目录。从表面上看，未列入清单的行业应该属于允许类，因此这一目录的根本性质应该属于负面清单。但是在现实中，该目录的性质是模糊的。《外商投资产业指导目录》可以对外商投资进入某产业规定股权限制（《指导外商投资方向规定》第八条规定）。如果这一目录属于负面清单，而允许类产业没有出现在《外商投资产业指导目录》中，理论上就不应存在准入壁垒，但事实上并非如此。2011 年《外商投资产业指导目录》将汽车整车制造剔除出了鼓励类，使之成了允许类。该产业原有外资不能超过 50% 的股权限制，这一股权限制在新的《外商投资产业指导目录》不再出现，但实际上却仍然继续存在（2013年《中西部地区外商投资优势产业目录》中这一限制再次出现）。这些情况显示出，在我国过去的政策制订过程中，对负面清单的认识与应用都还有一定的局限性。在这种情况下，上海自由贸易试验区的负面清单管理体制，既是我国外资管理体制的一大创新，也是我国政策制订思路的一次重大转变。

2.2.2　上海自由贸易试验区负面清单政策分析

1. 上海自由贸易试验区负面清单分析

上海自由贸易试验区于 2013 年 9 月 29 日挂牌，9 月 30 日提出了第一版上海自由贸易试验区的负面清单，即《中国（上海）自由贸易试验区外商投资准入特别管理措施（负面清单）（2013 年）》，也就是我们所称的 2013 版上海自贸区负面清单，在其后工商总局及各相关部委等主管部门也出台了相应的与负面清单配套协调的措施，这些政策法规共同构成了当前上海自贸区的负面清单管理体制。单从 2013 版负面清单看，其采取了行业分类清单与限制措施共同列示的编制手法，并按照国民经济行业分类严格限定了负面清单内所涉行业。其所依据的国民经济行业 2011 版一共是 20 门类，去除非经济组织的社会组织 T 类和国际组织 S 类，实际上是 18 门类，其中又分为 89 大类 419 中类 1069 小类。具体的管理措施一共是 190 条，涉及 16 门类（O 和 H 类已经完全开放）68 个大类 154 个中类，68 个大类中有 14 个部门如农业、渔业等直接用大类列示，其余均列举了具体的行业中类，最后总共涉及了 556 个小类，但这些小类当中，上海自由贸易区负面清单实行了正面列示与负面列示相结合的方式，如对 C131 谷物磨制，特殊管理措施中解释为"限制投资大米、面粉加工"，而这一类在《国民经济行业分类与代码》（GB14754—2011）中解释为"也称粮食加工，指将稻子、谷子、小麦、高粱等谷物去壳、碾磨及精加工的生产活动"，由此可见，虽然负面清单列示了 C131 类，但从理论上来说，外资需要投资高粱等碾磨加工仍是可以直接备案准入享受准入前国民待遇而不需要再行审核的，即 C131 行业虽然已经列示了，但其行业下仍有一部分是属于清单外行业。我们从这可以看到，2013 版负面清单中除了行业分类外，其第四栏"特殊管理措施"除了列举具体的外资准入前审核要求（限制、禁止、外资控股比例）外，还通过其描述进一步限制了负面清单所涉及的行业分类，但由于这一描述与之前的行业代码有一定的重复而使清单显得较为臃肿，这意味着负面清单事实上的开放程度较其形式所显示的开放程度更高。但是在此基础上，我们也需要看到负面清单部分内容还是有一定的理解上的模糊性，如对电信相关行业 I64 的开放，其内容列示了所有的 I64 下的中类行业，包括 I641、I642、I649，其后附的特殊管理措施包含如下内容，"1. 除应用商店以外，投资经营其他信息服务业务的外方投资比例不得超过 50%；2. 投资经营国内因特网虚拟专用网业务的外方投资比例不得超过 50%；3. 禁止投资新闻网站、网络视听节目服务、互联网上网服务营业场所、互联网文化经营（音乐除外）；4. 禁止直接或间接从事和参与网络游戏运营服务。"这当中除第一项内容用反向指出其股权要求措施覆盖了 I642 的所有其他经营内容，第二项内容则只正向提到了 I641 子行业的一部分限制措施，如果结合我们之前对 C131 后附的特殊管理措施的解释，这意味着外资可以在 I641 项下的"指除基础电信运营商外，基于基础传输网络为存储数据、数据处理及相关活动，提供接入互联网的有关应用设施的服务"的多数服务中获得准入前国民待遇资格。但工信部与上海市政府于 2014 年 1 月 6 日联合发布①的《关于中国（上海）自由贸易试验区进一步对外开放增值电信业务的意见》，用正面清单的方式再次解释了上述特殊管理措施，

---

　　① 　参考 http：//www.shftz.gov.cn/WebViewPublic/item _ page.aspx？ parentId＝627&id＝968#.

在新增开放的四项业务中，明确了因特网接入服务业务（为上网用户提供因特网接入服务）外资股比可突破 50％，但这一业务究竟属于上海自贸区负面清单的清单内行业还是清单外行业尚待明确，如果已经是清单外行业则属于追加确认，但也与负面清单的管理思想不符，因为负面清单外行业业务众多不应该再行追加确认，但如果属于清单内行业，则说明负面清单内行业仅以行业代码列示为准，特殊管理措施一栏没有限制行业范围的性质。

综上所述，上海自贸区的负面清单直接政策，已经初步形成了与国际投资、贸易通行规则的基本制度框架，基本实现了以"准入前国民待遇＋负面清单"为主的投资管理制度。但是和国际上基于负面清单的外资管理政策实践相比，还存在着一些问题，如负面清单所依据的行业分类过于具体，负面清单内容与相关法律有所冲突，负面清单的法律来源还待明确，负面清单的法律层级需要提高，负面清单对于服务业的管理权限需要规范等。

上海自贸区的运行原则是先行先试、风险可控、分步推进、逐步完善。在这一理念上，上海自贸区负面清单处罚的外资管理实践是开创性与富有成效的，但也仍有较大的提升空间。

2. 上海自由贸易试验区负面清单配套政策分析

与外资管理政策联系最为密切的就是上海自贸区的商事登记制度与工商登记和企业管理等问题。只有切实降低内外资企业开业所需手续和相关审批时间，给企业提供设立和运营中的便利，才能充分发挥企业作为经济主体的主动性。上海自由贸易试验区在这一基础上优化了工商登记制度，作为外资管理体制的配套措施起到了相当程度的作用，具体来说，自贸区里实行的工商登记注册管理制度改革称为"一表申报、一口受理、并联办事"，由工商部门统一接受申请材料并送达相关证照和文书，实现了由"多个部门多头受理"向"一个部门、一个窗口集中受理"模式的转变。同时，上海市还实施了注册资本认缴制、"先照后证"登记制等改革，统一了区内不同经济类型的企业营业执照，切实从程序上给外资企业以准入前国民待遇。这在提高效率的同时体现了企业在法律上的平等地位。

3. 上海自由贸易试验区负面清单政策影响分析

从负面清单的实施效果来看，根据上海自贸区相关数据可以看到，上海自贸区实施负面清单和准入前国民待遇的外资管理体制以来，国内外企业对到自贸区投资营业显示出极大的热情，根据调研数据来看，当前自贸区新增企业 6000 余家，其中外资企业 500 余家，同时新设的 500 多家外资企业中，90％以上是通过备案方式设立的，即这些外资企业有 90％属于清单外行业，10％仍是清单内有部分监管措施的行业的企业。这反映出负面清单带动了外资在清单外领域的投资热情。同时根据最新资料，2014 年以来，新设企业中外资企业占比逐渐提高，这反映出自贸区政策不断落实和对外资的吸引也会不断上升。除了对外资来华产生影响外，上海自贸区的外资管理体制也影响了自贸区中企业走出去的步伐，由于上海自贸区对区内企业海外投资实施备案制，取代了原先的核准制，区内企业海外投资已经备案完成 22 项，总计投资金融达到 8 亿多美元。负面清单管理体制对外资的引进来和走出去都是有相应作用的。

但是我们也需要看到，由于上海自贸区是在原有保税区和海关特殊监管区的基础上建立的，区内原有企业较多，区内原有基础设施较为完备，同时由于周边自然环境相对更适合海运物流及高端服务业和总部运营等，在个别行业上并不具有生产优势和集聚优势，所以上海自贸区负面清单对于某些上海由于自然条件或者城市经济水平不再从事的行业的影响相对有限，如采矿、农业等自然资源密集型行业以及一些劳动力密集型行业在现有的自贸区物理空间内较难有大的变化。同时自贸区从挂牌成立到制度落地时间还较短，相当多的企业还处于注册和运营起步阶段，对周边产业和经济的影响显现还不够深刻，在这一基础上，我们应该对上海自贸区的政策影响保持一个审慎乐观的态度，结合数据进展和研究要求，不断深入研究上海自贸区外资管理体制对区内其他企业和行业以及国内其他行业与企业的影响。

2.2.3 负面清单的设计与修订原则

1. 负面清单管理目标分析

从建立负面清单的目标来说，负面清单的核心是为了开放，即通过开放清单外行业允许外资充分享受准入前国民待遇，负面清单的第二个作用则是保护，即通过对清单内行业进行部分的监管或限制准入，来控制外资在我国特定行业的进入速度和总量，避免这些行业由于外资过快进入而产生不利的后果。

从学界的相关研究可以看到，负面清单的本质还是为了推动开放，其中 Deardorff 的《国际经济学词典》(*Dictionary of Economic Terms*) 将负面清单解释为"在国际协定当中已经协定的条款不能适用的事项、实体、产品等，而这些条款将适用于其他所有的东西。这一协定方式是作为区别于正面清单的协定方式提出的，同时这一方式也更经常地用在贸易关于一些特殊商品的进口保留当中"。这一定义明确了负面清单与正面清单的关系，并且指出这一定义最核心的目的是配合原协定中"条款适用于其他所有方面"，即只有高水平开放或者覆盖范围较广的协定当中才适用负面清单方法。WTO 出版了由 Walter. Goode 编纂的《贸易政策术语词典》(*Dictionary of Trade Policy Terms*)，是目前关于负面清单论述最为完善的一份文本。其中第五版（2007 年）表述如下："负面清单是主要用在自由贸易协定当中列举服务和投资领域的开放承诺的一种方法，这种方法的出发点是，投资或服务提供是允许的，除非它在减让表中注明而受限制，相关的限制主要是市场准入和国民待遇等方面的限制，在投资章节通常会有更详尽的负面清单，当前发达国家签订的 GATS 协定中金融领域已经使用负面清单进行开放。同时这一定义明确指出，保留清单列举的是政府希望维持其法规灵活性的部门和行为。它保留的是在任何时候改变规则以使其更具限制性的权利，但这并不意味着禁止外国的投资。"同时第五版当中还将负面清单与不符措施（non-conforming measures）、正面清单（positive lists）、保留清单（reserve lists）、自上而下方式（top-down approach）、双附录模式（two-annex method）等紧密联系在一起进行解释。相较第五版的表述，第四版（2003 年）仅将负面清单介绍为在服务贸易领域得到应用的方法，并认为其优点在于自动包括了未来新增的服务贸易领域，而没有指出政府对权利的保留和相关的非禁止内涵。这也说明在较短的时间内，负面清单的政策实践和理论发展就得到了大大推进，甚至于相关领域的学者也在不断修正其相关观点。

从这些负面清单概念可以看出一个基本的趋势：负面清单的应用范围越来越广，负面清单相关的贸易政策工具越来越多，同时其自身也出现了一定的变化，但其推动透明化、开放性的国际经济协作的理念是始终保持的，同时其作为权利保留而非完全的准入禁止的本质也得到了越来越多的认可。

从这一基础上来说，负面清单的最本质目标是推动开放，在这一基础上上海自贸区负面情况的实质也就是推动国内相关行业的对开开放，同时从理论上来说，负面清单是作为一种政策工具得以运用的，即通过政策造成的扭曲来修正原先存在的扭曲，从而达到一个次优状态。在这一基础上，负面清单的管理当中应该放入清单内的行业都应该是存在外部性需要政府进行调节管理的行业。其包括如下几种可能性：

（1）国家安全行业。对于涉及国家安全的相关行业，出于传统的政治观念限制外资进入是相对合理的。较多国家也限制了相关行业的外资准入。

（2）土地与能源型行业。这方面主要包括农业、采矿业和能源相关行业，这些行业的限制性准入主要是控制外资对国内相关资源的持有，避免大量外资进入导致这些行业的相关资源过度消耗，产生风险。

（3）风险相关行业。对于外资过度进入可能带来包括金融风险、社会风险和文化冲突等难于克服的问题的行业，也可能在一定程度上需要进行监管性限入。同时各国对有可能给本国带来较大环境风险与健康风险的行业也普遍采取限入措施。

（4）幼稚行业。这可能是负面清单所限制的重要的类别，即对外资的限入是为了让国内产业有足够的成长空间，而在这些行业成长之后，就可以相应地去除这些保护。因此对这些行业的放入需要足够的证据，包括证明这些行业是具有较大成长性和成长空间的，外资过量进入对这些行业会有巨大的打击以致改变行业发展方向。对于这些行业应该有一定的考察期，即通过相关考核确定若干年时限，若在时限内无法实现行业竞争力的提升则应该去除保护，采用动态考核、动态退出的机制。

（5）其他可能存在具体市场失灵问题的行业。

在上述行业中，涉及国家安全的行业实际是由于国防问题的外部性而可能产生扭曲需要政府监管，而自然资源和能源相关的行业则是由于自然资源可能产生的"公地悲剧"而需要监管，而风险相关行业主要是由于信息不完全，外资的影响无法完全评估，同时由于国内的文化和社会稳定也具有一定的正向外部性，所以同样需要放入负面清单进行监管。幼稚行业则更多是由于行业竞争力和行业发展阶段与国际相关行业发展阶段和竞争力不匹配，是一个经济动态收益和静态比较优势的选择问题。以上的相关行业可能由于存在扭曲而不能完全接受外资的自由进入，故需要按照一定的管理方式对外资进入进行管理，实现外资溢出效应和国内经济社会合理健康发展的双赢局面。

2. 负面清单具体修订原则

基于上海自由贸易试验区的负面清单管理模式已经取得的成绩，上海市政府明确指出 2014 版上海自由贸易试验区负面清单将基于下述原则进行修订：

"新的负面清单一个是要进一步增加透明度，比如讲，我们在负面清单里需要实行的一些特别许可的准入措施，要更加清晰、更加明确，有些特别准入措施的一些条件会做一些调整。另外，大家可能觉得负面清单比较长，我们看看能不能进一步缩短，当然这个缩短实际上也是和我们的开放措施结合起来的。同时，我们还要试行一批新的制度，其中主要是事中事后的监管制，包含安全审查机制、反垄断审查机制、企业年度报告公示制度、信用管理体系、综合执法体系和部门监管信息共享机制六个方面。"（上海市市长杨雄）

上海市政府的这一修订负面清单的指导原则既重视了负面清单的清晰可读性，又体现了动态监管的方向，充分说明我国政府主管部门已经认识到负面清单的本质是服务国内外投资者，其本质是指引性规范或强制性投资指南，而非简单是政府的管理文件。因此要结合负面清单的各利益相关方的意见进行修订。基于前面提到的外商管理体制的进展情况和负面清单当前我国的实践阶段及相关实践经验，我们进一步提出在上海自由贸易区和未来的双边投资协定的负面清单制订过程中都可以基于"政、学、商"结合、动态核审、入单有据、出单有期、禁限结合、促商促改、适当谨慎七条原则进行修订。同时我们可以看到，总体而言，外资自由化对上下游行业和国民经济的影响都主要是正面的，因此我们既要考虑我国的发展阶段，为我国相关行业留出发展空间，又要认识到负面清单对我们的要求，力图实现以负面清单为标准的外资开放的深化。

1）"政、学、商"结合

"政商学"结合意味着在负面清单的制订过程中，相关政府部门与商务部门应该起主导作用，但在负面清单的具体内容制订上应该广泛听取相关行业主管部门、相关国内外企业与学界的意见，使得负面清单的制订与修订过程公开透明。负面清单的具体管理措施和管理方式由政府商务部门制定，同时依据各国经验来看，负面清单内行业主要有以下几类：

第一类是由于国内经济社会因素被法律明令禁止的行业，比如博彩业等；

第二类是由于涉及特定资源或者国家安全等因素由国家经营的行业，即外资和国内普通投资者都无法进入的行业；

第三类是可以由国内民营企业经营，但考虑到相关行业的发展状况，限制外资经营的行业。

对于以上三类行业，只有第三类是真正地对准入前国民待遇的限制，对于本应是第三类情况但是由于我国的体制原因而成为第二类情况的行业，需要的是国内相关改革，而非负面清单本身的内容。

通过以上我们可以看到，所谓负面清单的管理，其本质是对行业的管理，但无论是上海自贸区的管理方，还是参与中美或中欧双边投资协定谈判的相关学者官员，都无法对我国各个行业的外资进入的影响和该行业发展潜力与发展前景有充分的了解和判断。这就说明负面清单修订过程中必须要发挥各行各业的相关部委、行业协会以及行业内企业的主动作用，政府主导部门应该提出具体的负面清单准入标准，由行业主管部委、行业内企业、相关学者提交进入清单内保护申请，在材料齐全、事实清楚的情况下，综合考虑相关情况修订负面清单。具体过程如下：

负面清单采用国务院发展研究中心、相关部门部委、行业协会通报与企业自主申报的模式，根据负面清单主管部门发出的清单内行业分类（国防、资源、风险、新兴等）选择对应的行业类型进行申报并提供对应材料与事实陈述，由负面清单主管部门与同层级商务部门协商调整后报相关部门审批执行。

所有负面清单的利益相关方认为需要在上海自由贸易实验区或者是双边投资贸易协定中进行禁止性或者监管性限制准入的行业，提供相关资料，并视情况要求提供现有国内法或部门规章条例具体条文，及该行业国内运行情况（包括行业企业数、外资比例、经营状况、就业情况、从业人员结构等），并提供相关原因。对于潜在的幼稚行业，应该由行业主管部委、行业协会或者是行业内企业提供相关研究报告与准入限制申请，包括具体行业发展前景、国内外行业差距、行业过去五年或过去三年的增长情况，以及行业内外资比例与外资潜在影响等，并明确需要保护的年份。自贸区主管部门或协定谈判部门在收到相关行业和相关部委有关要求限制性准入的材料之后，综合商务部门的相关意见，制定最终负面清单供相关部门审批执行。这将能在负面清单修订过程中广泛发挥政界、商界、学界三方面的主动性，也使得出具的负面清单具有更广泛的社会认可度。

2）动态核审

鉴于行业的投资自由化本质上是有利于行业的，所以外资进入行业便利与否，是否应该得到准入前的国民待遇，与该行业的状况息息相关，这就需要通过相关管理部门与统计部门，动态地了解相关行业的变动情况，即对于一些发生了较大变化的行业，需要重新审视其是否适合继续保持清单内的相关保护地位，并保持动态调整。

3）入单有据

入单有据要求利益相关方或相关主管部委与研究者提供具体行业需要或不需要进行负面清单内限制或保护的措施，都应该基于一定的事实和原由，或者是基于国防、资源、风险、社会等因素而保护，或者是由于我国已有的国内法律和相关部门规章的限制而需要管理，或者是由于其特殊的经济地位而需要放入负面清单内管理，这些都需要建立在一定的标准和依据之上。

4）出单有期

在负面清单修订过程中，争议较大的行业就是各国的幼稚行业，以及在经济结构中起着重要作用的行业，这些行业的外资限入，往往是为了国内企业与行业更好地发展和更快地成熟，但这是以国内消费者和相关上下游企业的利益为代价而实现的，所以对于此类申请进行负面清单管理的行业应该明确一定的限制期限，在若干年内实现这一行业的外资准入前国民待遇，这样可以使得这些行业有一定的发展空间和时间，有更大的转型升级的压力与动力，也可以避免我国其他行业的企业和消费者长期为一些转型升级速度慢而且国际竞争力不强的行业买单。

5）禁限结合

对于负面清单的修订，除了要规定行业是否进入清单，还有一个重要的内容就是对清单内行业具体管理措施的修改，上海市政府也提出将在 2014 版清单中进一步调整语词来更好地表述负面清单内的管理措施。正如我们前面所述，行业的状况是在动态变化的，所以对于一个行业是完全禁止，还是限制进入的比例，包括进入具体是百分之几的股权上限，应相应得到动态调整。

6）促商促改

负面清单除了作为政府的一个指导性文件的作用，更大的核心在于指引外商投资，所以其简明性和指引性同样重要，这一指引具体体现在两个方面，一方面是清单外行业外商准入前国民待遇的实施和监管的指引，对于清单外的行业，意味着外商可以进行公司设立生产经营，这一过程中受阻应该向哪些部门反映，通过什么途径可以在多长时间内得到解决；另一方面对于清单内行业，受限行业要满足何种要求后可以向哪些部委申请进入，使得负面清单不意味着该行业对外资都是"负面"的，以保证我国各行各业继续保持利用外资的主动性和吸引力。

7）适当谨慎

结合我国的国情来看，我国的经济发展处于上升期和调整期，我国的产业结构也面临着转型升级，同时现代社会科技进步日新月异，新兴和幼稚行业层出不穷，我国人口多，资源广，地域辽阔，产业体系健全，教育和科技水平不断上升，因此我国的竞争优势处于不断变化并可能处于不断上升的过程中。我国的行业也可能伴随着我国经济发展和综合国力的上升，有较大的发展空间，在这一过程中，争取我国在较多行业有一定的自主品牌和自主的技术能力，需要对应的产业政策和稳健的对外开放政策进行协调。在这一基础上，我国负面清单的制订还可以借鉴一些其他国家的稳健性措施，具体包括：

（1）对行业以描述为主，不与具体行业分类挂钩。纵观美国与 48 个国家签订的双边投资协定和日韩投资协定等以负面清单管理的外资进入体制的附件，对行业的分类都较粗、较模糊，并不与具体的某一版的国际行业分类或行业代码相关联，同时使用"有关"（related），"use of"等词汇，使得其保持了相当大的对行业的解释权，如美国与埃及的双边投资协定中美方就保留了"use of land and natural resources"行业，即对所有涉及土地和自然资源利用的行业都进行了限制，由于负面清单是开放程度较高的外资管理体制，在这一体制内对行业描述的适当模糊将在一定程度上为外资管理保留一定的缓冲空间。

（2）保留兜底条款。多数双边投资协议都提出双方可以通过告知（notify）的方式增加限制的行业内容，但这一限制不应追溯适用于通知前已经存在的外资企业。这意味着各国愿意就负面清单进行适当的修订以符合科技和经济社会等的变化。部分国家的双边投资协定中有相关棘轮条款（ratchet clause），限制了负面清单内容的只减不增，考虑到我国的实际发展情况和发展阶段，特别是上海自贸区作为一个单边声明的自我约束措施，我们建议对这一条款持保留态度。

（3）在双边投资协定中应该注意准入前国民待遇、负面清单内行业与最惠国待遇的区别描述和界定，部分行业限制其实是针对某些在该行业实力较强的国家的，对于不同国家的双边投资协定可能保留的行业不一定相同，这个时候应该注意有相关条款确认对于第三国的投资例外不能直接适用，以避免相关方面的被迫开放。

2.2.4　上海自由贸易试验区负面清单政策的实践经验价值

负面清单出台的一个重要背景就是中国需要与美国进行以负面清单和准入前

国民待遇为基础的双边投资协定的谈判，同时李克强总理也已经明确表态，中欧双边投资协定谈判也将基于负面清单和准入前国民待遇开展。在这一基础上，上海自由贸易试验区负面清单的实践经验是非常重要的。

从美国已经签订的以负面清单为基础的 48 个双边投资协定来看，美国对行业的描述也并不细分，并没有以某一版本行业分类为依据，而是采用词汇描述，同时在协议当中都提出双方可以通过通知的形式调整负面清单所列项目，只要做到对通知之前在通知所涉及的行业已经存在的企业不再追溯即可。从这些方面来看，即使是美国，也并没有做到极高标准的负面清单制订管理流程。双方都有一定的兜底条款。

除了负面清单保留了对部分行业外资管理的立法权之外，美国主要是通过外资安全审查来事实上限制部分外资的进入的，比如中国大量企业在美投资受阻就是由于这一安全审查。美国对于外国投资的管理主要是来自成立于 1975 年的美国外国投资委员会（CFIUS），该委员会主要就外国投资对国内产业经济的潜在影响进行考察和评估，并只对总统提供相关建议，但其在美国对于外资并购美国企业的过程中有着重要的影响。CFIUS 在报告中提出了 12 个考察外资交易是否会影响美国安全的方面，主要从潜在影响方面考虑，潜在影响的考察也就使得这一考察过程中有一定的变动空间，从而让美国政府能够相对灵活地控制外资在特定行业的进入比例。上海自贸区应该在使用负面清单进行外资管理的过程中，充分考虑对外资并购开展相应的安全审查和反垄断审查，以达到对外资管理的既保持较高开放度又留有较高政策的目标。

从上海自贸区清单来看，我国在国际双边投资负面清单中也同样应该坚持"政、学、商"互动、动态核审、入单有据、出单有期、禁限结合、促商促改、适当谨慎七条原则，并在这一基础上保留一定的行业限制，作为与其他国家谈判准入的筹码。具体可以作为双边投资协定谈判的负面清单原则如下：

（1）监管性限制准入为主，禁止性准入为辅。这也是多数国家投资负面清单的基本模式，因为完全不能允许外资进入的行业是较少的，多数行业既可以从适度的外资进入中通过竞争和扩散效应而受益，又可能由于外资过度进入出现相关行业恶性竞争加剧、资源枯竭或者是相关经济社会环境风险上升等问题。所以对多数清单内行业也应该实施有关的监管性进入标准，允许相关管理部门通过审核相关资质与条件，让这些行业通过合理有效的方式充分利用外资的正面效果。只对极少部分的关键性行业实施完全的外资禁入。

（2）对外开放与海外扩张相结合，推动我国资本走出去。在国际双边投资协定中，负面清单往往是对等的，即有可能缔约双方负面清单都较长，也可能缔约双方负面清单都较短，本国开放的力度应当是和国外市场向我国开放的力度相适应的。我国处于高速发展时期，大量的企业和资本有到新的海外市场经营的愿望和能力，在这一基础上我国应加快国内市场开放程度，接轨高水平国际经济新规则，促使我国企业在海外市场得到更公平广阔的发展。

（3）行业分类粗细结合，详略得当。以细分行业为主，以粗分行业为辅，同时应该论述与国行业分类版本变更的关系。当前负面清单亦是以国民行业分类三分位分类为主，并对具体的限制的措施提出了相关的管理条件，但究竟是按照行业分类号还是最后的特殊管理规定中的细分描述来限定尚待确定，上海相关部门也表示将于 2014 版负面清单中重新表述相关内容，更加方便相关外资投资人理解。

（4）负面清单应该先长再短。相关主管部门应当引导社会认真审视负面清单对我国的影响和对外资的影响，考虑到开放程度与我国经济发展阶段相适应的原则，特别是在我国将进行的国际双边投资谈判中，更需要谨慎讨论负面清单的内容。考虑到我国市场容量较大，国民产业结构相对完善，同时是世界最大的劳动力供给市场和最大的消费市场，同时我国还是处于发展中的国家，我国有可能在较多行业具有竞争优势，相比产业结构已经基本成型的发达国家与产业结构相对单薄的发展中国家，我国都有更多的行业需要监管性准入。

（5）保留高科技行业例外。负面清单对于部分科技进步较快、分类可能发生变化的行业类别需要保留一定的调整空间，避免我国在新兴行业出现的情况下被外资完全占领市场。我国有全世界最多的科研人员，科研成果由量变转向质变的临界点随时可能出现。在这一基础上适当保留高科技行业例外将对我国增强国际竞争力有重要意义。

（6）负面清单应当做到入单有据。对于列入负面清单进行特殊管理的行业，应当有相关法规条例作为管理的基本原因，同时对于负面清单中限制性准入的行业，应该列明相关监管部门、审批环节，供外商投资参考。

（7）负面清单应该做到单内行业监管有章可循，单外行业监管顺畅。对于清单外行业，应该进一步推动国内各部门放松相关管制，在给予外资准入前国民待遇的同时降低国内与国外企业的进入门槛，切实做到清单外行业可注册、可经营，内外资一视同仁。

2.2.5　政策建议

上海自贸区推动以"负面清单＋准入前国民待遇"为主要标准的外资管理体制改革，标志着我国政府将进一步改革治理模式，同时李克强总理在国务院相关会议上提出政府应当建立"权力清单"，约束政府权力和过度扩展。

从自贸区的负面清单到中央政府的权力清单，意味着政府监管的透明化和有限化，这给国内外企业提供了我国将进一步推动市场在经济活动中的核心作用的明确的信号。上海自贸区的负面清单管理模式也给了外商企业更多的经营空间，这一方面将使我国多个行业的所有制结构更为多元化，另一方面也使得外资在我国经营的行业多元化程度增加，我国国民经济与国际经济的交流互动将更为频繁。

我们需要注意的是，上海自贸区由于自身的区域和行业特点，在有限的时间内，并不能充分反映投资进一步开放对外商和国内企业的完整影响，这意味着我国在基于上海自贸区的经验进一步为外资提供准入前国民待遇的过程中，要充分谨慎地考虑我国行业特点与外资流向趋势，预防我国产业结构受到过大冲击。

结合上海自贸区的运行情况和我国外资体制改革和目标与相应国际双边和多边贸易投资谈判的需要，我们提出下列建议：

（1）坚定地从提高对外开放水平、与国际贸易投资新规则接轨的方向开展相应的政策修订工作。负面清单的适用条件和前提都是在开放程度较高、原有条款适用范围较广的情况下使用的，因此负面清单的外资管理方式本质上就意味着更高的开放水平，这需要我国企业和对应行业提前做好应对准备。负面清单内行业的限制，是为了负面清单外行业的开放而服务的。

（2）应当以"政、学、商"互动、动态核审、入单有据、出单有期、禁限结合、促商促改、适当谨慎七条原则对负面清单进行修订。提高负面清单修正过程的参与度与透明度，同时让负面清单在公众和企业的监督下运行，切实作为政府向社会和外资做出的庄严承诺而遵守。

（3）积极推动国外相应国家和组织的市场向我国企业和投资者公平透明地开放，避免发达国家借助意识形态等政治因素，利用其他政策工具限制我国企业的海外投资。

（4）应当基于对等原则和保守原则在有国际法约束力的双边或多边投资协定中开展负面清单的谈判，避免过度过早地开放我国市场，限制了我国在相应领域的政策调整空间。

2.3　中国（上海）自由贸易试验区外商投资管理体制研究

2.3.1　研究意义

2013 年 9 月 29 日中国（上海）自由贸易试验区正式挂牌，根据国务院印发的《中国（上海）自由贸易试验区总体方案》的要求，上海自贸区对外商投资试行准入前国民待遇，探索外商投资管理体制的改革，努力形成可复制、可推广的经验，服务全国的发展。党的十八届三中全会也提出，探索对外商投资实行准入前国民待遇加负面清单的管理模式，建立公平开放透明的市场规则。在新形势下，外商管理体制改革的研究，对我国进一步扩大开放、保持利用外资的良好前景具有重要的意义。一方面，国际上外资的引入竞争加剧，国内生产要素成本不断增加，原有的外资优惠政策逐步取消，中西部地区承接产业转移的条件有待提高，加之我国目前的外商投资法律体系不完善，这在一定程度上限制了外资的引入。另一方面，在 2013 年 7 月的第五轮中美经济对话中我国表示，将基于准入前国民待遇原则和负面清单管理模式的基础与美国进行双边投资协定谈判，这意味着我国将接受高标准自由化的投资规则，具有一定的挑战性，如何形成与国际接轨的外商投资管理体制显然非常重要。

本节旨在准确、客观地分析我国当前利用外资的现状和发展趋势，从而为外商投资管理体制改革提供依据。内容主要包括以下几个方面：①分析我国外资特征的变化和现存外资管理体制的不足；②提出建立以公平竞争政策为中心的外资管理体制，并针对外资审批制度的改革、内外资"双轨制"的并轨问题、高效利用横向外资以及环境保护等方面提出政策建议；③提出建立完善国家经济安全审查制度的政策建议；④分析我国外商投资法律体系的不足，并为我国重构外商投资法律体系提供依据。

2.3.2　我国外资特征的变化和现存外资管理体制的不足

随着世界经济的发展，我国利用外资的方式发生了深刻的变革——从以利用纵向外资为主体向利用横向外资为主体转变。了解我国外资的基本特征和发展趋势，是研究我国外商直接投资政策的前提条件。

根据国际投资理论，可将外商直接投资分为纵向外资和横向外资：纵向外资主要发生在发达国家与发展中国家之间，其目的侧重于获取便宜的劳动力和原材料资源，这种投资也称为成本导向型外资；而横向外资主要发生在发达国家之间，其目的主要在于通过获得更大的市场谋求规模经济收益，这种投资也称为市场导向型外资。关于如何有效地利用横向外资，目前的理论研究已经非常丰富。早在 20 世纪 80 年代，国外的学者 Markusen 将横向外资理论与国际贸易理论结合在一起，开始对其进行长期的理论研究。Krugman（1980）还提出，对于有规模经济的产业来说，国内市场大的国家越可能成为出口强劲的国家，占领更多的国外市场。这种所谓母国效应（Home market effect）可能会使横向外资带来巨大的出口效应（崔凡，2007）。20 世纪 90 年代，Krugman，Fujita 和 Venables 等经济学家开创了新经济地理的分支学科，使横向外资理论得到了进一步的发展。

纵观中国引入外资的历史，我国长期以来是以吸引纵向外资为主要方式，原因是我国具有劳动力和资源等生产要素成本的优势，这使得其在较低技术含量的劳动密集型生产装配环节中占据比较优势。相对而言，外商具有资本和技术的比较优势，考虑到节约劳动力和资源成本，以及中国政府对外资提供的众多优惠政策，许多外资通过直接投资的方式实现生产环节的优化纵向分工，这使得多年来我国在利用外商直接投资的规模方面居发展中国家之首。但是，随着中国经济总量的迅速增长，人民生活水平不断提高，劳工保护水平以及社会保障要求也不断提高，实际劳动力成本有所上升。另外，随着外资存量的增加，国内要求取消外资超国民待遇、实现内外资公平竞争的呼声日益高涨。在这种情况下，以成本节约为主要目的的纵向外资必然会相对减少。

但与此同时，中国经济发展在带来劳动力成本上升的同时也导致了市场需求的迅速扩大。根据新经济学理论和"母国市场效应"，由于规模经济效应的存在，跨国公司会选择有限的生产点进行生产与组装，而且投资倾向于集中在国内市场规模大的国家，并由此输出到周边国家。在这种情况下，中国将成为理想的投资地点，跨国公司来华投资的动因也从以成本节约为主逐渐转为以获得市场为主。由纵向外资向横向外资转化，这是中国未来若干年外资结构变化的主要方向（崔凡，2006）。但是就当前的形势而言，我国利用外资方面也存在不少问题。

第一，我国的劳动力成本和土地资源利用成本上升的客观事实，以及市场准入和行业限制的外资政策必然会抑制外商投资的积极性，这会限制我国进一步利用外资。

第二，近年来国际上对外商直接投资的争夺日益加剧，以越南、印度尼西亚为代表的东南亚国家在吸引制造业投资方面给出了一系列的鼓励政策，不少外资企业已迁往这些国家。面对激烈的外资争夺局面，如何能够继续保持我国在吸引外资方面的优势地位，特别是在与周边国家争夺技术含量较高的高科技及金融等服务领域的外资中保持优势，同时成功地实现我国产业结构向中西部地区梯度转移，使整个产业结构在升级的同时保持完整的产业链，继续保持制造业中心的优势地位，都成为我们关注的问题。

第三，就目前的情况而言，我国的外资管理体制在很大程度上比较适应对纵向外资的管理。首先，在吸引外资措施上，主要以提供税收减免、减让土地出让金等方式来刺激外资进入，这对成本节约型的纵向外资具有很强的吸引力。其次，在国内市场的行业准入方面，我国对外资还有所有权、业务、营业地域等方面限制以及繁杂的审批制度，从而制约其在国内市场的扩张。这些措施，对于市场扩大型的横向外资来说，都是阻碍其流入的重要因素。最后，我国对横向外资的引进重视不够。传统的观点认为纵向外资的利用有利于消化国内剩余劳动力，有利于就业和出口，而横向外资以占领中国国内市场为主要目的，对出口的促进意义不大，同时横向外资的引入还可能导致我国的幼稚企业受损，甚至会形成垄断市场，威胁国家经济安全。因此，如何建立和完善国家经济安全审查制度也成为我们必须思考的问题。

2.3.3　建立以公平竞争政策为中心的外资管理体制

目前进入中国的外商投资规模和投资领域不断扩大，越来越多的外资以扩大市场作为其投资的主要动机。在这种背景下，中国的外商投资管理体制应从以优惠措施与准入限制相结合为特征的旧模式，向以竞争政策与技术性行业监管措施相结合为特征的新模式转变。《中国（上海）自由贸易试验区总体方案》中提出："提高行政透明度，完善体现投资者参与、符合国际规则的信息公开机制。完善投资者权益有效保障机制，实现各类投资主体的公平竞争，允许符合条件的外国投资者自由转移其投资收益。"这要求我国要加快政府职能转变，为国内外企业创造一个公平竞争的环境。其立意极为深远，旨在以此撬动未来带有全局意义的改革，以逐步实现十八大提出来的"逐步建立以权利公平、机会公平、规则公平"为主要内容的社会公平体系，通过"以市场化制度为本，创自由竞争之基"，来激发和保证人民平等参与、平等发展的权利。本书在现有研究的基础上，倡导建立以公平竞争政策为中心的外资管理体制。

1. 外资审批制度的改革

中国在对外投资谈判中接受负面清单谈判模式进行准入前国民待遇的谈判，这会对外资审批制度产生直接的影响。近 30 多年的实践证明，我国《外商投资企业法》的审批制度确保了外资在我国的健康有序发展，为我国的经济建设提供了资金的支持、技术的保障，促进我国经济健康发展。但同时审批制的弊端也日益显现，导致我国外商投资环境恶化，对中国经济发展逐渐产生阻碍作用。现存审批制存在以下问题：在我国建立外商投资企业，首先需要通过发改委系统的项目审批（有些项目由工信部系统审批）。发改委系统将所有投资项目，包括国内投资项目，分为审批制、核准制和备案制。2004 年以前，外资项目实行审批制；从 2004 年开始，外资项目实行核准制。目前，实行审批制的项目原则上是国有资本投资项目，理论上手续最为严格。虽然外资项目从审批制改为核准制，但外商在实践中并没有感到程序有实质性的简化。申请核准的投资者需要提交的项目申请报告包括从原料、技术、用工人数到目标市场等一系列要素。在通过发改委的外资项目核准后，投资者还需要通过商务部系统的外商投资审批。虽然发改委的审核体系与商务部的审批体系的侧重点分别是投资项目和企业设立，但实际上，所有外资企业都必须有项目。两个体系分头审核加重了投资者负担，同时我国的投资体制还承担了过多的宏观调控职能，有关部门倾向于通过直接审批项目来调控投资，从而调控宏观经济，客观上加深了我国宏观经济过于依赖投资调控的局面，不利于经济转型（崔凡，2006，2013a）。

未来外商的高标准投资自由化路线对我国的外资管理体制，特别是现有的审批核准体制提出了更高的要求。在 2013 年 8 月底，国务院公布了《全国人民代表大会常务委员会关于授权国务院在中国（上海）自由贸易试验区暂时调整有关法律规定的行政审批的决定》，决定在自由贸易试验区内暂停实施"三资法"，并以此进行三资企业设立、并购等审批制取消的改革试点，实行准入前国民待遇加负面清单的管理模式，上海的试点将为全国审批制的改革提供经验。虽然，从目前来看是否能够取得预期的效果尚不得知，但外资审批核准制度的改革作为当前深化改革的破题之举，意义十分重大。可从以下几点出发，修改外商投资准入制度：原则上取消对外资准入的全面审核制度（保留对小部分行业的准入审核），改为实行内外资一体的工商登记注册制度，不仅可以简化外资进入的程序，促进吸引外资，而且可以起到促进市场公平竞争、促进我国投资体制改革的作用。总的来说，一个符合公平竞争市场规则的外资管理体制应该包括以下内容：第一，建立与内资企业相同的准入登记程序，即工商注册登记程序；不再进行全面的外商投资审批（商务部）和外资项目核准（国家发改委）。第二，对部分行业的外资注册登记以行业审慎监管审查为前置审批程序。这类行业包括金融、教育、电信等行业，这些行业的准入需要满足一定的技术标准。另外，外资准入前和准入后，均应满足环境保护监管标准。上述技术标准应该是内外统一的。第三，外资以并购方式进入，应该通过经营者集中审查；外资在经营过程中，应该持续受到公平竞争监管部门的监管。这些审查和监管标准与内资应该一致。第四，政府对外资以并购方式进入实施国家安全审查。以上各方面，除了国家安全审查以外，其他审批核准程序与标准要逐渐做到内外一致（崔凡，2013b）。

2. 加快实现外资国民待遇和内外资"双轨制"并轨

为国内外企业创造一个公平竞争的环境，是提高市场经济效率的基本要求。中国（上海）自由贸易试验区对外资试行"准入前国民待遇"，它将平等待遇扩大到准入权，并在国家监管和税收待遇等方面给予法律上和实质上的同等待遇，这对吸引外商来华投资具有重要意义。

改革开放以来，我国的外商直接投资管理政策并不统一，对外资基本上采取限制与鼓励相结合的政策，形成了事实上的"次国民待遇"与"超国民待遇"并存的形势。一方面，为了国家的经济安全，我们对外资的进入领域、审查程序、营业地域等方面有着严格的要求，从而制约其在国内市场的扩张；另一方面，在我国资金、技术匮乏时期，同时为了引进国外先进技术和经验，我国政府又给予外商以鼓励为主的"超国民待遇"政策。这种鼓励主要表现为给予外资一系列税收优惠政策。长期以来，我国对外商投资企业实行"税负从轻、优惠从宽、手续从简"的方针，赋予外商投资企业低税率、纳税扣除、再投资退税、投资抵免等优惠待遇。在改革开放初期，上述的"次国民待遇"和"超国民待遇"相结合的外资政策对我国引入外资和利用外资、提高我国企业生产力、维护国家经济安全、完善市场经济方面发挥了积极作用。

但随着世界经济形势的发展，我国利用外资的形式从以纵向外资为主体向利用横向外资为主体转变，外商的投资动因也从以成本节约为主逐渐转为以获得市场为主。在利用外资的实践中，我国外资优惠政策的负面效应已日趋明显。一方面，我国多部门审核、复杂重复的外资审批制度以及产业准入、营业地域等限制严重地阻碍了市场扩大型横向外资的流入。另一方面，由于国内外经济环境发生显著变化，外资享受"超国民待遇"减少了国家的财政收入，挫伤了国内企业的积极性，使内外资不能公平地参与我国市场竞争，这不利于我国产业结构的发展，最终影响我国建立和完善高效公平的市场经济体制。

以中国（上海）自由贸易试验区为试点，并在全国范围内推广对外资实行"准入前国民待遇"，是我国对外开放、高效利用外资的必然趋势。与此同时，我们也应逐步取消对外资的优惠待遇并推行内外资管理体制并轨的政策，确保内外资企业在同样的市场环境、同一市场规则下公平竞争。为达到这一目标，提出以下政策建议：

第一，以公平竞争为指导原则，逐步弱化、取消具有让利和补贴性质的各类外资税收优惠、投资优惠、地区优惠等政策，同时应防止新出台单方面向外资倾斜的优惠政策。在国家宏观调控政策中，对于只要符合产业导向、地区导向要求的内外资企业，在享受优惠政策上应一视同仁。

第二，我国地方政府在招商引资过程中，要严格按照《外商投资产业指导目录》和《中西部地区外商投资优势产业目录》的指导给予外资相应的优惠，避免恶性竞争。在高新技术产业、农业和基础设施产业施行的外资优惠政策可以同等地施加于符合条件的内资企业，使内外资企业在土地、税收、服务保障上享受同等待遇，鼓励内外资企业公平竞争。

第三，鉴于当前我国经济的发展水平和法律环境，外商投资法律体系的改革基础已经具备。我国政府应加快外资法的重构，建立一个以《外国投资法》为核心，以外资相关的配套法律规范为补充，具有统一性和高透明度的外商投资法律体系，消除目前法条繁杂、法律适用困难的现状，并随着经济形势的发展，最终达到内外资经济立法的统一。

3. 提高利用横向外资质量

1）利用横向外资实施均衡区域政策

鼓励外资向中西部流动一直以来是我国引进外资工作中的重要内容。近年来，随着西部大开发、中部地区崛起以及东北地区等老工业基地振兴等一系列国家战略的深入实施，中西部等内陆、沿边地区对外开放程度也不断提升。2012

年，中西部地区实际使用外资 192.1 亿美元、占全国总量的比重约 17.2%，比 2008 年分别增长 36.7% 和提升 4.2 个百分点（张军，2013）。国家制定的一系列外资鼓励和引导措施，在中西部地区扩大利用外资、提高利用外资的质量和水平、优化产业结构等方面发挥了积极作用。

但从目前形势看来，我国政府还需更加积极主动地促进中西部地区利用外资。一方面，从统计数据来看，中国吸收外资在地区分布上呈现出不平衡的状态，过度集中在产业基础发展较好、投资环境更优的东部沿海地区，尤其是珠江三角洲、长江三角洲和环渤海湾地区，占了我国引资总额的八成以上，而幅员广大的、急待发展的中西部地区却仅占了不到两成。外商在投资区域上的过度倾斜会加剧我国产业结构的失衡，从而造成我国地区间经济差距不断扩大。另一方面，以越南和印度尼西亚为代表的周边国家在吸引制造业投资方面给出了一系列的鼓励政策，一些外资企业开始向这些东南亚地区搬迁，这可能会导致国内低技能劳动力出现大量失业，易引发一系列的社会经济问题，这不得不引起我们的高度重视。

根据新经济地理学的研究结论，市场导向型横向外资在决定其区位选择的时候，往往选择市场接触度（market access）高的地点。市场接触度是哈里斯（Harris）提出的概念，他认为对定位于某地的企业的产品和服务的需求取决于所有地点的 GDP 的加权总和，而权重是该地与所有地点的距离的倒数。市场接触度的概念反映的是一个地点接近市场的程度，一般来说，越是靠近大市场的地点，市场接触度越高。根据哈里斯的市场接触度概念，我国沿海各省份因为靠近国际市场，同时周边省份也比较富裕，因此市场接触度也比较高，越容易吸引投资，导致沿海地区外商投资规模远大于内陆地区（崔凡，2006）。

当前我国的经济增长速度，特别是中西部地区的经济增长速度都远远快于世界的平均水平。这意味着，企业在权衡靠近中国国内市场还是靠近国外市场的时候，将越来越重视中国国内市场接触度。当中国经济增长达到一定水平的时候，外资的区位选择可能开始从东部向中部地区移动，因为中部地区与国内各地区市场的距离相对更近，接触更为方便。当国内市场足够大、足够重要的时候，河南、湖北等中部省份将成为吸引外资的重要场所。而中部地区外资和内资的增加以及经济的发展又将提高西部地区的市场接触度，从而推动外资向内地的梯度推进，我国目前的情况与新经济地理学的理论非常符合。我国在吸引外资过程中，可先在中部地区选择适当地区，建立产业的承接中心，形成产业集聚区域，这不但会降低企业的迁移成本，还有利于我国实现向内陆的产业结构梯度转移，使整个产业结构在升级的同时保持完整的产业链，保持与东南亚国家的竞争优势。

2）利用横向外资促进先进技术的扩散

促进技术的引进和扩散，提高外资的技术溢出效应和我国企业的管理能力，增强我国企业的国际竞争力，是我国利用外资的重要目的之一。基于我国目前利用外资形式以纵向外资为主体逐步向横向外资为主体转变，相应地外资技术扩散特征也发生了变化。具体而言，通常跨国公司在国外直接投资通常有两种目的：第一，以东道国作为出口平台（export platform）；第二，以 FDI（外商直接投资）形式进入东道国内需市场（胡祖六，2004）。前两者分别对应纵向外资和横向外资。

对于外资利用东道国作为出口平台而言，如果东道国有充裕的劳工资源，较低廉的劳动成本，而且政府实行较有吸引力的出口优惠政策，那么跨国公司通常采用"出口平台"模式，在东道国加工生产，以服务于东道国之外的第三国出口市场，这非常符合我国改革开放初期的纵向外资引入形式。纵向外资的一个重要特点是生产增值链的分割。一般来说，纵向外资投资者将总部经营管理服务和研究开发等环节留在母国，将加工装配环节放在东道国，从而分别利用母国的资本技术优势和东道国的劳动力优势，纵向外资主要涉及加工装配环节，因此技术扩散效应比较有限。

对于外资以 FDI 形式进入东道国内需市场而言，如果东道国有较佳的经济增长前景，并对外资实行市场开放、市场准入政策，那么跨国公司的投资主要是为了服务于东道国市场，这正是我国目前引进横向外资的形式。横向外资倾向于把生产增值链的大部分环节移植到我国本土，同时建立相应的地区管理部门以承担经营管理责任，这会给我国带来较大的技术溢出效应。这是因为，首先，横向外资涉及生产增值链的更多环节，这使得核心技术更加有可能渗透到我国。其次，横向外资更加倾向于在东道国设立研究开发中心。对于以市场导向为基础的横向外资，必须遵循市场导向的营销战略才有可能在竞争中获胜。它一般倾向靠近市场按照市场导向进行研究开发，并且吸收对当地市场有深刻理解的研发人员和营销人员，这些都有利于技术的引进和扩散。最后，跨国公司建立地区管理总部，以市场导向进行生产使经营实现一定程度的本地化，而这种本地化有利于其经营管理技能等软技术向我国国内扩散（崔凡，2007）。总体而言，相比于纵向外资，横向外资在先进技术和管理技能方面对我国企业都具有较大的溢出效应。

我国政府可以制定相应的政策，增强横向外资的溢出效应：第一，创造一个开放公平的市场竞争环境，对外资企业、公有制企业和非公有制企业都实行平等的待遇，促进公平有效的市场竞争机制的发展。吸引有实力的跨国公司进入开放行业，通过良性的公平竞争，促使跨国公司向国内转让最新技术，加快转让最新技术的步伐。第二，通过鼓励内资企业、高校和科研机构与国外公司合资或合作兴办研发机构，同时鼓励我国企业进行二次创新，对引进的先进技术和管理经验加强消化吸收，发挥其实用价值。第三，重视知识产权的保护，完善与经济相关的法律、法规，创造良好的政策环境。

3）横向外资的引入和环境保护的关系

如何处理好引进外资与保护环境的关系一直是全社会关注的问题。国际投资理论认为，产业的扩张和转移是 FDI 的一个基本动机，在产业梯度转移规律控制下，我国东部地区率先通过引进 FDI 承接了发达国家（地区）产业转移，给社会福利和环境质量带来了很大的影响，这种影响是多重性的。一方面，FDI 促进了GDP 的增加，提高了经济增长率，推动了出口的发展，带来了环保技术外溢效应，增强了环境保护意识等。但是伴随着 FDI 的引入及其产业转移，相当一部分污染密集型产业也发生了转移，因此另一方面，FDI 对环境保护的负面影响也是显而易见的（沈四宝和彭景，2012）。污染密集型产业所产生的大量废水、废气、固体废弃物，破坏了生态环境，威胁人体健康，阻碍了可持续发展的进程。为了保障落实环境保护目标，使外商的投资活动符合我国的环境保护政策，让我国经济社会环境在享受外资技术溢出正效应的同时，减少环境污染带来的危害，提出以下政策建议：

第一，我国环保部门应建立和完善内外资企业统一的环境标准指标，严格执行高污染、高能耗产业的准入政策，对于未达标准的企业和外资项目，一律不可以批准。同时，各地可以根据国家环境相关法律和政策，制定高于国家标准的环境制度，对内外资企业进行规制和引导。

第二，在企业运营过程中也要加强环境监管，通过建立环境污染信息公开披露制度，将污染排放者的信息公开，结合市场力量、社会力量强化对环境污染者的监督，对违反规定的内外资企业要严格给予相应的处罚。

第三，我国政府应鼓励建立和发展生态工业园区，对于已有的生态工业园区，可吸引外资向生态工业园区流入，充分利用外资的先进技术和管理经验，尽量减少区域废物，将园区内一个工厂或企业产生的副产品作为另一个工厂的投入或原材料，通过废物交换、循环利用、清洁生产等手段，实现资源的有效利用。

第四，政府对于在环境保护方面做出贡献的，或者是在清洁生产上改进技术，更有效地利用了资源的内外资企业，可实行奖励措施，如美国的"总统绿色化学挑战奖"（Presidential Green Chemistry Challenge Awards），以这种激励措施来鼓励更多的企业改进其管理技术，传播"绿色生产"和"绿色消费"的理念。

2.3.4　国家经济安全审查制度的建立和完善

我国政府历来十分重视国家经济安全。2008 年《反垄断法》的实施，标志着我国外商投资的反垄断审查进一步迈向法制化轨道。2011 年国务院《关于建立外国投资者并购境内企业安全审查制度的通知》，就建立外资并购的安全审查制度做出了指引性规定。同时我国政府还出台了《外商投资产业指导目录》，在上海自由贸易试验区实施负面清单管理等一系列的措施保障我国的国家经济安全，这对于我国外资管理体制的完善有重大意义。

但面对复杂的国际经济环境，我们还应该意识到现有的国家经济安全防护体系存在一定的漏洞，急需进一步完善。首先，在经济全球化的背景下，我们建立了上海自贸区，采取负面清单的开放模式，对外商直接投资实行国民待遇，减少对国内产业的过度保护，加大利用外商直接投资的自由度。但是在这种外资开放的政策基调下，由于我国企业与国外企业在规模、技术、管理等方面存在的巨大差异，外资可能会为了占领国内市场，利用其优势并购或控制我国的行业龙头企业，从而对我国本土企业的生存和发展构成威胁。其次，利用外商直接投资的"技术溢出效应"，通过外资企业内含人力资本、研发能力、管理经验等的扩散，来促进经济快速增长和结构优化，是我国外资政策的重要目标，我们甚至做出了"市场换技术"的牺牲。但是，许多外资企业在进入中国市场后，凭借其核心技术的垄断取得高额的利润，同时还对先进的技术进行严格的保密，加大我国企业学习和吸收先进技术溢出效应的难度，并利用技术优势打击潜在的竞争者。长此以往，必定会严重削弱我国企业的创造能力和技术水平，强化我国在国际产业链中的末端地位，最终可能使得整个产业的发展都受制于人（朱一飞，2009）。最后，由于产业结构的不断更新变化，《外商投资产业指导目录》和《自由贸易试验区外商投资准入特别管理措施（负面清单）》都不可能将所有可能危及国家经济安全的外商投资排除在外，从而给我国产业安全留下隐患。

综上所述，在现实的世界经济形势下，政府在加大改革开放力度，鼓励引入外资的同时，应该坚持以维护产业安全作为国家安全审查的主要目标，逐步完善国家安全审查制度，实现对外开放与保护产业安全之间的平衡。

第一，建立保护国家经济安全的法律体系。目前我国制定并实施了《反垄断法》，但还要进一步完善其他相匹配的法律措施；我国应制定《外国投资法》，对外资并购的产业准入、审查机制等问题做出全面规定，明确限制外资并购的行业和领域，特别是涉及国家安全的行业限制和并购规模的限制。

第二，建立一个跨部门的安全审查合作机制，对外资参与的经营者集中进行国家安全审查。目前，我国外资并购监管多头审批，缺乏协调性，利益冲突明显，而且外资参与经营者集中可能涉及国家安全利益的各个领域，单独的某个部委也难以承担国家安全审查任务。因此，可由以商务部为主的国务院多部委联合设立"国家安全审查委员会"，专门负责对外资参与的经营者集中进行国家安全审查。

第三，建立引进外资的产业安全管理与预警机制。这个机制包括对重要产业部门建立科学合理的预警指标体系、监控体系和快速反应机制。通过借鉴国际上的相关经验以及联系中国国内的实际情况，准确地反映出中国国内某些行业的产业安全状况，一旦发现经济运行的参数偏离"标准值"或接近"危险值"，就应及时提出预警，以备政府及相关产业调控部门能够迅速地做出反应。

第四，限制并购特定的目标企业。《关于外国投资者并购境内企业的规定》第12条规定："外国投资者并购境内企业并取得实际控制权，涉及重点行业、存在影响或可能影响国家经济安全因素或者导致拥有驰名商标或中华老字号的境内企业实际控制权转移的，当事人应就此向商务部进行申报。"该规定将品牌资源的保护纳入经济安全审查的视野之中，这显然具有重要意义。"规定"的安全审查对象还应包括"获取涉及我国国家安全的技术控制权"的外商直接投资，并规定较严格的审批程序和标准，防止外商以更为隐蔽的技术优势控制我国重点企业。

2.3.5　我国外商投资法律体系改革

在我国外商投资管理体制的改革过程中，法律法规的完善是至关重要的。美国、欧洲和香港等许多成功市场的经验表明，建立法治经济社会，提高立法质量，严格执法，司法过程中做到实体和程序公正是建立有效市场的基础。

我国外商投资法创始于 1979 年，主要由《中外合资经营企业法》、《中外合作经营企业法》和《外资企业法》这三部法律，以及围绕这三部法律所陆续制定的大量行政法规、部门规章和通知等规范性文件构成。进入 21 世纪，企业经营的市场环境和法律环境的变化对外商投资法提出了更高的要求，特别是立法的市场化取向。当政治、经济条件发生变化时，法律也应随之发生变化，这样才能适应经济基础发展变化的需要。中国在这一过程中取得了可喜的进展，但是仍然存在着以下若干弊端，有待进一步完善。

（1）外商投资法立法理念错位。我国目前以"组织法"为本位的外资投资法对外商投资企业设立过分关注，而忽视了对外商投资企业运营过程的关注，从而导致对外商投资股份有限公司、外资并购、BOT（即建设-经营-转让）投资方式、外资股权变更等立法的滞后，对外资的利用实践造成较大的负面影响。

（2）关于外商投资的法律法规数量繁多，法律适用混乱。不但全国人大及其常务会、国务院制定了大量的外商投资法律法规，而且中央各部委通常还就上述法律法规的具体实施出台相应的实施细则或实施条例，同时地方政府也制定了大量的地方性法规、规章、条例。这使得外商投资法律体系庞杂，内容重复。外商投资法律体系的法条混乱必然导致其适用上的混乱。比如说，三个外商投资企业法及其实施细则，在审批期限、出资方式、准入领域等规定上又存在差异；法律、行政法规、部门规章之间也存在着大量的规则冲突现象；《外资企业法》同《公司法》、《合伙企业法》之间也存在大量不协调的规定（张庆麟，2007）。这使得在实践过程中，外资企业很难全面地了解外商投资法的内容，同时法院判案时也难以准确合理地适应相关的法条，法律裁决的结果存在不少争议。

（3）外商投资法律体系存在重要的制度缺失，导致部分领域无法可依的难题。我国在不断发展传统"三资企业"的同时，逐渐出现了新的利用外商投资的形式，如 BOT 方式、跨国并购、外商投资股份制、外商设立研究开发中心、设立投资性公司、外国公司和金融机构在华设立分支机构等。而我国对利用外资新方式的立法相对落后，规定过于简单，可操作性差，法律责任制度缺失，使投资者及有关主管部门在投资实践中出现无法可依、无从适用的现象。

对于以上我国现有外资立法模式的弊端，纵观各国的外资立法情况，研究其实质内容和发展趋势，有助于我国的外资立法改革。当今世界主要存在三种外资立法模式，即"单轨制"、"简单双轨制"、"复合双轨制"立法模式（姚梅镇，1993）。

"单轨制"立法模式，是指国家在调整外资关系时，适用于内资一致的法律，国内不存在对外资进行规制的专门法典或单项法规。美国和大部分西欧国家采用这种立法模式，近年来有些国家如新加坡、波兰、捷克也开始采取这种立法模式。"单轨制"立法模式，在整体上实现了内外法律适用的一致性，从制度上为外资在国内市场进行公平竞争提供了保障，这是市场化最彻底的立法模式，也是一国市场经济发展水平要求最高的立法模式。

"简单双轨制"立法模式，是指国家制定统一的外国投资法典，并辅之以其他相关的可适用于外国投资的法律。大部分发展中国家采用这种立法模式，"简单双轨制"立法模式集中体现一国对外资的基本态度立场，赋予政府干预市场经济的权力，又对这种权力进行了限制，也为外国投资者的权益提供了保障。

"复合双轨制"立法模式，是指国家并没有指定统一的外资法，而是制定关于外国投资的专门法律，由此构成外国投资的法群，并辅之以适用其他相关法律。目前一些发展中国家如中国、泰国、马来西亚适用此模式，采用"外资群法"的方式对外国投资进行规制，可以具体体现政府关于外资的政策，干预经济的灵活性，但这也容易导致政府干预经济权力的滥用，产生不利于外资引进的结果。

目前我国采取的是"复合双轨制"。内、外资分别立法的"复合双轨制"立法模式是我国在改革开放初期，根据当时特定的历史环境决定的。然而随着经济体制改革的深入，这种立法模式表现出越来越多的缺陷和副作用，有悖于国际投资规范，束缚了利用外资的发展。"烦琐、矛盾、制度缺失、透明度不足、缺乏稳定性、立法模式存在缺陷"的外资立法现状已成为我国吸引外国投资的掣肘。对现行外资立法的改革和完善已成为国内理论界的共识。目前我国学者对外商投资法律体系的重构存在不同的设想和方案（姚梅镇，1993，卢炯星，1996，余劲松，1997，张庆麟，2007）：

第一种设想是将现行的三大外商投资法合并，将实施条例和细则整合，制定统一的《外商投资企业法》，对外商投资企业进行规制，以消除三大外商投资法相互冲突、重合的现象；第二种设想是将内资企业方面的法律直接适用于外商投资关

系，由《公司法》、《合伙企业法》、《独资企业法》等直接调整外商投资活动，内外
资适用完全一致的法律制度；第三种设想是重新改组现行的外商投资法，对现行的
三大外资企业法及其实施细则进行分离，将调整外商投资企业设立、终止、内部经
营管理活动等内容归《公司法》等相关的企业组织法调整，而把外商投资方向指
导、外商投资管理监督等作为新的《外商投资法》调整。至于与外商投资相关的外
汇、税收等问题，可直接纳入相关的经济管理法律部门之中。

　　考虑目前我国的经济形势和法律基础，我们认为第三种设想总体上具有可行
性。在当前形势下，对外资法进行重构应结合我国国情和经济水平，适应市场经
济和符合国际投资自由化发展趋势，确立外资立法的"资本本位"，坚持科学立
法，以《外国投资法》为核心和相关的外资配套法律规范为补充，建立具有统一
性和高透明度的外商投资法律体系。我国的外商投资法律体系框架如下（图 2-1）：

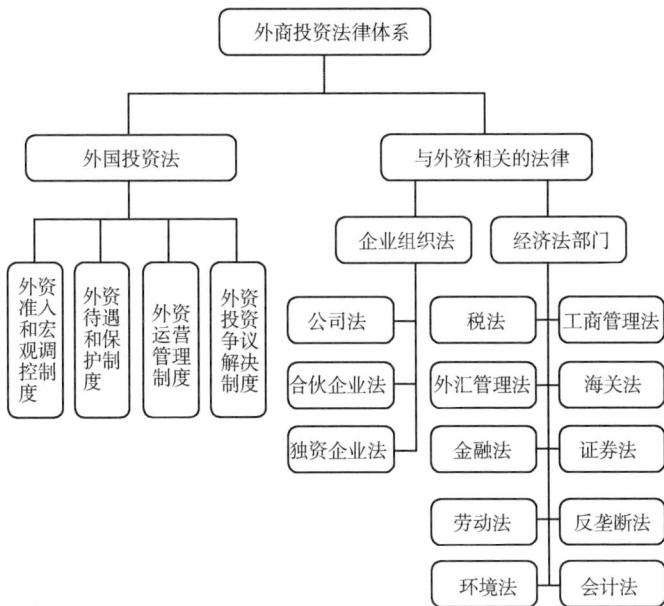

图 2-1　外商投资法律体系框架

　　我国的外商投资法律体系主要由《外国投资法》和与外资相关的法律规范两
部分组成。《外国投资法》的内容既要包括外国投资者在我国投资的基本法律规
范，同时也构成我国政府对外资进行管理和调控的基本法律依据，其主要由四大
部分组成：外资准入和宏观调控制度、外资待遇和保护制度、外资运营管理制
度、外资投资争议解决制度。外资准入和宏观调控制度主要规定外国投资者定
义、投资形式、准入领域和准入条件等内容，同时根据《负面清单》、《中西部地
区外商投资优势产业目录》等措施，对外国投资的产业和区域进行引导，体现国

家的外资政策和宏观经济目标；外资待遇和保护制度主要是规定外国投资者的待
遇、外资优惠形式及适用条件、国有化征收和投资保险等内容，应尽量体现内外
资平等待遇、公平竞争的精神，营造良好的市场氛围；外资运营管理制度主要规
定外资的转移、投资形式变更、外资再投资和退出等内容，同时对外资运营过程
中外资并购、垄断、关联交易等行为进行监管，要充分重视"事中、事后监管"，
保证国家的经济安全；外资投资争议解决制度主要是规定外资在华投资发生争议
时的法律适用、救济途径等内容，为发生冲突的当事人提供诉讼、调解和仲裁的
便利，保障外国投资者的合法权益。

对于与外资相关的法律规范而言，应以内外资企业统一适用为原则，进行重
组。一方面，以《公司法》、《合伙企业法》、《独资企业法》为基础，将外商投资
企业的组织问题纳入现行企业组织法规范。另一方面，外商投资企业经营过程中
的一般经济管理方面的内容交由国内相关经济法部门进行调整，这些相关法律主
要包括税法、工商管理法、外汇管理法、海关法、金融法、证券法、会计法、反
垄断法、劳动法、环境法等。这些法律统一适用于内外资企业，从而保证我国法
制的统一，这既体现了国民待遇的要求，也符合公平竞争市场经济的要求。

目前我国经济的迅速发展态势和国际经济一体化趋势，都要求外商投资立法
从"复合双轨制"逐步过渡到"简单双轨制"，并随着我国经济的发展以及市场
经济体制和法律体制的完善，进而转变为"单轨制"，最大限度地体现市场经济
对法律制度统一、公正、透明的要求，最终形成以公平竞争政策为中心的外资管
理体制。

本章参考文献

崔凡 . 2005. 现代国际贸易理论对中国对外贸易发展的启示 . 经济理论与经济管理，（9）：5-9.

崔凡 . 2006. 现代国际直接投资理论与我国外资管理体制转型 . 经济理论与经济管理，（12）：
　　21-25.

崔凡 . 2007. 利用横向外资提高外资质量 . 国际贸易，（1）：45-47.

崔凡 . 2008. 沿海部分劳动密集型制造业企业的内迁问题研究 . 国际贸易，（6）：16-19.

崔凡 . 2013a. 中国高水平投资自由化谈判模式的确定及其深远影响 . 国际贸易，（8）：44-48.

崔凡 . 2013b. 美国 2012 年双边投资协定范本与中美双边投资协定谈判 . 国际贸易，（2）：
　　123-131.

丁玮 . 2004. "超国民待遇合理合法论"评析——外商投资领域国民待遇制度的理性思辨 . 政
　　法论坛，（2）：164-170.

胡祖六 . 2004. 关于中国引进外资的三大问题 . 国际经济评论，（3-4）：1-7.

卢炯星 . 1996. 论完善外商投资法律制度 . 中国法学，（3）：69-77.

任清 . 2013-11-06. 负面清单，国际投资规则新趋势 . 人民日报，22 版 .

沙文兵，石涛 . 2006. 外商直接投资的环境效应——基于中国省级面板数据的实证分析 . 世界
　　经济研究，（6）：76-81，89.

沈四宝，彭景 . 2012. 我国对外投资法律制度支持体系的路径探析 . 社会科学辑刊，（6）：
　　84-88.

王志鹏，李子奈 . 2003. 外资对中国工业企业生产效率的影响研究 . 管理世界，（4）：17-25.

武芳 . 2014b. 韩国负面清单中的产业选择及对我国的启示 . 国际贸易，（6）：34-38.

武芳 . 2014a. 墨西哥负面清单设计特点及借鉴 . 国际经济合作，（6）：10-14.

夏友富 . 1999. 外商投资中国污染密集产业现状、后果及其对策研究 . 管理世界，（3）：
　　109-123.

姚梅镇 . 1993. 比较外资法 . 武汉：武汉大学出版社 .

姚枝仲，李众敏 . 2011. 中国对外直接投资的发展趋势与政策展望 . 国际经济评论，（2）：
　　127-140.

余劲松 . 1997. 论国际投资法的晚近发展 . 法学评论，（6）：1-9.

张军 . 2013. 提高利用外资质量　构建开放的创新体系——国家发展改革委利用外资和境外投
　　资司孔令龙司长谈下一步工作重点 . 中国科技投资，（31）：32-36.

张庆麟 . 2007. 国际投资法问题专论 . 武汉：武汉大学出版社 .

赵玉敏 . 2012. 国际投资体系中的准入前国民待遇——从日韩投资国民待遇看国际投资规则的
　　发展趋势 . 国际贸易，（3）：46-51.

朱一飞 . 2009. 国家安全审查与反垄断法的区别与协调 . 河北法学，（5）：127-137.

Barba G，Navaretti A，Venables J，et al. 2004. Multinational Firms in the World
　　Economy. New York：Princeton University Press.

Bhagwati J N. 1969. The generalized theory of distortions and welfare. 39，Working Papers

Bhagwati J N，Ramaswami V K. 1969. Domestic distortions，tariffs and the theory of optimum
　　subsidy. The Journal of Political Economy，77（6）：1011-1013.

Grossman S J，Hart O D. 1986. The costs and benefits of owner ship: a theory of vertical and lateral integration. Journal of Political Economy，(94): 691-719.

Helpman E. 1984. A simple theory of international trade with multinational corporations. Journal of Political Economy，(92): 451-471.

Krishna K，Roy S，Thursby M. 1998. Implementing market access. Review of International Economics，6 (4): 529-544.

Krugman P. 1979. Increasing returns，monopolistic competition and international trade. Journal of International Economics，9 (4): 469-479.

Krugman P. 1980. Scale economies，product differentiation and the pattern of trade. American Economic Review，(70): 950-959.

Lipsey R G，Lancaster K. 1956. The general theory of second best. The Review of Economic Studies，24 (1): 1956-1957.

Markusen J R. 1984. Multinationals，multi-plant economics，and the gains from trade. Journal of International Economics，(16): 205-226.

Rodrik D. 1991. Policy uncertainty and private investment in developing countries. Journal of Development Economics，36 (2): 229-242.

第3章 完善中国（上海）自贸区服务业开放政策研究

中国服务业发展最大的制约是体制机制障碍，出路在于改革开放。上海自贸区服务业开放研究对于探索扩大对外开放新途径、积累服务业对外开放新经验具有重要意义。本章通过研究上海自贸区对金融、航运、商贸、专业、文化及社会服务等六大领域的开放，理清自贸区现有服务业开放政策的基本特点。在中国（上海）建立自由贸易区服务业开放先行先试的基础上，研究如何进一步扩大服务业对外开放，通过配套改革措施加快推进市场化进程；进一步扩大服务业开放的广度和深度，通过服务业开放促进中国经济转型升级、提升中国在全球贸易价值链中的地位。总结我国现有服务业规则、具体做法以及相关的体制机制与国际新标准、新规则的差距，针对中国在进一步提高标准、扩大开放的同时积极参与国际新规则制定提出政策建议。

3.1 上海自贸区服务业开放文本技术问题及政策建议

3.1.1 服务业开放的行业分类

表 3-1 显示上海自贸区服务业开放文本的服务业开放的行业大类分类与外资准入的负面清单的行业大类规则不尽相同（尽管分部门代码相同），与国际服务贸易通用分类标准不符，不利于国际接轨，也不利于与已有服务贸易政策保持分类的一致性。

表 3-1 上海自贸区服务业行业开放分类及其比较

	正面清单涉及开放服务部门	负面清单涉及不开放服务部门（2013 版）	GATS 服务贸易部门
服务领域	1. 金融服务领域 2. 航运服务领域 3. 商贸服务领域 4. 专业服务领域 5. 文化服务领域 6. 社会服务领域	1. 建筑业 2. 批发和零售业 3. 交通运输、仓储和邮政业 4. 信息传输、软件和信息技术服务业 5. 金融业 6. 房地产业 7. 租赁和商务服务业 8. 科学研究和技术服务业	1. 商务服务 2. 通信服务 3. 建筑与相关工程 4. 分销 5. 教育 6. 环境 7. 金融 8. 与健康有关的服务及社会服务

正面清单涉及 开放服务部门	负面清单涉及不开放服务部门 （2013 版）	GATS 服务贸易部门
服 务 领 域	9. 水利、环境和公共设施管理业 10. 教育 11. 卫生和社会工作 12. 文化、体育和娱乐业	9. 旅游及与旅行有关的服务 10. 娱乐、文化与体育服务 11. 运输 12. 其他

新技术和新商业模式的出现，也使得像社交网站服务、云服务等新型服务对既有的 WTO 服务贸易分类提出了挑战。中国积极主动制定和完善符合国际经济发展趋势与技术发展趋势的新的服务贸易分类标准，并将其诸边化和多边化，成为国际服务贸易分类标准，有利于掌握国际服务贸易分类标准的主动权。这一分类标准可以在上海自贸区先行先试。

3.1.2　服务业开放的混合清单

上海自贸区服务业开放文本服务贸易的"正面清单"与服务业投资的"负面清单"存在不一致，建议对服务业开放文本"混合式清单"进行开放方式协调。就规则的透明度而言，采用"正面清单"的开放承诺方式，未做开放承诺的服务部门或服务模式具有内在不透明性；而基于"负面清单"的开放承诺方式，具有普遍适用性，相关规则可以覆盖除负面清单所列范围之外的所有的服务部门和服务提供模式，其承诺也具有更高的透明度。就规则的稳定性而言，"正面清单"的服务业开放度可能会发生开放水平的逆转，而"否定列表"的服务业开放会存在"棘轮效应"，相对保证了服务业开放政策的稳定性。表 3-2 为服务业开放的"混合清单"。

表 3-2　服务业开放的"混合清单"

项目	正面清单涉及开放服务部门	负面清单涉及不开放服务部门（2013 版）
服务领域	六大服务领域	十二大服务领域
分部门数	18 个分部门	100 个分部门
具体措施	23 条开放措施	98 条特别管理措施

按照国际通行做法，服务业开放的"混合清单"各有侧重。"负面清单"主要针对服务业开放的国民待遇，除非明确排除或有所保留，通常在所有服务部门给予所有服务提供者普遍国民待遇。"正面清单"主要针对服务业开放的市场准入，有选择地开放服务部门并针对具体服务贸易部门进行具体的开放承诺。建议

自贸区服务业开放文本中，国民待遇采用"负面清单"，市场准入采用"负面清单"，基于国内服务贸易竞争优势和服务市场现状做出具体开放规定。

3.1.3　服务贸易规则与服务投资规则

从多边服务贸易协定和区域服务贸易协定的经验考察，对于服务贸易规则和服务业投资规则，有些采用整合架构，有些则采用分立架构。WTO 的服务贸易总协定（GATS）是把与服务相关的投资规则整合到服务贸易规则之中，一些区域服务贸易协定，如《东盟服务贸易协定》、《欧盟-智利自由贸易协定》、《美国-约旦自由贸易协定》等，在服务贸易与服务业投资的架构上都采取了类似做法。但是更多的区域服务贸易协定，则是采取了服务贸易规则和服务投资规则分离的做法。典型的如《北美自由贸易协定》，其第 12 章"跨境服务贸易"主要规范国际服务贸易提供模式中的模式一、模式二、模式四，其第 11 章"投资规则"则主要规范国际服务贸易提供模式中的模式三——商业存在。实践中，服务贸易提供模式 3 商业存在与服务业投资很难截然分开，因此模式三会同时受到服务贸易规则和服务投资规则的双重规范。

当服务贸易规则和服务投资规则存在不一致时，究竟是贸易规则优先，还是投资规则优先，不同贸易协定做出了不同安排。例如，《印度-新加坡自由贸易协定》、《美国-越南自由贸易协定》都规定当二者不一致时，服务贸易规则优先于服务投资规则。《新西兰-新加坡自由贸易协定》、《欧洲自由贸易联盟-韩国自由贸易协定》则明确投资规则中涉及的国民待遇和最惠国待遇不适用于服务贸易规则所覆盖的模式三商业存在。《智利-韩国自由贸易协定》、《新加坡-美国自由贸易协定》则规定只适用于投资规则。

上海自贸区服务业开放文本采用了服务贸易规则与服务业投资规则的"分立"架构，但是未说明规则优先适用权，建议服务业开放文本明确规则优先适用权，并规定服务贸易规则优先。对于有些学者将自贸区服务业开放统一纳入投资规则并取消服务贸易规则的建议，我们认为不可取。因为服务贸易有四种提供模式，投资规则仅规范模式三商业存在，对于模式一、模式二、模式四，投资规则无法进行规范，而这三种模式也是服务贸易非常重要的模式。因此，建议保留独立的服务贸易规则。自贸区服务业开放文本需要明晰服务贸易规则和服务投资规则的优先权，我们建议服务贸易规则优先。

3.1.4　服务贸易模式

由于信息与通信技术的飞速发展，很多原来无法或难以直接跨境交付的服务都可以利用电信或互联网等技术直接提供，使得通过四种模式提供的服务贸易份额不断发生变化，特别是模式一跨境交付和模式四自然人流动下的服务贸易额不断上升。在这种情况下，一些 WTO 成员开始推动服务贸易的"模式中立"原则，要求其他成员在开放服务贸易时，对四种服务提供模式一视同仁，避免偏向个别模式而歧视其他模式，尤其应避免偏向需要外国投资者设立机构的商业存在模式。

在国际服务贸易实践中，四种服务贸易模式相互关联，很难截然分开。研究表明，从短期看，这四种服务贸易模式之间的关系主要分为积极联动效应和消极联动效应两种关系；从中长期看，四种不同服务贸易模式之间的联动关系则会产生正溢出效应或负溢出效应。四种服务贸易模式的积极联动效应表现为：不同模式之间存在互补关系，在进行国际服务贸易时两种或两种模式可能同时发生；不同模式之间存在便利关系，一种模式的存在可以使得另一种模式更容易发生。四种服务贸易模式的消极联动效应则表现为：不同模式之间存在替代关系，在进行国际服务贸易时一种模式的发生就会替代另一种模式的发生；不同模式之间存在制约关系，在进行国际服务贸易时一种模式的发生会限制另一种模式的发生。

四种服务贸易模式之间存在包括互补性、替代性和抑制性等特征的交互效应，同时四种模式之间的交互作用对服务贸易开放政策实施的效果产生非常直接的影响。鉴于模式一跨境交付、模式二境外消费、模式四自然人流动对于服务要素的国际流动至关重要，服务业开放政策应建立在本国服务贸易提供模式的比较优势基础之上，在不同发展阶段，服务贸易四种模式的比较优势也会发生动态变化，因此服务业开放政策也应据此动态调整，并在四种服务贸易模式之间进行政策协调。针对不同具体服务贸易部门，政府应积极识别相关贸易模式并将资源集中在发挥积极联动效应的服务贸易模式上，同时减少对这些贸易模式的国内规制。针对不同具体服务贸易部门，政府应积极发现发挥积极联动效应的有效机制，并善用这些机制，使不同服务贸易模式发挥积极关联和正溢出效应。

目前在上海自贸区服务业开放方案以及上海自贸区条例中，没有提及具体的服务贸易模式，但是事实上现行所有的服务业开放措施均只涉及模式三商业存在，未涉及另外三种服务贸易模式。建议服务业开放文本中采用"模式中立（modal neutrality）"原则，明确每一个服务部门对应四种服务贸易模式的具体开放措施。

3.1.5　服务贸易保障条款

在服务业开放过程中，因为会关系到国家安全、经济安全、文化安全等问题，对于敏感服务贸易部门和关键服务业行业，一般各国会采取不开放或有限开放的政策。但是即使是开放度很高的服务部门，也同样面临着会受到外部冲击的可能。因此建议在自贸区服务业开放文本中有针对性地设置紧急保障机制，在文本条款中可以具体表述为"如果服务业开放对中国国内服务贸易部门造成实质性负面影响，将启动进保障机制，暂停现有的服务业开放承诺"。同时，对于保障措施的具体类型、构建模式做出规定，针对当前无法预料的服务业开放给国内服务部门带来的潜在风险，在未来可以灵活应对。

3.2　上海自贸区服务业开放模式一跨境交付的政策建议

3.2.1　自贸区服务业就模式一跨境交付进行调整，应对国际技术变化的挑战

服务贸易模式一跨境交付（cross-border supply）是指从一个经济体境内向另一经济体境内提供服务，服务提供者和服务消费者都不需要移动。模式一跨境交付最典型的例子就是国际运输服务、国际电信服务和国际互联网服务，以及包含在货物贸易（如计算机磁盘、绘画）中随货物同时发生位移的服务。电信服务、邮政服务、金融服务等多采用跨境交付模式。

随着信息技术的发展，越来越多的服务可以通过互联网跨境交付，如远程金融服务、远程医疗服务，在线开放教育服务、跨境电子商务，以及包括 ITO（Information Technology Outsourcing，ITO）信息技术外包，BPO（Business Process Outsourcing，BPO）业务流程外包，KPO（Knowledge Process Outsourcing，KPO）知识流程外包等外包形式在内的离岸服务外包业务——软件开发服务、呼叫中心服务、数据处理服务、电子文件跨境传递服务、动漫网游设计服务、金融后台服务、物流外包服务、审计业务服务、咨询管理服务、投资管理服务、人力资源管理服务等。

从国际服务谈判趋势看，无论是诸边服务协定谈判还是区域服务贸易协定谈判，新技术驱动下的模式一跨境交付谈判正在成为服务贸易谈判的重点之一，与其被动接受新的服务贸易规则，中国不如主动应对信息技术变革的挑战，在上海自贸区积极制定跨境交付模式下的服务业开放政策，使得服务业开放政策和发展政策与国际服务贸易领域的技术新趋势能够同步。同时，建议跨境交付模式下服务业开放政策的调整应基于"技术中立"的原则，不针对任何一种技术进行歧视，以保护技术创新动力。

3.2.2　打造服务跨境交付平台，允许国内外服务供应商跨境提供服务

从服务外包全球价值链的角度来看，根据交易的复杂性、标准化程度和供应商能力等因素，其治理方式分为准等级型、等级型、关系型、市场型和模块型。

准等级型和等级型治理是跨国公司全球战略的一部分，有些跨国公司会通过垂直一体化管理来对在华全资子公司或合资公司进行发包，而有些跨国公司主要通过关系型治理，即通过管理层人际关系网络，与海外接包商建立良好的合作关系。在交易方的数量方面，目前服务外包交易平台上能集聚的接包方数量较多，发包方数量较少，特别是服务外包交易平台直接集聚海外发包商的可能性较低。等级型、准等级型和关系型治理的大中型外包企业构成平台上的主要发包方。这些大中型的服务外包企业在获得离岸服务外包业务订单和实际服务交付能力之间存在缺口，可以将无法消化的订单转发包给小型服务供应商。小型外包服务供应商因缺乏与发包商的投资关系或管理层关系，主要依赖市场型和模块型治理模式承接外包业务。在自贸区打造新型国际服务跨境交付平台，允许外国服务提供者无需在自贸区内建立实体企业或机构，直接向自贸区内服务消费者跨境提供服务；允许中国国内服务提供商基于平台通过跨境交付模式向境外服务消费者提供服务。服务外包交易平台可以将促进市场信息传递、模块信息与企业交付能力的对接，减少市场交易成本，将属于市场型和模块型治理的中小企业整合到全球服务外包价值链中。

3.2.3　自贸区建立数据跨境流动中心并建立相应的自贸区跨境数据监管制度

信息与通信技术的进步是促进服务贸易发展的主要动力之一，科技进步大大增加了服务通过跨境交付模式实现贸易的可能性，新兴的信息技术使得服务的提供不再需要面对面进行，对于服务贸易中的要素流动（模式三和模式四）以及消费者流动（模式二）将会越来越多地被跨境交付模式（模式一）所替代。ITO中的软件和信息技术服务外包、BOP中的金融服务外包、物流管理服务外包、人力资源服务外包和呼叫中心服务外包，KPO中的医药研发服务外包和创意设计服务外包以及跨境数据处理服务，都会产生跨境数据流动。数据跨境流动的开放是不可避免的国际趋势。为了克服数据传输速度和内容的难题，自贸区通过专用的通信卫星来传输数据。允许自贸区建立数据跨境流动中心，借鉴制造业外包建立保税区的概念，只要数据来自国外，在自贸区内加工处理后不在国内传播，则可以免于监管；在自贸区内加工处理后在国内传播，进行合规性监管；为了提高数据传输速度，建议通过陆缆、卫星等方式连接数据跨境流动中心。

3.2.4　自贸区建立一站式跨境电子商务服务平台，开放电子商务跨境交付

相较于传统商务形式，电子商务交易具有以下几个新的特征：交易全球化、交易无纸化、交易虚拟化、交易快捷化和交易隐匿化。专门的数据交换协议保证

了网络信息传递的正确性和安全性。大数据时代的到来为电子商务带来观念的转变以及对数据的新管理模式，使得数据的实际应用更能与企业运营结合，促进服务模式的革新。基于大数据平台的新兴电子商务服务模式聚焦于大数据所推动的新兴产业链，作为双边市场的电子商务企业平台以及第三双方网络平台拥有供需各方所有的互动数据，掌握了独特的全方位的市场信息，从而为电子商务服务模式的创新提供了巨大的市场机会。

中国跨境电子商务支付有四种方式：①境内电商与中国银行信用卡公司合作，由银行收单后结汇；②境内电商通过境内外币账户收款并向银行提交报关单等，银行根据相关凭证结汇；③境内电商在境外收款，由境内符合试点要求的第三方支付机构到外汇备付金银行进行批量代理结汇；④境内电商在境外收款，并通过灰色渠道将外币转换为人民币。跨境电子商务交易特点为高频、小额等，逐笔结汇会导致结汇工作烦琐；而通过第三方支付平台代理结汇，难以确认每一笔资金的来源、流向及流动原因，存在洗钱等风险。

对于跨境电子商务支付的政策调整，基于现有结汇相关法规，结合跨境电子商务特点及结汇业务流程，制定跨境电子商务结汇相关标准规范，出台并实施跨境电子商务结汇管理办法，并制定跨境电子商务结汇相关电子单证标准。在跨境人民币结算方面：鼓励上海自贸区银行向注册在区内的跨境电子商务运营商直接提供基于真实跨境电子商务业务的跨境人民币结算业务，支持上海自贸区内的银行和区内依法取得"互联网支付"业务的支付机构及分支机构合作，提供基于真实跨境电子商务（包括个人及跨境电子商务出口经营实体）的跨境人民币结算服务。

3.2.5　自贸区跨境交付模式开放，为中国应对新一轮 ITA 协议做好准备

目前《信息技术协议》（ITA，1997 年 3 月 26 日 WTO 通过）正在进行扩容谈判，包括计算机、软件、通信设备、半导体及其制造设备、科学仪器等六大类约 270 多种信息技术产品在取消关税的基础上，进行 IT 产品扩容和 IT 服务的加入。在 IT 产品扩容方面，消费类电子产品是目前最主要的扩容产品，同时新出现的产品自动进入协议清单。在 IT 服务的加入方面，美国提出应该将所有的数字产品和服务纳入 ITA 清单中，并建议将《信息技术协议》转变为《国际数字经济协定》（IDEA），以突出 IT 服务自由化的重要性。这一协议一旦达成，将会使跨国公司考虑重新安排信息技术产品和服务的全球生产网络，整个世界信息技术产品和服务的贸易流向也会因此而发生变化。由于信息技术服务贸易主要通过跨境交付模式进行，在自贸区先行先试，扩大信息技术服务的跨境交付，为中国应对新一轮 ITA 协议做好政策准备，有利于中国在 ITA 谈判中占据主动，也有

利于未来中国占据国际信息技术产业的制高点。

3.2.6　开放教育服务跨境交付，承认以跨境交付模式提供的在线教育合法性

教育服务跨境交付具有很大的市场需求和发展潜力。2012 年开始大量涌现的 MOOC（massive open online courses）——大规模开放在线课程是最典型的代表。MOOC 通过研究线上、线下混合教学的模式，提高线下传统校园的教学和学习。碎片化的数字在线教育，云计算支持的数据挖掘技术，翻转的课堂程式、灵活、互动性强的学习形式，极低的教育费用——数字技术进步引领教育走出工业文明、步入信息时代，带来教育变革和学习革命。以 MOOC 为主要形式的在线教育已经给传统高等教育带来了冲击，也给教育服务贸易带来了诸多挑战。大笔风险投资的涌入，不仅为新一代网络课程网站的快速发展提供了资金支持和保障，显示出国际市场对在线开放教育的高度关注和积极介入，更反映了国际市场对网络课程新潮流所表现出的巨大信心和对其长远发展战略价值的认识。

MOOC 教育活动高度信息化。MOOC 平台上几乎所有的活动都围绕网络来组织，甚至一些 MOOC 平台推出的线下活动也依赖于在线平台发布信息和组织管理。MOOC 需要有优秀教授及其助手组成的学科专家团队（专业学术智慧与教育智慧的整合）；还要有高水平的网络课程设计专家、学习评价专家团队和信息技术、人工智能专家开发团队联合组成的高水平网络课程开发团队（学习智慧与 IT 智慧的整合）；另外还要有既熟悉教育规律又擅长商业运行规律的课程管理、运维团队（商业智慧与以上各种智慧的整合）。MOOC 国际市场拓展度高，用户分布在世界各地，用户的人群也各种各样。MOOC 的基本学习资源的获取是免费的，但可通过增值服务来收费，比如学分的授予和学习成果的认定，还可以向猎头出售相应的数据，等等。依托第三方公共机构参与教育的经费投入、技术支持与社会化服务已成为提高在线教育质量与效率的有效途径。

未来 MOOCs 课程市场将受 WTO 服务贸易协定新的条款规范，MOOCs 课程市场的世界性也会受到相关国家和国际组织的保护。对于中国人力资本积累而言，开放 MOOCs 市场无疑是有效率的推进。为应对新一轮国际教育竞争，自贸区可以针对教育服务开放，建立课程层面的教育认证体系，允许国内和外国在线教育提供商跨境交付教育内容，渐进开放对 MOOC 课程证书及学分的认可，对非学历教育电子结业证书（荣誉代码）认可。国家在一些教育领域，尤其在各类非学历教育与培训领域，鼓励企业及国内外社会力量参与，允许采用市场化、企业化运作的机制来推动资源的共建和共享，鼓励探索建立专业的管理机构和市场服务机制。通过对在线教育的跨境交付的开放，聚合国际教育资源和共享国际教育信息，同时通过中国在线课程的"全球化"和在世界各地的"本地化"，奠定

中国在未来全球化高等教育竞争中的地位。

3.3　上海自贸区服务业开放模式二境外消费的政策建议

3.3.1　自贸区在模式二的政策重点是扩大服务出口，鼓励外国人和企业在华消费

模式二境外消费（consumption abroad）是指一个经济体境内向其他经济体的消费者提供服务，例如，其他国家的消费者作为旅游者、留学生或者病人前往服务提供者境内进行服务消费，一般都是通过服务消费者的跨境移动实现的。传统的境外消费主要涉及旅游、教育、医疗等部门，境外飞机、船舶维修业属于典型的境外消费。模式二境外消费与模式四自然人流动最大的区别在于模式二是服务消费者的跨境移动，而模式四是服务提供者的跨境流动，因为均涉及外国人员的出入境，因此在服务业开放政策上要特别注意两种模式之间的协调。

境外消费的贸易比较优势通常建立在服务提供者提供服务的独特性的基础上，如旅游资源的不可替代性；也建立在服务价格差异、服务质量差异、服务提供者声誉差异以及服务可获得性差异的基础上，如消费者去国外进修、美容或购物。与之相对应的服务业开放政策应着重这两方面优势的打造，吸引更多的国外消费者和企业来中国进行消费。

上海自贸区服务业在模式二境外消费的开放政策应选择重点服务业部门医疗服务、教育服务、旅游服务、拍卖服务、分销服务、维修服务等进行先行先试，吸引更多的消费者和企业在华消费。

3.3.2　提供国际航空维修服务贸易政策，融入全球航空维修网络价值链

随着高效率的物流、通信系统和新一代的信息技术的出现，在飞机保养、维修和大修服务行业，呈现出越来越国际化的趋势，同时国际维修服务市场的竞争越来越激烈。航空公司的运营越来越国际化，要求维修商的服务也要做出相同的快速反应。商用航空企业越来越重视资产利用、成本削减、网络管理以及国际联盟等策略。商用飞机维修目前已经不再是航空公司的一项核心活动，由于维修成本越来越大，并且这项业务并非航空公司核心竞争力的来源，因此越来越多的航空公司选择将大型机身、引擎和零件的维修与大检修外包出去，从而创造了规模可观的世界飞机维修服务市场。目前承接飞机维修外包服务的主要有两类企业：原始设备生产商和独立维修服务提供商。独立维修服务提供商的竞争优势主要体现在周转时间和成本管理，包括飞机维修和附件和零部件保养在内的一站式维修和全天候技术支持与人力支持的可操作性和可靠性，有助于提高客户满意度并吸

引更多的客户。目前飞机维修行业的竞争焦点已经从技术专项客户，通过提供安全可靠的维修服务，提供定制化维修增值服务——引擎管理和记录、库存管理和保修管理等服务，建立长期的维修外包关系，以及具备规模经济特征的行业集聚，从而提高国际市场认可度，吸引更多的航空公司客户。

航空维修服务业是中国加入 WTO 后对外全面开放的服务业之一。根据入世承诺，允许我国航空公司把飞机和发动机送国外维修单位修理——模式二境外消费的开放，也允许国内维修服务业——模式三商业存在的开放。与之前中国政府对航空维修服务开放的侧重点不同，上海自贸区的航空服务开放则着重吸引外国航空公司在华的境外消费。所以，开放政策应有所创新。根据 WTO《民用航空器贸易协议》规定，取消民用航空器、零件及其有关设备、航空器修理的一切关税和其他费用，海关采取"先进区、后报关"措施，有效解决维修商品涉及零部件数量多、规格杂造成的物流难题，满足全球维修对通关时效性的要求。同时，提供相应的维修服务贸易便利，降低维修服务提供商运营成本，提高维修企业的价格竞争力，吸引更多的国际航空公司利用自贸区的全球进行航空维修服务。这有助于实现在维修成本控制和维修效率方面的共同提高，并有助于中国航空维修业的竞争优势逐步从劳动力价格优势转向综合竞争力优势，并在部件维修等的深度维修领域同世界先进的维修企业展开局部竞争，并很有可能在某些领域同 OEM（即贴牌生产）厂家进行合作，成为立足中国上海的世界级飞机维修服务中心。

3.3.3　改善自贸区市国产品退税和免税制度，吸引更多外国消费者

鉴于旅游服务的境外消费中相当一部分是购物消费，建议自贸区实施离境退税政策和区内免税购物制度。在中国境内购物的外国消费者，无论是自贸区内还是区外，结束在华旅行结束时，出境前把所购物品和退税单一起提交给边境海关检验，加盖印章，在区内都可以办理购物退税业务。办理退税的机构或组织可以采取政府授权的专业公司代理、零售企业代办和政府与专业代理公司合作三种形式。通常支付退税款的形式可以由旅游者自行决定，通常有现金、支票、划入旅游者指定的信用卡或银行卡等三种形式。随着信息化技术的日臻完善，上海自贸区可以实施更加便捷的退税方式——电子旅客退税。只需一张信用卡标记入境旅游者在上海购物的全部购物记录，在安装电子退税系统的购物定点商店旅游者在支付消费时获得电子票据和购物发票。游客在自贸区办理出境手续时，可直接通过电子系统自助办理退税手续。

建议在自贸区内设立免税商品购物店，外国游客离境购买的免税商品，在消费品品种、消费条件、次数、金额等方面设定免税政策降低限定条件基础上，实施免税购物制度，上海自贸区在区内汇集全球免税商品，打造成全球商品超级销

售中心。

离境退税政策优惠主要在于退国内产品的增值税和消费税，针对商品主要是国产品；免税政策主要是免除所购商品对应的关税、进口环节增值税和消费税，针对商品主要是进口产品。鉴于上海亚太运营中心的特征，国际商务人士是主要的高端消费客户，通过离境退税和区内免税制度，可以改善旅游环境，完善自贸区的旅游集散功能，推动上海旅游要素的国际化进程。

3.3.4　推行国际医疗旅游者的医疗签证，简化出入境手续

国际医疗旅游服务市场是最具境外消费潜力的服务市场之一。医疗旅游的产品往往是必需消费品但客源国又无法以低价形式高效率地加以提供的，同时，这种产品立足于高技术、高设备，资源消耗较低，受国际环境变化影响较小，所以成为发展中国家发展服务贸易的重要领域。各国政府无疑也会从国际医疗服务贸易、相关产业链整合与提升、就业等角度获得巨大收益。

国际医疗旅游客流主要由五类构成，即对医疗价格敏感者、医疗保险缺失或承保项目缺失者、不愿在国内长期等待医治者、特殊医疗需求者以及倾向于使用生活方式医学改善自身健康状况的游客群体。当前国际医疗旅游客流的流向的主要趋势是从发达国家向发展中国家流动。欧洲、中东、美国、加拿大、日本等地区和国家是最主要的国际医疗旅游客源国（或地区）；印度、泰国、新加坡、马来西亚、墨西哥、古巴、巴西、阿根廷是最主要的国际医疗旅游目的地国。在国际医疗旅游服务市场上，亚洲已经成了世界上最大也是最发达的国际医疗旅游目的地。新加坡是欧美高端客户在亚洲的第一选择，印度致力于成为全球医疗旅游中心，韩国和泰国以美容医疗服务著称。马来西亚、约旦、阿联酋、以色列等国均有较好的医疗旅游竞争优势。

目前国际医疗旅游需求可分为以"治"为主和以"疗"为主两大类：以"治"为主的医疗旅游需求可分为基本无生命危险的项目（如牙科手术、整容手术、皮肤病、生育疾病等）、有生命危险且医疗资源较为稀缺的项目（如器官移植手术）、客源国尚未开发或被法律禁止的医疗项目（如堕胎、干细胞技术治疗瘫痪、安乐死等）三大类；以"疗"为主的医疗旅游需求主要有康复理疗类项目（如医疗检查、美容、SPA 及其他疗法等）。经过多年的发展，中国的医疗卫生事业已有所进步，特别是在心脑血管、器官移植、口腔等方面，与先进国家相比毫不逊色，医疗硬件设备也在逐步完善。而我国传统中医在疾病的预防、养生康复及针灸、心脑血管疾病等疾病治疗领域也具有一定效果。

产业的交叉与融合是旅游服务的基本特征。中国是旅游资源大国，同时又拥有以中医药为特色的极为丰富的医疗资源，上海市是国际大都市，拥有精通外语的高水平、国际化的中医，在医疗领域上海拥有国际领先水平的治疗技术、实惠

的医疗服务价格。中医药物的内外治调养、饮食药膳调养、针灸、按摩等传统治疗方式对治疗现代都市病或一些慢性病都有不错的疗效，在疾病预防、养生康复及针灸、心脑血管疾病、艾滋病、肿瘤等疾病治疗领域都十分有潜质，同时中医拥有相对低廉的医疗价格和独特的"中医药文化"。中国医疗旅游应深度开发中医医疗旅游资源，开展针对中老年人市场的中医养生旅游、针对女性市场的美容养生旅游、针对亚健康人士的中医治未病养生旅游，在大城市的领事区、商务区等地设立国医馆，为外国旅客及商务人士提供休闲康复项目等。

在医疗旅游服务主体、设备和客源引入的法规和政策方面应有所突破。推行专门针对国际医疗旅游者的医疗签证（Medical Visa），简化医疗旅游者出入境手续，客源地与目的地之间开通直航航班，是吸引外国医疗旅游消费者的必要条件之一。

通过双边或诸边机制安排，说服目标客源市场国把中国的医疗旅游治疗列入其医疗保险范围内，才能吸引更多外国医疗旅游消费者，也才能与目标客源市场的医疗旅游中介公司、医疗机构和保险公司保持良好的沟通联系。

国际认证是旅游者判断医疗机构资最重要的标准之一。为从客观上衡量医院的品质，国际上通行医院定期接受质量、服务和流程等方面的资质认证。目前，国际上对医疗机构认证的标准主要是 JCAHO（the Joint Commission on Accreditation of Healthcare Organizations）和 JCI（the Joint Commission International），前者是美国国内实施医疗机构认证的专业组织，而后者则是 JCAHO 的分支机构，主要用于美国境外医疗机构资质认证。但是鉴于中医的独特性和认可度，中医医疗服务受国际认证程度不高，国际医疗服务形象尚未建树。中医是我国国粹，中国应主动建立和推广中医的国际标准和认证，建立中医医疗机构的国际认证体系刻不容缓。

完善医疗旅游纠纷解决机制。在组织架构方面，成立医疗旅游相关组织。通过医疗旅游相关组织可以加强各相关部门之间的沟通协作，维护行业内的公平竞争，有效解决医疗旅游纠纷。在国家层面上，国家卫生系统与旅游系统之间建立协调机制，同时在国家旅游局设国际医疗旅游司，在卫生部设立国际医疗旅游研究中心，在中国医院协会设国际医疗旅游专业委员会。只有在建立两大系统内部协调机制的基础上才能将医疗旅游提高到战略的层面。在地方层面上，上海卫生局和旅游局也要建立有效协调机制。在法律法规方面，制定医疗旅游的相关法律法规，加强市场行业监管力度，明确医疗服务纠纷解决机制，为医疗旅游的顺利开展营造出良好的市场氛围。

通过上述措施，让中医医疗保健旅游成为国际时尚并成为我国国际医疗旅游的特色，吸引更多国外旅游者，进入国际中高档医疗保健旅游市场。

3.3.5　在自贸区内成立文化保税区，扩大高端客户在华文化消费

文化保税即依托保税区平台，将国际贸易中针对普通商品的保税政策及通行做法运用在文化领域，并根据文化产品创意、设计、生产、存储、销售特点进行政策资源整合和制度创新，形成适应精神产品生产规律、促进文化对外贸易的专门保税形态。文化保税区具有进出口加工、国际贸易、保税仓储、商品展示等功能，区内文化产品享有"免证、免税、保税"的优惠政策。通过文化保税，建立国际艺术收藏品交流、交易中心，挖掘艺术品市场的巨大潜力，以商品油画、影视传媒、动漫游戏、出版发行等其他文化产品为交易对象，吸引世界各国收藏商家，形成文化产品展示、展览、分销、配送、国际采购以及国际中转和检测等综合贸易中心。

3.4　上海自贸区服务业开放模式四自然人流动的政策建议

模式四自然人流动包括两种形式。一种形式是和模式三商业存在结合在一起的，包括服务提供商雇佣外籍雇员，最常见的是跨国公司内部的人员流动，如母公司的工程师调任海外子公司任职，这种形式在 GATS 管辖范围内通常适用于经理、业务主管、专家等高级管理或专业人员。另一种形式是单纯的自然人流动，自然人本身就是服务提供商，出现在国外市场提供专业服务，如咨询专家，或者外国公司派出谈判人员，出国签订或履行服务合约。

金融、保险、咨询、律师、会计、审计、跨境电子商务等技术密集型和知识密集型服务行业对高素质、专业化服务人才有大量的需求。较熟练的人才资源的空间集聚是影响现代服务业发展与服务业国际化的关键所在。自贸区服务业开放应出台模式四自然人流动的政策措施，积极营造良好的人才创业竞争环境，充分吸引国际优秀人才落户中国，通过外部引进，推动我国国高端服务业人才的储备。

开放自然人流动的方法有三种：增加自然人流动承诺的数量；为特定种类的服务提供者提供更完善的待遇；扩大服务提供者种类的开放。上海自贸区扩大模式四自然流人流动的具体建议如下。

3.4.1　放松自然人流动政策，延长高层次服务业人才的长期居留许可

上海市外办经外交部将外国人自贸区过境免签证时间由 72 小时延长至 7 天，扩大适用国家范围，为商务客人短期来上海自贸区提供更大出入境便利。对超过 7 天的自然人流动，3 个月以下的停留实施自贸区出入境人员落地签证，3 个月以上 1 年以下的可颁发多次入境签证等，允许进入自贸区的自然人在一年内多次入境。

　　上海市公安局出入境管理局为进入自贸区的外籍高层次服务业人才提供办证优惠政策，为服务贸易、贸易便利化、服务外包等企业的外籍高层次人才办理3～5年长期居留许可提供优惠政策，同时将外籍人员长期居留政策延伸到所有总部设在自贸区的外国服务业企业的高管，出入境检验检疫部门为自贸区跨国公司地区总部法定代表人以及与总部职能相关的高级管理人员办理健康证明提供了绿色通道。上海市公安局出入境管理局就具体措施、认定标准、认定方法、实施时间等制定实施细则，上报公安部同意，在自贸区内实施①。

　　对自贸区内特殊服务部门的自然人流动，降低学历要求和工作许可要求，或采用工作许可证的高效申请程序。

　　以航空维修服务为例，对来上海自贸区监督外国航空公司在华航空维修的外国工人不需要进行工作能力测试，不需要有学历要求。自贸区内为检验外国公司提供的设备而从事设备安装或保养维修工作的工人在自贸区停留不超过3个月，不需要持有工作许可证。

3.4.2　结合其他服务贸易模式下的服务业开放，灵活开放模式四自然人流动

　　伴随着引进海外高层次医疗机构（模式三）和远程诊疗跨境交付（模式一），开放高端医疗人才的流动；伴随着国际维修服务商的进驻（模式四）、国际航空公司维修服务发包（模式二）和远程维修跨境交付（模式一），开放国际维修人员的自然人流动。伴随着国际文化贸易机构进驻（模式三）和信息技术服务跨境交付（模式一），开放国外高端动漫游戏技术人才，擅长云计算、物联网以及下一代融合网络安全保障关键技术的高级工程师的自然人流动。提高我国签证工作水平和效率，为自然人流动提供贸易便利化。

　　考虑及时提供服务的重要性，相关政府部门对自贸区自然人流动可以通过上网提交签证申请并进行电子办理，办理签证的时间不得超过24小时，对网上办理签证申请不得收取费用。要简化签证流程、提高签证速度、优化通关流程。

3.4.3　建立和完善自然人流动的保障机制和配套机制

　　自贸区为外国服务提供者提供专门的人身、财产、医疗等保险措施，为服务

---

①　我国在服务贸易具体承诺减让表中，对三类自然人的入境和临时居留有关的措施进行了水平承诺，具体包括：第一，允许在中国领土内已设立代表处、分公司或子公司的WTO成员的公司经理、高级管理人员和专家等高级雇员通过公司内部流动入境，其入境首期可停留3年；第二，被在中国领土内的外商投资企业雇用从事商业活动的WTO成员的公司经理、高级管理人员和专家等高级雇员，按有关合同条款规定给予居留许可，或首期停留3年，以时间短者为准；第三，服务销售人员，即不在中华人民共和国领土内长驻、不从在中国境内的来源获得报酬，不从事该项服务的供应，则该销售人员的入境期限为90天。

提供者提供争端解决的必要帮助，建立服务提供者维权的专门咨询机构，负责对发生的争议提供法律咨询、援助等帮助，在出现争议时帮助服务提供者向雇主争取权益。

加强自然人流动政策事中事后监督：对自贸区自然人流动根据国际组织或政府间职业互认协定，采用可比性、实质平等或平等的标准进行技术评估；通过访问雇主或工作能力测试保证服务期间的专业服务水平。对于教育服务、医疗服务等自然人流动监管给予一段试用期或实习期。

3.4.4　自贸区设立自然人流动管理机构，利用互联网为入境者提供信息

增加自然人流动管理的政策透明度。以透明的方式向公众提供与显示自然人流动的临时入境开放有关的所有信息，包括申请的实质性要求、标准和程序，实施具有可预见性的清楚简易的申请程序，确保及时对申请作出决定或对任何迟延发出通知；如果拒签，提供拒绝申请的书面理由并颁布相关复议/申诉程序。

服务提供者缺乏中国服务市场准入必备要求和程序的信息。商务访问者可能经常到中国进行短期旅行，他们要求及时获得有关中国入境程序或要求变化的任何最新信息。自贸区专门管理机构可以开通专门网站，专门网站提供关于申请签证的基本合法性标准和程序，以及适用于所有可获批准的服务提供者的法律言息，其具体内容包括：许可证种类和相关要求；要求提供的证件；向中国外交部门提出申请、复议获申诉的方式；申请时间和费用（如果有的话）；停留期限；签证续展的可能性和条件（包括适用于多次入境的签证的获得）；适用于随同临时入境者的被抚养人的规则；复议和/或申诉程序（如果有的话）；提供进一步信息的相关联系点的详细情况（如提供关于大使馆、领事馆及其他颁证机构的更详细信息的相关政府网站的联系方式）。自然人流动管理机构对其专门网站提供信息的准确性负责，应确保定期更新相关信息，并发布自贸区自然人流动年度报告。

总之，自贸区应通过逐步提高自然人流动的开放水平，加速高级服务业人员的自然人流动，集聚优质服务业人力资本要素，为服务业发展奠定人才基础。

3.5　上海自贸区服务业开放模式五制造业服务投入的政策建议

3.5.1　服务贸易模式五制造业服务投入——GVC 视角下的新服务贸易模式

目前学术界把服务在全球价值链（GVC）中的作用分为两类，一类是作为GVC 驱动力（enablers）的服务，另一类是作为 GVC 中贸易任务（tasks）的服

务，无论是哪种类型的服务，在全球价值链中，都与制造业密不可分。因此，无论是产业政策还是贸易政策，需要重新审视服务在制造业中的作用，而不再是按照传统方式把货物和服务截然分开。

除了传统的四种服务贸易模式分类，Cernat 和 Kutlina-Dimitrova（2014）提出了模式五，即制造业服务投入。模式五是一种间接服务提供模式，基于 GVC 的框架，以 TiVA 或 WIOD 数据库为基础，可以核算服务投入在货物贸易中的份额，从而确定作为非贸易品的服务要素间接参与国际贸易的程度。

在模式五中，服务并不直接出口。服务出口是指包含在制成品出口中的服务中间投入品。例如，设计、研发（R&D）、工程服务等高附加值的服务，而且是技术密集型的服务投入品。服务要素比例较高的制造业部门，往往拥有较高的附加值和国际竞争力。根据 EPO-OHIM 的联合研究报告，目前欧盟成员货物出口的 90% 都是知识密集型产品[1]。

作为要素投入到制成品中的服务，往往也会因为货物贸易的关税和非关税壁垒面临同样的贸易壁垒。指出世界各国制造业均不同程度呈现"服务化"（servicification）趋势，这对国际贸易政策的制定提出了新的要求。海关估价、贸易便利化程度、原产地规则等货物贸易措施都会成为模式五贸易规模大小的影响因素。因此货物贸易政策的改善，也会提高服务贸易规模。同时，服务贸易自由化除了四种传统服务贸易模式外，还应该考虑作为制造业中间投入品的服务。

3.5.2　服务贸易模式五制造业服务投入开放的基本思路

大数据、云计算、3D 打印、新能源、新材料等前沿科学技术都面临着重大突破，并促使经济社会生产与生活方式发生革命性变化。以劳动力、资金等要素投入主导推进经济增长必将让位于科技创新这一新引擎，科技创新成为主导推进经济增长的巨大动力。

中国经济将发生全面而深刻的结构性调整与变革，实现工业主导型转向现代服务业主导型结构，要素主导型转向创新主导型结构。模式的开放应以产业转型升级需求为导向，进一步加快生产性服务业发展和开放，引导企业向价值链高端延伸，通过模式开放，促进制造业服务投入创新，促进我国产业逐步由生产制造型向生产服务型转变。

① EPO-OHIM. Intellectual property rights intensive industries: contribution to economic performance and employment in the European Union, Industry-Level Analysis Report. Munich and Alicante: European Patent Office and Office of Harmonization for the Internal Market. 2013.

3.5.3 服务贸易模式五制造业服务投入的开放重点

服务贸易模式五的重点服务领域包括研发设计、第三方物流、融资租赁、信息技术服务、节能环保服务、检验检测认证、电子商务、商务咨询、售后服务、人力资源服务等。

（1）开放研发设计服务，加强新材料、新产品、新工艺的研发和推广应用。大力开放工业设计，提高附加值，促进工业设计向高端综合设计服务转变。鼓励建立专业化、开放型的工业设计企业和工业设计服务中心，促进工业企业与工业设计企业合作。完善知识产权交易和中介服务体系，发展研发设计交易市场。开展面向生产性服务业企业的知识产权培训、专利运营、分析评议、专利代理和专利预警等服务。建立主要由市场评价创新成果的机制，加快研发设计创新转化为现实生产力。

（2）开放第三方服务业。优化物流企业物流管理服务，提高物流企业配送的信息化、智能化、精准化水平，推广企业零库存管理等现代企业管理模式。加强核心技术开发，发展连锁配送等现代经营方式，重点推进云计算、物联网、北斗导航及地理信息等技术在物流智能化管理方面的应用。

（3）开放融资租赁。推广大型制造设备、施工设备、运输工具、生产线等融资租赁服务，鼓励融资租赁企业支持中小微企业发展。引导企业利用融资租赁方式，进行设备更新和技术改造。鼓励采用融资租赁方式开拓国际市场。

（4）开放信息技术服务。加快生产制造与信息技术服务融合。通过服务业开放，鼓励制造业企业将数字技术和智能制造技术广泛应用于产品设计和制造过程，丰富产品功能，提高产品性能。运用互联网、大数据等信息技术，积极发展定制生产，满足多样化、个性化消费需求。促进智能终端与应用服务相融合、数字产品与内容服务相结合，推动产品创新，拓展服务领域。

（5）开放节能环保服务。通过扩大开放，大力发展节能减排投融资、能源审计、清洁生产审核、工程咨询、节能环保产品认证、节能评估等第三方节能环保服务体系。推行环境污染第三方治理。

（6）开放检验检测认证。鼓励不同所有制检验检测认证机构平等参与市场竞争，不断增强权威性和公信力，为提高产品质量提供有力的支持保障服务。发展在线检测，完善检验检测认证服务体系。开拓电子商务等服务认证领域。

（7）开放电子商务。促进大宗原材料网上交易、工业产品网上定制、上下游关联企业业务协同发展，支持面向跨境贸易的多语种电子商务平台建设、服务创新和应用推广。积极发展移动电子商务，推动移动电子商务应用向工业生产经营和生产性服务业领域延伸。发展服务于产业集群的电子商务、数字内容、数据托管、技术推广、管理咨询等服务平台，提高资源配置效率。

（8）开放商务咨询。提升商务咨询服务专业化、规模化、网络化水平。引导商务咨询企业以促进产业转型升级为重点，大力发展战略规划、营销策划、市场调查、管理咨询等提升产业发展素质的咨询服务，积极发展资产评估、会计、审计、税务、勘察设计、工程咨询等专业咨询服务。开展多种形式的国际合作，推动商务咨询服务国际化发展。

（9）开放售后服务。鼓励企业积极运用互联网、物联网、大数据等信息技术，发展远程检测诊断、运营维护、技术支持等售后服务新业态。大力发展专业维护维修服务，加快技术研发与应用，促进维护维修服务业务和服务模式创新，鼓励开展设备监理、维护、修理和运行等全生命周期服务。积极发展专业化、社会化的第三方维护维修服务。

（10）开放人力资源服务。提高人力资源服务水平，促进人力资源服务供求对接，引导各类企业通过专业化的人力资源服务提升人力资源管理开发和使用水平，提升劳动者素质和人力资源配置效率。加快形成一批具有国际竞争力的综合型、专业型人力资源服务机构。

3.6 未来上海自贸区服务业开放政策建议 ——基于三大功能区的设计

未来上海自贸区的服务业开放政策设计，建议围绕国际规则接轨区、深化开放实验区以及经验推广示范区这三大功能区，上海自贸区服务业开放成为与国际服务贸易新规则对接、与中国现行服务业开放政策兼容、引领中国服务业开放新方向的前沿阵地。

国际规则接轨区：上海自贸区的产生和发展正值21世纪新一轮国际服务贸易规则制定的高峰期。上海自贸区应成为中国服务业开放的最前沿，成为国际服务贸易规则接轨区。

深化开放实验区：服务业名义开放度与实际开放度、服务业市场准入壁垒的降低和经营壁垒的降低都存在一定差距，所以"大门开放，小门不开"的现象仍然存在，缺乏与宏观开放政策相应的配套措施和行政体制改革措施不匹配成为阻碍服务业开放实际效果的因素。以深化开放促国内改革，全面提升国内服务业规制效率和完善监管制度，改善政府服务水平，为上海自贸区服务业开放政策的落地提供进一步的空间。

经验推广示范区：鉴于国际服务贸易的迅速发展、国际服务业竞争的激烈程度和服务贸易规则的全新挑战等客观形势，建议上海自贸区服务业开放的成功经验一旦成熟，立刻在全国范围内全面推广，而不宜再有更长的过渡期。同时，不建议中央政府设立过多的同类型自贸区，从而使服务业开放呈现区域差距，既不利于国内统一服务大市场的形成，也不利于统筹全国服务业开放的政策。

3.6.1　国际规则接轨区

利用上海自贸区的建设，进一步扩大对外开放，实现与国际接轨，避免在 21 世纪全球国际贸易和投资新规则的制定中被边缘化。

目前国际服务贸易新规则正处于谈判和制定期，WTO 框架下多哈回合的多边服务贸易谈判，WTO 框架下包括《信息技术协议》扩围谈判和《环境产品协议》谈判等诸边谈判，WTO 框架之外的《服务贸易协议》（TISA）诸边谈判，包括 TTP、TTIP、RCEP 在内以贸易大国主导和推动的巨型 FTA（MEGA FTA）区域谈判，以及双边服务贸易协定和投资协定谈判，都涉及国际服务贸易新规则的制定。由于这些协定之间，无论从参与成员、谈判内容考察，还是从谈判方式考察，规则既有区别，又有重叠，因此全面研究这些协定的谈判进展，积极参与服务贸易新规则的谈判，并相应制定和调整中国新的服务业开放政策，是掌握新一轮国际服务贸易规则制定权的必要途径（表 3-3）。

表 3-3　国际服务贸易规则最新谈判动态

协定简称	协定名称	协定谈判性质	协定谈判议题	成员数量	谈判进展	中国参与情况
GATS2.0	服务贸易总协定（多哈回合）	WTO 之内的多边谈判	新服务贸易规则，覆盖所有服务贸易领域	160	进行中	主要谈判方
TISA	服务贸易协议	WTO 之外的诸边谈判	新服务贸易规则，覆盖所有服务贸易领域	23 (51)	进行中	提出加入，尚未被接纳*
ITA2.0	信息技术协定（扩围）	WTO 之内的诸边谈判	信息技术服务（扩围谈判议题）	70	进行中	主要谈判方
EGA	环境产品协定	WTO 之内的诸边谈判	环境服务（谈判第二阶段开始 EGSA）	14	进行中	主要谈判方
TTP	跨太平洋战略经济伙伴关系协定	巨型区域服务贸易谈判	新的服务：数字化经济、绿色技术、跨境服务提供电子商务	12	进行中	未参与

续表

协定简称	协定名称	协定谈判性质	协定谈判议题	成员数量	谈判进展	中国参与情况
TTIP	跨大西洋贸易与投资伙伴关系协定	巨型区域服务贸易谈判	推进服务贸易市场准入、减少监管与标准方面的差异	29	进行中	未参与
RCEP	区域全面经济伙伴关系	巨型区域服务贸易谈判		16	进行中	主要谈判方
FTAAP	亚太自由贸易区	巨型区域服务贸易谈判	2014 年 11 月启动	21	进行中	主要谈判方

资料来源：作者自行整理

* 根据中国商务部 2013 年 10 月 17 日新闻发布会上新闻发言人沈丹阳的介绍，2013 年 9 月 30 日中国政府正式宣布参加服务贸易协定谈判

　　目前的服务贸易新规则谈判，最引人注目的是 TISA 谈判。由于 TISA 谈判的封闭性，基于不对称信息对 TISA 的规则新特点进行简要梳理，并将其作为未来完善上海自贸区服务业开放政策的参照标准（表 3-4）。

表 3-4　国际服务贸易新规则的制度设计——以 TISA 为例

规则	规则内容	规则说明	对中国的政策含义
核心条款	服务贸易的定义、范围、市场准入和国民待遇、一般纪律与责任的例外等	TISA 整合了与 GATS 相同的核心条款，便于未来诸边向多边转型	减少管制，建立和完善国内规则、标准或规范
"冻结条款"和"棘轮条款"的设置	"冻结条款"指新的贸易限制措施不被允许再引入，也不允许现存限制水平的提高，它将开放水平至少锁定在目前现有的开放水平上；"棘轮条款"的设置则将其通过各种方式实现的贸易规制的取消或自由化，自动地纳入 TISA 的协定中并受到相应的约束	这两个条款引入后，各成员实际自由化水平就成为今后进一步自由化的起点	需要正确客观评估中国实际服务业开放水平，而不是名义服务业开放水平

续表

规则	规则内容	规则说明	对中国的政策含义
TISA 协议框架——混合列表（hybrid list）承诺方式	国民待遇原则采取负面清单（negative list）的承诺方式，即国民待遇承诺将作为原则适用于所有 12 大服务贸易部门和所有 4 种服务贸易提供方式。而在市场准入承诺上依然保持正面清单（positive list）	国民待遇上承诺方式的变化已经将其从具体义务更趋近于一般义务与原则 政府在自由化及其歧视性国内规制方面的作为明显比其在服务市场上取消数量限制的行为更易实现	加快服务业开放负面清单的研究和实施
将"投资者与国家争端解决机制"纳入 TISA 框架	一旦投资者认为由于东道国的原因而使其权益受到侵害，可将争端诉诸联合国的"解决投资争端国际中心"进行解决	"投资者与国家争端解决机制"的纳入无疑将实质违背"国民待遇"承诺的风险和成本进一步提升	将"投资者与国家争端解决机制"纳入 TISA 框架，投资东道国政府有可能成为被告
自然人流动	TISA 规范了自然人流动类别并放宽自然人流动准入	TISA 规范了自然人流动的类别并强调提高签证的透明度，尤其增加商务访客、专家和技术人员的准入的便利性，包括对公司市场开拓意义重大的内部调动人员	中国可能获得更多自然人流动的出口机会，同时也要让渡部分进口市场
数据跨境自由流动	实现数据跨境自由流动，取消数据必须预先存储于使用国境内服务器的要求	不再要求境外数据提供商的服务器必须位于接受服务的国家境内	如何保障信息安全
约束对跨境服务提供的限制	约束对跨境服务提供的限制，包括许可、居住要求等，约束对通过投资提供服务的机构设立、参与合资企业或经济需求测试的要求	原则上取消必须设立合资企业的各种要求，不得限制外资控股比例和经营范围	参与服务贸易协定谈判的基本条件则是在金融、证券等领域已经取消外资持股比例和经营范围的限制
国有企业	将竞争中立规则引入国际服务贸易	国有企业集中在垄断服务行业，所能获得的垄断利润会在国际市场上产生国家间的利益分配问题，违背国际市场的公平竞争原则。强调规范政府与市场的关系	基础设施服务、电信服务等国有企业比例较高的服务部门如何开放，如何出台相应的服务业国企改革方案

续表

规则	规则内容	规则说明	对中国的政策含义
政府采购	服务政府采购的范围和定义、服务政府采购谈判中的透明度和程序性问题	政府采购占了服务部分50%以上的销售额，采购中的歧视性措施严重影响了这些服务部门的市场准入；强调了开放服务政府采购市场将为各成员经济发展带来好处	是否尽快完成《政府采购协议》（GPA）加入谈判，并在此基础上谈判服务贸易政府采购开放

资料来源：European Commission. 2013. Negotiations for a Plurilateral Agreement on Trade in Services. Europa Communiqués de Presse，Memo/13/107，Brussels；European Commission，15 February

具体谈判，美国希望谈判模式以服务贸易总协定附加（GATS-Plus）框架为前提进行。2012年3月，美国进一步提出有关GATS-Plus的详细清单，清单内容有三大部分，即市场准入、贸易协定规范和新议题。如表3-5所示。

表 3-5　国际服务贸易新规则的制度设计——TISA谈判中的美国方案

谈判领域	谈判要素
市场准入	①服务业部门与模式范围；②降低限制；③减少现行规范的束缚；④提高透明度；⑤增加自发性自由化措施；⑥贸易协定中订立相互对等的最惠国待遇条款；⑦纳入空运辅助性服务；⑧以正面表列或/和负面表列呈现；⑨明确永久性居民的范围；⑩技术人员、配偶、专业人员移动的开放。
贸易协定规范	①当地现行的责任义务；②电信；③金融服务；④电子商务；⑤电子化政府；⑥环境与能源；⑦透明度；⑧国内规章；⑨相互认证；⑩人员的暂时性进入；⑪政府采购；⑫公平竞争；⑬补贴；⑭扩大教育合作等额外承担；⑮海运服务；⑯投资保障规范；⑰不同于WTO的争端解决条款。
新议题	①国际移动漫游；②跨境数据流（Data Flows）；③当地数据存储的要求；④国有企业的反竞争影响；⑤当地化要求的强制性；⑥垄断企业的表列。

资料来源：US Chamber of Commerce. 2014. Trade in Services Agreement. https://www.uschamber.com/international/international-agenda/trade-services-agreement

2013年8月，中国首次提出加入TISA谈判，多数成员表示欢迎，但以美国、欧盟为首的成员对于中国加入TISA谈判的动机提出质疑，认为中国尚不具备达成高标准服务贸易自由化协议的条件，美国设定五项考核指标限制中国的加入。美国总统贸易代表（USTR）迈克尔·弗罗曼（Michael Froman）于2013年10月29日在政治新闻网站Politico组织的论坛上，对中国加入TiSA设置了5个评估因素：

（1）中国在与美国谈判双边投资协议（BIT）时的立场；

（2）上海自由贸易试验园区中的投资改革情况；

（3）十八届三中全会宣布的潜在的改革政策；

（4）中国在过去谈判中是否热衷高规格服务贸易承诺；

（5）中国是否完全执行两国电子支付服务争端的 WTO 裁决。

美国政府一直积极参与并推进多边、区域及双边服务贸易协定的签署，以求为服务贸易发展提供更广阔的市场空间以及便利的准入条件。美国主张采用"否定清单"的谈判模式，将市场准入谈判作为开拓国际市场的重要手段。美国认为，从范围上说，TISA 是多边的、全球性的贸易协定，希望充分利用自身高度开放的金融市场、高度发达的电影业以及其自然资源和人文资源，竭力推进全球服务贸易的高度开放；希望借助 TISA 谈判，加大各成员方服务市场的开放力度，从而增加本国的服务出口以及改善国内就业情况。对于中国的申请加入，美国一直以多种方式阻挠，单独为中国设定五项考核指标，多次声明中国的加入会打破 TISA 的高标准化，甚至会致使 TISA 谈判夭折。美国援引中国前期对于降低高科技贸易壁垒的谈判实例，企图联合其他成员拒绝中国的加入。美国的种种举动实质是尽可能扩大本国市场，遏制正在崛起的竞争对手。

欧盟对于 TISA 谈判总体持积极态度，希望快速推动 WTO 成员间开放服务市场、进一步提高自由化。欧盟的谈判路径与美国略有不同，欧盟致力于使 TISA 与 GATS 兼容，确保新协议不仅对后加入成员开放并使其更易纳入 WTO，希望消除其他国家对 TISA 的陌生感。欧盟实行的一国一票制度使得欧盟成员的意见难以统一，决策无法通过，因此，欧盟成员更希望单独加入 TISA 谈判，而非以欧盟的名义。对于中国的申请加入，欧委会贸易总司司长德马迪表示欢迎，认为中国的加入对世界是一个很好的机会，如果将中国排除在外将会导致很大的风险。不过，欧盟对中国也提出了苛刻要求，要求中国在更广阔领域开放服务市场，准许欧盟服务类产品进入中国市场，尤其是电信产品。

日本一直积极推进双边贸易谈判，与新加坡、欧盟、印度等开展自由贸易谈判，在已经进行的 TISA 谈判中，均扮演积极角色，力图通过 TISA 谈判助力国内财团扩大出口，谋求经济利益。日本政府方面希望通过 TISA 谈判获得亚太服务贸易的主导权，从而获得东南亚乃至亚太的大市场，同时巩固日美关系，制衡其他亚洲国家。对于中国申请加入 TISA 谈判，日本的经济学者称，日本政府并没有特别考虑是否准许中国加入的问题，日本将坚持 TISA 谈判的目标即达成高规格的服务贸易自由化协议，欢迎未参与 TISA 谈判但对服务贸易自由化协议感兴趣的其他 WTO 成员加入 TISA 谈判。但是，日本希望看到经过多方面的改革后的中国市场，希望中国能够立即采取措施促进贸易自由化、改善商业环境以及对国际法律体系的承诺，保证外国公司能在中国得到稳定和有发展前景的经营环境。

印度、巴西和南非三国在 2012 年 3 月明确指出，反对使用有争议的复边贸易协定谈判取代多哈回合的多边贸易谈判来推动服务贸易自由化。因为多哈发展议程的主要目的就是调整全球贸易体系的失衡和不对称，并且将贫穷国家纳入到体系中。这三个国家也表示愿意探讨以新的谈判方式来推动多哈回合贸易谈判早日取得成果。因为 WTO 第八届部长会议授权的范围要符合透明度和包容性原则，复边服务贸易协定方式若适用于特定会员，则不符合包容性原则。因此，印度、巴西和南非三国坚决反对采用复边谈判方式取代多边谈判方式。

中国服务业开放及参与国际服务贸易规则制定情况如表 3-6 所示。

表 3-6　中国服务业开放及参与国际服务贸易规则制定情况

类型	服务贸易谈判	既有成果
多边	WTO 多哈回合多边服务贸易谈判	GATS 新出价表
诸边	WTO 信息技术协定 WTO 环境产品协定谈判	谈判中
诸边	TISA	基本规则
区域	RCEP	谈判中
	FTAAP	即将启动谈判
双边	12 个已经生效 FTA	涉及 20 个国家和地区 双边服务业开放
	8 个正在谈判 FTA	涉及 23 个国家 双边服务业开放
单边	中国上海自贸区	六大领域 18 分部门

资料来源：作者自行整理

政策建议如下：

（1）坚定不移地支持多边贸易体制，积极参与多边服务贸易谈判，认真做好国内不同规制和政策部门的协调工作。在加入 WTO 服务业开放承诺基础上做出新的适度出价并有针对性地明确中国向其他 WTO 成员的要价。明确中国在多边服务贸易谈判中的关注焦点：中国在多哈回合服务贸易谈判中关注的焦点是海运服务、自然人流动和规则谈判中的紧急保障机制、国内监管问题。要守住多边服务贸易谈判中的中国的责任底线。中国不仅是世界上最大的贸易国，也是最大的发展中国家。中国应有力所能及的贡献，做出合理的承诺，在研究国内服务贸易部门的行业优势和国际竞争力的基础上，进一步界定各服务部门的谈判"进攻利益"和"防守利益"，做出科学合理的开放承诺和对其他成员的要价。

（2）积极参与 WTO 框架下的两个诸边协定谈判，制定信息技术服务和环境服务新规则。作为 IT 产品全球第一出口大国，在 IT 服务领域中国也有着重要的利益，在保持谈判性和提高谈判技巧的基础上，应积极参与 IT 服务贸易规则的谈判。

（3）对于诸边服务贸易谈判，即便中国未来能加入 TISA 谈判，在以后的谈判过程中，美国也必将会采取种种托词和理由，阻挠中国的利益主张。对此，中国应充分发挥作为拥有独特经济体制的发展中经济大国以及最大贸易国的双重身份，立足长远，以国家长期发展利益为准则，认真权衡谈判过程中的敏感协议；争取与经济发展阶段相近的成员联合起来，主动把握谈判节奏，拓展共同利益，最大限度地降低 TISA 成本，寻求最优策略。

（4）一方面，将国内的服务业开放新政策——中国（上海）自由贸易实验区的服务业开放成果反映到谈判中并转化为中国的新市场准入出价。另一方面，将上海自贸区未来的服务业开放政策尽量与最新的国际服务贸易规则对接，使上海自贸区成为中国服务业开放的最前沿，并成为真正的国际服务贸易新规则接轨区。进一步完善服务贸易一般规则和建立服务贸易特殊规则。服务业开放的次序确定，将新的服务贸易部门和新的服务贸易议题作为研究重点和开放试点。基于市场准入交换原则参与国际服务贸易规则制定，在开放中国服务市场的同时，为中国服务业出口和投资企业获得更广阔的国外服务市场空间。

3.6.2　深化开放实验区

在国际服务贸易中，通常把服务贸易壁垒分成两大类：准入壁垒和经营壁垒，目前上海自贸区的服务业开放重点在于部分服务部门的准入壁垒的降低，但是没有涉及经营壁垒。服务市场准入是服务业开放的基础，但准入以后面对的服务业经营问题，既有开放的问题又有国内改革问题，比如税务的公开透明等。"大门开放，小门不开"现象的存在，往往会使得服务业开放的效果大打折扣，从而服务名义开放度水平会低于服务业实际开放度水平。

目前，中国在 WTO 的服务贸易多边承诺水平为承诺开放部门比例为 67%，涉及服务贸易分部门 103 个，其中完全开放部门比例 21%，涉及服务贸易分部门 33 个；部分开放部门（有一定开放限制）比例为 46%，涉及部门为 70 个；没有做出多边承诺也就意味着不开放的部门比例为 33%，涉及服务贸易分部门 52 个（表 3-7）。目前中国在已经签订的 12 个双边 FTA 服务贸易协定中，开放部门数量均未超过入世承诺的服务部门数量。新一轮中国服务贸易开放重点不仅应该着眼于对部分开放部门开放和不开放部门的进一步开放，而且还在于提高开放深度，使开放政策得以顺利实施。

表 3-7　中国服务业部门开放比例　　　　　　　　（单位：%）

类别	多边开放比例	多边完全开放比例	多边部分开放比例	多边不开放比例	FTA 开放比例
商用	60.9	22.8	38.1	39.1	41.0
通信	62.5	19.8	42.7	37.5	33.8
建筑	100	25.0	75	0	50.0
分销	100	35	65	0	76.7
教育	100	25	75	0	50.0
环境	100	25	75	0	70.8
金融	76.5	16.2	60.3	23.5	52.8
旅游	50	25	25	50	50.0
运输	20	11.3	8.7	80	42.8
娱乐	0	0	0	100	1.3
健康	0	0	0	100	12.8
其他	0	0	0	100	0.0
总体平均	67	21	46	33	43.8

资料来源：根据《中华人民共和国加入世界贸易组织议定书》附件 9 计算

中国商务部：中国与 12 个贸易伙伴签订的自由贸易区协定（注：完全开放比例和部分开放比例包含在承诺开放比例中）

目前中国服务业领域的开放，仍存在一定不足，体现在：服务业总体开放不足与某些领域过度开放并存；市场化程度较高的部门更为开放，而垄断部门则较为封闭；名义开放度较高，而实际开放度较低，普遍存在服务业经营过程中遭遇"玻璃墙、弹簧门"等问题。一些部门、地方、行业企业，以法律法规、政策措施规范化为名，行部门、地方、行业利益化、利益法律化之实，强化所辖服务产业的保护，实际上变相阻断了我国服务业改革开放的进程，由此也引发了服务贸易领域的国际摩擦，甚至在一些方面影响了我国整体的国家利益与国际声誉。

就上海自贸区服务业开放而言，目前上海自贸区的服务业开放政策主要集中在服务贸易模式三商业存在的开放上，而且采用了混合清单承诺方式，即在具体服务业开放上采用正面清单，对外资政策则采用负面清单，在实际的实施执行过程中，辅之以配套落实措施，但是事实上仍执行正面清单下的审批制。上海自贸区的服务业开放，开放广度有所提升，但是开放深度仍有待提高。

目前国内服务业开放面临的制度障碍包括：

服务业开放过程中，国内服务业管理的体制机制至今并不完全顺畅。服务业开放一直以来存在多头管理，商务部门管市场准入，行业部门负责行业前置核

准，土地、环保等部门也涉及专项审批，导致服务业开放被分割、多头管理。外
资企业从事分销业务，商务部规定分级审批，除了需经地方商务部门对其合同章
程进行审批外，如涉及开设店铺的，还需取得相关部门对其设立店铺是否符合商
业网点规划的审核意见。有些行业，尽管在 WTO 服务贸易总协定或双边服务贸
易协议中我国已承诺了开放，但由于部门规制等外商实质上进入困难。同时，存
在着重审批而轻监管的问题，缺乏有效的事中事后监管手段，使得开放后出现的
问题难以得到有效解决。

　　服务业开放以及目前中国正在进行的自贸区谈判，中美、中欧开展的双边投
资协定谈判都遇到了来自部门利益的巨大阻力，协调推进存在一定难度。

　　上述影响服务业开放的机制和体制问题，需要进行配套的制度创新，因此，
未来上海自贸区应以深化服务业开放为契机，进一步推进服务业国内规制改革和
管理体制改革。

　　政策建议如下：

　　（1）通过调整上海自贸区服务业开放政策，做出新的开放承诺，进一步放开
电信服务、物流服务、医疗服务等领域的外商市场准入，例如，在分销服务领域
取消对外商投资邮购和一般商品网上销售的限制；在物流服务领域放宽外资股比
限制，允许外商以独资形式从事国际海运货物装卸、国际海运集装箱站和堆场业
务，允许外商独资从事航空运输销售代理业务等；在医疗服务领域，取消外商投
资医疗机构最低投资总额和经营年限的限制等。

　　（2）在提高开放广度的同时，注重提高开放深度。在出台新服务业开放政策
的同时，出台落实开放政策的具体措施和实施时间表，对服务业主管部门的权责
义务做出明确规定，并建立相应的第三方评估机制，监督主管部门的政策执行力
度和执行效果。

　　（3）明晰各服务业行业管理部门职责（表 3-8），防止服务业开放过程中政府
管理缺位和政府管理越位。通过推动服务业管理体系改革，解决好管理职责不
清、责权利不明确、功能重叠等诸多问题。同时，加强各主管部门之间的职能
协调。

表 3-8　服务业开放和改革政策措施的主管部门

序号	工作任务	负责部门
1	进一步放开生产性服务业领域市场准入，营造公平竞争环境，不得对社会资本设置歧视性障碍，鼓励社会资本以多种方式发展生产性服务业	发展改革委、商务部会同有关部门

续表

序号	工作任务	负责部门
2	进一步减少生产性服务业重点领域前置审批和资质认定项目，由先证后照改为先照后证，加快落实注册资本认缴登记制	工商总局、中央编办会同有关部门
3	加快研究制定服务业进一步扩大开放的政策措施，对已经明确的扩大开放要求，要抓紧落实配套措施	发展改革委、商务部会同有关部门
4	进一步提高生产性服务业境外投资的便利化程度	发展改革委、商务部会同有关部门
5	加快跨境电子商务通关试点建设	海关总署、发展改革委、商务部、质检总局会同有关部门
6	尽快将营业税改征增值税试点扩大到服务业全领域。根据生产性服务业产业融合度高的特点，完善促进生产性服务业的税收政策	财政部、税务总局
7	研究适时扩大生产性服务业服务产品出口退税政策范围，制定产品退税目录和具体管理办法	财政部、税务总局、发展改革委
8	完善政府采购办法，逐步加大政府向社会力量购买服务的力度，凡适合社会力量承担的，都可以通过委托、承包、采购等方式交给社会力量承担。研究制定政府向社会力量购买服务的指导性目录，明确政府购买的服务种类、性质和内容	财政部
9	研究制定利用知识产权质押、仓单质押、信用保险保单质押、股权质押、商业保理等多种方式融资的可行措施	人民银行、银监会、财政部、保监会、知识产权局、版权局、商务部、工商总局等
10	支持符合条件的生产性服务业企业上市融资、发行债券	证监会、发展改革委、人民银行
11	鼓励融资性担保机构扩大生产性服务业企业担保业务规模	银监会、发展改革委、工业和信息化部、财政部等
12	鼓励工业企业利用自有工业用地兴办促进企业转型升级的自营生产性服务业，经依法批准，对提高自有工业用地容积率用于自营生产性服务业的工业企业，可按新用途办理相关手续	发展改革委、工业和信息化部、住房城乡建设部、国土资源部

续表

序号	工作任务	负责部门
13	选择具备条件的城市和国家服务业综合改革试点区域，鼓励通过对城镇低效用地的改造发展生产性服务业。加强对服务业发展示范区促进生产性服务业发展与土地利用工作的协同指导	国土资源部、住房城乡建设部、发展改革委
14	支持生产性服务业创新团队培养	发展改革委、人力资源社会保障部
15	抓紧研究制定生产性服务业及重点领域统计分类，完善相关统计制度和指标体系，明确各有关部门相关统计任务。建立健全有关部门信息共享机制，逐步形成年度、季度信息发布机制	统计局、发展改革委、工业和信息化部会同有关部门

资料来源：国务院国发〔2014〕26 号文件

（4）完善服务业国内监管政策，强化事中事后监管，提高监管的效率。缩小政府干预范围，加强市场约束导向的监管机制，使得服务价格、服务要素配置、服务业机构经营市场化，做好监管、税收等服务性工作，实现"权力要服务、监管担责任"。消除政府"管制俘获"的情况。同时，建立服务业市场监管的公开、公平和公正的机制，并不断完善信息披露制度和提高管制透明度。

（5）要尽量在多边、诸边、区域和双边服务贸易谈判中，以国际承诺的方式锁定上海自贸区的开放成果。

进一步扩大服务市场对内对外的开放程度，打破垄断，增强中国服务市场的竞争，从而增强中国服务业企业的国际竞争力，同时加速国内服务业发展规模和速度，促进中国经济转型升级。

3.6.3　经验推广示范区

（1）可复制、可推广的上海自贸区服务业开放监管模式。上海自贸区服务业开放监管制度需要进行创建和创新，因为重点监管有形货物贸易的经验并不完全适用于服务业开放监管。强化监管协作，探索综合监管模式，建立打通海关、质检、工商、税务、外汇、公安等各部门的信息共享平台；建设诚信管理体系，同时引进社会第三方组织协管，配合有关部门建立反垄断、安全审查等机制，推进组建统一高效的服务业监管机构，形成公开、透明的管理制度，促进试验区内服务要素自由流动。同时，完善服务贸易紧急保障措施机制，有效防范和化解服务业开放风险。这种开监管模式可以推广复制到全国范围。

（2）可复制、可推广的上海自贸区服务业开放政策评估体系。上海自贸区服务业开放需要建立完善的政策评估体系。通过衡量服务贸易政策的效力、判断服务贸易政策的效率、考察服务贸易政策的效应以及测度考察服务贸易政策的效应进行服务业开放政策动因评估；服务贸易政策执行前、服务贸易政策执行中、服务贸易政策执行后三个阶段进行服务业开放政策过程评估；从政策执行工具、政策经济效应、政策福利效应、政策执行效果四个维度对服务业开放政策执行进行评估。将评估结果作为调整和完善自贸区服务业开放政策的主要依据之一。这种政策评估体系可以推广复制到全国范围。

（3）可复制、可推广的上海自贸区服务业开放法制保障。《中国（上海）自由贸易试验区条例》已由上海市第十四届人民代表大会常务委员会第十四次会议于 2014 年 7 月 25 日通过，自 2014 年 8 月 1 日起施行。坚持运用法治思维、法治方式在自贸区开展各项改革创新，为自贸区建设营造良好的法治环境，也为服务业开放提供了法制保障。未来上海自贸区继续完善服务业法制保障，将其推广并升格为国家层面的立法。

中国服务业扩大开放是全领域、全方位的。进一步扩大开放包含对外开放，也包含对内开放。不宜设立过多的自贸园区，拉长服务业开放的区域时滞，拉大地区间服务业开放的差距。一旦上海自贸区的政策成熟，应该将成熟的上海自贸区服务业开放经验尽快向全国推广，充分发挥其示范区作用。

本章参考文献

刘光溪 . 2001. 入世与服务业对外开放的几点战略考虑 . 国际商务研究，（2）：24-30.

彭水军，李虹静 . 2014. 中国服务业发展悖论——基于服务需求视角的实证分析 . 厦门大学学报（哲学社会科学版），（4）：24-33.

盛斌 . 2002. 中国加入 WTO 服务贸易自由化的评估与分析 . 世界经济，（8）：10-18.

王绍媛，张鑫 . 2014. 服务贸易协定谈判基本特征分析 . 国际贸易，（4）：48-52.

Adlung R，Roy M. 2005. Turning hills into mountains? Current commitments under the GATS and prospects for change. WTO Staff Working Paper NO. ERSD-2005-01.

Adlung R. 2005. Current commitment under the GATS and prospects for changes. Staff Working Paper ERSD-2005-01.

Alexander. 2002. International trade in financial services. IMP Working Paper PDP/03/06.

Cernat L，Kutlina-Dimitrova Z. 2014. Thinking in a box：A 'MODE 5' Approach To Service Trade. March memo.

Deardorff A V. 2001. International provision of trade service，trade and fragmentation. Review of International Economics，（9）：233-248.

Fink C M，Rathindran R. 2003. An assessment of telecommunication reform in developing countries. Information Economics and Policy，15（4）：443-466.

Fink C M，Rathindran R. 2001. Liberalizing basic telecommunication：The Asian experience. World Bank.

Fink C M. 2003. Financial services and WTO：liberalization Commitmens of Developing and transitional economices. World Bank Working Paper.

Harmsen R，Leidy M. 1994. Regional trading agreements. International Trade Policies，IMF，Wanshington D. C.

Hoekman B，Messerlin P A. 1999. Lieralizing trade in services：reciprocal negociations and regulatory reform. Paper Presented at the Conference on. Services 2000-New Directions in Services Trade Liberalization，Washington，D. C.

Hoekman B，Messerlin P. 2000. Liberalizing trade in services：reciprocal negotiations and regulatory reform //Suave P，Stern R. GATS2000：New Directions in Services Trade Liberalization. Washington，D. C：Brookings Institution：487-508.

Hoekman B，Sauve P. 2004. Liberalizing trade in services. World Bank-Discussion Papers：243.

Marconini M. 2009. Revisiting regional trade agreements and their impact on services trade. International Centre for Trade and Sustainable Development，Geneva.

Markusen J R，Rutherford T F. David T. 2005. Trade and direct investment in producer services and the domestic market for expertise. Canadian Journal of Economics，Canadian Economics Association，（38）：758-777.

Mattoo A，Fink C. 2002. Regional agreements and trade in services：Policy Issues. World Bank Policy Research Working Paper 2852.

Mattoo A，Rathindran R，Subramanian A. 2001. Measuring services trade liberalization and its impact on economic growth: an illustration. Policy Research Working Paper No. WPS 2655, Washington, D. C. World Bank: 101-120.

Mattoo A. 2000. MFN and the GATS, Most-favoured nation treatment: past and present. Michigan: Michigan University Press.

Mattoo A. 2004. The services dimension of China accession to the WTO. Journal of International Economic Law, (6): 299-339.

Roy M, Marchetti J, Lim H. 2006. Services liberalization in the new generation of Preferential Trade Agreements (PATs): How much further than the GATS. World Trade Organization Staff Working Paper ERSD-2006-07.

Stephenson. 1998. Approach to liberalizing services. Paper Presented at the Conference on Multilateral and Regional Trade Issues, Washiington D. C.

van Marrewijk C, Stibora J, de Vaal A, et al. 1997. Producer services, comparative advantage and international trade patterns. Journal of International Economics, (42): 195-220.

Wong C Y-P, Wu J H, Zhang A. 2006. A model of trade liberalization in services. Review of International Economics, (14): 148-168.

第4章　中国（上海）自贸区风险管控报告与建议

2013 年 8 月 22 日，国务院正式批准设立中国（上海）自由贸易试验区（FTZ）。按照中国政府设想，上海自贸区要集中体现三个特征：一是体现主动的、内在的开放；二是以制度创新为核心；三是具有较强的示范性。上海自贸区的改革主要集中于六大领域：金融、航运、商贸、专业、文化、社会。

而在 2013 年 9 月底，国务院发布的《中国（上海）自由贸易试验区总体方案》（以下简称《方案》），明确自贸区建设的总体目标是："经过两至三年的改革试验，加快转变政府职能，积极推进服务业扩大开放和外商投资管理体制改革，大力发展总部经济和新型贸易业态，加快探索资本项目可兑换和金融服务业全面开放，探索建立货物状态分类监管模式，努力形成促进投资和创新的政策支持体系，着力培育国际化和法治化的营商环境，力争建设成为具有国际水准的投资贸易便利、货币兑换自由、监管高效便捷、法制环境规范的自由贸易试验区，为我国扩大开放和深化改革探索新思路和新途径，更好地为全国服务。"同时，《方案》还明确"深化金融领域的开放创新"是自贸区建设的五大主要任务之一。其中，深化金融领域的开放创新，目前设计主要分为四个方向：资本项目可兑换、跨境人民币的全面放开、利率市场化和外汇管理便利化。上海自贸区将在上述各方面进行先行先试，为全国进一步深化改革积累经验。

同时，在相关顶层设计下，人民银行也相应出台了《关于金融支持中国（上海）自由贸易试验区建设的意见》，也就是所谓的"金改三十条"，对在上海自由贸易试验区金融改革和开放的试点进行了全面部署和规划。"金改三十条"强调要以"服务实体经济，便利跨境投资和贸易"为指导思想，坚持开放创新、先行先试，探索投融资汇兑便利，着力推进人民币跨境使用，稳步推进利率市场化，深化外汇管理改革。通过金融支持举措，拓展区内实体经济的成长空间，培育其竞争实力，促进其在更高水平上参与国际合作与竞争。具体措施涉及四方面内容：一是探索投融资汇兑便利化，推动资本项目可兑换进程，进一步扩大试验区对外开放，支持企业走出去。二是扩大人民币跨境使用，使区内企业和个人更加灵活使用本币进行跨境交易，降低汇兑成本，减少汇率风险。三是稳步推进利率市场化，加快改革进程，支持实体经济发展。四是深化外汇管理改革，进一步减少行政审批，逐步建立与之相适应的外汇管理体制。同时，在配发的新闻稿里明确指出，通过上述举措，形成金融支持试验区实体经济发展和投资贸易便利化的可复制、可推广的创新业务及管理模式，助力试验区成为推进改革和提高开放型经济水平的"试验田"，发挥示范带动、服务全国的积极作用。

深化金融领域改革的过程往往与风险的管控息息相关。风险管控得好，往往推动自贸区发展，带动国家经济发展；风险管控得差，往往影响自贸区改革，阻碍国家经济发展。同时，上海作为我国的经济中心，上海自贸区作为本届政府改革重要的试验田，金融领域的风险管控具有牵一发而动全身的重要影响，因此，我们需要高度重视上海自贸区的深化金融领域开放创新的风险管控，充分借鉴国内外经验，实现自贸区的金融风险可控。

4.1　主要国家金融开放的风险分析

在上海自贸区成立之前，世界多数主要经济体国家已经实现了金融开放。金融开放风险的表现主要有以下 4 个方面。

4.1.1　金融机构发生风险的概率增加

虽然金融开放给一国的金融发展和经济增长带来了巨大机遇，但是根据美、日、欧盟和其他发展中国家的经验来看，金融体系发生的风险影响在金融开放后大大加深了。金融体系不发达，不仅会大大降低金融系统抗风险的能力，还是引发与金融开放有关的金融风险的重要因素。当本国体系较为弱小时，开放国内金融部门会产生较大的金融风险。外资机构进入后通常采取"摘樱桃"（cherry picking）竞争战略，抢夺盈利性高的市场和财务状况好的客户，这将对东道国金融机构产生较大冲击，面对严峻的竞争压力，本国银行往往采取提供高风险贷款等过度冒险行为，从而严重恶化本国银行业贷款质量，引发金融风险，这也是1994 年墨西哥金融危机和 1997 年亚洲危机爆发的重要原因。

4.1.2　宏观货币政策影响被削弱

从日本等国的经验来看，开放国宏观经济政策效果往往在开放后面临被削弱的风险。20 世纪 80 年代的日本由于过早过急地施行开放金融的政策，在面临金融危机时，采用了扩张的货币政策和财政政策，以刺激经济复苏，但是由于开放金融条件的影响，受到了一定的削弱，对日本走出危机产生了一定影响。

4.1.3　金融创新产品风险加剧

根据欧美等国的经验，一国的利率和汇率实现市场化，资本账户开放后，相关金融衍生产品得到了飞速发展，但是其所带来的风险也不容小觑。高收益往往也意味着高杠杆和高风险。因此近年来特别是在 2008 年以后，金融衍生产品的风险得到了全世界的普遍重视。

4.1.4   金融监管难度加大

在金融开放后，对金融领域的监管往往也会受到国内和国外的双重压力，金融监管难度提升，但出现监管漏洞将导致金融开放效应大打折扣，并伴随银行和货币危机的高发。目前，人们已经普遍接受一国在金融开放之前需要加强和完善金融监管的观点。开放情况下，在负债方面，金融机构可能向国际资本市场过度举债，而在资产方面，它们可能为风险过高的经济活动提供融资，特别是那些政府提供明确或隐性担保的项目，这些将导致金融机构出现资产负债表问题，如债务资产币种、期限和风险种类的不匹配。此外，由于实体部门和金融部门之间广泛的联系，政府和企业资产负债表脆弱性最终会影响到金融机构的稳健运营。

4.2   上海自贸区存在的潜在金融开放风险

上述是从国外经验入手，对金融开放所带来的风险的总结。而上海自贸区作为我国新一轮改革的试验田，在其进行金融开放领域的改革中将面临着复杂的国际金融形势和国内亟待完善的金融体系，其风险具有特殊性，主要集中于以下 4 个方面。

4.2.1   关于资市账户开放的风险

资本账户开放主要包括两方面内容：一是资本金融账户各项目下的货币可兑换，即一国货币当局应该允许居民和非居民间正常资本交易支付和转移项下，本国货币可自由兑换成他国货币；二是资本市场开放，即本国证券投资交易市场的对外开放。资本账户开放是货币国际化的前提条件，资本市场开放是货币国际化的基础性要求。因为，只有如此才可以形成一国货币在世界范围内的循环、流通、投资渠道，从而形成一个具有一定广度与深度的该国货币的世界市场。一般来说资本账户开放不是一蹴而就的，借鉴历史经验，资本账户开放更多表现为一个不断解除资本账户管制的渐进自由化过程。需要声明的是，资本账户开放或自由化并非绝对，即便已经实现资本账户开放的国家，比如美国，对某些资本账户项目仍然有所管制。因此，资本账户开放是一个相对概念，现实生活中它实际上是一种有管理的资本兑换，区别仅在于管理的范围与控制的松紧。此外，1997 年亚洲金融危机和 2008 年世界金融危机以来，很多国内外学者针对资本账户开放问题，展开了全面而深入的研究，得出了由不同国家的具体国情来确定资本账户开放的程度与速度，资本账户开放进程中需要实施配套的经济、金融改革措施，并且需要注意开放的次序。

虽然上海自贸区在资本账户开放方面具有诸多益处，但对其潜在风险仍然不能忽视，对于风险问题主要体现在以下几个方面：

其一，上海自贸区金融创新可能激发较大规模的投机性资本流动。他们会利用政策差异套利，监管差异套利，制度漏洞套利。在短期，可能形成对自贸区的负面冲击，甚至形成溢出效应，殃及自贸区外。

其二，增加了宏观经济政策的制定与执行难度，容易出现政策两难冲突。根据开放经济的"三元悖论"理论，货币政策独立，资本自由流动，汇率稳定，这三者不可兼得，最多只能择其二。自贸区理应在政策制定方面保留自主权与独立性。

4.2.2　关于利率市场化风险

利率市场化是指金融机构在货币市场经营融资的利率水平。它由市场供求来决定，包括利率决定、利率传导、利率结构和利率管理的市场化。目前，我国已开放贷款利率，实现市场化，存款利率也将在不远的将来开放。但是就利率市场化完全开放所带来的问题，特别是风险问题来说，我国还处于探索研究阶段。上海自贸区作为改革试验田，在利率市场化上具有先行实验的重要作用。

而从国外利率市场化进程来看，利率市场化会对上海自贸区产生重要影响，其风险主要分为阶段性风险和恒久性风险。

1. 阶段性风险分析

第一，逆向选择风险。区内居民和非居民根据利率水平的上涨趋势，会有更多的借款人愿意向银行借款，并且这些借款人的风险系数更高，久而久之，借款人的总体风险指数会增加，贷款合约的违约风险也随之增加，信贷市场逐渐形成逆向选择风险。

第二，市场竞争风险。通过对利率市场化实施的经验发现，利率市场化的推行会增加商业银行之间的竞争，导致金融机构间的利率水平差距减小，这种利差的减小为商业银行带来收益风险。

第三，储蓄分流风险。由于目前中国金融产品比较单一，金融产品的创新仍然受到政府的管制，居民选择投资产品的种类很少，不能根据自身风险偏好选择金融产品投资，大量消费剩余主要以储蓄的形式存入商业银行。

第四，利率波动风险。利率市场化的推进会扩大利率的波动幅度，大幅度的利率波动直接给商业银行带来难以防范的净利息收入减少和资本净现值减少的风险。

2. 恒久性风险分析

第一，重新定价风险。重新定价风险也称为缺口风险，是利率风险的主要部分，主要是由于金融机构资产、负债和表外项目重新定价时间或到期时间不匹配的风险。在利率敏感性资产大于利率敏感性负债的时候，利率上升银行收益会增加。相对应地，利率敏感性资产小于利率性负债的时候，随着利率的上升，银行收益会减少。这种利率期限结构不利于商业银行的风险管理。

第二，基差风险。基差风险主要是指商业银行存、贷款利率变动方向和幅度的差异引起净利息收入的变动。基差风险主要有以下两种类型：①在市场利率波动幅度不确定的时候，存贷款利差缩小，造成银行收益减少的风险；②短期存贷款利差变动与长期利差波动幅度不同的时候，这种不同为银行带来资产负债的净利息收入减少。

第三，内含期权风险。该项风险是由金融机构的资产、负债和表外项目中借款人会提前偿还欠款或提前提取存款的概率产生的。由于利率的波动，上述提前偿还欠款或者提前提取存款的行为会随着利率的变动而增加，而银行的服务条款当中又没有规定相应罚金，所以，这种行为在数量和额度较大的时候会给银行带来利息收入降低的风险。

第四，收益曲线风险。该项风险是因为收益曲线的意外或其斜率的变动而影响到银行净利差收入或资产内在价值而产生的风险。

自贸区成立的初衷应该是努力追求资本账户开放，资本自由流动，那么人民币汇率的稳定就无法保证。而在人民币国际化初期，保持人民币汇率的相对稳定，甚至缓慢升值是非常重要的。同时，之前主要针对国内货币金融状况制定的政策，因为加入了外生的国际资本循环而变得愈发难以把握和控制。此外，洗钱、资本外逃的风险加剧。随着自贸区资本流动自由化程度的加深，以往基于实需的交易原则必然会弱化，这势必会为洗钱、资本外逃等非正常资本流出打开方便之门。

4.2.3　关于汇率市场化风险

自 2004 年以来，中国实际实行了人民币钉住美元的制度安排。在 20 世纪 90 年代后半期，钉住美元政策是有效的，因为那时美元一直在升值，人民币相对于其贸易伙伴的货币也在不断升值，从而在一定程度上抵消了中国劳动生产率大幅提高对进出口贸易的影响，使国际收支基本保持平衡。从 1995 年到 1999 年，中国的进出口贸易顺差保持较为温和的增长，平均年增长率为 1.9%。从 2001 年 2 月开始，美元开始持续贬值。中国政府没有充分注意到美元汇率的方向性变化，也没有改变人民币钉住美元的安排。因此，相对于中国其他贸易伙伴的货币来说，人民币汇率呈持续贬值趋势，造成中国的进出口贸易顺差大幅上升。中央政府不得不加大干预外汇市场力度，导致人民币汇率的低估，但是人民币的贬值也为我国积累于巨大的外汇储备，有力地促进了经济的稳定发展。

而目前的汇率形成机制也对我国经济稳定发展造成较大压力。众所周知，人民币汇率越是被宏观调控的大手压低，我国每年新增的国家外汇储备就会越多，而这些新增外汇储备全部都将由央行动用基础货币购买。1997～2005 年人民币兑美元汇率为 8.26 元，意味着每增加 1 美元国家外汇储备，央行就要动用 8.26元人民币的基础货币向商业银行购汇。这些高能货币进入货币市场后将会不断地进行信用创造。也就是说，我国对外贸易的创汇能力越强，基础货币的供应量就会越大，货币超发就会越严重。过量购买力因为商品出口而留在国内，一旦国内商品供给出现缺口，那么通胀形势自然不容乐观，国民经济就会总体失衡，因此人民币汇率需要随市场进行调节。

此外，人民币国际化过程也需要我国进一步对汇率形成机制进行改革。人民币国际化重要的标志便是汇率市场化，通过市场自发调节机制，形成与国际外汇市场相适应的汇率，有利于适应国际货币制度发展的趋势、降低经济风险，减少外汇损失、有效降低企业外汇风险、促进我国金融体制改革、提升我国在世界经济中的话语权等。

鉴于我国经常项目持续顺差，汇率市场化改革肯定会导致人民币汇率升值，而人民币升值有助于中国经济外部均衡的实现。一是人民币升值会使出口商品更加昂贵，进口商品更加便宜，出口增速下降，进口增速上升，这对于改善我国的外贸进出口状况具有积极意义。二是自 2002 年以来，中国的服务部门一直在萎缩，人民币如果升值虽然会降低以出口为导向的制造部门的盈利，却是我国第三产业发展的重大利好。

基于上述汇率市场化的必要性，作为我国金融改革试验田，上海自贸区势必在汇率改革中扮演重要角色。在上海自贸区总体方案中并未直接提到汇率市场化，但这一改革的方向是明确的。

但是汇率市场化所带来的风险也是不容忽视。我们认为汇率市场化给上海自贸区及我国整体经济带来的风险主要在于以下几个方面：

（1）人民币弹性增强，自贸区以及相关的外贸企业运营风险加大。我国经济的增长因素中，净出口占有很大比重。我国也拥有众多的外贸企业，在增加税收、保障就业等方面发挥了重要作用。但是随着人民币汇改后的弹性增加，当人民币处于单边升值时，作为第一出口大国的中国其外贸出口成本在不断地增加，利润在不断下降，许多与自贸区内的外贸企业相关的上下游企业只有选择减少出口产品生产，导致我国的贸易出口量逐步减少，出口创汇的能力减弱。对于国内来说，出口企业将市场转入国内，势必会在国内进行一系列的宣传与推广，既降低了运营成本与风险，又可以满足国内消费者的需求，提高消费者的消费水平。但是，当人民币汇率弹性增强时，我国的外向型企业将面临更大的运营风险。

（2）我国的外汇资产监管难度增加。汇率市场化后，人民币的波动频率加大。在这一情况下，我国的外汇资产监管难度将不断加大。外汇资本流入受到抑制，外汇资本储备量会缩水，由此所产生的汇率风险有可能给外汇指定银行带去隔日亏空的风险。再者人民币弹性增强，国际短期资本风险增加，容易引发国际短期资本大举外流，变相推高国内资产的升值。

（3）汇率市场化后，资产泡沫风险加大。未来，上海自贸区内要大规模开展人民币离岸业务，离岸业务肯定不会按照国家外汇交易中心的汇率来进行交易，区内金融机构须按照自己的成本来进行外汇报价，这样就必须实现汇率的市场化，在离岸业务开办过程中逐步形成反映市场供求的均衡汇率水平。汇率市场化是与人民币自由兑换相适应的，也与自贸区内的自由贸易与自由投资活动相适应。如果两三年内人民币在区内实现自由兑换，那么汇率市场化就是必然的。资产泡沫风险是自贸区金融改革中一个不可回避的问题。未来一个时期，众多企业将在上海自贸区备案，可能出现境内外大量货币涌向自贸区，形成庞大的"资金堰塞湖"。自贸区的资金水位带来人民币升值压力，可能导致更大的资产泡沫。许多后发国家在经济发展到一定程度后，都曾尝试汇率市场化，但由于经验、能力与实力不足，改革进展迟缓，因而积聚起巨大的资产泡沫。一旦泡沫崩溃，即引发金融危机，使实体经济遭受重创。

4.2.4　关于金融衍生品的风险

目前，在世界主要的金融市场上，金融衍生品已经成为金融市场交易的主要工具。金融衍生品作为派生工具，其本质特征是具有虚拟性，它既可能分散或转移风险，也可能累积和提升风险；既可能通过价格发现来优化资源配置，也可能由于价格扭曲而劣化资源配置；既具有杠杆交易（放大操作）功能，也具有扭曲财富公平再分配的功能。因此，可以说金融衍生品既有正向功能，也有负向功能，何种功能得以发挥要取决于存在何种金融生态环境。

随着自贸区的金融开放，我国的金融衍生品市场也将得到飞速发展，利率和汇率由市场定价，相关的产品也会得到不断创新，而其风险也将被放大，其风险主要为以下 6 种。

1. 价格风险

价格风险，指衍生品价格变动对交易者产生不利形势的风险。衍生品的风险集中表现为价格风险，从理论上说，无论衍生品价格如何变动，衍生品与其基础资产的损益相抵，不应当存在市场风险。但是，实际操作时，完全的风险对冲很难实现。因此，价格风险就随之产生。根据衍生工具价格变动的不同原因，可以将价格风险分为四种：①利率风险，由利率变化而引起损失的可能性；②汇率风险，由汇率的不利变动而引起损失的可能性；③权益风险，市场总的股票价格变动或单只股票价格变动所带来的风险；④商品风险，商品价格的不利变动所带来的风险。

由于我国的金融市场并不完善，上海自贸区作为试验区，突然面临金融开放的挑战，其衍生产品的价格势必会受到国际投资者和国内投资者的炒作，将有较大波动，面临巨大的价格风险。

2. 信用风险

信用风险又称违约风险，指由衍生品合约的某一方当事人违约所引起的风险，它主要表现在场外交易市场上。在上海自贸区的场外交易市场中，由于交易对手是分散的、信息是不对称的，并且信用风险是时间和基础资产价格这两个变量的函数，而许多基础资产价格的变化是随机的过程，因此上海自贸区的衍生品的信用风险比传统区外的信用风险更复杂，并且更难以观察和预测。信用风险随时可能发生。

3. 操作风险

操作风险是由人为错误（有意或无意）、技术问题或控制系统缺陷引发的风险。虽然自贸区的金融衍生品市场还在建立中，但是国内已有操作风险为其提供借鉴，如2013年发生的光大银行"乌龙指"事件，导致上证综合指数在短短半个小时内产生了巨大波动。由此可以看出因控制系统的疏漏而造成的灾难。

4. "泡沫"风险

金融衍生品是由一些金融商品衍生而成的，其价格应由基础商品价格来决定，但当今国际金融市场上，金融衍生品的价格与其基础资产价格相脱离的现象越来越严重，并形成了金融衍生品的虚拟性，这种虚拟性往往会造成表面繁荣的假象，即"经济泡沫"（金融泡沫）。"泡沫"一旦破裂，会导致金融危机的发生。据报道，几年来美国空头资本的膨胀主要就是以金融衍生品的形式出现的，有人指责金融衍生品是金融泡沫的制造者。

5. 投机性风险

由于金融衍生品的"杠杆性原理"，其收益会借助"杠杆"的力量而成倍放大，因而驱使一些自贸区的投机者往往为追求高收益而忽略了高风险的存在，投机意识膨胀，从事于巨额交易。岂不知一旦失败，也会因为"杠杆原理"造成巨额损失。

6. 法律风险

法律风险是指金融衍生品合约的条款在法律上有缺陷，不具备法律效力原因无法履约，或者由于税制、破产制度方面的改变等法律上的原因而带来的风险。法律风险在金融衍生品交易中可能经常出现。这是因为，对于我国来讲金融衍生品是新的金融工具，而且层出不穷，产生纠纷时常常会出现无法可依和无先例可循的情况。加之，大量的金融衍生品的交易是全球化的，真正要对其实施有效监管，必须由各国货币当局参与对金融衍生品的法律管辖和国际协调。

4.3　关于上海自贸区的金融开放风险防控指标

选择与上海自贸区潜在发生的各类风险相适应的管控指标是做好上海自贸区金融开放后风险管控的首要任务，一旦指标过界则需采用相应的管控方法。相对于世界上其他自贸区而言，上海自贸区成立时间较短，金融风险尚未发生，所以自身历史经验较少，因此本节将以世界各国自贸区防控经验和我国的金融监管现行办法，涉及风险的各个方面的风险监控数据指标作为尺度，来对其管控策略进行分析。

4.3.1　宏观经济风险监控指标

宏观经济风险防范是一个国家开放金融后的风险防范的重要方面，针对宏观经济风险选取的监控指标主要是 GDP 增长率、M2 增长率和 CPI 增长率。

一般而言，GDP 增长率为 8% 时，是经济相对平稳的增长速度，一旦上海自贸区的经济增长超过了 8%，往往会有相对应的通货膨胀风险，便需要对其金融开放管控政策进行评估，以检验政策的适应性。而 M2 增长率考虑以 20% 作为临界值，一旦超出，上海自贸区的货币监管需要防范与之相关的各类风险。CPI 增长率临界值应为 5%，通常在超出 5% 时，也往往要产生通货膨胀的风险。

4.3.2　银行业风险监控指标

针对我国目前的金融体系情况，商业银行占有最为重要的比重，因此在上海自贸区金融风险防控上，需要对其重点监控，其重要监控指标为加权资本充足率、不良贷款率、拨备覆盖率和贷款增长率。

从我国商业银行总体情况和《巴塞尔协议Ⅲ》来看，上海自贸区内各商业银行的加权资本充足率应为8％，其中一级资本应在50％以上，这样的资本充足率是可以保障商业银行面临风险时的稳健经营的；由于在自贸区内金融开放，外资银行和中资银行的竞争加剧，同时在利率市场化和汇率市场化后，利率波动会加大，因此信贷违约风险会加剧，所以不良贷款率应控制在3％，拨备覆盖率应保持在100％，贷款增长率要在20％以下。

4.3.3　资本市场风险监控指标

上海自贸区所在地上海市是我国的资本市场的核心地区，对于区内资本市场的风险监控应选取适合的指标作为参考，我们认为应选择股市平均市盈率、股市波动率和年收益率作为指标。

结合上证指数的情况，应保持自贸区内上市公司的平均市盈率在30％以下，避免过高的市盈率予以炒作；同时，在股市波动率在15％以上时要加大对资本市场的监管，年收益率应控制在6％左右。

4.3.4　国际经济风险防控指标

自贸区是我国对外经济的重要窗口，但其面临来自国际金融方面的风险，应选取汇率波动率、FDI占GDP的比重和经常项目逆差占GDP的比作为衡量指标。

汇率波动将是汇率市场化后自贸区面临的重要风险，对于这种风险，应采用3％作为衡量指标，一旦超过振动幅度，则需采取相应措施；而FDI在资本账户开放后，会大大增加，但须防范游资风险，所以应将FDI占GDP的比重控制在2％左右；而经常项目逆差对于我国来讲短期内并不存在，但是长期看却是不定的，根据国外经验来看经常项目逆差占GDP的比重应选择在3％。

针对上述分析，我们采用多指标多原因模型（multiple indicator and multiple causes，MIMIC）。通过该模型，我们可以对上海自贸区金融风险进行初步的风险量化预警，从而达到防范的目的。

多指标多原因模型具体为

$$\begin{cases} y_{1t} = \lambda_1 U_t + \varepsilon_{1t} \\ y_{2t} = \lambda_2 U_t + \varepsilon_{2t} \\ \vdots \\ y_{nt} = \lambda_n U_t + \varepsilon_{nt} \end{cases} \tag{4-1}$$

$$U_t = \gamma_1 x_{1t} + \gamma_2 x_{2t} + \cdots + \gamma_{nt} x_{nt} + \xi_t \tag{4-2}$$

其中，（4-1）为测量方程，针对外生变量；（4-2）为结构方程，针对外部冲击变量。

在本模型中，我们认为任何金融风险最终都将影响一国的整体经济水平，即 GDP，但是月度 GDP 的数据并不容易收集，我们根据以往经验将月度工业增加值作为 GDP 的替代变量；同时根据上述分析和金融及经济学原理，将汇率变化率作为外部冲击变量；鉴于我国利率未完全实现市场化，我们将每月 LIBOR 隔夜利率的平均变化率作为利率变化率。而在外生变量选择上，我们将 M2 增长率、CPI 增长率、我国银行加权资本充足率、股市月度平均市盈率、股市月度波动率、股市月度收益率、不良贷款率、拨备覆盖率和贷款增长率、FDI 占 GDP 的比重和经常项目逆差占 GDP 的比重加入方程。从 MIMIC 模型中，我们可以分析出，在自贸区出现较大的汇率波动情况下，我国的工业增加值的增长率也会出现相应变化，如果出现负增长，则表明出现了危机预警。而同时各外生变量在汇率的冲击下也会相应对工业增加值增长率产生影响，进而分析出危机的预警。因此模型最终形式为

$$
\begin{cases}
\text{iiv}_{1t} = M_2U_t + \varepsilon_{1t} \\
\text{iiv}_{2t} = \text{CPIU}_t + \varepsilon_{2t} \\
\text{iiv}_{3t} = \text{CAU}_t + \varepsilon_{3t} \\
\text{iiv}_{4t} = \text{PEU}_t + \varepsilon_{4t} \\
\text{iiv}_{5t} = \sigma U_t + \varepsilon_{5t} \\
\text{iiv}_{6t} = RU_t + \varepsilon_{6t} \\
\text{iiv}_{7t} = \text{FDIU}_t + \varepsilon_{7t} \\
\text{iiv}_{8t} = \text{CrAU}_t + \varepsilon_{8t}
\end{cases}
$$
$$U_t = \gamma_1 x_t + \xi_t$$

其中，M_2 为 M2 增长率；CPI 为 CPI 增长率；CA 为我国银行加权资本充足率；PE 为股市月度平均市盈率；σ 为股市月度波动率；R 为股市月度收益率；FDI 为 FDI 占 GDP 的比重；CrA 为经常项目逆差占 GDP 的比重；x_t 为汇率变化率。

4.3.5　关于上海自贸区金融开放风险管控具体措施

上海自贸区是一个集贸易、投资、金融、航运物流等于一身的综合经济体，因此要对上海自贸区进行经济尤其是金融监管，一定要从整体入手，将经济体中的每一个环节和维度把握好，才能构建一个协调健全、良性发展的经济系统。我们必须重点做好以下几个方面的工作。

建立健全企业、政府、个人三方面的信用和信息平台。在自贸区探索开展事前诚信承诺、事中信用预警、事后联动奖惩的信用管理模式，同时建立起个人公共信用信息核查机制，同时探索与泛长三角等地市，及其他区域和国家部委的合作，建立公共信用信息交换共享机制。

建立科学完善的经济与金融风险评估体系及应急预案。基于企业信用平台建

立大数据风险评估与监控体系，对宏观金融指标、金融机构运营状况，以及企业信用记录和账户动态三个维度进行监控和评估，并制定相应管理法规和应急预案，坚持"一线放开、二线管住"的原则，有效调节和控制自贸区内外金融体系的阀门，防止区内风险向区外渗透。

加强企业事中事后管理。从多个维度加强对企业事中事后的经济行为和金融行为的记录与监管，建立企业行为动态追踪体系与评估体系，建立和完善相应的法律法规，约束企业信息披露和规范企业行为准则，保护企业信息安全，实现企业和政府自觉依法行为、互信互助的良性循环。

完善法律法规和政府职能规范，加大各职能部门间的协调力度。建立健全一套完整的法律和法规体系，明确政府职能范围和权限，加强职能部门间的相互协调和配合，降低监管成本，提高监管能力和执法效率，更好地维护自贸区经济的合法、规范、有序发展。

具体到金融领域的风险管控，根据以往国内和国外的金融管控的经验教训，上海自贸区应从以下 4 个方面入手。

1. 关于资本账户开放的风险管控

（1）坚持"一线放开，二线管住"原则不动摇。"一线放开"是指国外资金可以自由地、不受监管地进入自贸区，"二线管住"是我国相关监管机构应对国外资金由自由贸易区进入国内非自由贸易区给予必要监管。"一线放开"，是为了通过（尤其是要素市场）对外开放，来倒逼各级政府的管理机制尊重和引进市场规律；"二线管住"，就是要确保这一轮的改革必须符合中国经济健康发展的需要，将任何"做空"中国经济的力量牢牢地挡在国门之外。从目前来看，我们的"一线放开"由于之前我国对资本账户控制严格，已基本具备放开条件和应对风险能力。而"二线管住"则是未来自贸区监管重点，应重点研究以下问题：依靠账户管理条件下对外宽口径债务管理是否会失控；二线管控中是否以及如何应对内保外贷问题，如海外房产投资由于境内担保，但价格是由外国定价，其价格是否低廉；在融资租赁中价格是否会稳定；政府不干涉监管是否会造成大量国内资产流入国外投资；企业跨境人民币账户管理问题等。

（2）创新资本账户监管体系。目前对于资本账户的监管统一由外汇管理局进行，而对于自贸区的特殊化政策，需要进行专门的监管。我们认为应针对资本账户管理进行扁平化监管，即不再逐层监管，而是进行针对相应项目的专门的管理，选调专业化人才，建立不同项目的不同监管程序，实现监管的便利化和专业化。

（3）建立资本账户防火墙制度。针对资本账户的两线管理体制，我们认为应建立与之相适应的防火墙制度。避免一刀切现象，针对不同情况建立与之配套的防火墙管理体系，通过对风险的压力测试和模拟，不断完善防火墙机制，并作出相应的预警方案。

2. 关于利率市场化风险管控

结合上海自贸区自身特点和国内外经验，我们认为对于利率市场化风险的管控应从以下 3 个方面入手：

（1）从企业层面来说，利率实现市场化，首先对自贸区内企业影响最大，也最直接。企业只有通过不断提高内部的管理来增强自身的风险防范能力。比如，建立现代化的管理体系，进一步完善内部的治理结构，提升企业的应对能力等。企业应该积极主动地去了解市场特别是国际市场，把自身内部的约束与市场大环境紧密联系起来，在竞争中实现成本最小化、利润最大化的追求，以此来保障企业的利润受限于利率的影响，采取及时有效的措施来防范利率风险。企业应该进行深入的产权改革，把预算制约模式建立起来，机敏地应对经济环境的变化。此外，自贸区内的企业进行改革要与金融机构的政策联系起来，借助信用借贷等关系来降低企业将面临的金融风险。

（2）从金融机构层面来说，第一，要进一步改革商业银行的经营体制。比如在市场化的大环境下商业银行面临更多更大的风险，就需要进一步完善商业银行的管理体制，提高自身预防和应对风险的能力；第二，要加强利率管理体系和利率风险内控机制建设。商业银行应该在市场化大环境下依据我国的金融市场发展形势，充分衡量自身的实际情况来建立起符合自身及顺应市场的现代化利率管理机制，把资产负债管理等都纳入利率风险管理中来，在利率市场化的初步阶段尽可能不使自身陷入被动的局面中。

（3）从国家层面来说，建立和健全上海自贸区的市场机制能够有效控制利率引起的各种风险。第一，在扩大规模和扩大范围的同时，建立起一套统一而完善的货币市场，使其运行效率化，影响扩大化，最终使其能够真实地反映市场的资金供求情况，目前，我国基本完善了上海同业拆借市场，未来希望能进一步将其作为利率升降的导向标。第二，要进一步规范证券市场的发展。上海自贸区应紧密依托上海证券交易所，在促进证券市场和货币市场互动关系的同时，为投资方提供各种预防和规避利率风险的机制。把证券市场的广度和深度开发出来，用机制使这个市场的竞争有序化、产品多样化、高效化，这便是上海自贸区利率市场化改革的必要基础。在此基础上来带动金融机构提高流动性管理水平和市场化的集资能力。

3. 关于汇率市场化风险管控

（1）完善外汇监管机制，运用适当的调控手段。上海自贸区作为我国的改革试验田，地位重要，并且自贸区内各项经济活动与国内外、区内外相关性强，联系紧密。而随着人民币波动的不断加强，以及与汇改相适应的离岸金融中心的建立，对区内外汇资产的管理难度大大增加。而新机制的建立则有赖于政府部门牵头，带领相关部门与机构及相关人员一起对当前的市场趋势及人民币汇率的走势进行分析、评估、预测，共同创建一个行之有效的人民币汇率市场管理机制，使之更加符合国际国内的市场环境，更加切合我国改革与发展的实际需要，为我国市场经济的发展构筑坚实的堡垒。

（2）外贸企业应加强自身汇率风险防控能力。上海自贸区建立后，凭借着优惠政策和便捷的管理体制，将吸引大批外贸企业入驻。而外贸企业要想在实现汇率市场化的自贸区立足，势必要加强自身对汇率风险的防控能力。其具体的应对措施有：一是建立相应的风险防范预警机制，尽可能地对潜在的风险进行评估、分析，防患于未然，避免因人民币汇率弹性增强及其他因素给企业造成的风险，对于已产生的风险也可以通过风险防范预警机制措施对其进行控制，将企业的风险与损失降到最低；二是优化企业内部结构及出口产业结构，全面实现产业升级与转型，提高企业产品的技术含量及含金量，提升企业与产品的竞争力，包括人才竞争力，促进企业的可持续发展。在提高产品竞争力的同时，也可以充分利用期货市场的套期保值功能锁定汇率，避免遭受汇率波动给企业带来的风险；三是企业应熟悉汇率，及时了解汇率走势，掌握主动权。

（3）加强与周边国家和地区的金融合作。上海自贸区在汇率市场化过程中，需要通过与周边国家和地区进行金融合作，促进人民币汇率的国际化与区域化，但一定要控制好推进的步伐。如可以以双边协议为手段，双边贸易为突破口，逐步扩大人民币在自贸区内以及未来在亚洲的计价、结算和流通。在加强与周边国家和地区合作时，可以通过货币互换协议，加强中国外汇市场的干预能力与力量，以此来通过自贸区窗口维护亚洲金融市场的稳定，提高人民币在亚洲市场的影响力及应对金融危机的抗风险能力。为此必须进一步加强亚洲金融监管协调工作，与亚洲国家金融监管当局通力合作，共同制定相关的金融政策及合作机制，交流金融管理经验，共同抵御金融危机所带来的风险，提高双方的抗风险能力。在条件成熟的情况下，进一步建立健全亚洲地区金融风险早期预警系统，携手并肩，一起抵御可能产生的金融风险，提高国家对金融危机的应对能力及应变能力。

4. 关于金融衍生品的风险

针对未来上海自贸区可能会发生金融衍生品风险，我们认为应从这 5 个方面采取措施。

（1）要建立上海自贸区内的健全成熟的金融衍生品发展环境。一般来说，衡量发展金融衍生品环境是否成熟的指标主要有四个：一是经济的市场化程度；二是投资者结构及其风险承受能力；三是法规体系的健全程度与监管水平；四是相关现货市场成熟度。按照这个标准，上海自贸区发展金融衍生品的环境已基本具备。但由于我国金融体系还不发达，市场化程度还不高，因此在发展过程中不能一蹴而就，还需要循序渐进，积极培育适于金融衍生品发展的环境。

（2）要加强对金融衍生品的研究和学习，培养造就高素质的金融人才，增强高风险管理人员的业务技能，这是上海自贸区介入国际金融衍生品市场、引入和运用衍生工具的前提条件。

（3）要做好立法规范，建立科学有效的风险管理体系，包括市场风险的识别、量化、监测和控制体系，以及与风险管理相适应的内部控制体系和内部激励约束机制，做到主动驾驭、物尽其用。同时也应该认识到，只有在客观环境相对成熟后，金融衍生品市场的建立才能趋利避害，充分发挥其风险管理功能，而不会产生新的或更大的金融风险。

（4）在推进上海自贸区的金融衍生品市场建设过程中，可采取先试点、后推行，先机构投资者、后散户投资者的发展战略。

（5）要防范国际投机资本对自贸区开放衍生品市场的冲击和金融风险的发生，上海自贸区金融业开放后，衍生品市场能为自贸区内的金融机构和企业提供规避风险的工具，但也为国际投机资本提供了攻击我国金融业的空间。因此，我国银行在进口结售汇时要严格执行相关规定，防止国际热钱大量流入，扰乱自贸区内的金融市场。

本章参考文献

迟福林 . 2006. 全面理解"公共服务型政府"的基本涵义 . 人民论坛，（5）：14-15.

崔凡 . 2005. 现代国际贸易理论对中国对外贸易发展的启示 . 经济理论与经济管理，（9）：5-9.

戴维·奥斯本，特德·盖布勒 . 2006. 改革政府：企业家精神如何改革着公共部门 . 周敦仁译 . 上海：上海译文出版社 .

道格拉斯·诺斯 . 2008. 理解经济变迁过程 . 北京：中国人民大学出版社 .

胡加祥，彭德雷 . 2013. WTO 贸易政策审议机制的特点与功能 . 法学，（1）：66-76.

盛斌 . 2002. 中国对外贸易政策的政治经济分析 . 上海：上海人民出版社 .

唐宜红，徐世腾 . 2007. 政府对利益集团收入的关注与贸易摩擦的形成 . 国际贸易问题，（6）：14-18.

王宏琳 . 2007. 论和谐社会理念下有限政府的构建 . 湖北社会科学，（7）：45-48.

闫维 . 2002. 有限政府：市场经济条件下中国政府的角色定位 . 学术探索，（1）：41-43.

严建苗 . 2002. 国际贸易政策的政治经济学分析 . 经济学动态，（5）：65-68.

余淼杰 . 2008. 国际贸易的麦敕勒悖论及其验证：来自美国及 OECD 成员国的经验证据 . 经济学，（2）：621-646.

余淼杰 . 2011. 加工贸易、企业生产率和关税减免——来自中国产品面的证据 . 经济学，（3）：1251-1280.

张芳山，刘浩林 . 2006. 政府行为规制的新制度经济学分析 . 求索，（8）：74-89.

Adlung R，Roy M. 2005. Turning hills into mountains? Current commitments under the GATS and prospects for change. WTO Staff Working Paper NO. ERSD-2005-01.

Alexander K，Stefan Van Parys. 2012. Empirical evidence on the effects of tax incentives. International Tax and Public Finance，（3）：393-423.

Bajari P，Tadelis S. 2001. Incentives versus transaction costs：a theory and procurement contracts. Rand Journal of Economics，32（3）：287-307.

Baltagi B H，Egger P，Pfaffermayr M. 2007. Estimating models of complex FDI：are there third-country effects? Journal of Econometrics，140（1）：260-281.

Benson B L. 2008. The Evolution of eminent domain a remedy for market failure or an effort to limit government power and government failure? The Independent Review，12（3）：423-432.

Bhagwati J. 1958. Immiserizing growth，a geometrical note. Review of Economic Studies，6.

Bhagwati J. 1995. U. S. Trade Policy：The Infatuation with Free Trade Areas in Jagdish Jeffrey Joseph Schott. Crafting a Transatlantic Trade and Investment Partnership.

Bhagwati，Krueger A O. 1995. The dangerous drift to preferential trade agreements. The AEI Press：1-18.

Bhattacharya R，Patnaik I，Shah A. 2010. Exports versus FDI in services. International Monetary Fund IMF Working Paper，WP/10/290.

Breinlich H，Criscuolo C. 2011. International trade in services：a portrait of importers and exporters. Journal of International Economics，84（2）：188-206.

Brimmer, Andrew. 1991. A North American Free Trade Zone. Biack Enterprise.

Brousseau É. 2010. How to Design Institutional Frameworks for Markets-New Institutional Economics Meet the Needs of Industrial Organization.

Chao C C, Yu E S H. 2001. Export duty rebates and export performance: theory and China's experience. Journal of Comparative Economics, 2: 314-326.

Chao C C, Yu E S H, Wusheng Y U. 2006. China's import duty drawback and VAT rebate policies: a general Equilibrium analysis. China Economic Review, 4: 432-448.

Chen S, Sun Z, Tang S, et al. 2011. Government intervention and investment efficiency: evidence from China. Journal of Corporate Finance, 17 (2): 259-271.

Chin G, Stubbs R. 2011. China, regional institution-building and the China-ASEAN Free Trade Area. Review of International Political Economy, 18 (3): 277-298.

Yanga L C C. 2007. An evaluation of the investment environment in international logistics zones: a Taiwanese manufacturer's perspective. International Journal of Production Economics, 1: 279-300.

Christian B, Leibrecht M. 2005. Do low corporate income tax rates attract FDI? — Evidence from Eight Central and East European Countries. The University of Nottingham Research Paper No. 43, December.

Coase R H. 1937. The nature of the firm. Economica, 4 (16): 386-405.

Cornford. 2009. Statistics for international trade in banking services: requirements, availability and prospects. Discussion paper for United Nations Conference on Trade and Development, No. 194.

Crawford J-A, McKeagg J, Tolstova J. 2013. Mapping of safeguard provisions in regional trade agreements. WTO Working Paper.

Crozet M, Milet E, Mirza D. 2013. The discriminatory effect of domestic regulations on international trade in services: evidence from firm-level data. Working Paper.

Da Ponte J J. 1980. United States Foreign Trade Zones adapting to time and space. The Maritime Lavvyer, 5 (2): 197-217.

Arie Beenhakker, Faramarz Damanpour. 1992. Globalization of foreign trade zones: the case of The United States. The international Trade Journal, 7 (2): 181-204.

Damijan J, Haller S A, Kaitila V, et al. 2012. The performance of trading firms in the services sectors Comparable: evidence from four EU countries. Keskusteluaiheita Discussion Papers. No. 1284.

Deardorff A V. 2001. International provision of trade service, trade and fragmentation. Review of International Economics, (9): 233-248.

Dincer N N, Tekin-Koru A. 2013. Services trade in Turkey A firm-level analysis. Working Paper.

Dong Y, Whalley J. 2009. How large are the impacts of carbon motivated border tax adjustments. NBER Working Paper, No. 15613.

Feldstein M, Krugman P. 1990. International trade effects of value-added taxation. NBER

Working Paper.

Fink C M. 2003. Financial services and WTO: liberalization commitmens of developing and transitional economices. World Bank Working Paper.

Fink C M, Rathindran R. 2003. An assessment of telecommunication reform in developing countries. Information Economics and Policy, 15 (4): 443-466.

Forslid R, Okubo T. 2012. On the development strategy of countries of intermediate size - An analysis of heterogeneous firms in a multi-region framework. European Economic Review, 56 (4): 747-756.

Francois J, Hoekman B. 2010. Services Trade and Policy. Journal of Economic Literature, 48 (3):642-692.

Fujita M, Krugman P, Venables A J. 1999. The Spatial Economy: Cities, Regions and International Trade. Cambridge: MIT Press.

Grossman G M, Helpman E. 1994. Protection for Sale. American Economic Review, 84 (4) : 833- 850.

Grossman G. 1980. Border tax adjustments: do they distort trade? Journal of International Economics, 1: 117-128.

Grossman H. 2004. A protectionist bias in majoritarian politics. NBER Working Paper, No. 11014.

Hamilton B, Whalley J. 1986. Border tax adjustments in US trade. Journal of International Economics, 20: 377-383.

Helpman E. 1984. A simple theory of international trade with multinational corporations. Journal of Political Economy, 92: 451- 471.

Hertel T, Itakura K. 2001. Dynamic effects of the "New Age" free trade agreement between Japan and Singapore. GTAP Working Paper No. 15.

Hines J R. 1996. Altered states taxes and the location of foreign direct investment in America. American Economic Review, 5: 1076-1094.

Hoekman B, Messerlin P A. 1999. Lieralizing trade in services: reciprocal negociations and regulatory reform. Paper Presented at the Conference on. Services 2000-New Directions in Services Trade Liberalization, Washington, D. C.

Hoekman B, Sauve P. 2004. Liberalizing trade in services. World Bank-Discussion Papers, 243.

Johansson H. 1994. The economics of the export processing zones revisited. Development Policy Review, 12 (4): 387-402.

Johnson H G. 1965. An economic theory of protectionism, tariff bargaining and the formation of customs unions. Journal of Political Economy, 73 (3): 256.

Krugman P. 1991. The move toward free trade zones. Economic Review, 12: 5-25.

La Porta R, Lopez-de-Silanes F, Shleifer A, et al. 1997. Legal determinants of external finance. Journal of Finance, 52: 1131-1150.

Lee C. 2005. Development of free economic zones and labor standards: a case study of free economic zones in Korea. Visiting Fellow Working Papers.

Levy P I. 1997. A political-economic analysis of free-trade agreements. American Economic

Review，87（4）：506-519.

Marchetti J，Ruta M，Robert. 2012. The trade imbalances and multilateral trade cooperation. WTO Working Paper.

Markusen J R. 1984. Multinationals，multi-plant economics，and the gains from trade. Journal of International Economics，16：205- 226.

Shuming B，Chang G，Sachs J D，et al. 2002. Geographic factors and China's regional development under market reforms. China Economic Review，(1)：89-111.

Tianlun J，Sachs J D，Warner A M. 1996. Trends in regional inequality in China. China Economic Review，1：1-21.

第5章　离岸金融的国际比较及发展路径研究

——"覆盖"离岸业务的中国（上海）自贸区的选择

"与时俱进"要求中国顺应世界大环境的变化来调整本国的政策。自 1973 年以来世界大环境发生了变化，主要表现在美国逐步从一个债权国转向债务国，美元无节制的发行以及欧洲（离岸）美元市场的形成、美元的网络外部性支持着美国经济持续发展。除了里根政权之外，多数的美国历届政府对外都采取了低利率政策，以减轻其对外的负债负担。与此相匹配，美国企业则从本土金融市场上融入廉价资金来开展对外资产（外币形式）业务。这"一进一出"的负债规则"创新"体现了金融的支持力度。自贸区的负面清单式的改革开放不仅是应对美国新的游戏规则 TPP，而且是在金融上应对中国对外资产负债结构的恶化。而对于中国来说，伴随着中国社会融资规模的扩大（M2 的飞速增长），人民币跨境交易额也在日益提升，非居民也要求完善他们所持有的人民币要求权的形式（存款、债券和股票），资本项目开放必将提上议事日程。

自贸区不提离岸业务，而将人民币跨境结算便利作为重要环节来推进，这是因为自贸区不以税收优惠为亮点，本研究将离岸人民币和其跨境结算便利作为研究核心。我国自贸区的 FT 账户与其说是创新，不如说只是在资本项目还未能完全开放之前的权宜措施，这是符合中国现阶段国情的，要通过两地（在岸与离岸）人民币价格的收敛，让套利套汇的动机逐步自动消亡。况且自贸区建立以来的一年内两地的价格较之以前确实已经收敛很多。这与自贸区境内和境外两个人民币资金池便利化措施有关，也是自贸区对接中国国家战略调整对外资产负债不利局面的努力。在便利跨国公司在其产业链上的融资业务的同时，让中国对外资产人民币化（人民币"走出去"以及内保外贷等多种形式），尤其是在人民币汇率处于上升通道的时候，通过自贸区的便利，让企业降低融资成本获得廉价的离岸人民币到海外投资，同时解决了香港的人民币的"回流"问题。由于自贸区的 FT 账户的把关，人民币国际化（负债方面）的扩展也并没有减少。倘若 FT 账户中的人民币可自由兑换的话，那么还可以调整中国对外负债结构（负债美元化，若美元在贬值通道中，可以改善中国的资产负债表），但也很有可能人民币在兑换后被"边缘化"。日本东京离岸市场的近来的结局就是本币兑换后被"边缘化"了。东京离岸市场成了非居民玩外币的天堂。这对日本调整其对外资产负债来说，失去了一个渠道。所以在可控的条件下要对 FT 账户与可自由兑换货币之间的关系予以关注。跨国公司持有中国资产（中国对外负债）的动力是广袤的中国市场。这里不仅是消费品市场，而且更重要的是其他生产要素的市场。自贸区的"负面清单"管理模式给跨国公司和产业链上的实体经济提供了"绿色通道"，银行第一线的员工在"了解你的客户"原则下最大限度地节约了企业的生产成本。上海的大数据（包括机构的金融信息后援中心等）为这一绿色通道提供了技术保证。这些数据又为建立人民币的跨境结算支付监管系统（RCPMIS）奠定了基础。例如，1970 年纽约清算所协会（NYCHA）建立 CHIPS 系统，代替原有纸质支付清算方式，为企业间和银行间的美元支付提供清算和结算服务。2007 年成为全球最大的私营支付清算系统之一，主要进行跨国美元交易的清算，拥有安全、可靠、高效的支付系统，处理全球 95％左右的国际美元交易，每天平均交易量超过 34 万笔，金额约 1.9 万亿美元。有了该系统美国可以对敌对国进行金融制裁和反洗钱。一个国际水准的清算结算系统也为资本项目开放奠定了技术支撑。人民币跨境支付系统（CIPS）作为中国人民银行宣布建立的人民币国际支付基础设施，反映了中国希望通过一个通用清算网络来推动人民币国际化进程。CIPS 重新定义了各人民币中心、清算银行和国际基础设施的生态系统。这种全新的基础设施有望覆盖多个时区，推动离岸银行直接参与，从而使其重新思考如何拓展人民币清算业务。在岸与离岸人民币支付系统的联网互通性将得到大幅提升，即这两个系统以及国家之间可以进一步互通有无。眼下，虽然上述基础设施的具体功能及部署时间尚不明确，但 CIPS 带来的节支增效效应将成为吸引潜在离岸银行采用 CIPS 的一大动力，最终将提高人民币成交量。市场希望中国人民银行与未来可能接入 CIPS 的在岸与离岸银行开展更多对话。与此同时，市场正在关注新的人民币交易规定，新规定有可能将投资者的关注重点从 CIPS 转移到上海自贸区，或与 SWIFT（环球银行金融电信协会）的结算体系对接，或形成自己独立的系统以满足三个基本条件（即可靠、稳定和良好的保密性）。

　　不能过多地指望于自贸区在利率和汇率市场化方面有"突进"。这是因为自贸区不可能是一个价格或政策"洼地"，并且货币的价格遵循着"一价定律"。其实境内区外的人民币贷款利率已经市场化了，存款利率也已经"理财化"（接近市场化）了。自贸区的大额外币存款利率也已与世界接轨。从全国来说人民币在汇率水平方面也接近均衡，未来只是适时扩大波动空间。因为只有独立地波动才能为下阶段的资本项目最后开放提供保障（让汇率波动充当股市的涨停板和跌停板）。"沪港通"的实施以及各类大宗商品交易平台延伸到自贸区，这为区内注册的非居民提供活用人民币（资产和负债）搭建了舞台，也有利于我们观察自贸区再需要多大的力度来吸引跨国企业，其中有多少将其财务中心"落地"于区内，又有多少民营金融机构愿意将总部搬迁到区内。这不仅关系到自贸区未来的活力，也是中国经济未来的后劲所在。

　　总而言之，自贸区金融改革开放的精髓是在自贸区内扩大人民币跨境使用，这彻底颠覆了传统的概念，从此，离岸人民币（CNH）可被视为中国的对外负债或"走出去"时的资产。有离岸业务但没有离岸税收优惠的自贸区需要用"便利"创新让实体经济感受到扩大的发展空间。本着金融服务实体经济宗旨，并伴随着实体经济"走出去"的步伐，这会将人民币带到世界各个角落。那时上海作为全球金融中心的地位才真正确立。

5.1　人民币离岸市场的发展格局

上海自贸区承担着国家战略，人民币"走出去"和对外金融资产负债的调整。为此，离岸人民币进入自贸区是金融改革开放的必然。伴随着人民币的不断崛起，以人民币进行计价交易的额度不断提高，使用人民币进行投资的需求也在不断增加，创造并进一步发展多样的人民币金融产品已是近期发展主题，人民币离岸市场的发展也随着境外对人民币需求的指数级增长而蓬勃发展，成为近年来中国乃至全球经济金融领域的重大事件。

离岸人民币市场的发展主要体现在离岸人民币业务种类和业务量方面的扩张，一方面，伴随着跨境结算业务的不断发展，跨境结算支付规模不断扩大，根据 SWIFT 的报告数据，截至 2013 年年底，人民币已经是全球第八大跨境支付货币，占比达到 1.12%。人民币外汇交易大幅增长，人民币贸易金融服务得以迅速发展。另一方面，除却这部分与贸易相关的金融发展，以人民币作为投资货币的途径也得到了极大的发展，人民币存贷款规模平稳增长，人民币债券市场发展迅速。香港的"点心债"、台湾的"宝岛债"以及新加坡的"狮城债"与人民币存款证一起成为固定收益市场的主体，根据汤森路透的相关数据，2013 年境外人民币债券市场规模达到 1618 亿元人民币，人民币存款证数额到达 2480 亿元。境外人民币资金池的不断扩大为离岸人民币市场的发展奠定了坚实的基础。根据渣打 2014 年的报道，2013 年离岸人民币中心的人民币资产为 1.88 万亿元，较之 2012 年增长 78%。目前在人民币离岸市场的建设中，已经形成了以香港为核心，新加坡、伦敦等国家和地区重点发展的一套体系，澳大利亚、法国、卢森堡等国家和地区都是接下来开发的新的人民币离岸市场的热门候选。本研究重点对目前规模最大的香港、伦敦、新加坡的人民币离岸市场进行简述介绍，并对下一个着重发展的澳大利亚进行分析。

5.1.1　香港

作为人民币离岸金融市场中发展相对最为成熟领先的地区，香港率先开展了诸多试点项目，譬如首个人民币跨境贸易结算项目，首个一级市场发行离岸人民币债券，首个被配给 QFII（合格的境外机构投资者）、RQFII（人民币合格境外

投资者）等资本账户投资的额度等。通过各类项目的积极开展，香港成功取得了
离岸人民币市场体系中的核心地位。

　　自 2003 年香港金融管理局正式在香港开展人民币业务以来，人民币离岸市
场得到了快速发展，自 2009 年跨境贸易人民币结算全面展开之后，香港成为人
民币境外结算的主要平台。至今，香港人民币离岸市场已经是目前全球最大的人
民币离岸市场，根据香港金融监管局 2013 年年报数据，2013 年年底，人民币客
户存款及存款证总额为 10 530 亿元，较之上年增加 46%；经香港银行处理的人
民币贸易结算额同样增加 46%，至 38 410 亿元。人民币融资活动相当活跃，在
香港发行的人民币债券金额达到 1 170 亿元，未偿还人民币债券总额增加 31%，
达到 3 199 亿元。人民币银行贷款余额达 1 160 亿元，较之 2012 年年底增长
46%。作为迅速增长的全球人民币业务及金融活动枢纽，香港人民币 RTGS 系统
（即时支付结算系统）平均每日处理的交易额于 12 月突破 5000 亿元，当中离岸
市场交易占九成，2013 年年底，香港人民币清算平台共有 216 家参加行，其中
191 家是海外银行的分支机构或内地银行的海外分支。

　　较之其他的人民币离岸金融，香港与内地的紧密的联系使得香港在构建人民
币离岸市场当中有着得天独厚的优势，作为资本进出内地的传统门户，香港一直
以来都是外资流动的第一选择。而目前为止，香港的 RQFII 额度也是全球各个
离岸人民币市场中额度最高的，为 2700 亿元，较之排名第二的台湾的 1000 亿元
人民币要高 170%。此外，中国内地一直都是香港最大的贸易合作伙伴，双边贸
易额一直保持着上升趋势，内地与香港的频繁贸易，商业金融紧密联系，有利于
增强境外人民币流动性，对香港的人民币离岸金融中心的推动有着重要的作用。
其次，香港较为完善的金融市场及监管制度也为香港的人民币离岸金融增加不少
的硬实力。金融市场的特色是流动度高，市场在规范有效的监管下运行，基本符
合国际监管标准。成熟稳定的金融市场对于香港成为人民币离岸金融中心和世界
金融重心都是强大的推动力。而香港金融管理局为了巩固扩大这一优势，在近年
来对基础设施的建设也并未松懈，人民币实时支付结算系统的完善，延迟结算至
晚上 11：30 等措施，对于规避外汇风险起了很好的作用，也对人民币业务的发
展起到了很强的巩固作用。

　　但观察世界上最为主流的欧洲美元市场，我们可以发现，尽管香港人民币离
岸市场虽然已经取得了巨大的成功和突破，但仍然处于初级阶段，仍需要做出更
大的努力来进行发展和突破。主要可以从以下几个方面来进行努力：

　　第一，继续增加人民币产品的种类，促进人民币资本市场的发展。进一步扩
大离岸人民币市场的规模需要增加债券市场发行者和投资者的参与，增加债务工
具的种类和期限可以满足债券发行者的不同需求，也能吸引到各种类型的投资
者，扩充市场容量。同时，对于香港人民币股票市场的发展也应该列入重点关注

当中，2013 年第一只人民币股票在港交所上市也展现了这个市场的发展前景。

第二，强化人民币价格发现功能与人民币交易相关的硬件设备。香港人民币较之其他离岸中心而言对人民币的价格发现功能更加大，但该市场的基准发展却并未完善，包括汇率、利率以及其他各种人民币产品的基准。香港离岸基准体系仍然有待进一步的完善和成熟。

香港人民币离岸市场的发展令人鼓舞，同时世界各地出现的新的人民币离岸市场也成为对香港离岸市场的补充，这些市场的共同合作有利于整个市场的资金流动和发展，市场之间的紧密合作也促进了人民币的国际化进程。

5.1.2 伦敦

伦敦人民币离岸市场起始于 2012 年，伦敦金融城提出要将伦敦建设成为人民币业务的"西方中心"，正式启动了离岸人民币业务中心的建设计划。作为全球最大的外汇市场，伦敦在建立人民币离岸市场的过程中，本身就有着本土优势，在两年多的建设过程中，伦敦金融城的人民币业务发展迅猛，取得了不菲的成绩。在对伦敦人民币离岸市场进行观察的过程中，不难看到企业实际的资金需求和当地的金融机构是推动人民币离岸市场发展的主要因素，跨境人民币结算业务为企业的经营带来了便利。伦敦人民币离岸市场虽然还在初级阶段但是发展势头良好。2013 年虽然中国国内的经济和人民币的汇率都有了很大的波动，但所幸国内金融改革的步伐并未停止，而伦敦市场在继续保持其在外汇市场和贸易相关服务领域的优势之外，人民币业务也呈现出相应的增长。根据汤森路透的数据，作为全球最重要的外汇交易中心，伦敦贡献了 19% 的离岸人民币交易量，同期香港市场份额为 61%，伦敦的日均即期外汇交易达到超过 50 亿美元，几乎是 2011 年交易量的 8 倍。

根据《2013 年伦敦人民币业务数据发布》中的报道，在 2013 年，伦敦各家机构的贸易融资人民币数量达到 430 亿元，相比 2012 的数据增长 10%，有了显著的提升，其中提升来源主要是出口融资领域的增长。在对伦敦人民币离岸金融市场中最大的投资者机构和银行间市场的调查访问中发现，外汇业务仍然是其中最大的支撑，且人民币外汇市场一直在保持着快速的发展，2013 年每天在伦敦的所有外汇产品交易量可以达到 253 亿美元，其中交割型产品每日交易量能达到 187 亿美元，无本金交割产品每日交易量达 66 亿美元。这组数据在 2012 年分别是 77 亿美元和 91 亿美元。人民币外汇交易量较之 2012 年涨幅达到约 50%。在总体的外汇板块，即期外汇全年的平均日交易量达到了 56 亿美元，较之 2012 年上涨了 122%，其他业务也有了极大的增长，远期增加了 81%，掉期上涨了 126%，外汇期权也上涨了 465%。

从伦敦金融城传统业务来看，债券交易是其日常金融活动的一大支柱，外汇和贸易服务是另两大支柱。但是，从伦敦金融城给出的数据来看，2013 年在伦敦的债券发行量仅为 85 亿元人民币，虽然比 2011 年的 70 亿元人民币要多一点，但是比起 2012 年的 124 亿元人民币还是下降了不少。香港在人民币债券上市方面有着绝对的优势，在欧洲地区，卢森堡也已经成为不少债券上市的首选地。但大量的报告显示，尽管离岸人民币选择在卢森堡上市，但大量的法务、设计以及营销等活动都在伦敦进行。因为伦敦在这些领域有着欧洲其他国家和地区无法比拟的优势，企业可以在伦敦获得更为优质和专业的服务。选择在卢森堡上市更多的是基于成本和便利性的考虑。作为在欧洲债券市场中占据 80% 的市场份额的国家，债券发行商能够在卢森堡建立起所有币种的发行机制，譬如一家发行商如果已经可以在卢森堡拥有美元或欧元的债券发行机制，他就能够依据现成的机制发行人民币债券，减少债券发行过程中的人力物力损耗，享受相应的优惠。显然，在人民币债券市场上，伦敦金融市场的潜力并未完全被挖掘。

人民币离岸债券是一种购买持有的投资品，尽管在一级市场上它的市场反应非常热烈，但是在二级市场上的流动性极弱，即使在香港市场上也是如此，这主要归因于几个因素：离岸人民币债券的投资者限定和目前市场的局限性，使得目前难以找到合适的对冲工具，同时回购市场并未得到发展，最为重要的是这是一个低效的政府引导的债券市场，市场基准的不成熟性使得公司企业层面无法将其作为在融资时候的一个进行准确判断的参考因素。这一点从离岸债券的发行企业近半数是中国内地企业便能看出。而伦敦作为一个成熟的债券发行市场，在债券发行交易方面有着久远的历史和丰富的经验，可以加快人民币债券的流动性。这需要进一步完善和便利人民币债券的进入，扩大人民币债券发行的市场份额。同时，为了进一步加强人民币债券二级市场的流动性，可能需要进一步加大债券的价格透明性，改进相应的价格发现机制，目前伦敦市场由于发展人民币业务的时间尚短，对于人民币产品定价主要参照香港基准，但香港的基准体系也并未发展完善。

2013 年 10 月，英国获得了 RQFII 的配额，对英国而言这为其在全球人民币市场已有地位的基础上再一次提供了重要的发展机遇。2014 年 3 月，英格兰银行和中国人民银行签署了人民币清算结算协议，这再一次为伦敦市场人民币短期结算提供了清晰的方向。随着人民币境外资金池的日益扩大，资金的回流问题一直也是当局关注的问题，而伦敦市场自身也有很多的外国投资资金流存在，给英国 RQFII 配额是当然之举。在伦敦人民币离岸市场的发展建设中，RQFII 配额和离岸人民币债券市场的发展是双边发展合作的重点领域。

纵观伦敦人民币离岸市场，在建设过程中，它有着其自身无可替代的优势。

第一，伦敦是世界上第二大国际金融中心，仅次于第一大国美国，且远高于其他国际金融中心。凭借着其本身的名气与实力，伦敦金融城几乎汇集了世界上所有知名的和不知名的金融机构，无论是金融服务的多样性还是金融服务的专业性都不容小觑，远高于其他国际金融中心，在这样一个成熟的、成功的国际金融市场的基础之上，伦敦毫无疑问成为人民币离岸市场的重头。

第二，伦敦独特的地理位置，使得其工作时间正好可以连接中国的下午和美国的上午，使得其在国际业务中能同时与中国和西方发达国家进行接轨，这是香港和其他人民币离岸市场所无法比拟的。

第三，政府监管灵活且对人民币离岸业务的发展给予了支持。同为国际金融中心，较之美国的以法律形式制定规则，英国采用原则控制的监管显得更为灵活，并且在其发展的历史当中，可以看出这种监管增强了市场的活力，促进了市场容量的快速扩张。并且在人民币离岸金融中心的建设过程中，政府也给予了极大的支持。

但是同样，伦敦在这两年的建设当中，其发展的局限性因素也更加突出。

（1）由于人民币在伦敦的使用范围相当有限，导致人民币在伦敦离岸市场很难沉淀形成一个大的资金池，并进行广泛的流通。一方面是因为人民币的利率相对其他币种更加高一点；另一方面由于伦敦人民币离岸市场的建设时间暂且较短，人民币产品的种类相当有限，缺乏足够的广度和深度，并且在人民币回流等方面都缺乏相应的配套设施。人民币在伦敦的资金池小，也使得大量企业对人民币在伦敦的流动性等问题有疑惑，保持观望态度，积存了大量的需求。

（2）伦敦人民币离岸市场目前为止尚未形成金融产品定价基准利率。离岸市场的基准利率的形成与否是判断离岸市场是否走向成熟的重要标志，在没有基准利率的情形下，为人民币离岸产品进行定价颇有难度，仅能依据市场供求关系或是参考香港离岸人民币利率进行定价。

（3）由于英国管制，中资银行在伦敦开展业务有点困难。由于英国监管当局要求，欧洲以外的银行在英国只能开设子行，而不能是分行，这使得中资银行在伦敦的竞争力一开始就处于下风，并且，由于2008年金融危机之后英国金融监管提高了风险控制的要求，这对原本就竞争力较弱的中资银行更为不利，降低了其业务拓展和盈利能力。

5.1.3　新加坡

新加坡本身就是亚洲地区第二大金融中心，在亚洲仅次于日本，世界排名第五。因此和伦敦一样，作为老牌的国际金融中心，它在开展人民币离岸业务过程中，在服务的专业性和创新性方面都有着先天性的优势。

2013年5月，中国工商银行新加坡分行作为人民币跨境结算清算行正式开展跨境结算业务，汇丰控股和渣打银行在新加坡发行了首批人民币离岸债券，这标志着新加坡人民币离岸市场正式成立。新加坡人民币离岸市场虽然成立时间晚于伦敦，但是从国家战略的角度出发，意义甚至高于伦敦人民币离岸市场。主要有以下几个优势。

（1）新加坡在东亚地区的影响力极大。新加坡虽然只是一个"城市国家"，却是东盟十国中最为重要的一个国家，其影响力甚至超过同一区域内领土面积更大的马来西亚、泰国等国家。作为全球最有影响力的资金集散中心，新加坡的影响力不仅仅局限于东亚地区，更是辐射到南亚、西亚和非洲等地，随着中国与这些地区的关系日益密切，新加坡的作用愈加突出。并且新加坡与中国及其他东亚国家的关系一向紧密，中国是新加坡第二大进口来源国和第三大出口国。此外，由于地理关系的原因，新加坡的交易时间与上海、香港、东京等重要的国际金融中心的交易时间相近，进行外汇交易等业务十分便利。

（2）对人民币的接受度高。新加坡超过七成的居民是汉人，大多数的新加坡人会说汉语，相较于其他国家，新加坡对人民币的接受程度更加高，人民币的流通途径更高，这一点与伦敦形成了鲜明的对比，成为新加坡较之伦敦的最大的优势。当地居民对人民币的接受程度越高，则人民币离岸业务的开展在当地越便利，人民币的国际化过程本身便是一个被世界接受的过程，以新加坡为枢纽，可以更快地在亚洲地区实现人民币的区域化过程。

（3）在建设新加坡人民币离岸市场的过程中，政府给予了极大的优惠。同时，不同于伦敦等地的市场主导，新加坡是一个典型的政府主导型的国际金融中心，这使得政府优惠支持能够在更大的程度上得到市场的反馈。此外，新加坡的行政效率和市场监管在国际范围内一直享有好评，这本身也是新加坡金融中心蓬勃发展的原因之一，同样，它也能在一定程度上促进人民币离岸金融中心的发展和建设。

同样，在对比新加坡人民币离岸金融市场的比较优点之后，我们也不能忽略新加坡人民币离岸市场建设过程中的一些潜在危机。而这些危机本身也可能制约着新加坡人民币离岸市场的发展速度，主要有以下两点。

（1）新加坡政府一向推行强硬的新元政策，这一点和人民币非常相似，长期以来，新加坡政府都秉持着稳步升值的政策。人民币国际化中一个很大的卖点就是人民币的升值空间，使得投资者愿意持有人民币，但是将人民币国际化的战场放在新加坡，人民币的升值空间却并没有那么大的诱惑力。抛弃新元持有人民币不见得是一种理智的选择，所以会有相当一部分的投资者持着观望态度，并不急于兑换人民币，购买人民币离岸产品，从而在一定程度上限制人民币离岸市场的发展。

（2）新加坡在地理位置上紧靠香港，飞机约一个小时便能抵达，在一定程度上，二者的辐射范围有着一定的重叠，并且二者同属于亚太地区重要的国际金融中心，同时在香港和新加坡设立人民币离岸中心可能会有相当部分的资源损失。

5.1.4　澳大利亚

伴随着人民币离岸市场的不断建设，以香港为核心的人民币离岸市场已经形成，伦敦和新加坡人民币离岸市场各有特点，发展迅猛。在新的人民币离岸市场对象的选择当中，呼声最高的当属悉尼。而在 2013 年陆家嘴论坛上，澳大利亚新南威尔士州副州长也表示，希望澳大利亚最大的金融中心悉尼可以成为重要的人民币离岸市场之一。2014 年 4 月，在澳大利亚总理托尼·阿伯特的带领下，澳大利亚访华代表团来华访问一周，欲在中国经济转型之际延揽机遇之风，并传递出两个信号，一是澳大利亚非常愿意与中国建立投资贸易关系；二是中国经济改革时期的机遇对于转型期中的澳大利亚非常重要。

位于南半球的澳大利亚，作为重要的区域性金融中心，在金融市场的基础设施相对完善，法律框架健全，同时也有着开放的金融环境，从硬件上来看是一个人民币离岸市场的优良选择。同时，在国际贸易上，中澳两国联系紧密，早在 2012 年，中国已经是澳大利亚最大的贸易伙伴国，同时，中澳两国之间的贸易存在着一定的互补性，澳大利亚的铁矿石和铝土占据了澳大利亚对中国出口的最大比重，同时，中国的一些小家电等也深受澳大利亚市场的欢迎，双边服务业的贸易也相当兴隆。并且双边贸易呈现出一种良好的增长势头。如果可以在澳大利亚成立人民币离岸市场，发展人民币离岸业务，开展人民币跨境结算业务，相信对中澳双方的贸易投资都有着巨大的帮助和推进作用。

选择悉尼成为下一个人民币离岸市场的呼声已久，却没有太多的现实发展，主要是因为诸多的限制因素导致悉尼成为人民币离岸市场的时机尚未成熟。并且对比中澳双方互相的直接投资方向，可以很明显地感觉到澳大利亚对中国的投资相当冷淡，而中国对澳大利亚的投资一向热情。与其贸易格局形成鲜明对比的是，澳大利亚的对外投资一般流向法律格局、文化氛围较为相近的国家。但是反观中国，澳大利亚已经是中国最为主要的对外投资国家之一。尤其是澳大利亚有着丰富的矿产，中国国内几大钢铁企业的矿产原材料基本从澳大利亚进口，而出口矿产基本上也是澳大利亚对华贸易顺差的来源。在国家"走出去"的号召下，我国企业纷纷出国寻求投资，根据毕马威和悉尼大学中国研究中心关于中国对外直接投资的最新研究报告《解密中国对澳大利亚的投资（2014 年 3 月最新版）》中的数据显示，2013 年中国对澳大利亚投资电力输送业占总投资额的 40%，之后是采矿业，占 24%，而在之前的数据里，采矿业一直都占中国对澳大利亚投资的最大比例，《2009 年中国对外直接投资统计公报》显示，对矿产业的投资比例高达 85.9%。但是自 2008 年以来，澳大利亚新出台了更为严格的法律制度和税收体系，使得中国对澳投资屡屡受挫，在这种情形下，着实需要更为便利的金融服务来加强双边合作，实现双边投资的便利化。但是，建设人民币离岸市场存在着一个严重的问题，在澳华企数目并不多，人民币在澳大利亚的可接受度并不高，所以，即使澳大利亚各界已有了人民币离岸市场的共识，但是对此仍持观望态度，并没有太多实际措施。而在其他国家建设人民币离岸市场，不仅仅取决于中国政府的主观意愿，还需要东道国的配合，包括给予相应的优惠政策，双边合作关系的进一步深化，等等。这一切都需要澳大利亚进一步表明建设人民币离岸市场的决心，为人民币的落户作各种准备。

除了在澳华企数量有限的问题之外，建设悉尼金融中心还有一个问题，那就是受外界影响较大，这一点和香港相似，所以在悉尼建设人民币离岸市场的过程当中，更多要关注其为实体经济服务的功能，避免离岸问题传导至在岸，形成系统性风险。

5.1.5　境外人民币离岸市场总结

推广更多的人民币在境外流通，向来被认为是人民币国际化过程中的助推力。大力发展人民币离岸市场是在 2008 年美国金融危机的大环境之下提出的符合我国利益的国家战略，以期增加人民币海外使用量，对抗美元等国际货币的动荡对我国的经济利益和经济体系稳定的影响，希望能改变现有的国际货币体系。但是我们也应该非常清醒地认识到，人民币国际化不是一个一蹴而就的过程，就目前而言，还没有一个发展中国家的货币能成为国际货币，而 2014 年美国两会提出法案，拒绝为 IMF 份额改革增加出资，这不仅使得中国成为第三大份额国的进程受阻，也使得国际货币体制改革的进程受到阻挠，再一次表明国际货币体系的改革是一个漫长的博弈过程，人民币的国际化还需要一定的时间。但是人民币离岸市场的建设是立竿见影的，就目前而言，积极推动人民币离岸市场建设的经济体主要是在经济上对中国有着很强的依赖性的国家或地区，以及在金融危机中受挫较深需要经济调整的诸如欧洲的英国等国，这些国家往往和中国有着大量的贸易往来，并且也希望继续保持，并能够实现自身的经济的发展调整，在这些国家，扩大人民币的使用范围相对较为简单，并且这些国家对于人民币的离岸市场建设表现也非常积极。在这些国家和地区，可以进一步加大人民币海外资金池，扩大人民币的使用范围。但是在美国以及部分美国经济附属国区域范围内，使用人民币是一件相对困难的事情，一方面是美元依旧强势；另一方面是在中国的经济发展中对这些国家的依赖度也很高，无法在经济地位上起主导作用也自然无法在与这些国家的交往中强势推广人民币，但是我们可以在与这些国家的经济贸易往来中划定人民币与美元等其他国际货币的使用范围的边界，选择对外活动中的人民币使用和国际货币使用的组合和边界，以更好地利用现有货币体系维护我国的经济利益。

5.1.6　自贸区与离岸市场关系

在一般情况下，自由贸易区与离岸金融市场是分离而不是统一的。目前比较典型的将自由贸易区与离岸金融结合在一起的为新加坡与香港，但是在绝大多数国家和地区，自由贸易区的设立会带来相应的资本开放，但资本开放到金融中心的程度的国家和地区是少有的。对离岸金融市场的共性分析主要如下：

目前对离岸金融市场的传统分类有"三分法"以及"四分法"。根据离岸金融市场是否与国内金融市场相连接以及连接程度，"三分法"认为离岸金融市场可以分为内外混合型离岸金融市场、内外分离型离岸金融市场、渗透型离岸金融市场。在"三分法"的基础上，依据离岸金融市场的职能的不同，"四分法"还添加了一类避税型离岸金融市场。在这四类离岸金融市场中，避税型离岸金融市场对于资本开放条件比前三者略微低一点，其他三类离岸金融市场都要求其所在国（地区）完成了资本开放的改革。目前，避税型离岸金融市场多为岛国或小国，地理位置偏离大陆，具有相对的独立性。许多避税港型国家或地区历史上曾是西方国家的殖民地，与发达经济区保持了密切的经贸往来，为国际投资者所熟悉。开曼群岛和巴林等地皆属此类。此类离岸金融市场都有如下特点：一是保持稳定性，包括政治上的稳定性、税收政策和外汇管理政策等经济政策上的稳定性；二是税收负担低，这一点特别重要，并且要受到投资者所在国的认可；三是有明确的避税区域范围，可以小如一个小岛，或者港口城市、出口加工区、自贸区等；四是有严格的保密制度，对股东身份、银行账户等全都高度保密；五是具有相对完备的配套设施，譬如良好的地理位置、交通条件和其他基础设施。除了上述五点之外，观察这些避税型离岸金融市场的地理、财政，还可以发现如下两点：一是这些离岸金融市场靠近实行高税的经济发达国家，交通方便；二是这些地区本身的财政预算支出不太沉重，不必依靠高税率。除掉上述的避税港离岸金融市场，剩下的内外混合型离岸金融市场、内外分离型离岸金融市场和渗透型离岸金融市场对国内金融的发展及资本的开放都有着较高的要求。

5.2　对跨境资本异常流动的监管

中国自贸区与世界他国自贸区和离岸市场不同，基本上都是在利率市场化和资本项目开放完成之后进行的。美国纽约的 IBF、日本东京的 JOM、新加坡、马来西亚纳闽岛 LOFSA 等离岸市场还降低了存款准备金要求。而中国的则不同，不仅没有完成前两者，还增加了自贸区的制度创新，具有可复制、可推广效应，这意味着区内的离岸市场定位为"渗透型"，在难度上超过了一般"分离型"的离岸市场。分批有序地将离岸的金融要素引入自贸区可谓"安装减速器"，这类似于对国际资本的大进大出征收"托宾税"来减缓"冲击"。

"渗透型"离岸金融市场对在岸市场的渗透机制主要有三条途径：账户渗透、产品渗透，以及金融机构自身账户之间的渗透。账户渗透即最直接也是最原始的渗透途径，通过在岸账户与离岸账户之间的借贷来实现资金的转移渗透，将离岸资金注入在岸实体经济。产品渗透指的是在初期的账户渗透之后，待离岸金融市场发展较为成熟之后，放大渗透口子允许在岸企业在离岸市场上以发行证券的方式来进行融资，也可以由金融机构通过发行各类新型金融衍生品等来吸引在岸闲余资金的投资，或者供在岸企业风险规避之用。第三类金融机构自身账户之间的渗透主要指的是目前上海已经吸引了不少国际金融机构，跨国公司在上海驻扎，不少金融机构的总部也设在上海，但由于目前中国金融环境有国有垄断的影子，外汇管制较为严格，不少正当的外汇需求不能得到满足，使得这些金融机构不得不在新加坡、香港等离岸市场开设账户，来实现其公司的资金清算，账户管理。待这些金融机构、跨国公司在上海离岸金融市场开设账户，转移资金至账户，则既可以扩大上海离岸金融市场的规模，又可以发挥资金的集聚效应，还可以方便这些金融机构、跨国公司的资金结算，账户管理，减少风险。

虽然中国目前的资本账户尚未完全开放，还未达到历史上其他国家建设自贸区时期的开放程度及完善程度，但是通过将上海自贸区打造成中国境内的离岸金融市场，可以通过倒逼机制来促进中国资本账户的开放。目前已经在实施的QFII 额度的增加是中国资本账户开放的一个途径。自贸区在推动金融要素上如何进一步展开？是继续扩大额度（QFII）还是账户（非居民身份）认定范围？我们的分析如下。

5.2.1　延续原有的"总量"递进来相对控制流速

2002 年 QFII 制度试点实施以来，运作情况平稳。近年 QFII 发展明显加快。去年 4 月，QFII 总投资额度从 300 亿美元增加到 800 亿美元，今年以来新批准QFII 机构 22 家，总数达到 229 家，新批准额度 60.2 亿美元，累计批准额度434.63 亿美元，QFII 资格和额度审批基本同步。中国证监会 2012 年 4 月 3 日宣布，经国务院批准，中国证监会、中国人民银行及国家外汇管理局决定新增QFII 投资额度 500 亿美元，总投资额度达到 800 亿美元。2013 年 7 月 13 日，中国证监会、中国人民银行及国家外汇管理局决定将 QFII 投资额度增加到 1500 亿美元，并将 RQFII 试点在新加坡、伦敦等地进一步拓展。2013 年以来 QFII 净汇入资金超过 600 亿元人民币。QFII 总投资额度进一步扩大到 1500 亿美元，将有利于吸引更多境外长期投资机构进入，促进资本市场改革发展。2011 年年底推出的 RQFII 制度试点，为境外投资者开辟了进入境内资本市场的新渠道。去年11 月，RQFII 投资额度增加到 2700 亿元人民币。今年 3 月，RQFII 试点扩大到香港地区金融机构，取消投资比例限制。已签署的《海峡两岸服务贸易协定》，允许台资金融机构以 RQFII 方式投资大陆资本市场。目前已批准 37 家机构 RQFII 资格，批准额度 1049 亿元人民币。此次将 RQFII 试点在新加坡、伦敦等地进一步拓展，将为推动人民币离岸市场发展、扩大资本市场对外开放注入新的活力。目前 QFII 和 RQFII 持股市值约占 A 股流通市值的 1.6%，与境外市场的外资持股比例相比有很大潜力。

如果仅仅继续扩大 QFII 或 RQFII 额度，就无法更深层次、更广泛地体现自贸区的作用和意义，因此应当结合其他措施来加大资本账户开放的力度。但是在开放资本账户的过程中，还要注重加强对资本流动的限制，结合世界上其他自贸区的发展经验，对比邻近的日本与新加坡的离岸金融市场的经营管理以及金融领域的设施建设，不难发现资本账户的开放时机和成功与否是自贸区的功能可否实现的关键性的决定因素。

上海正在建设国际金融中心，有股票市场、债券市场、期货市场等。国际资本进入上海自贸区后，我们应该建立合法渠道，使其能够在受监管的前提下合法地进入上海的这些市场。比如延续以往的 QFII、RQFII 和 QDII，设定固定额度让其进入内地股票、期货市场。如果不进行区内区外协同的设计，可能会有很大的风险。在设计上一定是在岸和离岸要打通，打通到什么程度，跟我们的改革是有关系的，两边差得太大，打开一个小缝，流入或者流出的资金就会很多。

5.2.2　进一步调整"账户分类"来控制流速

新加坡离岸金融中心最初采取的是内外分离的模式，商业银行和金融公司等金融机构可以兼营 ACU（亚洲货币单位），但必须另立单独账户分开管理。这样就把离岸业务和在岸业务隔离开来，有效防止了资本频繁出入本国金融市场以及离岸金融交易活动冲击，避免影响到本国货币政策的实施，充分保证了本国金融市场的稳定和金融政策的正常发挥。为了建立亚洲美元市场，吸引银行加入 ACU 的经营，新加坡政府采取了一系列的财政奖励措施。除了财政上的奖励措施外，1968 年新加坡政府还取消了亚洲美元市场的外汇管制，逐步形成了一个以经营美元为主、兼营马克、英镑、加元、法国法郎、日元等 10 多种硬通货的高效的国际货币市场和国际资本市场；1976 年 6 月放宽外汇管制，与东盟各国自由通汇，允许东盟各国在其境内发行证券，并给予更多的税务优惠；1978 年 6 月 1 日全面开放外汇市场，取消外汇管制，以吸引外资银行到新加坡设立 ACU，从事离岸金融业务。从新加坡的离岸金融发展历程来看，新加坡资本项目的开放有一个逐渐的循序渐进的过程，使新加坡金融体系从一个强调管制、注重风险防范的市场，演变成以信息披露为本、鼓励金融创新的金融中心，新加坡的离岸金融市场也从分离型市场向一体型市场过渡转型。

较之新加坡，日本的离岸金融中心运营得略显失败，JOM 建立时监管当局的初衷是内外分离，但是在实际运作过程中却出现了离岸资金向在岸市场的严重渗透，产生了日本"再贷款"危机，严重冲击了日本的经济，在房地产领域及金融领域造成了极大的泡沫，损害了实体经济的发展。1984 年 6 月日本政府废除外汇兑换限制，原则上外汇资金可以自由地兑换为日元，且可作为国内资金使用。在开放外汇汇兑的同时，日本却没有采取很好的监控措施，外汇兑换限制的废除，使得银行可以不受数量限制地将外汇兑换成日元，或吸收欧洲日元并将其运用于国内市场。由于经过"特别国际金融账户"向国内账户转移离岸资金需要缴纳准备金，日本经营离岸业务的商业银行在逐利动机下，将离岸筹集的大量外汇资金贷给其在香港和新加坡的境外分行，境外分行再将这些资金贷给国内金融机构和企业。这些离岸外汇资金以对外负债的形式被自由兑换为日元进入日本国内市场，绕开了政府对离岸资金进入在岸的监管通道。

结合中国目前的金融环境以及发展水平，单纯地模仿复制其他离岸金融市场必然是不现实也是不合理的。由于中国目前的金融发展相对较为滞后，并不支持直接的内外混合一体化的模式，而发展新加坡模式的以内外分离为起点，逐步发展为一体化的离岸金融市场，对于目前的中国而言，则会直接冲击自贸区的稳定发展，且很难在三年内显现出对国内经济的拉动提升作用。所以，中国（上海）自贸区的发展更应该采取渗漏型的离岸金融市场模式，即在将境内金融和离岸金融业务分账户处理的前提下，根据经济发展中的引资需要，允许一定比例的离岸账户资金流入。但是这种渗透不是无条件、无限制的，而是在从事离岸业务的金融机构开设离岸账户，将离岸业务与在岸业务严格分离，同时将在岸业务与离岸业务分账处理的前提下，根据经济发展中的引进外资的需要，将一定比例的离岸资金引进国内实体经济，但是需要监管部分注意的两点分别是引入的资金量以及资金的流向。引入资金量应当满足在岸实体经济的需要，又不会对在岸经济的物价等实体经济产生冲击；此外，还需要加强监督，要求资金的流动必须要有实体经济的需求背景，避免出现日本那样的"再贷款"现象，避免引起在岸金融泡沫，保证每笔引入资金进入实体经济，推动国内经济的发展，推动要素流动的速度，减少国内企业发展的限制。应该紧紧围绕实体经济来安排金融创新，不能离开实体经济太远。还有就是实行账户隔离和适度实体隔离、必要时采取临时性的管制措施，按照金融审慎原则逐步推进。

将来金融方面离岸账户和在岸账户之间的管道究竟多大，搞得太大，可能流入资本太多，会直接成为资本流入境内的一个跳板。就国际上的经验而言，亚洲金融危机的时候，像泰国等国家和地区就是由于对离岸账户没有管好，离岸的领域中大量资金从离岸账户转到在岸账户，冲击了国内市场。对中国的监管当局来说，对银行业离岸的监管已经积累了很多经验，因为中国的某些银行早有离岸业务，一家银行有在岸账户也有离岸账户，交易全部是离岸的经济主体，包括欧洲国家、美国的，可以直接进行账户管理，这与我们在岸账户的管理完全是不一样的，现在业务的创新也在不断推进，所做的业务品种越来越多。将来进入自贸区的话，开展离岸业务，所有的货币应该都是可以的。

5.2.3　建立综合金融监管平台以不留"死角"

从银行业的金融管理来说，应该加强统一监管，因为现在金融上的管理是分业务领域的，主要是"一行三会"，在试验区内如果分头来进行监管，其实对于这个区内的经营运作，对于各个经济主体来讲是不方便的。我们说要更多地推进便利化，如果说为了更好地提供服务，将其整合起来是必要的，比如成立一个整合后的试验区的金融监管平台，把相关管理放在一个办公室来做，进行一站式管理，并且也应该对这个机构尽可能地放权，这样才能更好地达到我们的目的。所以，应对跨国公司的混业经营和其财务中心的各种币种的全球调拨，试验区的综合监管平台的搭建是当务之急。

上海自贸区的发展会面临"过度监管"所造成的竞争力丧失的困境，以及"过度开放"所带来的虚假交易和投机资本猖獗、经济金融危机四伏的问题。但我们应该对自贸区有信心，目前的信心应该说是建立在理论基础上的。在"一行三会"指导下推进上海自贸区扩大金融开放和创新，与之相匹配的金融综合监管应该采取何种模式？2008 年金融危机考验了各国监管模式，之后各国大都进行了不同程度的"补救"。除了出炉新规则之外，用新设立的金融综合监管机构取代原来的，其效果也褒贬不一。自贸区应对开放中的金融业不断变化的"混业经营"，首先要跟踪金融信息技术前沿；充分利用"三会"专业监管优势来进行"专家会诊"；采取"矩阵式"人才配置路径；摸索出自贸区独特的金融综合监管模式。

1. 对各国新设立金融综合监管机构和模式的褒贬

1997 年的亚洲金融危机和 2008 年的美国次贷危机都将问题归结为金融监管不到位。从理论上说金融开放和创新与金融综合监管不是对立问题，而只是匹配问题。两次危机所暴露的对外负债规模和投行业务范围边际不清晰，与关键信息滞后相关。各国都在金融综合监管上"亡羊补牢"。这些监管补救是否能应对新的金融危机？我们将拭目以待。目前主要经济体金融监管模式可以归纳为如下几种：

首先，美国的"双层＋多头＋混合模式"：新建立金融稳定理事会和消费者金融保护局。其中，"双层"是指联邦和州两个层面；"多头"是指每个层面有多家监管机构；"混合"是指既有功能监管特点，又有分业监管痕迹。该模式强调权力制衡相适应，但没有一个机构拥有足够的法律授权；容易造成监管重叠和空白。①将美联储打造成"超级监管者"，全面加强对大金融机构的监管；②设立新的消费者金融保护署，赋予其超越目前监管机构的权力。但金融机构的局部问题会带坏整个机构。

其次，欧洲的"功能＋综合模式"：欧盟系统风险委员会和欧洲金融监管系统分别负责欧盟的宏观和微观审慎监管。从一、二层次的法律制定监管转向微观审慎信息与早期风险预警，同时强化消费者保护。然而，超级监管机构容易产生官僚垄断和臃肿。

再次，日本的"名综合（实分业）模式"：金融厅、财政厅、日本银行，不再沿袭以前按照行业所属来实施对金融业的监管的惯例。财政厅内部的金融监管机构实质上是金融厅的分支机构；同时，检查监理官和证券交易监事官只对金融厅或证券交易监管委员会负责，与财政厅其他机构没有明确的业务关系。该模式的实质是基本维持原有体制、旨在提高金融监管质量、注重合理地协调各监管机构的职能。实际上这还是分业经营的模式，控制危机只在一个系统内蔓延，并没有影响到其他的系统。所以，日本政府只要向银行注资，就可以稳定情况。但它只是适应了日本特殊的金融结构。

最后，香港等的"分业监管/机构模式"：实行对混业经营对象分业监管。根据监管对象的特点实施相应的监管措施，各个监管部门都依法授权，在其职责范围内各司其职，明确分工在确保监管效率同时，也避免了双重监管或监管不足。但金融行业内部的界限越来越不明显，现在很难找到所谓"纯正"的机构监管模式，各部门间信息共享渠道不畅通容易出现"监管真空"；且事先预警较差。

当然，除了上述模式外，还有其他模式。诸如澳大利亚和新西兰等的"双峰模式"：成立两家在职能上相互补充的金融监管机构，一家是针对金融结构的商业行为风险进行监管的机构；另一家是针对金融机构进行合规监管的机构。亚太地区的新加坡、韩国等多数国家标榜其模式是"综合监管"。

在当今金融混业经营的环境下，监管机构间的协调与合作是具体的、程序化的和制度性的，它需要时间的磨合和实践的检验。因为金融监管模式是在动态中调整的，所以照搬某种模式未必有效。

此外，自贸区金融综合监管模式还要取决于监管对象所采取的主要经营模式。创新既有灵活性又有弹性的自贸区综合监管模式是当务之急。

2. 凸显信息化金融综合服务平台的重要性

"防患于未然"是一般监管理念，也就是说千万不能寄希望于事后的补救。监管效率的高低在很大程度上取决于监管机构之间的信息联通和监管指标的标准化、监管程序及监管人员行为的规范化程度。上述各类监管模式成功的前提是有一个准确的信息资源。在对 2008 年次贷危机进行反省时，美国一些学者认为监管机构过多，导致协调困难，相互之间的协调必然费时费力，导致信息流通不畅，合作能力不强。例如，美国第五大投资公司贝尔斯登危机爆发以来，人们对华尔街投资公司的金融状况提出质疑，凸显出各监管机构整合资源、共享信息的必要性。美联储和证监会达成信息共享协议，共享信息涉及银行和投资公司的现金状况、交易状况、资本负债率、金融资源和危机管理体系等。双方还将在包括反洗钱、银行经纪活动、银行和投资公司金融交易结算的多个领域开展合作。只有在对监管信息实行统一收集和高度共享基础上，才能设计灵活的合作框架。

在微观审慎监管层面上建立一个三层级的欧盟金融监管系统（指导委员会、三家欧盟监管局以及成员国监管当局）作为欧洲监管操作系统，旨在通过建立更强大、一致性更高的趋同规则来提高各国监管能力，实现对跨国金融机构的有效监管。为了加强欧盟监管机构之间的合作、实现监管方法的一致性以及对金融混业经营的有效监管，欧盟系统风险委员会下属的指导委员会将负责建立与三个新的监管当局的信息交流与监管合作机制。尽管欧盟系统风险委员会是一个独立的没有法人地位的监管机构，仅具有咨询功能，但它仍将是欧盟金融监管新体系的核心。它的主要作用在于监测并评估影响整体金融稳定的系统性风险，从整个欧盟层面上进行宏观审慎监管，通过信息的收集和分析，识别和评估欧盟宏观经济和金融发展过程中影响金融稳定性的潜在风险，监控宏观金融发展，向各政策制定者和监管当局发布早期警告和行动建议，达到预防和减少系统风险的目的，并执行预警后的相关监控，与国际货币基金组织（IMF）、金融稳定委员会（FSB）以及第三世界国家进行有关合作。在 2008 年金融危机后欧盟金融监管系统要求信用评级机构向监管部门提供准确信息。其具体措施包括：确保信用评级机构在评级过程中避免利益冲突或者至少能适当地解决利益冲突；提高信用评级机构所使用的方法学的质量及它们评级结果的质量；通过附加信用评级机构的披露义务来增加透明度，等等。

在日本，职能监管部门之外设立了协调各职能监管部门监管工作的总务课或总务局，以增强监管机构内部的信息沟通，提高统一监管水平；同时，不同监管机构同各级别监管人员之间频繁的私人交流与信息沟通，增强了不同监管机构在监管工作中的协调与配合。

在新加坡，金融综合监管保持了对整个金融体系的统一指挥，有利于监管者全面掌握市场信息，消除结构模式下不同监管主体之间监管标准不一致导致的金融市场结构性失衡和职能的分散导致的效率低下。通过多渠道搜集到定量数据、定性信息，结合该金融机构的业务种类、规模和潜在风险状况，对银行业金融机构进行综合风险评估，并进行风险分类。

总之无论采用何种监管模式，核心信息的整合是"指挥部"。否则其他无从谈起。

3. 充分利用"三会"积累的专业监管优势来"会诊"

要充分珍惜历史累积的监管经验，不能割断历史。中国的"一行三会"在长期的监管中积累的经验会对自贸区综合监管有很大益处。目前理论上对分业监管的批评主要有：金融分业监管容易产生所谓"竞次"现象，即监管机构为了取悦本部门利益集团、吸引潜在监管对象或扩展监管势力范围，竞相降低监管标准，以致削弱整体监管水平，损害投资者和社会公共利益。一般来说，监管机构越多，监管结构越复杂，竞次风险就越大。与此相关的另一个潜在弊端是"监管套利"，即提供相同产品的不同金融机构因受到不同监管者的监管，造成规则、标准和执法实践上的不一致，从而导致金融机构尝试改变其类属，以便将自己置于监管标准最宽松或者监管手段最平和的监管机构管辖之下。综合监管可以更好地规避这些分类监管的弊端。实现规模效益，降低监管成本，有利于对金融业实行统一有效的监管，避免了监管机构间的不协调和冲突，降低了监管的内耗成本。然而，理论上赞成分业监管的理由有：其一，面对日益细分和复杂的金融市场，不同监管机构分工合作的多头监管比集中判断的单一监管更有利于减少监管决策失误。虽然综合监管相较于分类监管更能避免"监管重叠"和"监管真空"的问题，但是在专业性和效率上却是不如分类监管的。其二，在综合监管体制下，由于不再存在不同监管机构之间的制衡，将没有力量制约单一监管机构可能造成的过度监管，从而不可避免地导致监管趋向严厉和僵化。其三，在综合监管体制下，各个金融领域的发展可能出现不平衡，譬如目前中国金融市场银行业仍然占据着最大的份额，那么很难避免在综合监管的情况下可能更多地偏向银行业的发展，而证券、保险等行业则可能受到排挤。

对于如何同时获得综合和分业监管的好处又避免其弊端，各国都在摸索。欧盟升级原先欧盟层面的银行、证券和保险监管委员会为欧盟监管局。三家欧盟监管局分别是欧盟银行管理局、欧盟保险和职业年金管理局，以及欧盟证券市场管理局。它们由莱姆法路西框架中的第三层级委员会欧盟银行管理委员会、欧盟保险和职业年金管理委员会以及欧盟证券市场管理委员会改组成立，地位和任务却发生了巨大的变化。这些管理局将成为具有法人资格的机构，被赋予新的权限，以制定可以约束成员国监管当局的决议，以及在紧急情况下，越过成员国监管当局直接监管重要的金融机构。

日本仍然保留着分业监管的痕迹。从历史上看 20 世纪 80 年代的金融自由化改革促使金融机构纷纷将"功能制"的组织结构转变为"部门制"的组织结构，以此来加强与市场的联动性，"部门制"的组织结构具有高效的特点，但是由于决策权都被下放到第一线，整体的审核监督被弱化。日本的经验表明，金融监管体制都具有时效性特征。将金融自由化与金融监管关系对立起来缺乏合理性，金融监管的作用是评估和检查金融机构的风险控制程序，而不是代替金融机构决策和进行风险控制。因此，需要合理看待金融监管的目标和职能。日本的金融监管体系重建表明，金融监管不是政府主导金融机构的经营活动或代替其进行风险控制，而是评估和检查金融机构的风险控制程序，鼓励其不断改善风险控制体系。

美国仍在纠结两者的关系。现有的体系从长期来看其实运行得不错，但职能重叠，权责不够清晰，一个单一的机构不能保证监管到所有的金融活动；一个单一的联邦监管机构最后可能会非常官僚主义和臃肿。

为此，自贸区的金融综合监管要看实质效应。要在保留原有优势的条件下创建新路径。面对错综复杂的自贸区案例，"一行三会"的"会诊"是具有特色的。它不仅发挥了原有"三会"的专业水准，而且可在自贸区初始"案例"的集体判断中提高准确性。

4. "矩阵式"人才配置监管平台

维持原来分业的经验积累，在此基础上首先在部门间跨行业抽调人才，跟随最新开放动态技术（金融创新）发展协调原来的部门的专业化。即便"综合"的"会诊"，其后也有分工，监管责任担当问题要到位。无论是综合还是分业监管，跨专业的人才不到位，就会存在"监管遗漏"。专业知识的培育要有结构板块设定。本研究提出将"矩阵式"监管人才培育和配置深入到自贸区的金融综合监管框架中去（表 5-1），这样可以在最短时间内完成专业结构衔接。

表 5-1　自贸区金融综合监管中的人才配置结构

金融人才配置	信息化金融综合平台：整合与共享		
	银监→银监	证监→银监	保监→银监
国际机构协调	银监→证监	证监→证监	保监→证监
	银监→保监	证监→保监	保监→保监

例如，来自银监会的专家学习证券业务，同时来自证监会的专家学习银行业务，各自有优势，在自贸区的金融综合监管平台上扬长避短，共同对交叉业务进行监管。

其他国家和地区的监管也有类似倾向。例如，日本政府为进一步加强对不同金融监管机构的协调，重新调整了各监管机构内部的部门设置与构成。在职能监管部门内部设立了负责协调监管工作的总务机构，在职能监管部门之外设立了协调各职能监管部门监管工作的总务课或总务局，以增强监管机构内部的信息沟通，提高统一监管水平；同时，通过不同监管机构同各级别监管人员之间频繁的私人交流与信息沟通，增强了不同监管机构在监管工作中的协调与配合。香港银行的机构监管者也承认，他们证券和保险业务的专业程度可能不高，不能及时地

发现问题。比如，与保险业合作机制不健全，与银行和证券监管合作机制不够完
善，有效信息共享渠道不畅通；保险公司内部统一标准缺失，造成管理困难。

跨专业人才是自贸区金融综合监管的决定因素。自贸区对运行的人力资源环
境条件要求较高，即要求监管人员有综合监管的理念、综合运用规则的能力、综
合处理问题的素养和综合协调能力。即使监管在体制上形成了综合化，但由于各
监管领域自身的特殊性，在统一监管框架之下仍然存在着对各领域分业监管的实
际分工。

除了在"三会"之间的"矩阵式"人才配置，核心信息作为"指挥"系统还
要保持与国际监管系统的协调，因为金融综合监管不可能在一地区内得以完全落
实。例如，欧盟对信用评级机构的监管需要在国际协调保障下进行，特别是要同
美国监管机构密切协作。这是因为目前这个市场上主要的信用评级机构均不属于
欧盟国家所有，例如，标准普尔、穆迪和惠誉均属于美国。新加坡金管局在应对
危机中，加强与其他央行、监管当局和金融机构的密切联系，这种联系既可以进
一步加强风险预警，更能够借鉴其他国家和地区的有效措施，在本国危机处理中
加以运用。

5.2.4　严厉打击离岸业务中的洗钱

贺瑛（2013）对自贸区可能出现的洗钱问题进行了全面的研究。自贸区创造
了包括促进贸易、支持新业务的形成、鼓励外国直接投资等机会，这些激励措施
包括如免征关税和税收、简化行政程序，以及免税进口原料、机械、零部件和设
备等，但这也同时滋生了国际洗钱的风险。目前国际上主要的洗钱路径是通过离
岸金融和离岸贸易，但最终大部分都需要经过离岸的金融业务来进行资金的流
转。如何对离岸和在岸账户进行有效管理？如何识别可疑贸易？如何在境内外资
金流通后阻拦洗钱通道？这些都是摆在我们面前急需解决的难题。综观国际上反
洗钱案例，离岸业务、离岸账户、离岸客户、离岸资金、离岸地区往往是洗钱发
生的重灾区。

在离岸银行业务中，通常的洗钱渠道有资金电子转账、代理银行服务、通汇
账户、集中账户、私人银行等。2004 年荷兰银行纽约分行（ABNA mro）洗钱
被诉案例即源于拥有北塞浦路斯离岸金融许可证的北塞浦路斯土耳其共和国第一
商业银行在其处开立的代理银行账户。在离岸保险业务中，常用的洗钱工具便是
人寿保险和年金产品。惯用的手法是溢资投保，并在提前支付退保金后，将资金
转入转出保单，或折价赎回整付保费保险债券。此类洗钱的共同特征是利用保单
撤销期或提前赎回。20 世纪 90 年代发生于离岸金融区马恩岛的保单洗钱即为典
型的案例。在离岸证券业务中，洗钱的通道即启用那些"特殊客户账户"。所谓
"特殊客户账户"的"特殊"之处在于，这些账户仅用于存放资金而非用来交易。

建立特殊客户账户的目的是为了让洗钱者规避银行渠道中更为严厉的反洗钱监控措施。"洗售"或对冲交易则是证券业务中的另类洗钱表现方式。这些交易涉及对特定证券的撮合交易，从而制造交易假象。洗售是通过多个公司开立的多个账户来生成盈亏抵消，并进行账户间仓位的转移。

除银、证、保外，信托洗钱不可小觑。因为通常信托是将非法资金转变成不疑招致怀疑资金的第一步，它是连接不同洗钱工具和手段的桥梁。由于许多司法管辖区对信托资产真实所有人或受益人的身份是保密的，因此，信托关系可被用来隐藏合法债权人的资产，或隐藏资金流与洗钱和避税计划的各种联系。同样，由于无须证明这些款项是报酬或用于支付服务费用的资产转移，因此，对受益人的支付也可能被用于洗钱。尤其是在离岸业务中，通常私人银行会通过某一家在离岸金融保密庇护的附属信托公司为其客户建立私人投资公司（PIC）——空壳公司从事私人银行业务。离岸贸易中的洗钱则大多通过"跟单信用证"这一国际结算方式得以实现。跟单信用证结算方式是一种银行居间对买卖双方进行授信的以银行信用为基础的结算方式。由于信用证自足性、独立性的性质，信用证一经开出，就成了一个独立文件。根据国际商会跟单信用证统一惯例 600（UCP600）总则的规定："信用证，就其性质而言，是独立于其所基于的销售合同或其他合同以外的交易。即使信用证中含有对此类合同的任何援引，银行也与该合同毫不相关或不受其约束。""在信用证业务中，各有关当事人处理的是单据，而不是与单据有关的货物，服务及/或其他行为。"信用证项下的任何议付、偿付依据的都是"单单一致，单证一致"的原则。这样的一种结算方式就为贸易项下的洗钱创造了绝好的机会，利用自贸区相对宽松的监管，利用国际商会对国际结算方式的指引，自贸区容易成为贸易洗钱的高危地区。

5.3　自贸区后续的资本账户有条件开放

十八届三中全会确立了市场在资源配置中起决定性作用的改革方向，这意味着本轮的资本账户开放与国内的市场化取向改革是同步的，也就是说与国内金融市场的完善和开放、利率市场化和汇率的自由化的改革是同步的，相互影响的，不再是过去通常主张的先利率市场化、汇率自由化后再来实现资本账户开放的那种思路。这说明国际国内的金融经济环境发生了很大的变化，就迫切要求我国适应金融环境的变化，加快人民币资本账户的开放。外部环境还表现出新的区域自由化趋势，特别是服务贸易的双边和多变新协定（TPP 等）带来的对我国资本账户开放的新要求。国际上多边关系发生变化，发展中及转型经济体对中国经济的积极作用有所下降。目前的资本账户开放是在美国次贷危机发生后量化宽松政策开始退出的节点上，表现为发达经济体宽松货币政策及其

调整对国际汇率的波动，以及国际资本流动的冲击比以往更大，系统性金融风
险加剧的特点。

国际货币基金组织在评估各国资本账户开放程度时，对资本交易（capital
transactions）作了重新划分，体现在每年的《汇兑安排与汇兑限制年报》（*Annual
Report on Exchange Arrangements and Exchange Restrictions*）中，划分为 7 类 11
大项 40 子项。国内目前关于中国资本账户开放进程，通常依据 IMF2011 的评估。
至 2011 年我国不可兑换项目有 4 项，占 10%，主要是非居民参与国内货币市场、
基金信托市场以及买卖金融衍生产品。部分可兑换项目有 22 项（指存在严格准
入限制或额度控制），占 55%，主要集中在债券市场交易、股票市场交易、房地
产交易和个人资本交易四大类。基本可兑换项目 14 项（指有所限制，但限制较
为宽松，经登记或核准即可完成兑换），占 35%，主要集中在信贷工具交易、直
接投资、直接投资清盘等方面（表 5-2）。2013 年 IMF 对中国资本账户可兑换评
估的最新的变化是，原来评估为部分可兑换的"商业信贷"账户，已经改为"可
兑换"。

表 5-2　中国资本账户兑换情况

类别	不可兑换	部分可兑换	基本可兑换	完全可兑换	合计
资本和货币市场工具交易	2	10	4		16
衍生品及其他工具交易	2	2			4
信贷工具交易		1	5		6
直接投资		1	1		2
直接投资清盘			1		1
房地产交易		2	1		3
个人资本交易		6	2		8
小计	4	22	14		40

资料来源：中国人民银行调查统计司课题组（2012）

境内政府、企业和居民认为我国已没有不可兑换的子项。一些被 IMF 评为
部分可兑换的子项，如对内直接投资，实际上已经实现了可兑换，评估差异来自
产业、地区或环境政策的影响，并不是兑换限制；一些账户的评估差异来自审慎
监管的要求，或是通过居民原则（如外资在内地设立子公司的形式）实现了可兑
换和部分可兑换，或是通过离岸金融服务和交易的形式事实上实现了可兑换和部
分可兑换（如居民在境外发行金融工具）（表 5-3）。总的来说，我国在资本账户
交易上的主要管制来自于货币市场和资本市场，包括股票、债券、货币市场工
具、集合投资类工具、衍生工具等。从方式上来讲存在严格准入限制或额度
控制。

表 5-3　人民币资本账户的分类，IMF 评估与实际可兑换程度评估的差异

类别	大项	子项	IMF 评估	实际情况	差异说明
一、资本和货币市场工具	股票或有参股性质的其他证券	1. 非居民在境内买卖	部分可兑换	部分可兑换	
		2. 非居民在境内发行	不可兑换	部分可兑换	居民原则和国民原则
		3. 居民在境外买卖	基本可兑换	基本可兑换	
		4. 居民在境外发行	基本可兑换	基本可兑换	
	债券和其他债务性证券	5. 非居民在境内买卖	部分可兑换	基本可兑换	审慎性监管
		6. 非居民在境内发行	部分可兑换	基本可兑换	居民原则和国民原则
		7. 居民在境外买卖	部分可兑换	可兑换	审慎性监管，离岸市场发展，规避管制
		8. 居民在境外发行	部分可兑换	基本可兑换	离岸市场发展
	货币市场工具	9. 非居民在境内买卖	部分可兑换	部分可兑换	
		10. 非居民在境内发行	不可兑换	部分可兑换	居民原则和国民原则
		11. 居民在境外买卖	基本可兑换	基本可兑换	
		12. 居民在境外发行	部分可兑换	基本可兑换	离岸市场发展
	集体投资类证券	13. 非居民在境内买卖	部分可兑换	基本可兑换	居民原则和国民原则
		14. 非居民在境内发行	部分可兑换	基本可兑换	谨慎监管，规避管制
		15. 居民在境外买卖	基本可兑换	可兑换	谨慎性监管
		16. 居民在境外发行	部分可兑换	基本可兑换	离岸市场发展
二、衍生工具和其他工具		17. 非居民在境内买卖	部分可兑换	部分可兑换	
		18. 非居民在境内发行	不可兑换	部分可兑换	居民原则和国民原则，规避管制
		19. 居民在境外买卖	部分可兑换	基本可兑换	居民原则和国民原则，规避管制，离岸市场发展
		20. 居民在境外发行	不可兑换	部分可兑换	居民原则和国民原则，离岸市场发展

续表

类别	大项	子项	IMF 评估	实际情况	差异说明
三、信贷业务	商业信贷	21. 居民向非居民提供	基本可兑换	可兑换	审慎性监管
		22. 非居民向居民提供	基本可兑换	可兑换	审慎性监管，外债管理
	金融信贷	23. 居民向非居民提供	基本可兑换	可兑换	审慎性监管
		24. 非居民向居民提供	部分可兑换	可兑换	审慎性监管
	担保、保证和备用融资便利	25. 居民向非居民提供	基本可兑换	可兑换	审慎性监管
		26. 非居民向居民提供	基本可兑换	可兑换	审慎性监管
四、直接投资		27. 对外直接投资	部分可兑换	基本可兑换	行业部门仍有限制
		28. 对内直接投资	基本可兑换	可兑换	地区和环境政策差异
五、直接投资清盘		29. 直接投资清盘	基本可兑换	可兑换	地区政策差异
		30. 居民在境外购买	部分可兑换	基本可兑换	规避管制
六、不动产交易		31. 非居民在境内购买	部分可兑换	可兑换	最近提出自用要求
		32. 非居民在境内出售	基本可兑换	可兑换	一直无限制
七、个人资本	个人贷款	33. 居民向非居民提供	部分可兑换	基本可兑换	规避管制，离岸市场发展
		34. 非居民向居民提供	部分可兑换	基本可兑换	规避管制，离岸市场发展
	个人礼品、捐赠、遗赠和遗产	35. 居民向非居民提供	部分可兑换	可兑换	过去汇兑不便利
		36. 非居民向居民提供	部分可兑换	可兑换	过去汇兑不便利
	外国移民在境外的债务结算	37. 外国移民境外债务的结算	基本可兑换	可兑换	一直无限制
	个人资产的转移	38. 移民向国外的转移	部分可兑换	基本可兑换	规避管制
		39. 移民向国内的转移	基本可兑换	可兑换	一直无限制
	博彩和中奖收入的转移	40. 博彩和中奖收入的转移	部分可兑换	基本可兑换	无明确限制

资料来源：郭树清.2012. 中国资本市场开放和人民币资本项目可兑换. 金融监管研究，(6)：1-17.

　　上海自贸区资本账户自由化的演进方向可以由自贸区有关金融业的负面清单反向（不在负面清单上的项目原则上都是允许的）推之，见表 5-4。

表 5-4　上海自贸区金融业负面清单

| J 金融业 | J66 货币金融服务
J67 资本市场服务
J68 保险业
J69 其他金融业 | J661 中央银行服务、J662 货币银行服务、J663 非货币银行服务、J664 银行监管服务
J671 证券市场服务、J672 期货市场服务、J673 证券期货监管服务、J674 资本投资服务、J679 其他资本市场服务
J681 人身保险、J682 财产保险、J683 再保险、J684 养老金、J685 保险经纪与代理服务、J686 保险监管服务、J689 其他保险活动
J691 金融信托与管理服务、J692 控股公司服务、J693 非金融机构支付服务、J694 金融信息服务、J699 其他未列明金融业 | 1. 限制投资银行、财务公司、信托公司、货币经纪公司
2. 限制投资保险（含集团公司，寿险公司外方投资比例不超过 50%），保险中介机构（含保险经纪、代理、公估公司），保险资产管理公司
3. 限制投资证券公司（外方参股比例不超过 49%，初设时业务范围限于股票（包括人民币普通股、外资股）和债券（包括政府债券、公司债券）的承销与保荐，外资股的经纪、债券（包括政府债券、公司债券）的经纪和自营，持续经营 2 年以上符合相关条件的，可申请扩大业务范围）；证券投资基金管理公司（外方参股比例不超过 49%）；证券投资咨询机构（仅限港、澳证券公司，参股比例不超过 49%）；期货公司（仅限港、澳服务提供者，参股比例不超过 49%）
4. 投资小额贷款公司、融资性担保公司须符合相关规定
5. 投资融资租赁公司的外国投资者总资产不得低于 500 万美元；公司注册资本不低于 1000 万美元，高级管理人员应具有相应专业资质和不少于 3 年从业经验 |

资料来源：http://news.xinhuanet.com/local/2013-09/30/c_125471208_4.htm

　　表 5-2、表 5-3 和表 5-4 之间存在感觉上的差异。表 5-2 最笼统，表 5-3 是国际货币基金的评估与中国居民感觉差异，这些差异主要源于对居民原则、国民原则和审慎性监管原则的理解不同。而表 5-4 在参股比例和注册资本门槛上限制了投资性金融机构。为此，要对上述三张表的差异性再度逐一细化分析。J 的编码与国际货币基金组织的编码定义和范围的设定区分是一个技术问题。

　　从理论上说，本币资本项目可兑换的目的是获得资本要素的最佳配置。但理论与实践的统一是在动态中实现的，只有当国内外资本边际收益率相等时才是资本项目可兑换的"均衡点"，否则就会出现"Carry Trade"。而资本流在境内外频繁套利套汇，则会阻碍实体经济的发展。这就需要在协调利率市场化、汇率形成机制的进程中去发现均衡点，适时放开资本项目可兑换。而价格均衡点的发现需要得到资金供求量最大的市场支持。因此，推进上海国际金融中心的产品设计就是"抓手"；同时，还须要把握资本项目开放的"底线"和"顺序"，不要错过开放的"最佳时机"。

5.3.1　中国目前的现状和本币资本项目可兑换的紧迫感

如果对实际资本项目的交易进行分析则可以发现，中国资本项目可兑换程度被明显低估了：虽然部分子项目有限制条件，并非完全自由，但是也已高度灵活。因此，无论是从实际的可兑换程度看，还是从国际比较看，都可以说，中国资本项目已基本实现可兑换。只是由于中国利率市场化和汇率形成机制尚未到位，导致局部成为"Carry Trade"的影子。所谓"Carry Trade"，就是通过境内外利率和汇率变动之差使得资本从实体经济流出，通过频繁进出境来获取利益。2008 年以来，中国陆续实施了人民币跨境贸易结算、货币互换协议、重启人民币汇率形成机制、香港人民币离岸市场建设、境外人民币直接交易以及跨境投资人民币结算等一系列战略措施，大大推进了人民币国际化进程。在人民币国际化进程加快的同时，资本项目对人民币国际化的作用日益凸显，积极、稳妥地推进资本账户开放，已经成为中国不可逆转的选择。近年来，人们对人民币资本项目可兑换更是充满期待。中国政府为了给人民币国际化创造良好的条件，在"十二五"规划纲要和 2011 年政府工作报告中都明确提出了要逐步实现人民币资本项目的可兑换。国际上，各国央行的宽松量化的货币政策还将持续，流动性过剩将成为未来金融危机的源头。本币国际化将成为调整境内外流动性的路径之一，而资本项目可兑换问题又制约着本币国际化的进程。在此国际环境下，利率市场化、人民币国际化和汇率形成机制三者直逼本币资本项目可兑换。

5.3.2　本币资本项目可兑换理论认识上的"空白"

理论界的不少学者以及实务界不少企业家对此莫衷一是：有的旗帜鲜明地表示赞成，认为资本项目的开放不仅有利于人民币国际化，而且还有利于经济的增长和国内金融的长期稳定和深化。有的则表示，资本项目开放对人民币国际化并无推进作用，如果控制不好，还可能引起资本大量流动而导致货币替代等危机。因此，不仅不能加快资本项目的开放，还要随着人民币国际化程度的加深，加强对资本项目的管制。还有的人认为，两者之间并没有先后顺序之分，而且可相互促进，并在这一过程中保持一种动态平衡。如果通过现象看本质的话，无论是上述哪一种观点，都可以从资本项目可兑换的最佳时机选择上来解释：提出需要加快开放的，是认为开放的时机已经成熟。海外人士提出不能开放的，则可能是认为开放的最佳时机还没来到。据此，我们将选择一个全新的角度去分析——把国内外资本边际收益率相等作为开放的最佳时机。所有制度改革好坏的衡量标准，是看其是否有利于实体经济的发展。把资金引入"Carry Trade"上去，肯定不是好的改革。脱离实体经济的以钱套钱的怪圈已经将岛国日本引入 20 多年的衰退。当时日本试图降低利率来刺激经济的时候，境内资本外流形成"资本空洞化"；而日元升值推高了境内制造业成本后，又形成"产业空洞化"。其后期的实践证明，这"两个空洞化"一旦形成是很难逆转的。应该通过加快利率市场化的改革，来发现境内外资本边际收益率的差距，再以此来度量和推进本币资本项目可兑换的最佳时机。这是过去关于资本项目可兑换理论认识上的一个"空白"。我们认为，只有在国内外资本的边际收益率相等的情况下，才能开放人民币资本项目，这是人民币资本项目可兑换的最佳时机。但其并不是一个静态的点，而应该是一种动态的平衡——当满足条件时，就放松管制。而当最佳条件发生变化时，就需要加强管制。产生最佳时机的原因，在于国内外资本边际收益相等，因而不会产生因为资本套利形成的大规模资本流动对国内资本市场和实体产业的冲击。

5.3.3　资本项目开放的"底线"和"顺序"

在比较这 20 年来中日两国经济发展经历的文献时，一些日本学者把中国的高增长和免予外部金融危机的冲击，归功于中国管理当局对资本项目开放的审慎态度。他们认为，中国对资本项目的管理，不仅让中国免遭亚洲金融危机的冲击，而且还顺利渡过了美国次贷危机等"海啸"。不仅阻止了"热钱"大规模进出对金融市场的冲击，而且最终铸就了中国经济的高增长。得益于此，中国的银行体系可以一直保持对实体经济的有效融资。可以说，这就是中国决策层牢牢地把握的"底线"，即中国经济不能脱离实体经济而生存，在确定资金的价格（利率和汇率）上必须与实体经济企业成本"挂钩"。在人民币汇率形成的历史过程中，一直可以看到出口企业的换汇成本影子。利率市场化进程中，不仅考虑到大企业的需要，还关注到乡镇小企业的融资成本。人民币国际化也为避免在岸与离岸价格差额套利，一直固守着"有真实贸易背景"的交易。原因很简单：一旦资本从实体经济转向虚拟经济，很容易出现自我实现的加速效应（Self-reinforcement）。因此，必须要固守"底线"。在 2013 年 5 月 26 日由上海财经大学上海国际金融中心研究院举办的"2013 人民币国际化全球论坛"上，美国麻省理工大学（MIT）的 Roberto Rigobon 教授指出：作为国际储备货币必须拥有六个要素（有经济规模、宏观经济政策稳定、资本项目开放、汇率制度灵活、成熟的资本市场、网络外部性）才能达到"三性"（可兑换性、有信誉性、可接受性）。他认为，其中有三项（资本项目开放、汇率制度灵活、成熟的资本市场）中国还没有达到。那么，在这三项之中，又该以哪个作为突破口呢？进一步思考后可以发现，三项的背后都有资本定价的影子（利率）。虽然利率市场化目前在银行间、区域间和其他市场（民间和境内外）都有尝试，但债券市场的灵敏度相对较高。在资本项目尚未充分可兑换的约束下，可以从境内外和区内外的债券市场做起。例如，可以从熊猫债券、点心债、宝岛债等区域性债券开始尝试，并通

过多个债券市场价格的相互影响及收敛，刺激中国金融市场深层次的改革。来访
的美国彼得森国际经济研究所高级研究员尼古拉斯·拉迪（Nicholas R. Lardy），
也把中国金融改革聚焦在利率上。他认为，利率市场化有利于提高居民收入，引
导资金的合理流动，促进金融市场提高效率。

从另一角度，我们可将其理解为通过资本要素合理配置来调整产业结构，在
产业结构有准备的条件下开放资本项目可兑换，以避免在资本项目开放后出现上
述日本的"两个空洞化"。根据多数专家的建议，在此基础上，中国的资本项目
开放可以按照先放开流入后放开流出，先长期资本后短期资本，先直接投资后间
接投资的顺序进行。这一顺序基于中国发展的实际情况，并遵循了由易到难的原
则，可以使中国在对外开放中趋利避害，保持国家经济的发展，并规避资本流动
带来的风险。

5.3.4　推进人民币资本项目可兑换的"抓手"在哪里

自汇率形成机制和利率市场化问题提出以来，已经过数十年的探讨和分析，
但似乎仍未寻找到适合中国的模式。从美元、日元、德国马克等货币的资本项目
可兑换的进程来看，他们的资本项目的开放并非与国内改革进程遵循相同的模
式。因为各个国家所处的金融环境不一样，经济发展战略也不相同，资本账户开
放的政策取向和采取的措施也就会有所差异。成功的多半是协调好境内外资本边
际收益率，不成功的则是未能消除较大的利差和汇率波动。究其原因，是实体经
济的利润空间以及金融市场定价功能的丧失。直接融资市场受规模影响没有形成
真实的资本价位，会导致间接融资价格也发生扭曲。稀疏的外汇交易量，不可能
产生汇率的均衡水平。同理，品种单调的资本市场上，也难以发现资金的真实价
格。因此，应通过扩大交易量或规模，来完善国内金融市场的定价功能。由于资
本项目开放首当其冲的就是如何消除境内外利差，"倒逼"利率市场化，所以，
应首先加快利率市场化的改革。其次，要进一步扩大 QFII、QDII 和 RQFII 额
度，通过适当降低机构投资者进入境内资本市场的"门槛"来扩大资金供求。此
外，要推动金融衍生品市场的发展，包括加快建设以人民币结算的中国原油期货
市场、研究推出场内交易的人民币衍生产品、丰富人民币汇率风险管理工具、发
展国债期货等，以提高市场的人民币定价功能。集中和有交易量规模的上海国际
金融中心发挥着"抓手"作用。上海银行间同业拆借利率等其他金融产品的定价
已经引领着全国金融价格信息。但与世界其他金融中心相比，其在交易量和品种
上还存在不小的差距，并不在一个档次上。鉴于此，继续扩大上海金融市场的规
模和品种已成为当务之急，否则难以形成真实的价格。东京金融中心是靠贸易金
融交易量而崛起，现在则由于制造业衰退造成交易量萎缩而沉沦；伦敦金融中心
靠着不断放松管制的离岸交易量支撑到今天；只有纽约金融中心才具有世界定价

地位，其凭借金融创新的品种吸引着不仅来自本土而且来自各国的资金来提高交易量。未来的上海自由贸易试验区也将在某种程度上提升上海国际金融中心的在岸和离岸交易量。量决定价，而只有真实的价格才会营造境内外资本边际收益率相等的条件。这也是推进人民币资本项目可兑换的"抓手"。

5.3.5　不能错过人民币资本项目可兑换的"最佳时机"

机会是留给有准备的人的。由于西方工业化国家相继推行宽松量化的货币政策，造成了美元、日元和欧元目前处于相对弱势阶段。这种弱势盘整可能延续较长时期。在这一大环境下，类似上述的"两个空洞化"的冲击相对较弱，中国要充分利用这个时机逐步开放资本项目，人民币国际化也同样需要抓住这个时机。不可能等到美元等西方货币强势时再推出资本项目可兑换，因为境内外的资本边际收益率差异太大。此外，在这一过程中还需要准备好境内外两个"资金池"（pools）来调整"水位"，在岸市场的人民币（CNY）和离岸市场的人民币（CNH）需要同时发展。由于中国特殊的条件，通过两个"资金池"人民币的远期不同点可以随时预示问题。尽管资本账户开放要承担一定的风险，但不能因噎废食。从全球和中国的金融发展来看，资本账户开放是不可阻挡的必然趋势。中国面临的选择只能是采取适当的政策，尽可能地减少资本账户开放过程中的风险。由于资本账户可兑换从启动到实现将是一个较长的过程，因而越晚启动资本账户可兑换进程，实现资本账户可兑换的过渡时间就越短，经济也就越容易出现震动。从这个意义上说，应该尽早启动资本账户可兑换进程（实际上已经启动），有序而平稳地、渐进式地推进人民币资本账户可兑换。

5.4　助推人民币离岸与在岸偏离及收敛的因素分析

"狼来了"不是离岸人民币，而是可能未来兑换成其他外汇形成的冲击。只要是人民币，不管是境内还是境外，其流动都可以在账户上予以跟踪和监管。一旦兑换成其他货币，跟踪和监管就要通过他国和国际系统的协调。创建离岸人民币市场的目的，是在促进人民币国际化的同时，使在岸人民币市场仍在全球保持独立。这导致了人民币有三个不同的主要市场：内地的在岸人民币市场（CNY）、以美元结算的无本金交割远期市场（NDF），以及离岸人民币市场（CNH）。由于存在资本管制，且人民币在岸和离岸市场之间只能部分自由兑换，因此每个市场都有其自身的供需机制。这就形成了汇率、利率和证券定价有差异的三个市场，它们彼此独立但又息息相关。由于资本管制放松、境内外联系日趋紧密，资本跨境转移的难度将下降，进而造成人民币离岸与在岸市场日渐趋同。离岸人民币市场 2010 年中期发展起来之前，外国投资者要参与人民币投资活动只能通过 NDF 市场。结果，NDF 市场通常以溢价与境内市场开展交易。2010 年推出离岸人民币业务时，这种状况也非常明显，主要可归结为两个因素：其一，人民币升值预期吊起了那些渴望在香港获得人民币投资机会的全球投资者的胃口；其二，中国境外人民币存款相对匮乏。例如，香港当前的人民币流动性资金池中有近 1 万亿元，但这仅相当于中国内地人民币存款的百分之几而已。然而，随着更多跨境人民币贸易渠道不断开放，离岸人民币存款日渐增多，离岸市场与在岸市场正日趋同步。受近期 2 月份人民币疲软影响，加上中国将人民币在岸交易的日交易价浮动幅度扩大到 2%，离岸人民币就一直步步紧跟在岸人民币的动向。两者间的平均价差已由 2010 年第四季度的 535 个基点降到了 2014 年第一季度的 172 个基点。

2011 年 6 月，香港财资市场公会公布了每日美元兑离岸人民币的即期汇率定盘价，转机出现了。这项措施增强了市场急需的透明度，外汇衍生工具和期权自此开始兴起。2012 年 7 月，新加坡成为第二个离岸清算中心，开辟了流动性新通道。美元兑离岸人民币的成功带动了交叉货币掉期产品乃至结构性产品市场的蓬勃发展。2014 年 2 月末，在人民币升值预期的推动下，名义价值高达 3500亿美元的离岸人民币结构性产品在市面发售，其中一种产品为"目标可赎回远期合约"。出于多种原因，中国人民银行于 2014 年 2 月出手干预，遏制了投资者因笃信人民币会升值而进行"单向押注"的做法，此举可能是为了创建更多双向通道并且为放宽在岸的日交易价浮动幅度铺平道路。2014 年 3 月，中国人民银行将日交易价浮动幅度扩大到 2%。

自 2014 年 2 月 19 日起，美元兑在岸人民币汇率定盘价的连续走高导致投机者开始补仓，引发了美元兑离岸人民币的剧烈波动，这种波动反过来又殃及美元兑人民币在岸市场，触发了人民币自 2005 年价值重估以来的单周最大跌幅。然而市场动荡虽剧烈（一部分由于央行推高汇率定盘价，一部分由于结构性产品盛行），美元兑离岸人民币远期和美元兑在岸人民币远期却更紧密地趋同了。2014 年 2 月下旬和 3 月，美元兑离岸人民币交易量猛增，有时甚至达到央行干预前日平均交易量的 3~5 倍，这表明该市场已变得非常庞大，从很多方面也看出，该市场取代 NDF 市场作为人民币主要的对冲和交易工具已是情理之中的事。

人民币离岸市场的发展可以为微观经济主体带来多方面的收益机会。我们以香港为例来说明。对境内实体企业而言，可以在离岸人民币市场获得融资、外汇交易和跨境支付等方面的便利和收益：首先，由于离岸人民币市场总体利率较低，企业可以在此以更低的利率获得融资；其次，外汇交易方面，人民币总共有两个即期汇率和四条远期汇率曲线，有机会参与两个以上市场的企业，就可以选择更加有利的汇率进行外汇交易；再次，在跨境支付方面，需要进行跨境支付的企业，可以利用在岸和离岸两个市场的汇率价差来获利。对境外投资者而言，首先，在货币交易方面，可以在离岸人民币远期曲线和无本金交割远期曲线之间选择更为有利的汇率，进行方向性交易，还可以选择两者之间的价差套利；其次，离岸人民币债券市场为债券投资者获得人民币标的资产提供了一个极好的投资渠道；最后，以获取资本利得为主要目标的交易型投资者，则可通过操作无本金交割的利率互换和以美元标的的债券获利。

5.4.1　CNH 与 CNY 偏离的前期文献综述

Ma 等（2004）发现 NDF 交易规模不断增加是造成亚洲货币在岸市场与离岸市场利率存在差异的一个原因。Ma 和 McCauley（2008）认为资本管制和市场分割导致境内外市场人民币利率存在显著差异。他们得出的结论：①香港银行间人民币同业拆借市场无法与上海银行间人民币拆借市场匹敌。②境内外同业拆借市场基本分割，境外机构参与境内市场的程度低。③资本项目开放逐步扩大，上海与香港市场间的信息沟通渠道增加。④上海、香港银行间同业拆借市场中长期限品种交投不活跃（上海人民币同业拆借市场的交易集中于短期合约，超过 3 个月的交投不活跃）。⑤共同报价成为上海、香港市场信息流动的桥梁。

Izawa（2006）发现，人民币无本金交割远期外汇并不能很好地用来预测将来的即期汇率。Colavecchio 和 Funke（2008）指出，人民币 NDF 市场与其他 7 种亚洲货币 NDF 市场之间存在波动率的溢出效应。Maziad 和 Kang 于 2012 年强调在岸人民币即期汇率对离岸人民币即期汇率有影响，人民币在岸市场和离岸市场之间存在波动溢出效应。Ding 等（2012）发现在岸人民币即期汇率和离岸（香港）人民币即期汇率之间没有价格发现关系，但是在岸人民币即期汇率与离岸人民币 NDF 汇率之间存在着价格发现关系。

周先平、李标和邹万鹏于 2014 年采用 MVGARCH 模型，研究了上海银行间人民币同业拆借利率（SHIBOR）与香港银行间人民币同业拆借利率（CNY HIBOR）的联动关系，发现 SHIBOR 对 CNY HIBOR 表现出明显的均值溢出效应，但 CNY HIBOR 对 SHIBOR 的影响不明显；上海市场与香港市场间只有少数的利率对（Interest Rate Pair）存在双向波动溢出效应；期限较短的利率对的动态条件相关系数随着时间的推移有加大的态势，但是波动性也在增强。各期限人民币利率对的动态条件系数在 2013 年 6 月的银行间"钱荒"时期都有显著的增大。对于由共同报价银行报出的 SHIBOR—CNY HIBOR 利率对，均值溢出效应和动态条件相关系数的计算结果与 SHIBOR—CNY HIBOR 的计算结论类似，但是波动溢出效应更强。

关于离岸人民币汇率市场，David Leung 和 John Fu 于 2014 年使用了 VAR 和 GARCH 模型发现在 2013 年境内外人民币汇率是双向影响（溢出效应）的，在此之前的早期阶段，这种溢出效应是有限的，并且统计显著性很差。与 20 世纪 50 年代和 80 年代的欧洲美元对美国境内的利率的影响（绕开 Q 项条款利率限制、存款准备金要求）不同，那时离岸美元对境内美元市场影响很显著。进入 2013 年更多现象是在岸人民币影响离岸人民币汇率。虽然离岸人民币市场增长很快，但仍然比在岸人民币市场规模要小，所有受到在岸人民币市场的影响更大。展望前景，中国大陆市场的货币和外汇市场的交互影响将最终服从于在岸的货币当局的货币政策的影响。再与当时的欧洲美元进行比较，到 2010 年 9 月在美国 IBFs 的美元存款等于欧洲美元市场的 6.4％。欧洲美元市场占据全部美元存款的 31％和美元贷款的 34％。在规模离岸美元市场条件下，非居民更加青睐欧洲美元市场。为此，欧洲美元对美国境内美元的影响是根据规模来定的。

与上述研究方法不同，以往研究境内外资产价格联动关系的文献主要是采用多元 GARCH、MVGARCH、VAR、GRANGER、VEC BEKK 等模型，本研究采用了 Clemente-Montanes-Reyes 的两个结构断点模型来观察沪港人民币市场价格差异与政策公布和实施之间的关系；然后结合断点使用了完全修正的普通最小二乘法（FMOLS）对关键变量进行回归，发现在诸多结构断点中对回归有影响的是无本金交割 1 月远期外汇上的两个断点。两个结构断点上都显示出境内人民币市场因素为主。两地利差确实会波及两地汇差，其中系数远期大于近期，但显著性上则近期大于远期。

5.4.2　经验模型和数据

迪基-福勒检验还可以扩展为扩张的 Dickey-Fuller 检定（Augmented Dickey-Fuller test），简称 ADF 检验。ADF 检验和迪基-福勒检验类似，但 ADF 检验的优点在于它透过纳入（理论上可无限多期，只要资料量容许）滞后期的一阶向下差分项，排除了自相关的影响。但 ADF 单位根检验证明在时间序列非平稳性结构断点上有其潜在的困惑。换句话说，如果时间序列有一个结构断点的话，不能拒绝单位根假设。再换句话说，对于属于时间序列 I（1），也就是事实上在结构断点附近存在一种可能 I（0），但错误地划归为 I（1）。为了克服不允许存在断点而引发偏差，ADF 允许外生结构断点。Clemente 等（1998）研究中描述的双结构断点单位根检验和 Perron 和 Vogelsang（1992）研究中描述的单一结构断点单位根检验，他们考虑了"附加异常值"（Additive Outliers，AO）和"新息异常值"（Innovatioanl Outliers，IO）两种模型。AO 抓住了时间序列均值中的突变；IO 则允许时间序列均值的逐渐转化。这些检验方法可以通过 if qualifier 或者 by prefix 对面板数据中的单一时间序列进行单位根检验。

Nelson 和 Plosser（1982）强有力地证明几乎所有宏观经济时间序列数据都具有典型的单位根。如果没有单位根（平稳），那么时间序列围绕一个固定的长期均值波动，也就意味着有着有限方差，该方差不依赖时间而变。从另一个角度说，非平稳时间序列没有这种趋势会回到其长期决定的路径，并且该序列是时间的依赖者。非平稳时间序列将遭到随机冲击永久性效应，并由此该序列处于随机游走状态。Perron 认为大多数宏观经济的时间序列不具有存在单位根的特征，确实是围绕着一个决定趋势功能而平稳波动。Perron（1989）的程序被一个外生（已知）断点作为标志，这是根据根本渐进分布理论。它们对断点参数保持不变，由此它们的表现不再取决于断点的能量。根据 Perron（1989），下面有三个方程式被用来检验单位根。这些等式考虑到三类结构断点的存在：一种是"粉碎"模型，允许时间序列平面（或截面）上一个断点；也就是"变化增长"模型。最后一个是允许两种效应同时发生，那就是在时间序列的水平和结构上一次性变化。

$$x_t = \alpha_0 + \alpha_1 \text{DU}_t + d(\text{DTB})_t + \beta t + \rho x_{t-1} + e_t \tag{5-1}$$

$$x_t = \alpha_0 + \gamma \text{DT}_t^* + \beta t + \rho x_{t-1} + e_t \tag{5-2}$$

$$x_t = \alpha_0 + \alpha_1 \text{DU}_t + d(\text{DTB})_t + \gamma \text{DT}_t + \beta t + \rho x_{t-1} + \sum_{i=1}^{P} \phi_i \Delta x_{t-1} + e_t \tag{5-3}$$

此处的截距虚拟变量 DU_t 表示一个水平的变化；$\text{DU}_t = 1$，if($t \geqslant \text{TB}$)，如果别样，则为零。斜率虚拟变量 DT_t（并且 DT_t^*）代表一种趋势斜率功能的变化；

$\text{DT}^* = t - \text{TB}(\text{or } \text{DT}_t^* = t)$ if（$t > \text{TB}$），否则为零；粉碎虚拟变量（DTB）$= 1$ if（$t = \text{TB} + 1$），否则为零；TB 为断点日期。

上述三类模型在零假设条件下存在一个断点的单位根，作为虚拟变量融入零条件下的回归。备选假设是断点的趋势平稳过程。

然而，Perron 等著名的断点日期假设也被评判过，尤其是被 Christiano（1992）指责是"数据挖掘"（data mining），他认为根据程序的数据来决定最有可能的断点位置，这种方法使得传统的检验分布理论无效了。

Perron 和 Vogelsang（1992）以及 Perron（1997）提出了一组统计检验，那就是允许两类不同形式的结构断点，即 AO 和 IO 两种模型。AO 模型允许均值（粉碎模型）的一个突变，然而，IO 模型则允许更为渐进的变化。Perron 和 Vogelsang（1992）强调这些检验根据 t 统计量最小值，是基于对最佳自回归的所有可能的断点的自回归系数的加总。同时 Perron（1997）也提出，"如果某人仍然拒绝在这种情景下的单位根假设，那么他很有可能也拒绝一个较为宽松的假设"。

使用这种程序来检验允许存在可能结构断点单位根假设，至少有两个优点：第一，它阻止产生一个偏向非拒绝的检验结果；第二，该程序可以发现可能存在的结构性断点，这将提供有价值的信息来研究某变量的一个结构断点是否与某一个政府政策、经济危机、战争、制度更替或其他因素有关。

许多文献提出，一个内生性断点是不充分的，因为这对实际上不止是一个断点的数据来说意味着信息的损失。为此，Lumsdaine 和 Papell（1997）、Zivot 和 Andrews（1992）引入了一个能够抓住两个断点的模型，声称用于两个断点的单位根解释比一个断点的解释更有力。Clemente 等（1998）也根据上述各模型提出了多断点。Ohara（1999）利用上述时间序列的 t 检验模型验证了 m 个断点时间序列案例，证明拥有多断点的单位根检验对于渐进理论和经验运用来说是十分必要的。

这些内生性断点检验允许一个或多个断点的可能。由 Lee 和 Strazicich（2003）提出的最小拉格朗日乘子（LM）的单位根检验不仅断点由内生决定，而且避免了偏见和伪拒绝问题（例如，假定在出现断点的单位根下会导致规模扭曲，由此可能造成的功能损失。研究人员在解释内生性根时也许会得出结论：实际上当时间序列数据处于带有几个断点的非平稳状态时候，时间序列也是趋势性平稳。就这一点而言，"伪拒绝"可能发生。）更进一步说，相对于 Perron 的带有水平和趋势变化的外生性结构断点，他们的模型允许在零假设和备用假设的条件下允许两个内生性断点。他们展示了两个断点的 LM 单位根检验统计，根据 LM 原则的回归不会产生"伪拒绝"单位根的零假设。

传统的单位根假定的检验在出现结构性断点情况下 ADF 的检验受到批评，就是因为不能允许承认断点，该断点导致一种偏误，可能会减少拒绝错误的单位根零假定的能力。Perron（1989）首次提出在 ADF 检验中的一个众所周知的或外生结构性断点。Zivot 和 Andrews（1992）的模型则由数据"内生性"来决定断点，并允许两个结构性断点。与 Perron（1989）的零假设不同，这些内生检验假定在单位根零假设下没有断点。在单位根零假设下不存在断点的条件下，这些检验也许意味着有断点的平稳迹象的趋势。Lee 和 Strazicich（2003）的程序不仅允许断点由数据的内生性决定，而且这些断点是在零和可选假定条件下成立的。

在单变量框架下伴有断点的单位根检验的发展提出了一个问题，那就是如何将这些断点融入协整回归的框架中。最根本的问题是把有断点的每一个时间序列融入协整的框架中。现在这类的研究发展还十分有限，也确实是未来研究的领域。

完全修正的普通最小二乘法（FMOLS）是另一类修正解释内生性的估计方法。该模型中的复合误差项与解释变量不相关，这正是 FMOLS 校正解释变量内生性的核心所在。该模型的实质在于，通过长期方差矩阵校正误差项，从而使得校正后的协方差为零，以此校正解释变量的内生性，并进而校正误差项的序列相关。其估计结果而构造出来的统计量的检验效果显著依赖于长期方差矩阵的有效估计。很早以前，Pedroni（1996，2001）就提出了 FMOLS 方法，纠正了 OLS 估计量的内生性和时间相关问题。然而，在有限的样本量中 FMOLS 并不改善简单 OLS 的属性。

$$y_t = x_t'\beta + d_{1t}'\gamma_1 + u_{1t}$$
$$x_t = \Gamma_1 d_{1t} + \Gamma_2 d_{2t} + \varepsilon_t \qquad\qquad (5\text{-}4)$$
$$\Delta\varepsilon_t = u_{2t}$$

其中，d_{1t}，d_{2t} 为决定趋势回归元，d_{1t} 不仅进入协整等式，而且还进入回归元等式，d_{2t} 只是进入回归元等式。u_{1t} 为协整等式中的误差项；u_{2t} 为回归元的开放性。假定开放性的 $u_t = (u_{1t}, u_{2t}')'$ 是严格的平稳并且具有平均值为零的状态过程，同时的协方差矩阵 Σ，一边的 LRCOV 矩阵 Λ，以及非单 LRCOV 矩阵 Ω。

$$\sum = E(u_t u_t') = \begin{bmatrix} \sigma_{11} & \sigma_{12} \\ \sigma_{21} & \varepsilon_{22} \end{bmatrix}$$

$$\Lambda = \sum_{j=0}^{\infty} E(u_t u_{t-j}') = \begin{bmatrix} \lambda_{11} & \lambda_{12} \\ \lambda_{21} & \Lambda_{22} \end{bmatrix}$$

$$\Omega = \sum_{j=-\infty}^{\infty} E(u_t u_{t-j}') = \begin{bmatrix} \omega_{11} & \omega_{12} \\ \omega_{21} & \Omega_{22} \end{bmatrix}$$

如果该序列是协整的，那么该 OLS 的估计值是一致的，比标准模式在一个较快速度上收敛。但是当 u_{1t}，$u_{21}(\omega_{12})$ 之间存在长期相关性的时候，或者在协整等式误差和回归元的开放性 (λ_{12}) 之间有交叉相关性时，OLS 的估计值具有一种渐进分布，那就是一般非高斯、渐进有偏的、非对称的，并且包含有非数值类的参数。由此传统的检验程序就非有效了。Philips 和 Hansen（1990）提出 FMOLS 模型，使用半参数纠正来消除上述问题。得出的估计量是渐进有偏的，并具有充分有效正态渐进性，允许标准 Wald 检验。FMOLS 估计使用 OLS 程序，但对回归值（变数）进行了如下的转换：

$$y_t^+ = y_t - \omega_{12}\Omega_{22}^{-1}\hat{u}_{2t}$$

FMOLS 的估计值和其协方差给定如下：

$$\hat{\theta} = \begin{bmatrix} \beta \\ \hat{\gamma}_1 \end{bmatrix} = \Big[\sum_{t=1}^{T} z_t z_t' \Big] \Big[\sum_{t=1}^{T} z_t y_t^+ - T \binom{\hat{\lambda}_{12}^{+'}}{0} \Big]$$

$$\mathrm{Var}\,(\hat{\theta}) = \omega_{1,2} \Big[\sum_{t=1}^{T} z_t z_t' \Big], \quad \omega_{1,2} = \omega_{11} - \omega_{12}\Omega_{22}^{-1}\omega_{21}$$

此处的 $\hat{\lambda}_{12}^+ = \hat{\lambda}_{12} - \omega_{12}\Omega_{22}^{-1}\Lambda_{22}$ 称为有偏纠正条件；$z_t = (x_t', d_{1t}')'$；$\omega_{1,2}$ 为基于条件 u_{2t} 的 u_{1t} 估计值。比较的回归模型如下：

$$\text{cnhkfxd}_t = \alpha + \beta_1 \text{r2week}_t + \beta_2 \text{r1month}_t + \beta_3 d.1\text{year}_t + \text{break}_{i,t} + \varepsilon \quad (5\text{-}5)$$

本模型区别于一般汇率理论中的利率平价论之处是使用对称的同时期变量，也就是说它不是专门用于检验和预测远期汇率的。从总体上来看，有断点 FMOLS 的回归效果要好于没有断点的（从 R 平方上得到验证）。再结合数据的统计描述和回归结果来看，在岸人民币在整体上要小于离岸人民币的升值幅度。但不排除个别情况下会出现相反情况。两地的三种期限结构的银行同业拆借利率都表明，在岸的人民币利率要高于离岸人民币利率。在岸 1 月期的银行同业拆借利率绝对高于离岸的利率，没有出现相反情况。为此月度期限的在岸利率越高于离岸的，就越会促使离岸人民币升值幅度高于在岸的。这符合我们的直觉，那就是通过购入离岸人民币动机较高，以伺机准备流入境内获取较高的利差。其中两地 2 周期的银行同业拆借利率与 1 年期的银行同业拆借利率总体情况仍然是在岸利率高于离岸利率，但不排除个别情况下的相反变动。两周期利率的反应快于汇率变化，为此出现错位形成汇率与利率负相关的情况；而经过一阶差分后的一年期利率使得其波动幅度减少许多，在 −0.0129 和 0.0193 之间波动（见表 5-5），尤其是在两个断点之间与汇率波动方向相反，在资本项目管制存续期间，从长期来看两地利率差价越大，汇率的差价就越小。虽然随着人民币的两个"资金池"的政策放开，两地的人民币汇率差距会趋于收敛，这还是需要一定的利率差距予以维持的。只要两个（在岸与离岸）人民币账户存在，两地的利率就不可能完全相同。例如，即便美国资本项目完全开放，欧洲美元与美国本土美元利率还是存在差距。

表 5-5　回归数据的统计描述

变量名	观察值	中值	标准偏误	最小值	最大值
cnhkfxd	160	0.001 313 8	0.001 775	−0.002 656 8	0.005 424 2
r2week 2 周利差	160	0.861 223 9	0.401 094 6	−0.158 378 5	1.723 786
r1month 1 月利差	160	0.866 927	0.244 174 8	0.398 960 5	1.353 252
d1year 1 年利差	122	0.000 586 2	0.004 425 9	−0.012 951 8	0.019 339 4

资料来源：由 bloomberg 上下载

值得强调的是，上述回归选择的"两个断点"是根据海外人民币无本金 1 月的远期交割（cnyndf1m）数据，也就是说明人民币预期的通道发生变化，原先的缓慢升值通道逐步转向贬值通道，2014 年上半年人民币连续疲软也改变了海外对人民币汇率走势的预期。这些因素对两地的利率和汇率的差价发生影响。加上两个断点后，回归效果更好。

为了对上述各个时间序列上所测试的两个断点（表 5-5～表 5-12；图 5-1～图 5-7）予以政策外生效果的解读，我们搜寻了下面政策公布和实施的时间匹配日期。

表 5-6　ADF 单位根检验

变量名	L1	LD	trend	cons
cnhkfxd	−0. 3224 ** （−3. 52）	−0. 0584 （−0. 57）	−0. 000 （−1. 77）	0. 000 （2. 23）
r2week	−0. 1757 * （−3. 442）	0. 363 （3. 26）	−0. 000 （−3. 06）	0. 246 （3. 32）
r1month	−0. 0003 * （−3. 360）	0. 3029 （2. 61）	−0. 000 （−2. 92）	0. 131 （3. 27）
d1year	−0. 818 *** （−4. 841）	−0. 2182 （−1. 66）	−0. 000 （−0. 15）	0. 000 （0. 34）
Lcnyndf1m	−1. 280 *** （−8. 926）	0. 2671 （3. 20）	−0. 000 （−0. 56）	0. 000 （1. 55）

注：括号内表示 Interpolated Dickey-Fuller 的 t 统计：

*** 1％crit. vlue （−4. 069），** 5％crit. value （−3. 463），* 10％crit. value （−3. 158）。观察值：87

表 5-7　在岸与离岸人民币汇率之差（cnhkfxd）天数（$T=128$）

最佳断点（optimal breakpoints）：du1＝2014 年 1 月 9 日 （596），du2＝2014 年 3 月 25 日 （644）

AR （2）	du1	du2	（rho-1）	const
Coefficients：	0. 001 69	−0. 002 91	−0. 402 45	0. 001 28
t-statistics：	6. 367	−11. 531	−4. 342	
P-values：	0. 000	0. 000	−5. 490	（5％ crit. value）

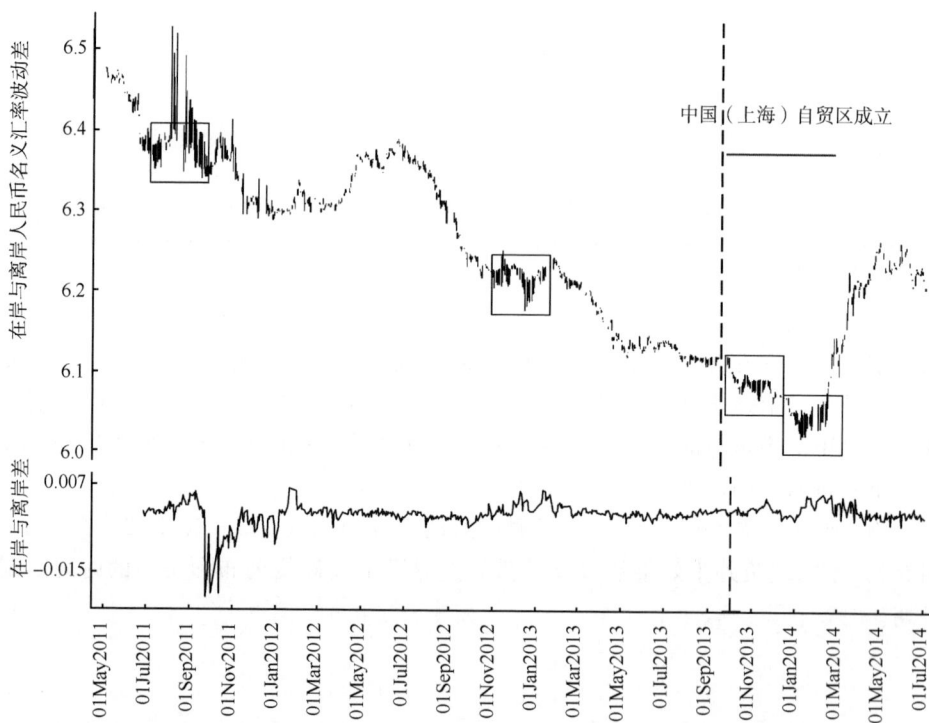

图 5-1　在岸与离岸人民币汇率之差（上）和差分（下）示意图

表 5-8　在岸与离岸人民币两周拆借利率之差（r2week）天数（$T=128$）

最佳断点（optimal breakpoints）：du1＝2014 年 2 月 17 日（618），du2＝2014 年 5 月 16 日（676）

AR（1）	du1	du2	(rho-1)	const
Coefficients：	−0.496 97	−0.418 30	−0.216 92	1.212 99
t-statistics：	−14.504	−9.578	−4.803	
P-values：	0.000	0.000	−5.490	(5% crit. value)

表 5-9　在岸与离岸人民币一月拆借利率之差（r1month）天数（$T=128$）

最佳断点（optimal breakpoints）：du1＝2014 年 2 月 19 日（620），du2＝2014 年 5 月 8 日（670）

AR（1）	du1	du2	(rho-1)	const
Coefficients：	−0.293 87	−0.261 11	−0.231 82	
t-statistics：	−15.964	−11.880	−4.737	
P-values：	0.000	0.000	−5.490	(5% crit. value)

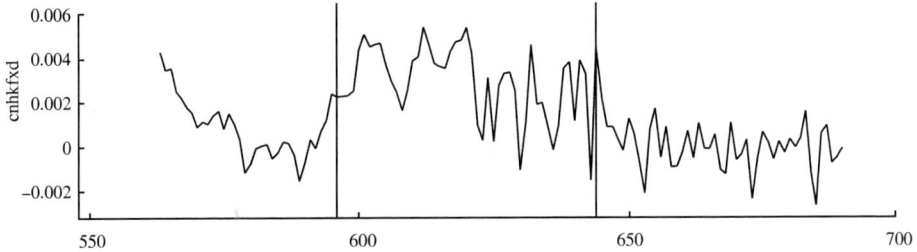

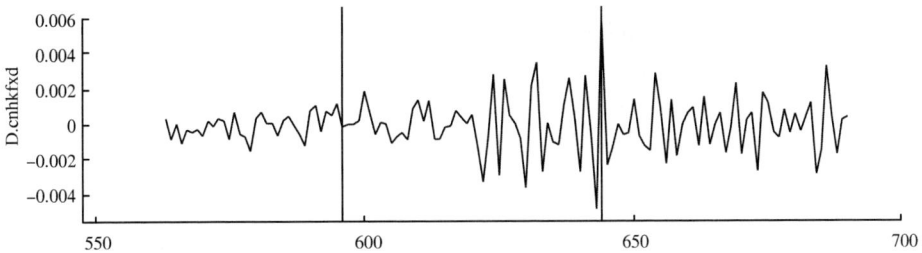

图 5-2　在岸与离岸人民币汇率之差的两个结构断点

（2014 年 1 月 9 日，2014 年 3 月 25 日）

表 5-10　在岸与离岸人民币一年拆借利率之差（r1year）天数（$T=128$）

最佳断点（optimal breakpoints）：du1＝2013 年 12 月 12 日（579），du2＝2013 年 12 月 23 日（586）

AR（0）	du1	du2	(rho-1)	const
Coefficients：	0.094 92	0.022 68	−0.158 74	0.415 90
t-statistics：	15.252	3.899	−3.440	
P-values：	0.000	0.000	−5.490	(5% crit. Value)

表 5-11　人民币无本金交割一月远期汇率（cnyndf1m）天数（$T＝128$）

最佳断点（optimal breakpoints）：du1＝2013 年 12 月 3 日（572），du2＝2014 年 3 月 5 日（630）

AR (0)	du1	du2	(rho-1)	const
Coefficients：	−0.024 00	0.059 79	−0.257 50	6.133 96
t-statistics：	−9.277	31.289	−4.889	
P−values：	0.000	0.000	−5.490	(5% crit. Value)

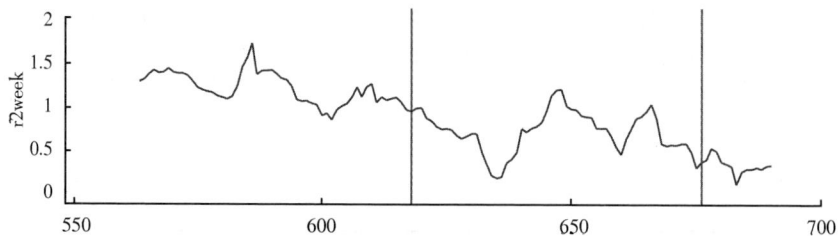

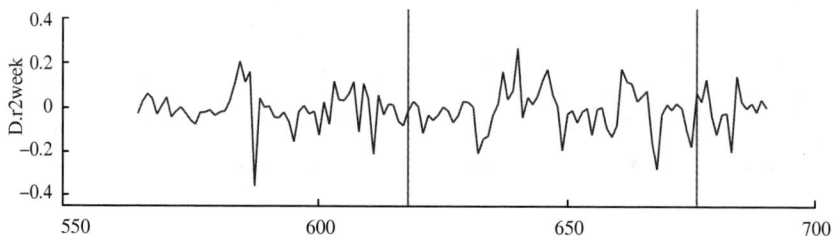

图 5-3　在岸与离岸人民币两周拆借利率差的两个结构断点

（2014 年 2 月 17 日，2014 年 5 月 16 日）

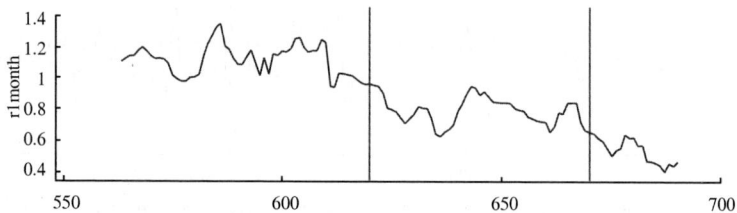

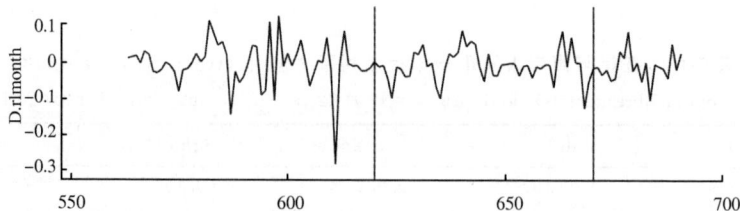

图 5-4　在岸与离岸人民币一月拆借利率差的两个结构断点

（2014 年 2 月 19 日，2014 年 5 月 8 日）

　　本研究的在岸人民币汇率（cny）和离岸人民币汇率（cnh）的时间段：2011
年 6 月 27 日至 2014 年 6 月 30 日。两地的人民币利率各种期限取值时间段：
2013 年 10 月 28 日至 2014 年 6 月 30 日。由于利率数据"短板"，本研究回归是
根据可获得的两地利率差距的时间段进行的。

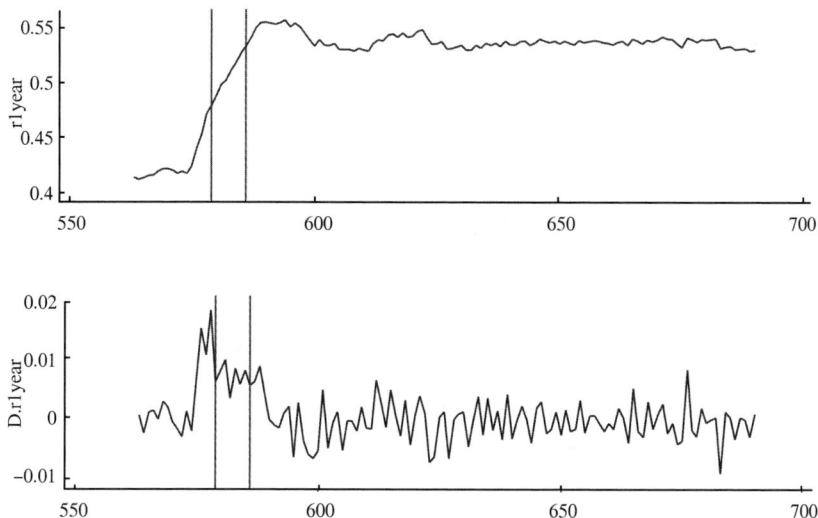

图 5-5　在岸与离岸人民币一年拆借利率差的两个结构断点
（2013 年 12 月 12 日，2013 年 12 月 23 日）

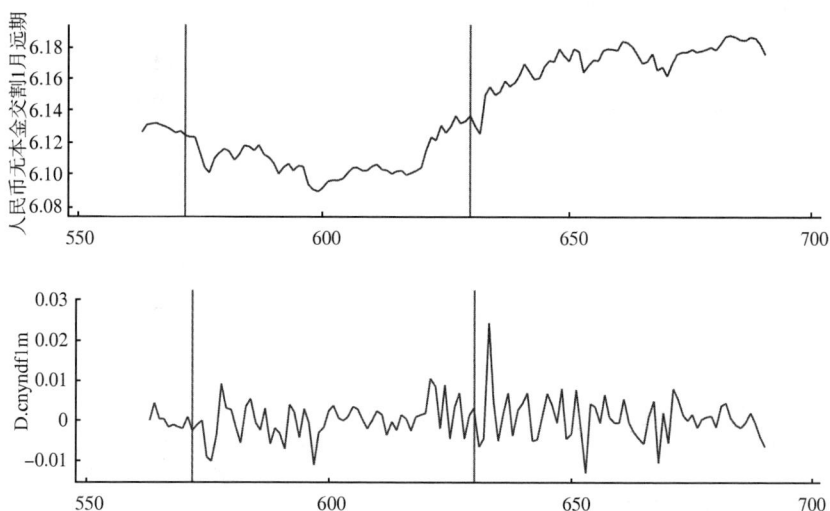

图 5-6　人民币无本金交割一月远期汇率的两个结构断点
（2013 年 12 月 3 日，2014 年 3 月 5 日）

表 5-12　有无断点的协整的回归结果

汇率差	无断点	有断点
变量名	nobreak	withbreaks
	cnhkfxd	cnhkfxd
r2week	−0.00270*	−0.00605***
（2 周利差）	(0.00164)	(0.00164)
r1month	0.00888***	0.00652***
（1 月利差）	(0.00263)	(0.00223)
d1year	−0.0950	−0.108**
（1 年利差）	(0.0635)	(0.0454)
Constant	−0.00403***	0.00196
	(0.00122)	(0.00160)
Observations	121	44
R−squared	0.266	0.434

注：①括号中的是标准误差；

　　②断点取 2013 年 12 月 3 日和 2014 年 3 月 5 日

*** $p < 0.01$，** $p < 0.05$，* $p < 0.1$

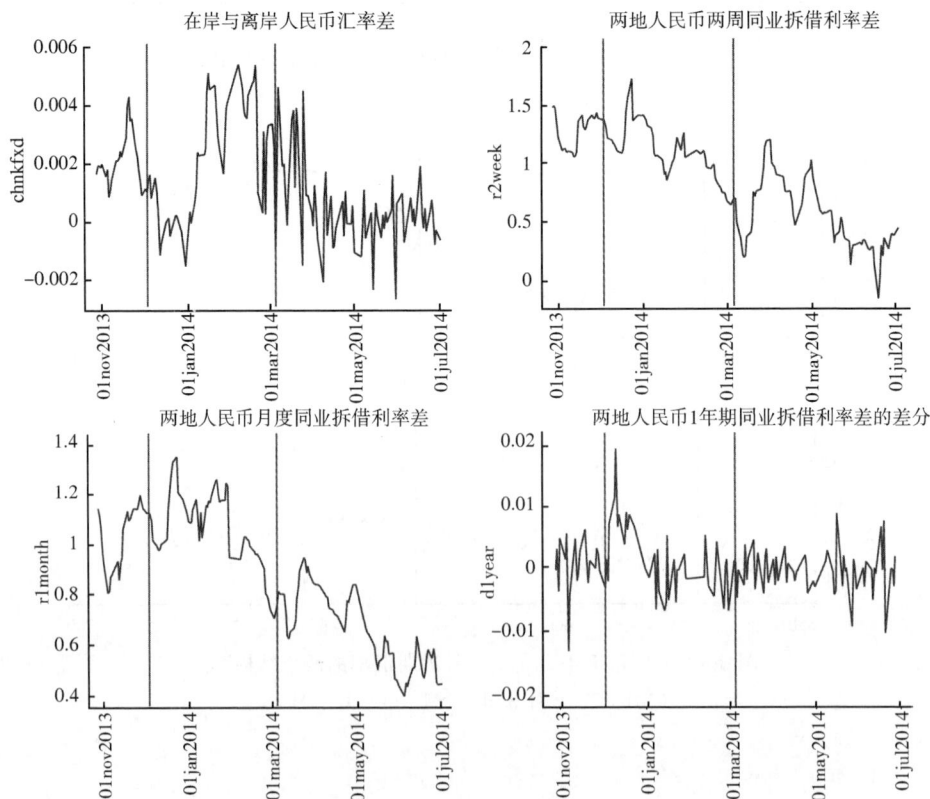

图 5-7　协整回归四变量与两个结构断点的汇总

　　中国（上海）自贸区成立后，离岸人民币可以进入区内，人民币的两个资金池的扩容也客观上有利于缩小两地的利差和汇差。在此过程中各种政策（表 5-13）出台，其效果在汇率和利率市场上可能当天见效，也有可能出现提前和滞后的效应。本研究只是用数据提供的"断点"来观察事件。虽然海外人民币汇率远期走势的预期（ndf1m）还是从外部影响着汇差和利差的结构，但是外部的预期还是基于内部基本情况。通过汇差和利差的"倒逼式"的改革开放也只是愿望，根本上还要取决于中国金融市场完善和实体经济结构的调整与发展。

表 5-13　各个变量的端点与政策事件的时间匹配

时间	事件（政策公布与具体实施）	断点/效果
2011-8-22	中国人民银行会同五部委发布《关于扩大跨境贸易人民币结算地区的通知》，将跨境人民币结算境内地域范围扩大至全国	
2011-10-13	商务部发布《关于跨境人民币直接投资有关问题的通知》，中国人民银行发布《外商直接投资人民币结算业务管理办法》，允许境外投资者以人民币来华投资	
2011-12	允许 RQFII 在香港募集的人民币资金投资银行间债券市场	
2012-2-6	中国人民银行等五部委联合发布《关于出口货物贸易人民币结算企业管理有关问题的通知》（银发〔2012〕23 号），所有具有进出口经营资格的企业均可开展出口货物贸易人民币结算业务	
2012-4-16	中国人民银行将银行间即期外汇市场人民币兑美元交易价浮动幅度由千分之五扩大至百分之一	
2012-6-15	香港金管局推出人民币流动资金安排，为参与香港人民币业务的认可机构提供有期人民币资金	
2012-11	RQFII 额度增加了 2000 亿元，变为 2700 亿元	
2012-12	《前海跨境人民币贷款管理暂时办法》正式出台	
2013-6	推出人民币香港银行同业拆息定价机制	
2013-7-9	中国人民银行发布《关于简化跨境人民币业务流程和完善有关政策的通知》（银发〔2013〕168 号），简化了经常项下跨境人民币业务，放宽了账户融资的期限和额度，规范了境内非金融机构人民币境外放款业务和对外提供人民币担保等业务	
中国（上海）自贸区成立		
2013-12-8	中国人民银行发布《同业存单管理暂行办法》，中国银行、中国建设银行等10 家金融机构分别发行了首批同业存单产品。同业存单可以为中长端 shibor 提供更透明、市场化的报价参考	
2013-12-3	中国人民银行进行 180 亿元 7 天期逆回购操作，规模较上周减少近六成，中标利率持平于 4.1%；国家发改委副主任张晓强表示对一般性境外投资项目的核准制逐步改变为备案制	ndf1m (1)

续表

时间	事件（政策公布与具体实施）	断点/效果
2013-12-12	人民币外汇市场三个具有重要意义的事件：一是由于离岸人民币即期市场上卖空美元，离岸即期汇率与在岸即期汇率的价差消失；二是离岸短期外汇掉期变负，离岸美元兑人民币远期掉期交易隔夜 O/N、T/N、S/N 三种期限均一度从升水变成贴水；三是离岸人民币即期汇率反超在岸人民币即期汇率。CNH 的价格与 CNY 的价格差不多甚至相对更高	r1year（1）
2013-12-23	中国人民银行已连续三天通过短期流动性调节工具（SLO）累计向市场注入超过 3000 亿元流动性	r1year（2）
2014-1-9	离岸人民币汇价创 2014 年以来新高（6.03～6.05）。套利盘也加大了境内市场的结汇压力。境外人民币做多买盘强劲；自由贸易试验区推进工作领导小组召开工作会议；深圳市政府以 2014 年一号文件加强深港金融合作，拓宽深港跨境资本双向流通循环渠道	cnhkfxd（1）
2014-2	在上海自贸区内开展各项跨境人民币业务创新试点，支付机构跨境人民币支付业务	
2014-2-17	春节后现金回流，加上近期外汇市场购汇力量坚挺带来央行货币投放，场内各期限资金供给都颇为充裕，整体呈供过于求状态；离岸人民币交易量正飞速增长；社会融资规模与新增信贷均超预期增长；中国贷款基础利率（loan prime rate，LPR）报价连续两日上涨	r2week（1）
2014-2-19	隔夜回购加权利率当天有望创下九个月来新低；近期一波大行购汇主导下的人民币贬值，与客盘净结汇方向和弱势美元趋势都相背离；为适应商业银行资产负债多元化的趋势，中国银监会将不断对存贷比监管加以完善	r1month（1）
2014-2-21	中国人民银行上海总部正式出台《关于支持中国（上海）自由贸易试验区扩大人民币跨境使用的通知》，一是区内非银行金融机构和企业可以从境外借用人民币资金，用于区内生产经营、区内项目建设和境外项目建设；二是区内企业可根据自身经营和发展需要，开展集团内跨境双向人民币资金池和经常项下跨境人民币集中收付业务；三是支持上海地区的银行与区内取得"互联网支付"业务许可的支付机构（含分支机构）合作，提供基于真实跨境电子商务的跨境人民币结算服务；四是支持中国外汇交易中心和上海黄金交易所在区内提供跨境人民币交易服务	
2014-3-5	CNY 升值，CNH 贬值，CNY 反超 CNH；汇丰中国 2 月服务业 PMI 有所回升	ndf1m（2）
2014-3-17	银行间即期外汇市场人民币兑美元交易价浮动幅度由 1% 扩大至 2%	
2014-3-25	央行正回购操作量虽略超出市场预期，但财政存款投放对流动性提供支撑，资金整体宽松局面不变；自贸区金融创新案例发布会，在一行三会 51 项支持政策的基础上，各项实施细则正逐项落地，第三方支付机构与银行合作开展了跨境电子商务人民币支付结算业务，为区内跨国公司办理经常项下跨境人民币集中收付业务等；银行为区内企业开展了跨国公司外汇资金集中运营管理试点和跨境人民币双向资金池业务	cnhkfxd（2）

续表

时间	事件（政策公布与具体实施）	断点/效果
2014-4-4	在岸市场与离岸市场即期人民币双双贬值，离岸市场贬值幅度大于在岸市场；中国外汇管理局发布 2013 年国际收支报告，称去年国际收支总顺差达 5090 亿美元，跨境资本仍呈现净流入，显示国际收支总体不平衡问题依然突出	
2014-5-8	央行公开市场今日进行了 600 亿元人民币 28 天期正回购操作；汇丰中国 7 月服务业 PMI 降至 50.0；准备金补缴资金略收敛	r1month（2）
2014-5-16	上海自贸区跨国公司总部外汇资金集中运营管理首批银企合作试点周五签约，这项试点允许跨国公司同时或单独开立国内、国际外汇资金主账户，集中管理境内外成员企业的外汇资金，开展资金集中收付汇，轧差净额结算，账户内可以全部或部分共享外债和对外放款额度；今年首批离岸国债标售，短天期表现将较长天期为佳	r2week（2）

5.5　给自贸区人民币账户再"松绑"

首先，以套利套汇的有色眼镜去看自贸区的人民币账户和跨境资金池，把融入的人民币作为活期存款来处理，这有失公平。其次，片面认为"人民币外债资金"用于证券市场会出现"抄底"现象，这是过度担忧。目前中国股市与日本东京股市相仿，即便放开"热钱冲击"可能性不大。再次，简化非居民人民币多账户，这样跨国企业可以在集中收付业务项下将人民币境内总账户和人民币国际总账户更好地融合。人民币国际化需要让非居民持有更多的中国证券。只有本币国际化了企业才能承受更大的汇率波动风险，只有汇率波动才可以"阻断"国际游资的大进大出。

5.5.1　人民币跨境结算的界定及推进意义

跨境贸易人民币结算是指在进出口贸易的商业活动中，贸易双方企业商定以人民币对进出口货物（标价、报关、等环节）款项进行支付结算。人民币作为一国货币的基本职能向境外延伸的过程，主要指计价和结算两种职能，在国际贸易中，对大多数企业而言，计价货币的选择和结算货币是一致的，一般企业选择的计价形式分为三种：出口国货币计价（producer's currency pricing，PCP）、进口国货币计价（local currency pricing，LCP）和第三国货币计价——工具货币计价（vehicle currency pricing，VCP）。

目前，人民币跨境结算主要通过以下四种合作方式进行：第一种，双边贸易本币结算，这主要是在中国与一些发展国家之间，如中俄已经签署双边本币结算协议；第二种，双边本币互换协议，目前我国已经跟新加坡、香港、新西兰、澳大利亚等国家签订了双边本币互换协议；第三种，边境贸易本币结算，这主要是在边境活动的时候直接采取人民币结算，中国已经与一些东亚邻国及蒙古等国采取了这样的交易措施。第四种，与国际组织如国际货币基金组织、亚洲开发银行等，在人民币参股的情况下，实行人民币交易。这四种方式为人民币跨境结算的进一步发展提供了很好的发展途径。

推进跨境人民币业务的意义如下。

第一，有利于服务实体经济。

国际贸易中货币结算的问题一直是贸易伙伴最关心问题。自美元确立国际货币地位以来，贸易伙伴国大多选择美元结算，除美国以外，对国际贸易国双方来说都称为国际贸易外汇结算。而我国对外贸易一直以来大都采用美元进行结算。在与美欧等主要贸易伙伴以外的国家和地区进行的货物贸易中，超过90％的结算采用第三方货币。这意味着对贸易双方来说，存在着各自本币兑换为第三方货币再进行结算的二次兑换成本问题。

但是，美国经济危机以后，一方面结算货币汇率波动幅度加大，另一方面我国国际收支顺差跃居世界第一，使得人民币世界地位大大提升，贸易伙伴国在与我国的贸易往来中纷纷接收人民币作为结算货币。顺应时代发展，我国及时出台了跨境贸易人民币结算试点。2009年我国跨境贸易人民币结算试点正式启动，并在有效监管的基础上推进跨境投融资的便利化。允许我国企业以汇率相对稳定的人民币进行跨境贸易结算，不仅有利于企业规避汇率风险，也有利于贸易双方锁定交易成本，降低因采用第三方货币结算带来的二次汇兑成本，从而在互利互惠的基础上，促进我国与世界各国和地区的贸易发展。

第二，有利于推进资本项目开放。

长期以来，一直困扰我国资本项目开放改革的一个关键问题就是对热钱"大进大出"的顾虑。原本汇率的自由波动可以充当热钱市场的"涨停板"功能，难以预测的汇率走势可以大大提高投机的成本，打击投机活动。但是，我国企业长期以来处于国际产业链的下游，缺乏竞争力和议价能力，面对汇率的"大上大下"，几乎没有"还手之力"。因此，当局对于人民币汇率的浮动管理不得不采取谨慎的、小步的放开策略。2014年3月17日，央行决定将银行间即期外汇市场人民币兑美元的日内浮动幅度由1％扩大至2％，此次扩大是汇率形成机制改革的重要举措，为投机者们上了"重要的一课"。然而，从长期来看，2％的浮动幅度仍然不能体现市场化机制，无法与资本项目"自由兑换"相匹配。人民币跨境业务的进一步开展和深化将为本国进出口商最大限度减少汇率风险，企业不用再受汇率波动困扰，人民币汇率的弹性也就可以进一步放大，用汇率波动阻止热钱的冲击。

第三，有利于推进人民币国际化（图5-8）。

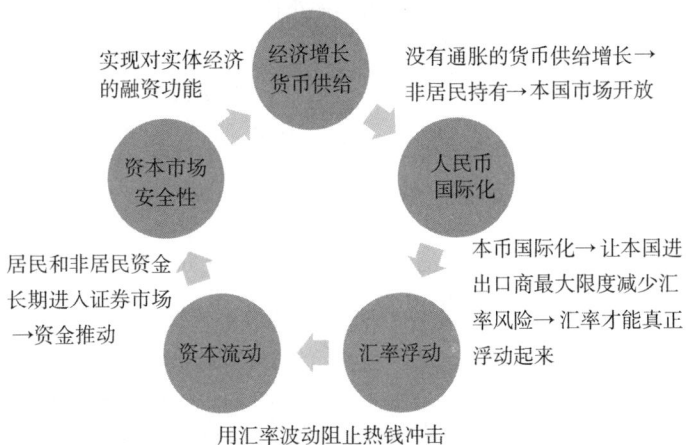

图 5-8　人民币国际化与其他宏观金融改革的关系

相对放开的资本市场为"走出去"的人民币提供了一个回流渠道，居民与非居民的资金长期进入证券市场，实现对实体经济的融资功能，进而刺激经济增长，进入良性的循环互动。由此，人民币能实现国际货币的结算职能、计价职能及储备功能，真正成为"国际化的人民币"。当然，在这个循环中，必须有一个重要的前提，那就是中国证券市场是一个具备吸引力的市场——流动性高、监管透明、企业道德风险低。而中国证券市场长期以来积累的问题，还需要更长久的实践以及改革的决心。

5.5.2　跨境人民币结算的发展历程

1. 初始期

在中国对外贸易的发展进程中，人民币曾一度作为我国对外贸易计价结算的主要货币。1968 年 3 月，中国银行就提出了对港澳地区的进出口贸易试行使用人民币进行结算的建议，并首次得到了国务院的批准。在 1969 年的广州春季与秋季交易会中，人民币贸易结算的试点范围开始初步扩大至英国、德国、法国等国家，到了 1971 年这一范围就已经遍及五大洲，已有 40 个国家和地区使用人民币进行贸易结算，到了 1976 年更是增加到 120 个国家和地区。同时，使用人民币进行结算的贸易额也大幅增长，在 1970 年的春、秋两季交易会上，使用人民币结算的贸易出口额为 5 亿～6 亿元，而到了 1973 年的交易会，以人民币结算成交的贸易出口额就增加到了 24 亿元以上，占出口总成交额的 50％以上。1978 年以后，中国开始实行改革开放，逐步参与国际分工，同时随着我国外汇监管体系的逐渐加强，对外贸易项下的人民币结算业务开始大幅减少，而非贸易项下的人民币结算也于 1999 年终止，中国银行的境外代理行、海外联行和港澳联行在总行的人民币结算账户也于 1999 年全部关闭。当时中国试行对外贸易人民币的目的主要在于减少外汇贬值风险，避免我国的外汇遭受损失，人民币也不准携带出境和输出，无法作为国际支付或储备手段。因此，可以说当时的人民币结算试行是目前跨境贸易人民币结算的雏形。

此后，在 20 世纪 90 年代，中国开始与部分周边国家或地区使用人民币进行边境贸易计价结算，主要是用于港澳台地区、中俄边境、大湄公河次区域、蒙古等的边境小额现钞贸易。1997 年爆发亚洲金融危机后，中国政府担负起一个大国的责任，承诺人民币不贬值，表现出了高度的大国风范，这使得人民币的国际信誉迅速提高。而后，人民币一直保持币值相对稳定的状态，越南、老挝、缅甸、俄罗斯等周边国家和地区的政府与人民开始逐步将人民币视为硬通货，并开始在实际的贸易活动中使用人民币进行结算和支付。2000 年 5 月签署的《清迈倡议》更是推动了中国与其他边境国的货币合作，目前，中国人民银行已经分别与越南、老挝、尼泊尔、蒙古、俄罗斯和朝鲜等国的央行签署了双边货币结算合作协议，允许直接使用人民币和对方本币进行两国的边境贸易结算。在中国香港、中国澳门、中国台湾、马来西亚、新加坡和韩国等国家或地区，人民币也被广泛接受，自 2005 年 1 月起，银联卡在韩国、新加坡、泰国等国家开始受理业务，持卡人在这些国家消费时可以使用银联卡进行付款，并允许支取一定限额的本国货币。近年来，人民币在周边国家和地区的流通规模呈现不断扩大之势。在与我国经济往来活动较为密切的国家和地区中，人民币也大都受到了不同程度的欢迎，缅甸、蒙古等国都将人民币视为"第二美元"，允许全境流通，在蒙古境内，人民币更是占了流通现钞总量的 60% 左右。一些国家和地区的居民甚至还将人民币作为一种储藏手段，2005 年 11 月 5 日，印度储备银行正式将港币和人民币纳入一篮子货币体系；此外，菲律宾货币委员会也于 2006 年 12 月 1 日同意在境内将人民币作为储备货币等。

随着经济的持续健康发展以及对外开放程度的不断提高，中国与周边经济体的边境贸易发展也呈现出一片欣欣向荣的景象，这也就增加了周边贸易伙伴国家对人民币的需求。中国人民银行 2000 年的调查统计结果显示，人民币在周边国家和地区的沉淀总量为 150 亿～200 亿元，大约占了我国 M0 的 1%。此外，2008 年国际金融危机的爆发使得美元、欧元等国际结算货币的汇率波幅增大，汇率风险大大增加，我国外贸企业承受巨大的汇率风险和竞争压力，外贸形势日趋严峻，这就在一定程度上催生了跨境贸易人民币结算的出台。

2. 启动初期

自 2008 年国际金融危机爆发以来，我国政府就在积极筹划准备推进跨境贸易人民币结算的前期工作。2008 年 9 月 7 日,国务院下发《关于进一步推进长江三角洲地区改革开放和经济社会发展的指导意见》,明确指出"选择有条件的企业开展人民币结算国际贸易的试点"。2008 年 12 月 24 日,国务院决定对广东和长三角地区与港澳地区、广西和云南两省(自治区)与东盟国家的货物贸易开展人民币跨境结算试点。2009 年 4 月 8 日,国务院决定在上海和广东的广州、深圳、珠海、东莞这 4 个城市开展跨境贸易人民币结算业务试点工作,并将境外地域范围暂定为中国港澳地区和东盟十国。2009 年 6 月 29 日,确定香港为跨境贸易人民币结算试点地区。2009 年 7 月 2 日,中国人民银行下发《跨境贸易人民币结算试点管理办法》,标志着上海和广东的 4 个城市正式开启跨境贸易人民币结算。《跨境贸易人民币结算试点管理办法》中明确规定了跨境贸易人民币结算试点的两种模式:一种是清算行的模式,其角色就是为境内企业提供结算服务,主要适用于中国港澳地区;另一种是代理行的模式,功能是为境外商业银行开立人民币同业往来账户,主要适用于东盟地区。

2009 年 7 月 4 日,中国银行与其海外代理行签署了《人民币贸易结算清算协议书》,并开设了人民币清算账户;2009 年 7 月 6 日,国家外汇管理局综合司下发了《关于跨境贸易人民币结算中国际收支统计申报有关事宜的通知》,明确规定跨境贸易人民币结算业务应按照《国际收支统计申报办法》及相关规定办理国际收支统计申报;2009 年 7 月 16 日,海关总署监管司下发了《关于跨境贸易人民币结算试点有关问题的通知》,同年 8 月 25 日,国家税务总局也下发了《关于跨境贸易人民币结算出口货物退(免)税有关事项通知》等。这一系列政策措施(办法)相继出台,旨在促进对外贸易的便利化,规范试点企业与商业银行的行为,防范相关业务风险,进而保障跨境贸易人民币结算试点工作的顺利开展。

总体而言,在结算试点的启动初期还是取得了一定的成效。首先,在地域上,业务范围已经由中国港澳地区以及东盟的印度尼西亚、泰国、新加坡、马来西亚等地区逐步延伸到南非、俄罗斯、巴西等;在结算方式上也涵盖了进口开证、出口来证、汇入汇款、汇出汇款、进口代收、出口托收等各类结算业务;其次,实现跨境贸易人民币结算也表明人民币已经从计价货币上升到结算货币,对于我国经济增长特别是促进对外贸易发展具有重大意义和积极作用。

3. 扩大期

2010 年 3 月 24 日,中国人民银行与白俄罗斯共同签署了首个我国与非接壤国家签订的一般贸易本币结算协议——《中白双边本币结算协议》,而后又于2011 年 6 月 23 日在俄罗斯签订新的双边本币结算协定,将中俄本币结算从边境贸易扩大到一般贸易,并扩大了地域范围,这是跨境贸易人民币结算试点开始实施之后的又一重大进展。此外，为了收集人民币跨境收付相关业务信息，对跨境贸易人民币结算的业务发展情况进行统计、分析、检测，中国人民银行设计了跨境收复信息管理系统（RCPMIS），截至 2010 年 4 月底，共有 21 家内资银行和 15 家外资银行已经介入该系统。2010 年 6 与 22 日，中国人民银行、财政部、海关总署等六部委联合下发《关于扩大跨境贸易人民币结算试点有关问题的通知》，将试点地区由上海和广东的广州等四个城市扩大到北京、天津、内蒙古等 20 个省（自治区、直辖市），同时，境外地区也由原先的港澳地区、东盟地区扩展到世界上所有国家和地区，这就意味着企业可以按照市场原则自行选择使用人民币进行结算。具体而言，在全世界范围内与我国客户企业有贸易往来关系的，只要双方达成一致协议，同意使用人民币作为贸易结算货币，同时也有开户银行的支持，就都可以进行跨境人民币结算。

与此同时，货币合作与互换国也在不断增加，为跨境贸易人民币结算提供资金支持。自 2008 年国际金融危机爆发以来，为了规避贸易活动中所面临的美元汇率波动风险，截至 2010 年 7 月，我国先后与韩国、中国香港、马来西亚、白俄罗斯、印度尼西亚、阿根廷、冰岛和新加坡等 8 个国家和地区签订了货币互换协议（安排）和本币合作协议，互换协议规模金额达 8035 亿元人民币。这些都进一步增强了人民币在国际上的影响力，极大地推动了跨境贸易人民币结算业务的发展。此外，为配合跨境贸易人民币结算试点范围的扩大与进一步发展，2010 年 7 月和 8 月，中国人民银行分别与香港金融管理局和中国银行（香港）有限公司共同签订了《补充合作备忘录》和《关于人民币业务的清算协议》这两项配套政策，极大推动了跨境贸易人民币结算试点业务和香港人民币业务的顺利开展。随后，中国人民银行又退出了相应政策允许境外央行或货币当局以人民币资金的形式投资于中国银行间债券市场，由此打开了人民币投资回流的渠道。2010 年 9 月底，中国人民银行修订《国家开发机构人民币债券发行管理暂行办法》。至此，人民币的流出、境外离岸流通使用、回流的循环路径已基本形成。

此外，2010 年 6 月 29 日，国家税务总局下发了《关于跨境贸易人民币结算试点企业评审以及出口货物退（免）税有关事项的通知》。2010 年 9 月 29 日，为配合跨境贸易人民币结算试点和拓宽人民币回流渠道，中国人民银行又出台了《境外机构人民币银行结算账户管理办法》。这一系列政策措施相继出台，极大地促进了跨境贸易人民币结算业务的发展。

4. 全面发展阶段

2011 年年初，为方便境内机构使用人民币开展境外直接投资，同时规范商业银行办理境外直接投资人民币结算业务，中国人民银行于 2011 年 1 月 6 日下发了《境外直接投资人民币结算试点管理办法》，标志着境外直接投资人民币结算试点正式启动，同时也是第一次从国家层面正式以境外投资的形式被提出。这一政策措施是我国前期促进贸易和投资便利化的一系列举措的延伸，是将跨境贸易人民币结算试点工作进一步扩大与支持鼓励企业"走出去"所迈出的重要一步，意味着获准开展境外直接投资的境内企业都可以使用人民币进行境外直接投资。2011 年 10 月，为了规范商业银行和境外投资者办理境外直接投资人民币结算业务，进一步扩大人民币在跨境贸易和投资中的使用，商务部和中国人民银行分别制定并下发《关于跨境人民币直接投资有关问题的通知》、《外商直接投资人民币结算业务管理办法》，以规范境外投资者和银行的行为，作为其办理外商直接投资人民币结算业务的法律依据。

与此同时，2011 年以来，中国人民银行先后与新西兰、乌兹别克斯坦、哈萨克斯坦、蒙古、韩国等国签订双边本币合作协定，合作的国家数量和互换金额都在不断增加，进一步加深了双边金融合作。2011 年 6 月 23 日，中国人民银行与俄罗斯联邦中央银行在俄罗斯签订新的双边本币结算协定，将中俄本币结算业务范围从边境贸易扩大到一般贸易，并规定两国经济活动主题可自行决定使用人民币、卢布与自由兑换货币进行商品和服务的结算与支付。

另外，2011 年 6 月 3 日，中国人民银行还下发了《中国人民银行关于明确跨境人民币业务相关问题的通知》，规定银行可按照相关规定通过境内代理银行、港澳地区人民币业务清算行或境外机构在境内开立的人民币银行结算账户办理跨境贸易、境外直接投资、其他经常项目、境外贷款业务。2011 年 8 月，中国人民银行同财政部、海关总署等五部委联合发布《关于扩大跨境贸易人民币结算地区的通知》，至此，跨境贸易人民币结算的境内地域范围扩大至全国，进入了全面发展阶段，标志着跨境贸易人民币结算将从纵深走向全面。

5.5.3　自贸区内扩大人民币跨境使用的措施

2014 年 2 月 20 日，中国人民银行上海总部发布《关于支持中国（上海）自由贸易试验区扩大人民币跨境使用的通知》。《通知》根据《意见》要求，紧密围绕"服务实体经济，便利跨境投资和贸易"，进一步简化了试验区经常和直接投资项下人民币跨境使用流程，明确了人民币境外借款规模与使用范围、跨境电子商务结算和人民币交易服务等创新业务。通过加大对试验区实体经济的金融支持力度，给企业营造更好的发展环境，促进试验区在更高水平上参与国际合作与竞争。

在简化流程、扩大人民币跨境使用范围方面，《通知》明确了两方面具体内容：一是区内经常和直接投资项下跨境人民币结算更为简便。上海地区银行在"了解你的客户"、"了解你的业务"和"尽职审查"银行展业三原则基础上，只需凭区内机构和个人提交的收付款指令，即可直接办理相关业务。二是明确区内个人可以办理经常项下跨境人民币结算业务。在区内就业或执业的个人可以开立个人银行结算账户或者个体工商户单位银行结算账户，办理经常项下跨境人民币收付业务。

在改革创新、深化金融支持实体经济方面，《通知》提出四项具体措施：一是明确人民币境外借款相关事项。区内非银行金融机构和企业可以从境外借用人民币资金，但数额不得超过实缴资本倍数乘以宏观审慎政策参数，其中区内企业的实缴资本倍数为 1 倍，区内非银行金融机构的实缴资本倍数为 1.5 倍。区内银行借款资金须进入试验区分账核算单元。从境外借用的人民币资金可调回境内，但须存放在上海地区的银行为其开立的专用结算账户，用于区内生产经营、区内项目建设和境外项目建设。试验区启动前已经成立的区内外商投资企业，可以自行决定按"投注差"或者按《通知》规定借用境外人民币资金。二是支持上海地区总部经济发展。区内企业可开展集团内跨境双向人民币资金池业务；开展经常项下跨境人民币集中收付业务的成员企业，除集团内企业外，可拓展至与集团内企业存在物流关系的、有密切贸易往来的集团外企业。三是推动试验区跨境电子商务发展。对于真实跨境电子商务，鼓励上海地区的银行与区内取得"互联网支付"业务许可的支付机构合作，或者直接向区内跨境电子商务运营机构提供人民币结算服务。四是支持中国外汇交易中心和上海黄金交易所在区内提供跨境人民币交易服务。

在防范风险、加强金融宏观审慎管理方面，《通知》明确：一是中国人民银行上海总部与中国（上海）自由贸易试验区管理委员会建立信息共享平台；二是中国人民银行上海总部根据全国信贷调控需要，对于区内非银行金融机构和企业境外人民币借款规模，通过设定和调整宏观审慎政策参数进行调控；三是上海地区银行、区内金融机构、企业和个人在开展跨境人民币业务及提供相关金融服务时，应按国家有关规定切实履行反洗钱、反恐融资和反逃税义务与职责。

1. 行政便利

事实上，政府对于区内扩大人民币使用的政策在结算内容方面同区外并无非常大的区别（表 5-14）。2011 年 8 月 22 日下发的《关于扩大跨境贸易人民币结算地区的通知》已明确跨境贸易人民币结算境内地域范围已扩大至全国。区内与区外最主要的区别是：①简化了流程。上海地区银行在"了解你的客户"、"了解你的业务"和"尽职审查"展业三原则基础上，只需凭区内机构和个人提交的收付款指令，即可直接办理相关业务，由注重事先审批转为注重事中、事后监管。而区外仍然需要严格的行政审批程序。②明确区内个人可以办理经常项下跨境人民币结算业务。在区内就业或执业的个人可以开立个人银行结算账户或者个体工商户单位银行结算账户，办理经常项下跨境人民币收付业务。2013 年浙江义乌启动了个人办理经常项下跨境人民币结算业务的试点。这次将这项政策引入试验区属于政策扩大覆盖面，不属于新政策。但是个人对外直接投资业务，是一项全新的政策。

表 5-14　人民币跨境使用区内外政策比较

项目	自贸区内政策	区外现行政策
经常和直接投资项下跨境人民币结算便利	区内机构和个人都能简化办理经常项下和直接投资项下跨境人民币业务，仅需提交收付款指令 对出口重点监管名单内的企业仍需审慎审核交易凭证 直接投资业务（包括 FDI 和 ODI）如纳入负面清单管理，仍需审核审批部门的核准文件	除收取境外投资者汇入的人民币并购款或股权转让款以外，中国人不能办理其他跨境人民币业务 港澳台地区的个人可以每人每天不超过 8 万元从港澳台汇入大陆的同名账户，台湾个人还可汇入大陆的非同名账户。从台湾汇入的个人汇款，可对未花用部分汇回 企业办理直接投资业务（包括 FDI 和 ODI）需到银行柜台提交审批部门的核准文件审核
个人银行结算账户	区内就业或执业的中国人或外籍个人都能通过开立个人结算账户或个体工商户单位结算账户办理经常项下跨境人民币结算业务 中国人办理并购或股权转让项下跨境人民币收款参照区外政策 直接投资项下其他个人业务待商务部门进一步明确。只能投资实业	除收取境外投资者汇入的人民币并购款或股权转让款以及从台湾汇入的个人汇款外，中国人不能办理其他跨境人民币业务 中国个人股东应开立个人人民币银行结算账户，专门用于存放境外投资者汇入的人民币并购款或股权转让款

2. 人民币双向资金池与人民币集中收付业务

跨境双向人民币资金池业务指集团境内外成员企业之间的双向资金归集业务，属于企业集团内部的经营性活动。开展此业务的要求如下：

区内企业可根据自身经营和管理需要，开展集团内跨境双向人民币资金池业务。集团指包括区内企业（含财务公司）在内的，以资本关系为主要联结纽带，由母公司、子公司、参股公司等存在投资性关联关系成员共同组成的跨国集团公司。

开展集团内跨境双向人民币资金池业务，需由集团总部制定一家区内注册成立并实际经营或投资的成员企业（包括财务公司），在上海地区的一家银行开立一个人民币专用存款账户，专门用于办理集团内跨境双向人民币资金池业务，该账户不得与其他资金混用。参与资金池业务的境内外各方应签订资金池业务协议，明确各自在反洗钱、反恐融资及反逃税中的责任和义务。

资金由被归集方流向归集方为上存，由归集方流向被归集方为下划。参与上存与下划归集的人民币资金应为企业生产经营活动和实业投资活动的现金流，融资活动产生的现金流暂不得参与归集。

开展跨境双向人民币资金池业务的账户管理如下：

区内企业（包括财务公司）在上海地区的一家银行开立人民币主账户，集团境内外其他成员企业分别开立境内子账户和境外子账户，可以通过子账户向主账户的资金上存，主账户向子账户的资金下划，来实现境内境外资金的集中管理和运用。主账户可开在自贸区内或区外，需开在上海地区的，只能开一个，具有排他性。

境外子账户和主账户之间，境内子账户和主账户之间，资金均可双向自由划转，跨境或跨区的资金净流入或净流出都不算外债，无额度限制。集团内部成员企业之间的双向资金划转属于集团内的经营性融资活动，没有经常项下对价交易关系，是一种资金调拨行为，有利于集团统一集中管理资金，互调余缺，降低对集团外部的融资依赖和财务成本。借贷企业之间可以计息，中国人民银行不限制计息方式或利率。

境外成员企业产生自生产经营活动或实业投资活动的现金流，从境外子账户上存到区内企业开立的资金池主账户，再从主账户下划至境内区外企业开立的子账户不计入外债，无须外债登记，无额度限制。由此区外企业可以从境外关联公司融入资金且不算外债无额度限制。

跨境双向人民币资金池账户资金的管理内容如下：

融资活动产生的现金流暂不得入池。主账户和子账户均不能接收从资金池外部融入的资金。集团外部融资款项应划入非入池账户。中国人民银行要求境外行负责审核境外入池资金的性质，境内行负责审核境内入池资金的性质。

处于低成本资金市场的成员企业（自身有经营性或实业投资活动），可以作为集团融资平台，通过其非入池账户从集团外部融资满足其自身支付需求，而将其入池账户作为收款账户从集团外部接收其经营性或实业投资性现金流，再通过资金池用于集团内部融资，从而降低集团整体负债成本。

目前政策对主账户和子账户的资金使用均无任何限制。境内主账户和子账户的开户企业可以通过企业网银将资金划到境内任一账户用于境内结算，银行不监管资金境内流向和境内用途。如主账户或境内子账户涉及跨境交易的资金用途，则区内企业/区外企业应分别比照现行区内/区外企业办理跨境人民币或外币结算业务的政策审核相关凭证（如需）后办理，可用于跨境人民币或外币经常项目和资本项目的对外支付。如用于外币支付，可在购汇后对外支付。境内银行不审核或监管境外子账户的资金使用，除非境外企业当地金管政策要求当地银行审核。

人民币跨境双向资金池的三种模式如下：

（1）跨境双向人民币资金构架——境内新建资金池模式：区内注册企业直接作为主账户（图 5-9）。

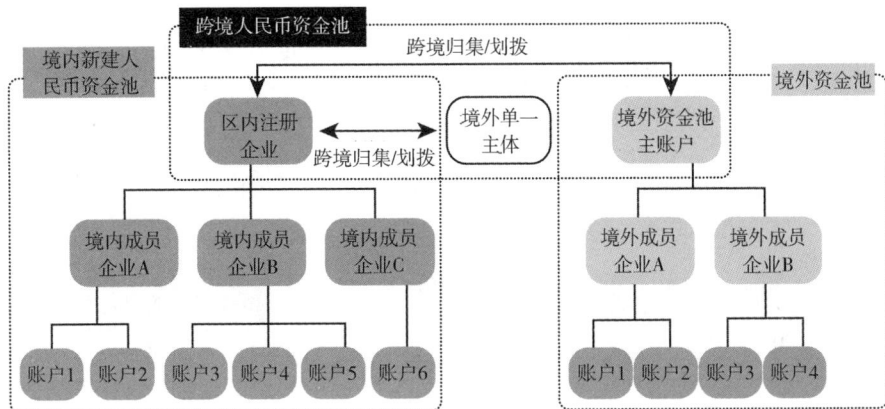

图 5-9　境内新建资金池模式

（2）跨境双向人民币资金池构架——境内已有资金池模式 1：区内注册企业相当于二级账户（图 5-10）。

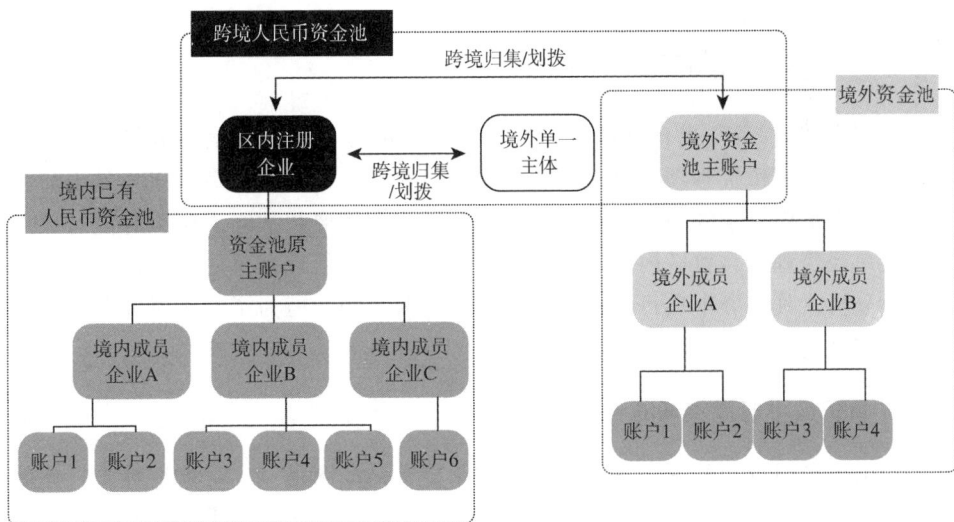

图 5-10　境内已有资金池模式 1

（3）跨境双向人民币资金池构架——境内已有资金池模式 2：区内注册企业为参与企业（图 5-11）。

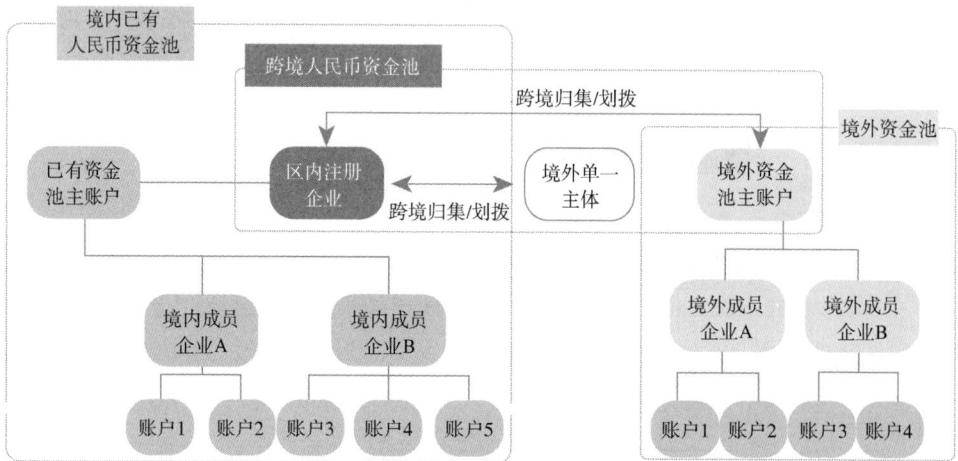

图 5-11　境内已有资金池模式 2

资料来源：自由贸易试验区管理委员会财政和金融服务局《中国（上海）自由贸易试验区金融政策解读》，2013 年 4 月

从以上三种人民币资金池模式可以看出，在人民币结算和集团内部融资方面，实际上上海自贸区为集团实现了区内外和境内外的打通，为跨国集团人民币跨境业务提供了极大的便利。

5.5.4　自贸区的离岸市场建设

自"央行 30 条"出台以后，各方专家对此进行了一定程度的分析，人民币跨境使用、人民币资本项目可兑换、利率市场化和外汇管理改革试点，是上海自贸区总体方案中金融领域的四点核心任务。而我们主要想从与人民币跨境有关的外债宽口径管理、自贸区内的利率市场化以及与外汇管理有关的人民币国际化方面进行分析。其实资本项目的这些内容是紧密联系的，但为了分析研究方便我们还是把它剥离开来。

1. 自贸区中离岸市场的利率市场化

中国人民银行对利率市场化设计的改革推进路线图是"先贷款后存款，先外币后本币"的"四步走"战略。而事实上，由于自贸区内的外币存量并不大，截至 3 月 1 日，自贸区内的外币存款仅为 48 亿美元，其中，小额外币存款为 12 亿美元。外币存款利率的放开更多的是象征性的意义，仅仅是人民币存款限制取消的一块垫脚石，主要是为人民币的利率市场化摸索开路。

由于境内的存款受到管制，并被压低；而贷款利率由于受到政府的信贷规模控制以及境内微观企业行为等，境内的贷款利率偏高。由此导致的直接结果就是，我国境内存贷利率水平与存贷利差都与香港离岸市场利率存在差异，而存贷利差的差异更显著。由此存在的套利机会显著地影响境内外双向的资金异常流动。而中国金融发生深刻的变革，境内市场目前的利率市场化加速，金融脱媒现象加剧，这也在一定程度上加剧了跨境的异常资金流动。所以从香港离岸市场的角度来看，自贸区的利率市场化改革对于境内没有实际的影响。不太可能通过外部利率来推动内部利率市场化改革。其影响应该是产生套利机会，导致更多的异常资金流动。这会对我国的政策制定和管理实施产生一定的压力。套利机会持续下去不利于企业的生产，不利于实体经济，使得金融更容易脱离服务于实体经济这一目标。

上述的套利活动在人民币离岸市场上存在，根本原因是市场分割加上境内外的管制不同导致市场的收益不同，这是一个市场整体的概念。自贸区内试点利率市场化更接近我国香港离岸市场的利率市场化，更是一种局部地区的试点。可以预见自贸区的利率市场化试验更有可能出现像我国香港人民币离岸市场的结果。其利率市场化试验的意义更多是提高我国金融机构的定价和服务能力，并推进其走出去。

从利率市场化目的看，存贷款利率放开之后，引导性的基准利率的形成显得格外重要。银行根据什么制定合理的资金成本？市场化利率的形成不是无序的过程，只有形成完善的市场基础利率，才能引导合理的市场化利率水平的形成，才能避免无序的价格竞争。而基准利率的形成不太可能由自贸区试点产生。并且利率体系的形成，都不是能够由自贸区的金融机构和金融市场完成的。自贸区内金融机构为数不多，而且并非独立的法人，如果发生利率的大幅波动，相信抗风险能力很低，必须借助其母公司和更大的金融市场来规避风险。所以，自贸区本身独立的推动利率市场化试点很有可能是行不通的。

2. 自贸区中离岸市场的汇率市场化

根据俄林的要素价格均等化理论，在开放经济中，国家间由生产要素自然禀赋不同引起的生产要素价格差异将通过两条途径逐步缩小，即要素价格将趋于均等：第一条途径是生产要素的国际移动，它导致要素价格的直接均等化；第二条途径是商品的国际移动，它导致要素价格的间接均等化。在两条路径中第二条间接路径更易实现，而第一条路径很难实现。在同一利率和汇率的欧元区时经十多年还尚未实现，相反南欧地区危机四伏。究其原因，从欧元区的现实情况看，生产要素远未实现自由流动和最优配置。各成员国在经济周期和结构上的差异，以及欧元区成员规模的快速扩大，加剧了区内的经济结构失衡。除了欧盟各国劳动力市场语言、文化、生活习惯的差异，欧盟各国不同的公司税税率，政治一体化与市场一体化割裂导致治理结构不完善等之外，一些国家政府和公共机构规模过于庞大，加上社会福利尤其是失业救济和保障优厚，使得劳动力市场严重扭曲，缺乏效率，不利于就业增长。劳动力市场缺乏弹性和效率。各国的人口结构存在较大差异，这导致各国的人口福利政策和财政应对措施有很大不同。例如，希腊目前的单位劳动力成本比德国高出 40%，在无法通过调节汇率降低劳动力成本的情况下，希腊很难在短期内重拾劳动力竞争优势。其他欧元区外围成员国也面临类似问题。这意味着要素价格统一后，各国政府和公共机构改革没有到位，劳动力要素不能流动。这就是最典型的要素与要素价格运动背离的案例。自贸区的汇率改革开放不能重复欧元区的问题。

为更好地管理自贸区内外的金融套利，除加强监管外，关键还在于中国政府能否尽快完善国内的人民币利率与汇率市场化的条件。在自贸区的建设中，首先要实现的是生产要素的"一价"性，这是要素自由流动的前提和基础，在政策扶持"多价"的情况下，容易形成"政策洼地"，要素流向单一，使得区内外经济不一，很难推广这类模式，而在"一价"模式下，要素可以实现自由流动，实现资本的趋利性，平衡区内外经济的发展，并有利于此类模式的推广和复制。"一价"要求不仅要求实现实体经济资本的自由流动，劳动力的流动性，更要求金融领域资本的自由流动，从而促进实现人民币汇率机制的完善，使得各类人民币产品的价格趋同，在 SHIBOR（上海银行间同业拆放利率）下实现 CNY（在岸人民币）、CNH（离岸人民币）、NDF（无本金交割远期外汇）的价格收敛。

而自贸区可能面临的风险包括主要国家宏观货币政策和汇率政策的协调问题。在设立自贸区之前，离岸人民币的定价权主要是在国外，港交所或者芝加哥商品交易所对人民币期货掌握着这一定价权，而在自贸区设立之后，如果我们仍然继续将离岸人民币主要定价权放在境外（自贸区之外）不收回的话，久而久之必然会冲击国家货币政策有效性和独立性。就针对目前三种人民币汇价（CNY，CNH，NDF）的计量分析结果来看，在岸的 CNY 对离岸两种 CNH 和 NDF 似乎没有影响；而反过来看，最强的 NDF 对前两者产生影响。上海是人民币交易市场的大本营，中国外汇交易中心和银行同业拆借市场都聚集在此。其中上海银行间同业拆借利率（SHIBOR）最具有作为中国基准利率的潜力，对促进金融机构提高自主定价能力、指导货币市场定价、完善货币政策的传导机制、推进利率市场化都有着深刻的意义。虽然在某些时候离岸汇率能影响在岸汇率，但至今还撼动不了 SHIBOR。人民币的定价权还在境内（在上海），上海的各种人民币交易总量还是大于境外的。香港、伦敦和新加坡本土的投融资毕竟只能用当地货币，离岸人民币价格主要迎合这些地区市场的某种需求。自由贸易试验区及时地把离岸人民币的定价权拿回到上海，这对提高中国货币政策的有效性和独立性是有益的。

在完善的人民币汇率形成机制下，自贸区内的发展模式是否可以推广到全国？但令人遗憾的是这一模式并不能很快在全国进行推广。为此我们进行了汇率波动对各省进出口影响的实证分析研究。分析结果表明目前 CNY、CNH、NDF 对各省进出口的影响并不相同，并且三者收敛之后，由于各省平均工资、物价水平、产业结构、交通设施、市场规模等因素存在较大差异，收敛后的汇率对其进出口的影响也不相同，即各省进出口对汇率波动的反应存在较大的差异，短时间内推行三者价格的收敛没有多大意义。因此在进行人民币汇率机制完善过程中，应该注意到目前要素之间的个体差异还是很大的，在消除或者无限期拉近这些差异之前，要素的完全自由流动是不可能很好地得到实现的，故人民币汇率形成机制也是不可能一蹴而就的。因此上海离岸金融市场模式要具有可以推广至全国的可复制性，首先要实现生产要素"一价"性，因此自贸区的现实意义在于通过金融机构和以人民币产品为代表的金融产品来间接地加快要素流动速度，使得要素能够达到"相对"自由流动，同时，也能让国内的民营企业通过进入自贸区来享受更为国际化的金融融资服务和适应国际经营环境，作为中国企业"走出去"的一个跳板，为企业走出国门积累经验，打下实战基础。

3. 自贸区中离岸市场的外债管理

外债管理是人民币资本项目可兑换的重要组成部分，人民币的外债发展进程更是与资本项目可兑换相辅相成。实现人民币资本项目可兑换，也是深化外债管理方式的过程。国际经验表明，债务危机和货币错配是经济金融危机的主要形式之一，因此外债管理既要防止私人部门由于过多外债而导致严重的货币错配，又要防止公共部门出现严重的货币错配。对外债进行必要的管理，实际上是一种宏观审慎监管，也是我们国家目前所采用的方式。目前，人民币外债资金主要来源于香港离岸市场，由于在岸市场资金价格高于离岸市场，因此，人民币外债具有很大的吸引力，如不加以管制，就会造成两地资金的大规模异动，同时有可能冲击国内货币供应量，从而加大境内通胀和资产泡沫的风险。因此，人民币外债的管理方式应在宏观审慎的政策框架下进行，充分考虑本币资金跨境流动对宏观财政、货币政策的传导，人民币资金在岸与离岸市场的循环，防范资金风险。

为了分析区内的外债口径开多宽合适，我们先看看我们国家以前的外债管理。国家外汇管理局的数据显示，截至 2013 年年底，中国外债余额为 5.26 万亿元（等值 8631.67 亿美元，不包括香港、澳门和台湾地区对外负债），占当年国内生产总值的 9.4%。2013 年外债余额同比增长约 17.12%，增速高于 2012 年的 6.04%。中长期外债（剩余期限）余额为 1.13 万亿元人民币（等值 1865.42 亿美元），短期外债（剩余期限）余额为 4.13 万亿元人民币（等值 6766.25 亿美元），短期外债占全部外债的比重达到 78%。我国短期外债比重虽高，但并不存在什么风险。因为短期外债占外汇储备的比重只有 17.7%，而 2001 年这一比重是 39%，国际上认为，短期外债与外汇储备的比重安全线是 100%，所以从理论上看风险不升反降；而且我们的短期外债大部分与贸易有关，贸易引起的债权债务一般不会构成债务风险。据统计，在短期外债中，企业间贸易信贷占 49.73%，银行贸易融资占 21.08%，二者合计占短期外债（剩余期限）余额的 70.81%，这部分外债具有真实的进出口贸易背景。而从国际总的标准来看，2013 年年末，我国外债负债率为 9.40%；债务率为 35.59%；偿债率为 1.57%；短期外债与外汇储备的比例为 17.71%，均在国际公认的安全线以内。

中国的外债水平仍然较低；那些认为中国突然间需要依靠大量外债的观点与事实不符。另外据统计，外国银行对中国企业和中国其他经济活动主体的贷款总额占中国 GDP 的比重仅为 10%，为新兴市场（其中包括马来西亚、土耳其、印度、俄罗斯等）中的最少比例。外债总额在 2012~2013 年迅速增长。随着未来利率升高等，我们预计 2014~2015 年外债增长步伐将放缓。中国债务结构以外商直接投资为主，这一事实对中国的负债结构具有很大的积极意义。投资组合和贷款的流动性较强，二者相比于外商直接投资而言更像"游资"。这一数字仅相当于中国 GDP 的 4%，占比较小。更为重要的是，鉴于投资组合的汇出受到禁售期和行政审批限制，该项资金的管理相对较为严格。无论使用哪种统计口径，中国外债的绝对水平相对于中国的经济总量而言仍然较低。对于像中国这个全球第二大经济体、全球最大贸易国，同时也将成为重要的全球投资国的国家而言，外债 GDP 占比在 10%~14% 的范围内完全正常。此外，外债在中国企业和政府的融资体系中仅扮演次要的角色：2013 年末国内信贷占 GDP 比重达到 215%，相比之下外债 GDP 占比仅为 10%（国际清算银行数据）。

我们再看看区内的外债管理，这次"央行 30 条"中与外债管理有关的主要就是"促进对外融资便利化，区内机构可以对外融资，实施全口径外债的宏观审慎管理"，还有就是对外担保和融资租赁的放开。但是总的来看，它相较于以前的外债宏观审慎管理并没有太大的突破。其实相较于以前我们的利率汇率的市场化已经有了很大的进展，而且近些年也在推进中国香港、新加坡、伦敦等离岸市场的建设，从效果来看并没有对我国的外债增长产生很巨大的影响。所以自贸区的外债管理应该更加放宽口径、更大胆，否则和区外差别不大，我们也无法鉴别放开的影响，自贸区的推进就变得毫无意义可言。现在外债额度在放宽，但是美国彼得森国际研究院讨论认为，中国的市场单靠一点点放宽，不可能马上达到市场化程度，这需要把量放大。况且现在外部环境也有利于我们进行实验：海外市场对中国资产的偏好将进一步增加，但更为缓慢；近期海外市场对中国资产的兴趣受到一些因素的影响，如时而出现的对中国的极端悲观情绪，以及许多市场观察人士对中国短期和中期的增长前景的潜在怀疑等；中国大型金融机构的违约风险极低，美联储的联邦资金目标利率将在 2015 年三季度首次提高，境外融资成本将逐步上涨。我们应抓住机遇乘风破浪。

当然外债的风险相较利率汇率更大，我们也不能完全放开。最主要的还是得和人民币的跨境使用、人民币的国际化相结合。这就需要我们采用其他辅助的方式进行管理与控制。我们知道外债风险很大程度上是由货币错配导致的。货币错配是指一个经济行为主体（政府、企业、银行或家庭）在融入全球经济体系时，由于其货物、劳务和资本的流动使用了不同的货币来计值，因而在货币汇率变化时，其资产/负债、收入/支出会受到影响的情况。外币外债就存在货币错配的问题，一旦汇率发生较大波动或其他信心问题，就可能导致危机。而以本币对外负债代替外币对外负债可以有效地解决货币错配问题。而我们国家也正在这样推进，加大对外负债中人民币的占比。

人民币对外负债是伴随着人民币跨境使用而产生的，境内外经济主体之间以人民币签约、结算并计值度量的对外负债。人民币对外负债可避免货币错配和偿付能力的风险，使其成为人民币国际化过程中的必然选择。本币对外负债不存在货币错配风险。本币对外负债可提升一国偿付能力。外债的偿付能力取决于货币发行国的政治、军事及经济实力。本币对外负债最终偿付使用的是本币，因此本币对外负债有本国货币发行权作为保障，而外币负债最终偿付的是外汇，需要依托国家外汇储备作为保障。本币对外负债可以通过增发货币来履行对外偿付义务或稀释对外债务负担，从而使人民币境外债务的偿付风险低于外币债务，且对于境内企业而言，筹集本币的能力远高于外币，因此，使用本币对外负债会使债务主体的偿付能力得到一定的提升。

再就是政策设计得有弹性，做好预防引流工作。同样，我们可以参考日元和德国马克的离岸市场建设与国际化。相较于日元的国际化，马克的国际化可以说是更加成功。虽说这与一个国家长期的经济发展有关，但一定阶段内还是与政策的有效性分不开的。

日元国际化具有明显的阶段性特征，任何一个阶段都与当时的国内、国际经济环境密切相关，但总体上遵循从紧到松的主线，而且有一定的顺序。日本的资本项目可兑换历时较长，属于典型的渐进式改革，其资本管制的放松基本顺序是：①先资本流出，后资本流入。②资金流出中，先证券投资，后银行贷款，先投资公司、证券公司和保险公司，后外汇指定银行；企业和个人直接对外投资先经过中介机构，后直接对外投资。③对于非居民的资金流入，依次放开股票、债券和银行贷款。在总体推进过程中，适时根据需要出台了一些限制措施。经过20 多年的发展，日本离岸市场中日元占比还是没有变化，不得不说这是失败的。

而反观德国马克的离岸市场建设中政策更加灵活，更加张弛有度。1961 年，联邦德国在《对外贸易和支付法》中明确了跨境资本交易的自由化。在限制短期资本流入的同时，促进对外投资渠道的多元化。1965 年 3 月，对非居民投资国内债券的利息收入征预提税，通过价格手段，减少国外资金流入的动力。1968年11月，要求本国银行获得许可后才可接受与跨境商品和服务无关的国外资金。1969年，国外资金流入的压力有所减小，联邦德国取消了本国银行接受国外资金、非居民存款利息支付、非居民购买票据等方面的限制。但到1971年5月美元危机之后，国外资金流入的压力明显增大，原联邦德国先后恢复有关限制措施，并于1972年3月起对国外借款实行现金存款准备金要求。1973年，联邦德国控制资本流入的力度进一步加强，要求居民境外借款须经许可，同时，向非居民转让国内债权、非居民购买国内股票均需核准。

而对于现在的资本账户开放我们最担心的还是资金的短期大量流动，而从国内情况来看，最主要在于两大块：房地产市场与地方政府融资平台。所以我们对于"二线管住"主要应该着力于这两方面，如果控制得好，我们可以在自贸区的离岸市场过程中进行更加大胆的尝试；否则就像我们前面所说的那样，对于离岸市场建设的小打小闹在全国很难得到推广与复制，而且也可能起不到所预想的作用。另外，我们的货币政策也要具有一定的灵活性，在形势发生变化时能自主、有效地对货币可兑换程度进行调整和限制，在拓宽资本流出渠道、促进资源的合理配置和市场经济发展的同时，对短期套利资本流入加以限制。

本章参考文献

贺瑛.2013.自贸区反洗钱问题研究——以离岸业务为例.上海金融学报,(6):5-8.

焦武.2013.上海自贸区金融创新与资本账户开放——兼论人民币国际化.上海金融学报,
(6):9-17.

亚洲证券业与金融市场协会,渣打银行,汤森路透联合.2014.人民币路线图.ASIFMA.

Christiano L J. 1992. Searching for a break in GNP. Journal of Business and Economic Statistics,
10:237-249.

Clemente J, Montanes A, Reyes M. 1998. Testing for a unit root in variables with a double
change in the mean. Economics Letters, 59:175-182.

Colavecchio R, Funke M. 2008. Volatility transmissions between Renminbi and Asia-Pacific On-
shore and Off-shore U. S. Dollar futures. China Economic Review, (4):635-648.

Ding D K, Tse Y, Williams M R. 2011. The price discovery puzzle in offshore Yuan trading:
different contributions for different contracts. Journal of Futures Markets online published.
http://onlinelibrary. Wiley. Com/doi/10. 1002/fut. 21575/pdf.

Glynn J, Rerera N, Verma R. 2007. Unit root tests and structural breaks: a survey with
applications. Faculty of Commerce Papers (Archive), University of Wollonggong. Research
Online. 2007. Revista de Métodos Cuantitativos parala Economía Empresa Journal of
Quantitative Methods for Economics and Business Administration, 3 (1):63-79.

Izawa H. 2006. An Empirical Test of the Efficiency Hypothesis on the Renminbi NDF in Hong
Kong Market. Kobe University Discussion Paper Series No. 196.

Joseph D. China's offshore RMB market-an overview for managers and financial personnel.
International Services White Paper. The PNC Financial Services Group. Inc.

Lee J, Strazicich M C. 2003. Minimum LM Unit Root Test with two structural breaks. Working
Paper, Department of Economics, Appalachain State University.

Lumsdaine R L, Papell D H. 1997. Multiple trend breaks and the unit root hypothesis. Review of
Economics and Statistics, 79 (2):212-218.

Ma G, Ho C, McCauley R. N. 2004. The markets non-deliverable forwards in Asian currencies.
BIS Quarterly Review, (6):81-94.

Ma G, McCauley R N. 2008. Efficiency of china's capital controls: evidence from price and flow
data. Pacific Economic Review, (1):104-123.

Nelson C R, Plosser C I. 1982. Trends and random walks in macroeconomic time series. Journal
of Monetary Economics, 10:139-162.

Ohara H I. 1999. A unit root test with multiple trend breaks: a theory and application to US and
Japanese macroeconomic time series. The Japanese Economic Review, 50:266-290.

Pedroni P. 1996. Fully modified OLS for heterogenous cointegrated panels and the case of
purchasing power parity. Working Paper 96-020, Indiana University.

Pedroni P. 2001. Purchasing power parity tests in cointegrated panels. Review of Econometrics
and Statistics, 83 (4):727-731.

Perron P，Vogelsang T J. 1992. Nonstationarity and level shifts with an application to purchasing power parity. Journal of Business and Economic Statistics，10：301-320.

Perron P. 1989. The great crash，the oil price shock，and the unit root hypothesis. Econometrica，57：1361-1401.

Perron P. 1997. Further evidence on breaking trend functions in macroeconomic variables. Journal of Econometrics，80（2）：355-385.

Philips P C B，Hansen B E. 1990. Statistied Inference in Instrumental Variables Regression with I（1）Processes. Review of Economic Studies，57：99-125.

Wang Q Y，Wu N. 2012. Long-run covariance and its applications in cointegration regression. The Stata Journal，12（3）：515-542.

Zivot E，Andrews K. 1992. Further evidence on the great crash，the oil price shock，and the unit root hypothesis. Journal of Business and Economic Statistics，10（10）：251-270.

第6章 中国（上海）自贸区贸易模式转型
与贸易便利化研究

6.1 贸易便利化的理论与中国贸易便利化发展水平的测评

6.1.1 贸易便利化的概念

早在20世纪50年代，欧洲主要贸易国为应对第二次世界大战后日益扩大的世界贸易，就提出了"贸易便利化"（trade facilitation）的概念，试图用它简化国际贸易程序，规范各国繁杂的贸易管理规定。联合国欧洲经济委员会在1960年就成立了便利化国际贸易程序工作组，但是贸易便利化的主要进展却是最近20年内才逐步取得的。

贸易便利化这一概念是WTO的产物，是在新加坡部长会议宣言中针对执行贸易程序简化的检讨分析工作时提出的，用以评估WTO在这方面所做的规范。这一用语于1996年12月纳入WTO的正式文件中。按照秘书处的定义，贸易便利化为国际贸易程序的简化和协调（Simplification and Harmonization），即简化和协调货物在国际贸易的交易过程中所需收集、提供、联系、传输的数据，涉及活动（activities）、做法（practice）和手续（formalities），并利用电子方式达到无纸化贸易（paperless trade），其最终目的在于缩短贸易流程，降低货物流通成本。根据WTO于1998年8月所举办的贸易便利化专题研讨会（Symposium on Trade Facilitation）的归纳，贸易便利化的一般性问题为：①超量通关文件；②缺乏自动化，未有效使用信息技术；③缺乏透明度，进出口规定不明确；④不正确程序，尤其缺乏以稽查（审计）为基础的监管与风险评估技术；⑤海关与其他政府部门缺乏现代化及合作关系，妨碍处理不断增加的贸易量。

在1998年7月8日APEC举行的会议中，理事会邀请联合国欧洲经济委员会（UNECE）、联合国贸易与发展会议（UNCTAD）及世界海关组织（World Customs Organization，WCO）进行了专门研究及分析工作，指出贸易便利化可以形象地称为"减少繁文缛节"（cutting red tape）。APEC在2001年5月提出了包括九项内容的贸易便利化原则：①透明度；②沟通与咨询；③简化，实用与效率；④非歧视性；⑤一致性与可预测性；⑥协调、标准化与相互承认；⑦现代化与新技术的使用；⑧正当程序；⑨合作。APEC（2002）认为，贸易便利化一般是指使用新技术和其他措施，简化和协调与贸易有关的程序和行政障碍，降低成本，推动货物和服务更好地流通。

　　UNECE 于 2002 年提出，贸易便利化的重点是用全面的和一体化的方法减少贸易交易过程的复杂性和成本，在国际可接受的规范、准则及最佳做法的基础上，保证所有贸易活动在有效、透明和可预见的方式下进行。这个贸易交易过程包括：买卖双方达成销售协议的过程；处理商业单据的过程；满足卫生、安全和其他法规标准要求的过程；履行海关及其他部门要求的跨境程序；提交有关单据的过程；货物交付的运输移动过程；满足买方交货要求的过程；货款支付过程；交易货物及最终产品的处置过程。

　　经济合作与发展组织（OECD，2003）认为，贸易便利化是国际货物从卖方流动到买方并向另一方支付所需要的程序及相关信息流动的简化和标准化，其中包括几乎所有种类的非关税壁垒，如产品检验、海关程序、许可证管理、质量保证、运输单据、货款支付、保险乃至劳动力流动障碍等方面。

　　为推动相关谈判进行，WTO 在将贸易便利化议题纳入多哈回合谈判时，缩小了贸易便利化谈判的范围，把其限定在与"边境措施"密切相关的《关税与贸易总协定》（GATT 1994）第 5 条（过境自由）和第 8 条（进出口规费和手续），以及与贸易环境密切相关的第 10 条（贸易法规的公布和实施）上。

　　根据《多哈工作计划》附件 D，贸易便利化谈判的内容主要包括：①澄清和改善 GATT1994 第 5 条、第 8 条和第 10 条的相关内容，进一步加快货物的运输和通关；②成员贸易便利化需求和优先领域；③技术援助和能力建设支持。从其实质来看，WTO 贸易便利化议题主要是通过简化贸易程序提高效率，推进通关管理能力建设，优化通关流程，并非单纯的关税减让或开放市场。其基本原则是：①增加海关制度的透明度；②强调海关手续的合理性；③简化海关单证和制度，实现通关的高效和安全性；④在非歧视的原则下，对中小企业遇到的问题给予更多的关注。

　　在 WTO 成员国提交的提案的基础上，经过近 10 年的谈判，其谈判文本经过了 19 次修改，贸易便利化议题在成员国间逐渐达成共识，WTO 于 2013 年 12 月 6 日在巴厘岛举行的第九届部长级会议上通过了贸易便利化协定的文本（以下简称"巴厘岛协议"）。

　　"巴厘岛协议"主要的关注点是通过"单一窗口"等措施简化海关及口岸通关程序，因此它更强调在"边境上"（across border）加快货物包括过境货物的流动、清关和放行，关注减少"边境上"的贸易成本。贸易是经济体发展的自然延伸，"贸易便利化"不仅在边境上应当便利，还应当做到"边境后"（behind border）的便利。这种广义的贸易便利化涵盖消费者最终获得商品的总成本与其生产成本之间所有的差额。

6.1.2　贸易便利化能够减少贸易成本

1. 贸易成本的来源

贸易便利化是贸易成本研究的一部分。贸易成本的来源极为广泛，任何限制贸易的因素都会产生贸易成本。由自然地理所造成的天然屏障，如距离、高山、毗邻等因素导致的运输成本就是一种贸易成本；所有规制贸易的政策法规、环境法律法规或者植物检验检疫等方面问题，以及使用不同货币国家间的汇率交易成本也是一种贸易成本；信息成本、文化差异也会限制贸易，因此也会产生贸易成本。

Anderson 和 Wincoop（2004）详细考察了贸易成本的构成，发现距离引发的贸易成本最为研究者所关注。Hummels（2007）发现国际运输成本随距离的延长而急剧增加，其对贸易的影响比关税还重要。一般说来，现代社会信息成本的大幅下降，会弱化距离对贸易流的影响，但 Disdier 和 Head（2008）整合分析了 78 篇用双边贸易数据估测引力模型的文章，得出结论：距离对双边贸易的影响在 1950 年之前趋于减弱，但之后影响开始变大。他们把这归因于进入国际贸易的发展中国家屡弱的交通运输设施。与此类似，毗邻会增加两个经济体的贸易流，因此 McCallum（1995）提出了边界效应（border effect）的概念。当然不同商品对距离的敏感程度不同，距离导致的贸易成本在进口、出口两个方向上的分布也是不同的。

关税、行政管理程序、腐败及其他因素也会产生贸易成本，譬如签订贸易协定会减少贸易伙伴之间的贸易成本而增加贸易流。Baier 和 Bergstrand（2009）就利用虚拟变量法发现区域贸易协定对贸易具有一定的促进作用。此外，共同语言、殖民地等因素都会影响贸易伙伴间的贸易成本。

上述做法可以直接识别或者是部分识别引发贸易成本的各种因素。有些学者致力于用不同出处的"间接法"测量两国之间的贸易成本。Novy（2008）就使用引力模型构造出间接测算两国贸易成本的方法。Arvis 等（2013）使用这一方法估算出了 178 个国家间的贸易成本。

2. 贸易便利化的范围及测算方法

贸易便利化的定义不同，其减少贸易成本所涵盖的范围也就不同。广义的贸易便利化既包括"边境上"的"便利"，也包括"边境后"的"便利"。学者们大多愿意采用间接法度量便利化水平，而国际组织更愿意直接测度某种特定因素所导致的贸易成本。

通常意义上所指的贸易便利化非常强调"边境上"（at-the-border 或者 across border）的贸易成本。此时，贸易便利化更多指向海关进出口程序的简化与协调，以及贸易规制环境的公开透明。APEC（2000）定性分析了 21 个成员国海关程序的一致性，结果表明复杂多变的海关程序和法规引发的成本与关税不相上下。世界海关组织专门开发出一种方法，供各成员国估算货物的平均放行时间；联合国亚洲及太平洋经济社会委员会（ESCAP）也公布了一种测算货物通关所需时间及其成本的方法；世界银行用营商环境指数（Ease of Doing Business Ranking 中的 Trading Across Border）衡量海运的标准集装箱货物进出口所花费的时间和成本（这些方法涉及多篇文献，如 Djankov 等。这里不具体列出）。这些方法更关注海关的工作效率，把研究的重点放在了海关的放行时间和通关成本上。Findlay（2009）更愿意用 CIF/FOB 之比度量"边境上"的贸易成本。他把"边境上"各个贸易环节的交易成本全部整合进 CIF/FOB 之比中。这虽然非常简便，但是像其他间接测量方法一样，并不能帮助我们针对贸易成本的来源而采取针对性的措施。Findlay 教授用这种方法研究了东盟十国近 30 年贸易成本的变化趋势后，不得不坦承 CIF/FOB "忽略了贸易当中的时间成本"，也不能用它分析贸易成本究竟来源于哪个贸易环节。

"过程分析"（business process analysis，BPA）可以定位贸易环节中的贸易成本。Ramasamy（2010）使用这种方法追踪分析了货物贸易中商品流动必经的每个具体环节和程序，详细计算了每个环节和程序必须花费的时间和成本。联合国亚洲及太平洋经济社会委员会（ESCAP，2011）在研究亚太地区的贸易便利化时就采用了这一分析方法。这一方法实质上还是"直接"考察"边境上"的贸易成本。

物流成本是"边境后"贸易成本非常重要的组成部分。世界银行具体分析了物流环节造成的贸易成本，认为港口效率对贸易潜力的影响最大（Wilson, et al., 2003；Saslavsky and Shepherd，2012）。它已经开发出测定各国物流成本的全球物流绩效指数（Logistics Performance Index，LPI）；日本贸易振兴会（JETRO，2009）也专门推出"东盟物流图"揭示东盟的物流现状，以帮助其解决物流瓶颈。

国际组织逐渐倾向于开发一个能涵盖所有贸易环节的直接评价贸易便利化水平的指标体系。世界银行的营商环境指数（Ease of Doing Business Ranking）、世界经济论坛的贸易促进指数（Enabling Trade Index）以及其发布的《全球竞争力报告》（The Global Competitive Report）和《世界竞争力年鉴》等，也都涉及海关效率、通关时间和成本、边境管理的透明度等诸多与贸易便利化相关的内容。Wilson 等（2003）在世界经济论坛贸易促进指数（Enabling Trade Index，ETI）的基础上，使用基础设施、口岸效率、海关及贸易政策环境、制度环境、电子商务等与贸易相关的指标来衡量贸易便利化。此时贸易便利化的研究就不再局限于"边境上"货物的通关时间和通关成本，开始向"边境后"移动。我国研究贸易便利化的文献多采用这一方法测算贸易便利化（如方晓丽和朱明侠，2013）。

世界贸易组织一直把"贸易便利化"作为维持多边贸易体制谈判的救命稻草。GATT1994 第 5 条、8 条和 10 条就明确了"贸易便利化"谈判的努力方向。

及至"巴厘岛协议"，其主要内容可细分为 12 个方面，涵盖通关效率、贸易法律政策环境、物流效率、金融服务、电信设施等诸多内容。经济合作与发展组织（OECD，2009）在世界贸易组织贸易便利化谈判草案（Draft Consolidation Negotiating Text，DCNT）的基础上，构建了 16 个贸易便利化指标（Trade Facilitation Indicators，TFI），共有 100 个相关变量，用作评价和衡量贸易便利化的主要测算工具。这是目前为止受到学界广泛认可的、最为全面的、直接测算贸易便利化水平的指标体系。Moïsé 和 Sorescu（2013）就采用 OECD 的指标评估了贸易便利化对发展中国家贸易的影响。

综上可以看出，目前贸易便利化的研究已经从单纯地关注货物流动在"边境上"必须支付的交易成本，过渡到"边境后"贸易成本的广义贸易便利化研究。

3. 贸易便利化能大幅减少贸易成本，增加贸易量

贸易便利化非常关注政策研究。普遍的观点认为贸易便利化能给各国带来净收益。学者们应用不同方法和测评指标进行实证研究，分析贸易便利化与贸易量、国民生产总值以及经济发展的关系（如 Portugal-Perez，2012 and Wilson）。Moenius（1999）分析了 1980～1995 年 12 个经济体标准化引发的贸易创造效应，认为标准化累计率每超过贸易量的 1％，贸易量将增加 0.32％；Engman（2005）检验了贸易便利化与经济发展的关系，表明简化海关措施能够对贸易量的提高产生重大影响。

贸易便利化对发展中国家的经济发展影响更大。它能够有效降低贸易成本，发展中国家从中可获得比发达国家更多的收益（OECD，2003；Hoekman and Nicita，2011）。

中国很早就开始关注贸易便利化。单君兰和周苹（2012）在引力模型的基础上，定量分析了贸易便利化水平对我国贸易出口量的影响，发现贸易便利化比关税减让更能促进一国出口量的增长。还有很多学者从技术性贸易壁垒、标准、反倾销和出口退税、贸易流程再造等不同的角度研究了中国对外贸易面临的贸易成本。许统生等使用改进的引力模型估算了中国的贸易成本，认为影响贸易成本的主要因素包括贸易伙伴国的收入、关税水平、地理位置和经济一体化等（许统生和涂远芬，2010；许统生等，2011，2012）。

6.1.3　我国目前的便利化水平及其对贸易的影响

1. 贸易便利化指标及数据来源

目前，测算贸易便利化的指标和数据散布在多个国际组织与贸易相关的各项指数中，譬如世界银行的营商指数和全球物流绩效指数（LPI）、世界经济论坛的贸易促进指数等。这些指标从贸易相关的诸多环节直接测评了该环节各国贸易的

便利程度。OECD 的指标体系也是在这些指数的基础上，根据 WTO 贸易便利化谈判的主要内容构建的。

　　这些指标涉及国际贸易的各个环节，譬如规章制度、进出口程序、海关管理的效率、港口效率与物流成本等，归纳分析来看，主要是制度环境、海关效率、出口程序和进口程序、基础设施、边境管理的透明度等五个方面。据此，我们构建了 5 个一级指标、26 个二级指标的评价体系（表 6-1）。这些指标基本涵盖了贸易便利化所涉及的重要内容，反映了货物贸易跨境流动的多层次特征。

表 6-1　贸易便利化指标

一级指标		二级指标
贸易便利化指标（TFI）	制度环境	腐败控制力度（control of Corruption）
		政府效率（government Effectiveness）
		规制效果（regulatory Quality）
		规则制度（rule of Law）
		言论与问责（voice and Accountability）
	海关效率	海关行政成本（burden of customs administration）
		海关绩效（customs from LPI）
		注册登记所需时间（time required to register）
		满足行政要求所需时间（time dealing with requirements）
	出口程序和进口程序	出口所需文件数（documents to export）（numbers）
		出口所需时间（time to export）（days）
		出口所需成本（cost to export）（US$ per container）
		进口所需文件数（documents to import）（numbers）
		进口所需时间（time to import）（days）
		进口所需成本（cost to import）
	基础设施	港口基础设施质量（quality of port infrastructure）
		装船的难易度（ease of Shipment）
		物流服务的满意度（logistics Services）
		货物的可追踪性（ease of Tracking）
		时效性（timeliness）
	边境管理的透明度	腐败感知指数（corruption perceptions index，CPI）
		执法力度（strength of legal rights）
		向公共部门非正式支付的可能性（informal payments to public）
		企业送礼的可能性（firms to give gifts）*

＊数据不具有时间序列，故舍去，仅作参考

（1）制度环境。制度环境指标可以衡量一国宏观政策环境的透明度和规范性，下设 5 个二级指标：腐败控制力度、政府效率、规制效果、规则制度、言论与问责。

（2）海关效率。贸易便利化旨在创造简化、协调、透明、可预见的贸易环境，而海关作为国际物流上的关键环节，在贸易便利化过程中发挥着不可替代的重要作用。海关管理程序再造是各国贸易便利化改革的重点内容。海关效率主要包含 4 个二级指标：海关行政成本、海关绩效、注册登记所需时间（time reguired to register）和满足行政要求所需时间。

（3）出口程序和进口程序。出口程序和进口程序主要从进出口所需文件数、进出口所需时间和进出口所需成本来衡量货物进出境的便利程度。

（4）基础设施。基础设施主要考察国际贸易中的海运情况，特别是一国对外贸易的港口条件，指标主要包括港口基础设施质量、装船的难易度、物流服务的满意度、货物的可追踪性和时效性。

（5）边境管理的透明度。2007 年，APEC 贸易便利化行动计划（Ⅱ）进一步规定了 6 项海关程序措施，其中一项即为提高海关关员的能力和廉洁程度。海关和其他边境管理人员做出任何不恰当的私人决定都会对贸易环境产生负面影响。该指标主要考察边境管理的透明度，测评一国政府在过境管理、进出口征税等方面的廉洁程度。

指标体系的数据既有硬数据又有软数据，主要来源于世界经济论坛报告的《全球竞争力报告》，世界银行发布的《营商环境报告》（Doing Business），世界银行的全球物流绩效指数（LPI）、全球政府治理指数（Worldwide Governance Indicator，WGI），联合国贸易和发展会议的班轮联通性指数（Liner Connectivity Index），世界经济论坛的贸易促进指数（Enabling Trade Index），以及透明国际公布的腐败感知指数（Corruption Perceptions Index）和世界银行的 World Development Indicators 数据库。

2. 中国的贸易便利化水平

根据主成分分析法计算出各项指标的权重[①]，进而可以计算出世界各国（地区）的贸易便利化指数[②]，如表 6-2 所示[③]。中国在 100 个国家（地区）中得分

[①]　贸易便利化评价指标体系下的 26 个二级指标的取值范围和单位都不一致，为方便分析研究，本研究对各个指标进行了标准化，其取值范围为 1～7，1 分为最差，7 分为最佳。

[②]　本研究在便利化指数的基础上，进一步计算出了各国的出口贸易便利化指数和进口贸易便利化指数。出口贸易便利化指数主要由制度环境、海关效率、出口程序、基础设施和边境管理的透明度组成，而进口贸易便利化指数则主要由制度环境、海关效率、进口程序、基础设施和边境管理的透明度组成。

[③]　这是使用 2006～2013 年的数据进行排名的结果，也可以使用年度数据进行贸易便利化的排名，中国的排名每年略有上升，整体变化不大。

11.84，排第41位，居于中游。西方发达国家在贸易便利化水平上居于领先地位，如英国排第7位，美国排第11位，日本排第15位。一些新兴经济体的便利化水平排名世界前列，如新加坡排第1位，中国香港排第2位，分别得分15.99、15.63。

表6-2　100个国家（地区）的贸易便利化指数及排名

排名	得分	国家（地区）	出口排名	进口排名	聚类结果	排名	得分	国家（地区）	出口排名	进口排名	聚类结果
1	15.99	新加坡	1	1	I	33	12.17	巴拿马	38	39	II
2	15.63	中国香港	2	2	I	34	12.14	斯洛文尼亚	32	32	I
3	15.41	丹麦	3	3	I	35	12.06	卡塔尔	33	34	I
4	15.37	瑞典	4	4	I	36	12.03	南非	31	30	I
5	15.15	芬兰	5	5	I	37	11.92	保加利亚	36	37	I
6	15.02	荷兰	7	8	I	38	11.91	罗马尼亚	37	38	II
7	15	英国	8	6	I	39	11.89	卢森堡	46	41	I
8	14.99	新西兰	6	7	I	40	11.88	泰国	40	43	II
9	14.86	德国	9	9	I	41	11.84	中国	41	35	II
10	14.73	爱尔兰	12	12	I	42	11.76	乌拉圭	39	40	I
11	14.67	美国	11	13	I	43	11.74	希腊	43	46	II
12	14.62	澳大利亚	10	10	I	44	11.73	阿曼	45	44	I
13	14.61	加拿大	13	11	I	45	11.72	巴林	42	42	II
14	14.47	挪威	14	14	I	46	11.66	沙特阿拉伯	47	48	II
15	14.38	日本	15	15	I	47	11.62	土耳其	44	45	II
16	14.26	法兰	16	17	I	48	11.55	以色列	53	53	I
17	14.18	比利时	17	16	I	49	11.49	秘鲁	49	51	I
18	14.07	韩国	18	18	I	50	11.48	墨西哥	51	52	II
19	13.6	西班牙	19	19	I	51	11.48	哥斯达黎加	52	50	II
20	13.58	马来西亚	21	20	I	52	11.44	克罗地亚	50	47	II
21	13.46	阿联酋	22	22	I	53	11.26	突尼斯	56	57	II
22	13.41	爱沙尼亚	23	24	I	54	11.22	印度	48	49	II
23	13.39	塞浦路斯	20	21	I	55	11.17	越南	54	55	II
24	13.14	智利	24	23	I	56	11.1	约旦	57	63	II
25	12.93	葡萄牙	26	25	I	57	11.02	印度尼西亚	59	65	II
26	12.87	拉脱维亚	25	27	I	58	11	加纳	55	58	II
27	12.76	波兰	27	26	I	59	10.94	萨尔瓦多	62	62	II
28	12.61	瑞士	28	28	I	60	10.94	哥伦比亚	61	61	II
29	12.48	意大利	30	29	I	61	10.94	牙买加	60	56	II
30	12.48	立陶宛	29	31	I	62	10.91	科威特	58	59	II
31	12.31	奥地利	34	33	I	63	10.85	菲律宾	66	67	II
32	12.2	毛里求斯	35	36	II	64	10.8	危地马拉	65	60	II

续表

排名	得分	国家（地区）	出口排名	进口排名	聚类结果	排名	得分	国家（地区）	出口排名	进口排名	聚类结果
65	10.79	匈牙利	70	66	I	83	9.88	柬埔寨	83	81	II
66	10.77	捷克	71	72	I	84	9.86	厄瓜多尔	85	83	II
67	10.76	纳米比亚	63	54	II	85	9.8	阿尔马尼亚	87	86	II
68	10.75	斯里兰卡	68	71	II	86	9.74	冰岛	90	89	II
69	10.75	洪都拉斯	67	69	II	87	9.69	马其顿	88	87	II
70	10.73	多米尼加	72	74	II	88	9.67	马达加斯	86	88	II
71	10.73	巴西	64	64	II	89	9.65	尼日利亚	81	84	II
72	10.63	阿根廷	69	70	II	90	9.44	摩洛哥	95	96	II
73	10.6	斯洛伐克	73	68	I	91	9.35	阿尔及利亚	91	93	II
74	10.51	塞内加尔	74	77	II	92	9.16	亚美尼亚	96	97	II
75	10.38	巴基斯坦	78	76	II	93	9.16	波斯尼亚和黑塞哥维那	98	95	II
76	10.35	冈比亚	79	78	II	94	9.13	摩尔多瓦	94	94	II
77	10.24	乌克兰	75	75	II	95	9.08	科特迪瓦	89	92	II
78	10.16	肯尼亚	76	73	II	96	9.07	喀麦隆	92	90	II
79	10.1	坦桑尼亚	77	79	II	97	9.04	俄罗斯	93	91	II
80	10.01	圭亚那	84	85	II	98	8.99	黎巴嫩	100	103	II
81	10.01	埃及	82	82	II	99	8.79	莱索托王国	101	98	II
82	10	贝宁	80	80	II	100	8.72	尼加拉瓜	110	108	II

　　从聚类分析的结果看，可以将样本国家和地区分为两类，一类是西方发达国家和部分新兴经济体，另一类大多是发展中国家。中国位于第二集团的领先位置。聚类的结果从另一方面说明贸易便利化与该经济体整体的经济发展的高度相关性。

　　在单项指标的比较中，中国仅仅在制度环境、边境管理的透明度两项指标上落后于世界平均水平，如图 6-1。从不同收入水平经济体的指标对比来看，高收入国家、中等收入国家和低收入国家的便利化程度随收入的减少而逐渐降低。中国的制度环境得分为 3.36，稍稍高于低中等收入国家的 3.34，海关效率已经接近高收入国家，在出口程序上的得分达到了 5.48，和中等收入国家水平持平，进口程序和边境管理的透明度也已经接近了高收入国家的水平（图 6-2、表 6-3）。与西方发达国家相比，中国主要落后在制度环境和边境管理的透明度方面（图 6-3）。由此不难得出结论，中国的贸易便利化水平基本位于中等收入国家行列，某些指标特别是在硬件方面已经超过了西方发达国家。中国的差距主要在软的方面，譬如海关的进出口流程、对进出口商的服务水平、制度建设等方面还有待进一步加强。

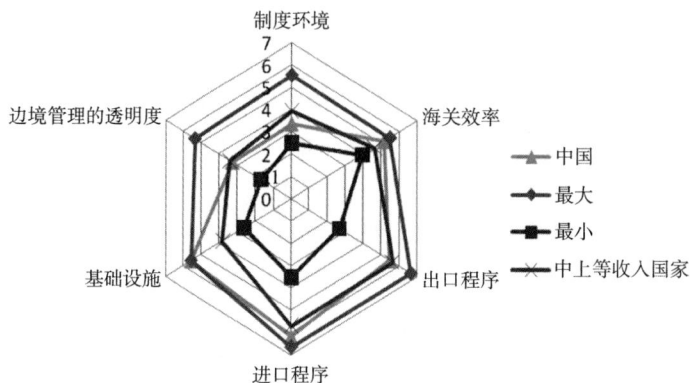

图 6-1 中国单项指标与世界平均水平的对比图

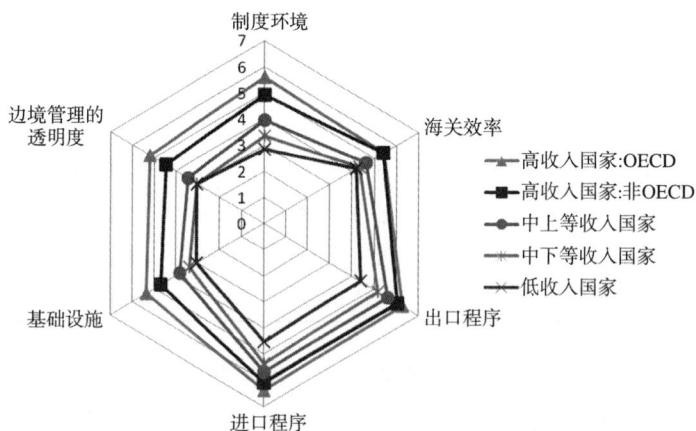

图 6-2 中国与不同收入水平经济体单项指标的对比图

表 6-3 中国与不同收入水平经济体贸易便利化单项指标的对比表

分类	制度环境	海关效率	出口程序	进口程序	基础设施	边境管理的透明度
中国	3.36	5.15	5.48	6.15	5.56	3.28
高收入国家：OECD	5.6	5.43	6.3	6.37	5.37	5.19
高收入国家：非 OECD	4.92	5.4	6.07	6.08	4.67	4.46
中上等收入国家	3.96	4.63	5.64	5.69	3.81	3.42
中下等收入国家	3.34	4.33	5.19	5.36	3.34	3.02
低收入国家	2.85	4.18	4.39	4.52	3.01	3.02

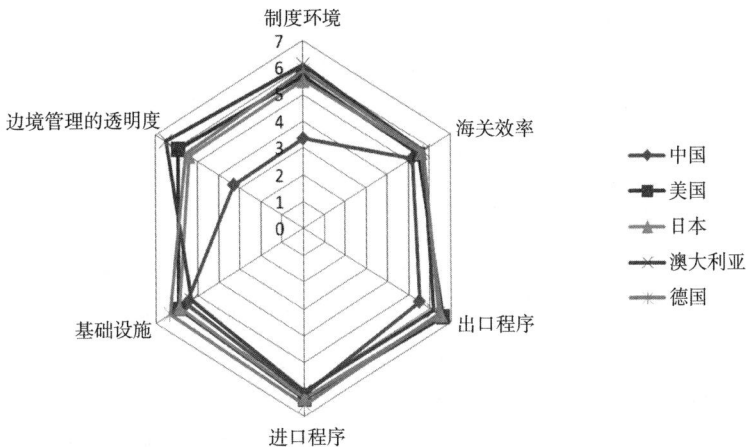

图 6-3　中国与西方主要发达国家单项指标的对比图

总的说来，发展中国家贸易便利化程度较低，不仅体现在整体便利化水平上，也体现在各分项指标中。我国整体上属于一般便利国家，具有较大的提升空间。我国在基础设施、进口费用和政府管制程度指标上的排名较为靠前，在海关繁琐度、腐败指数等方面具有明显劣势。

3. 贸易便利化能够减少贸易成本，促进中国的对外贸易

提高我国和贸易伙伴的便利化水平会减少我国与贸易伙伴之间的贸易成本。提升贸易伙伴国的便利化水平比仅提高我国的贸易便利化水平，减少贸易成本的幅度要大些。

贸易便利化对我国出口的促进作用很大。无论是农产品、工业还是整体出口，对贸易便利化指数的系数都为正，且都通过了显著性检验。我国的贸易便利化程度对中国整体出口、农产品出口①以及工业品出口都具有显著的影响。如果把贸易便利化指数分为出口指数和进口指数，实证结果也支持以上结论。实证结果显示，贸易伙伴的便利化水平有助于提升我国工业品及整体的出口水平，其贸易便利化水平每提高一个单位，则我国工业品和整体出口可以提高 14.23%、15.40%。如果每提升我国自身的贸易便利化水平 1 个单位，对我国整体出口、农产品出口和工业品出口将提高 8.52%、13.71% 和 8.16%。

整体来看，贸易便利化会增加中国大陆的进口。提高贸易伙伴的贸易便利化

①　值得注意的是，此时贸易伙伴的贸易便利化水平对中国农产品出口的影响是负值，虽不显著，但这种负相关关系已经不能用引力模型来解释，只能结合中国农产品的主要出口对象、农产品品质以及具体的贸易关系来解释。

水平对中国大陆农产品、工业品的进口影响都比较显著。我国自身的贸易便利化水平对工业品的影响相比农产品而言更为显著。实证结果表明，当贸易伙伴的便利化水平提高一个单位，中国大陆工业品进口将增加 31.12%，农产品进口增加 67.82%。中国自身的贸易便利化每提高一个单位，整体进口将增加 14.98%，工业品进口将增加 31.53%，农产品进口增加 4.07%。

4. 各便利化指标的贡献度

根据主成分分析法可以计算出制度环境、海关效率、出口程序、进口程序、基础设施和边境管理的透明度各项指标在贸易便利化指数中的权重。因为只有一个主成分，所以可以用每个指标权重的大小[①]与每个指标标准差的比值衡量每项指标的贡献度，如表 6-4 所示。表 6-4 清晰地表明进口程序、海关效率和出口程序在贸易便利化中的重要性。制度环境的贡献基本和基础设施相当。因此，单纯简化进出口程序以提高便利化水平的方法是不可取的。提高贸易便利化水平是一项系统工程，不仅要简化进出口程序，更要提升海关治理水平，提升政府整体的治理水平。

表 6-4　各项指标的贡献度

类别	制度环境	海关效率	出口程序	进口程序	基础设施	边境管理的透明度
贸易便利化指数	0.13	0.22	0.21	0.24	0.12	0.09
出口指数	0.17	0.29	0.26	0	0.16	0.12
进口指数	0.16	0.28	0	0.29	0.15	0.12

6.2　国际上自由贸易园区物流和贸易便利化发展经验

对于自由贸易园区（free trade zone，FTZ），在国际上，有自由区、出口自由区、自由关税区、免税贸易区、免税区、自由贸易港、自由市、自由工业区、投资促进区及对外贸易区等各种名称。针对自由贸易园区的国际公约，主要是《关于简化与协调海关业务制度的国际公约》（即《新京都公约》，2006 年生效）附约四第二章"自由区"（Free Zone）。欧盟、美国、新加坡、韩国等国家或区域一体化组织对于自由贸易园区都有完善的立法，其立法和近期修改的趋势都是以促进物流和贸易便利化发展为原则的。

---

① 需要剔除特征值的影响。

6.2.1　京都公约及其"自由区"附约

《关于简化与协调海关业务制度的国际公约》又称为《京都公约》，是于 1973 年 5 月 18 日在日本京都召开的海关合作理事会（CCC，1994 年改为世界海关组织）会议中通过的。它以简化和协调世界各国全面的海关业务制度、办法为目的，综合了各国海关的业务实践，研究了各国海关的经验，由理事会拟定的一个条款相当灵活、可以保证运用于多变的国际贸易结构和海关制度的世界规模的公约，这个公约有 30 个附约（称为《京都公约附约》），供各国分别签署参加实施。我国于 1988 年成为《京都公约》的缔约方，同时有保留地接受了两个附约，即《关于保税仓库的附约》和《暂准进口货物按原状复出口的附约》。

由于贸易便利化的需求，各国政府希望通过贸易自由化刺激经济发展，私人部门和各种国际组织希望与世界海关组织合作，以及信息技术的使用，《京都公约》已不能适应最新的发展，为适应新的需要，增强《京都公约》的约束力，1994 年世界海关组织开始对《京都公约》进行全面修改。新公约在 1999 年 6 月的世界海关组织年会上获得通过，于 2006 年 2 月 3 日生效。修正后的公约包括公约主约、总附约和 10 个专项附约。公约主约共有 5 章 20 条，各章分别是定义、范围及结构、公约管理委员会、缔约方和公约的生效。总附约基本上由老公约 30 个附约中的共同性规定构成，共分 11 章，包括总则、定义、通关及其他海关手续、税费、担保、海关监管、信息技术的应用、海关与第三方的关系、海关提供的信息、做出的决定和裁决、海关事务的申诉。30 个附约中的其他内容经过修订和调整后构成新公约的 10 个专项附约。

根据新公约的规定，加入新公约必须接受总附约。总附约的条款分为标准条款和过渡性标准条款，缔约方分别享有 3 年和 5 年的实施准备期，但对所有条款均不得提出保留。各专项附约以及其中的各章，缔约方可在加入新公约时或其后分别单独接受。专项附约的条款分为标准条款和建议条款。缔约方可对其中的建议条款提出保留。我国已接受的老公约中的两项附约现分别为新公约中专项附约 4 的第一章"海关仓库"和专项附约 7 的第一章"暂准进口"。

作为国际海关领域的基础性公约，修改后的《京都公约》确立了"贸易便利化"的原则，其用意在于约束海关行政行为。例如，《新京都公约》总附约第三章 3.12 标准条款规定："海关对货物申报所要求的数据应仅限于为估定税费、编制统计和实施海关法所必需的内容。"3.13 标准条款规定："如申报人在货物申报时资料不全，海关认为理由正当，应准许申报人作出临时的或不完整的申报，但该申报须载有海关认为必需的内容，且申报人承诺在规定期限内作出完整申报。"3.18 过渡性标准条款规定："海关应准许申报人以电子方式提交随附单证。"3.21 过渡性标准条款规定："海关应准许以电子方式提交货物申报。"3.33

标准条款规定："如海关决定查验申报的货物，查验应在货物申报登记后尽快进行。"第四章 4.15 标准条款规定："如国家立法规定可延期缴纳税费，应具体规定提供这种便利的条件。"4.16 标准条款规定："对获准延期缴纳税费的应尽量不收取利息。"类似的便利贸易，降低贸易成本的条款规定在公约中比比皆是。同时，《新京都公约》所确立的种种简化手续和便利贸易的原则是建立在法律健全和依法行政基础之上的，在提供便利的同时，海关并没有因此削弱甚至放弃管理，而是注重依法行政和促进贸易的内在统一。对比中国《海关法》未确立"贸易便利化"的原则，主要还是构建在海关对行政管理相对人的管理之上的。

《新京都公约》的各专项附约中规定的具体海关制度应受该专项附约条文约束，并在可适用的范围内适用总附约，因此总附约所确定的简化和协调海关制度以便利贸易的原则也贯彻到专项附约中。

《新京都公约》附约四第二章"自由区"，对自由区的定义如下："指一国的部分领土，在这部分领土内运入的任何货物，就进口税及其他各税而言，被认为在关境以外。"其基本原则为海关如对运入自由区货物实施监管，仅限于为确认单证与货物一致性和合法性，并确有监管必要性，以便利进出自由区的贸易。如第 9 条建议条款规定："货物直接从国外进入自由区，如果从随附单证上已获信息，海关不应要求货物申报。"第 16 条标准条款规定："准予进入自由区或在自由区生产的货物应被允许部分或全部运出，进入另一自由区或置于另一海关制度，但必须符合规定条件并办理相应手续。"第 17 条标准条款规定："对货物运出自由区所要求的唯一申报，应是规定适用于该货物的海关制度通常所要求的货物申报。"第 18 条建议条款规定："如果从自由区直接运往境外的货物必须向海关交验单证，海关不应要求已从随附单证上获得的信息以外的更多信息。"

我国在加入《新京都公约》时没有加入"自由区"附约。鉴于上海建设具有国际水准的投资贸易便利的自贸区的目标，中国应加入这一附约或把这一附约中的贸易便利化的原则和最佳做法引入到中国自贸区的立法和实践中。

6.2.2　欧盟"自由区"制度

1. 欧盟海关法典的贸易便利化内容

为了简化现行立法和为海关当局和经营者提供便利，2008 年欧盟理事会和欧洲议会通过了名为"现代化海关法典"（Modernised Customs Code）的新的共同体海关法典，后更名为"欧盟海关法典"（Union Customs Code）（以下简称"新法典"），最迟 2020 年年底全部实施。

"新法典"将减少海关手续数量和建立电子关税同盟，并通过进一步明确扩大的权利和义务来促进内部市场进一步统一，其主要内容如下。

（1）简化海关手续，把现存的 13 种不同的海关认可的处置或使用方式归纳为三种基本程序：进口、出口和特殊海关制度。所有程序具有一致性的规则，特别是授权、担保和海关债务，无论从海关方面还是贸易商方面都大大简化了程序，节约了成本。

（2）创造无纸通关环境，贸易商与海关部门之间在所有数据、随附文件、决议及通告上的互换均须采用电子数据处理技术，各成员国海关计算机系统间也要互联，"新法典"及其实施条例为电子数据处理技术的采用以及电子海关的建立提供了合法依据。

（3）提倡"统一通关"的概念，"新法典"为货物统一通关提供了法定的框架，统一通关使得向公司所在地海关进行货物申报，而非货物进出境海关进行申报成为可能。

（4）运用风险管理技术，"新法典"中用专门的章节提出风险分析、风险识别、风险管理的原则，要求各海关当局在信息共享的基础上，对货物相关信息进行横向（欧盟关境内外情况）、纵向（货物历史数据和预测信息的比对）的比较、分析，并结合当期国际贸易中各种风险预警通告，随时更新具体货物的监管要求，以便从众多货物中找出需要重点关注的货物类别，以及从众多物流相关方中筛选出需要实施严格程序的相关方，对货物的监管真正做到有的放矢，避轻就重，监管有效，这一基于风险分析的通关模式，将使通关程序大大简化，但是监管得到加强，突出整体性。

（5）为设立"单一窗口"和"一站式平台"提供法律框架，根据"单一窗口"概念，经营者可以采用电子方式将海关及负责边境管制事务的其他部门（如警察、边境防卫、动物检验及环境部门）要求的资料递交给一个单一联络点，"单一窗口"不仅允许经营者和海关之间的无障碍信息交流，还使海关和其他机构得以良好交流；根据"一站式平台"，针对不同用途（如海关、动物检验及环境等）而进行的检验将由所有部门同时同地进行，同时委员会授予海关协调的权力。

（6）引入授权经营者（AEO）制度，并为获得这一资格认证的经营者提供更为快速、便捷的通关待遇。可见"新法典"为贸易便利化提供了法律依据和实施原则。

2. 自由区制度

特殊海关制度方面的更新主要是把以前各种关税的制度归结到一起，并与其他类似海关认可的处置和使用方式划分为四类特殊海关制度：转运（外部转运、内部转运）；储存（暂时储存、海关仓库、自由区）；特定使用（暂准进口、最终用途）；加工贸易（进境加工和出境加工）。特殊海关制度也适用于通常的规则，如担保、申报和授权等，每个不同的制度所适用的特殊规则只在有正当的经济理由时才使用。

在"自由区"这一节中，主要包括以下内容：①成员国可以指定共同体关境内的部分为自由区；②成员国应当为每个自由区确定区域的范围和明确进出口地点；③自由区应当是封闭的；④自由区的范围与进出口地点应当在海关监管之下；⑤进入或离开自由区的人员、货物和运输工具可以处于海关的监管之下。

现行欧共体海关法规定了自由区的两种类型（Control Type Ⅰ & Control Type Ⅱ），其中第一类为用围栏或墙壁与其他区域隔离的封闭区域，由海关负责对进出园区的货物进行检查和监管；第二类为海关监管仓库（Customs Warehouses），即海关通过对园区管理者或经营者的存货账户的监管而对货物实施监管，园区内的货物必须先报关才能享受园区提供的各种优惠。"新法典"取消了自由区的第二种类型，而直接适用海关仓库的规定，因此进一步统一和简化了自由区的规定。

在货物申报方面，欧盟新的立法列举了必须申报的几种情况：①该批货物从共同体关境外直接进入自由区；②当该批货物置于自由区的海关制度下时，原适用的海关制度已结束或已解除；③该批货物为了享受退回或免除进口关税的待遇而置于自由区的海关制度下；④其他法律规定了这样的程序。除了上述的情况以外，其他进入自由区的货物不需向海关申报，体现了贸易便利化的原则。

6.2.3　美国对外贸易区制度

1. 对外贸易区的概况

对外贸易区是指一个限制进入的地区，该地区属于海关口岸或者与其相邻。建立这些设施的相关法律可以在美国 1934 年的《对外贸易区法案》（Foreign-Trade Zones Act of 1934，as amended（19 U. S. C. 81a-81u））中找到。该法案中说到，建立对外贸易区的目的是"为了加速并鼓励国际贸易的发展"。该法案指定对外贸易区管理局，包括商业部和财政部，来保障企业有建立、运行和维持对外贸易区的权利。财政部指定对外贸易区内的海关官员保护财政收入和为外国商品从对外贸易区进入关境提供便利。对外贸易区法案的配套法规包括对外贸易区法规（the FTZ Regulations（15 CFR Part 400））和海关与边境管理局法规（CBP Regulations（19 CFR Part 146））。

对外贸易区是根据公共事业原则运营的，由获得对外贸易区管理局授权的企业举办的，对外贸易区管理局隶属于商务部，受美国海关的监管。对外贸易区在关税法律和海关进出程序上被认为是在美国关境外的。也就是说，商品能自由进入对外贸易区，并且不受海关的进出境程序约束。在对外贸易区的海关程序下，国外和国内的商品可在区内储存、展览、处置、销毁、制造和加工，无须受正式的海关程序约束，无须缴纳关税，除非这些外国商品进入关境内供境内使用。进口商通常可以选择以外国商品进入对外贸易区时的税率或加工成制品时的税率来缴纳关税。配额限制一般不适用于区内的外国商品。然而，对外贸易区管理局可以在特定情况下，以公共利益为由禁止或限制使用对外贸易区的海关程序。从境内进入区内的商品如果用于出口（处于对外贸易区监管范围内），即可以退回关税和国内税。进区是为了出口的外国商品（有形的个人财产）和国内商品，可以免去国家和某些州的从价地方税。进入区内的其他法案没有规定的物品应该受关税法律和通常的入区程序监管，包括缴纳相关关税和其他税费。

经过美国关境运入或运出对外贸易区的进口商品需采取保税运输形式，国内商品不必采取保税运输的形式。在对外贸易区使用的办公家具、办公设备、食品及不是用于生产园区产品的水及燃料等供应品，不能利用对外贸易区海关监管制度，在进口时需进行进口供境内使用的申报。这些供应品在园区内由进口原材料制造后供园区内使用将丧失免税的资格，必须进行进口申报。若处于保税储存状态下的进口商品提取出来供园区内使用，从而丧失免税资格的，也必须进行进口申报。生产性设备可缓纳进口税费，在申报供境内使用前进入园区并进行装配，直到用于生产时再作为设备进口申报。

2. 对外贸易区内商品适用的海关制度

置于对外贸易区法案下的海关制度（园区货物状态 zone status）有四类：privileged foreign status（优惠的国外状态，即进口人选择商品按入区时的状态被处置，例如，商品无论经过加工与否，内销时按入区时的状态征税），non-privileged foreign status（非优惠的国外状态，即进口人选择商品按从园区进入关境时的状态被处置），domestic status（国内状态，指美国产商品且已缴纳各项国内税，或已缴纳进口税费的原先进口的商品，或原先进口的免税商品进入园区后，无论是否与其他商品混合或成为其他商品的一部分，其再次进入关境时免配额及免征进口各税），zone-restricted status（对外贸易区受制状态，即进入园区仅供出口、销毁或储存的物品，入区视为出口，可退回进口各税和国内税）。适用哪种海关制度，进口申报人或园区内货主有选择权，但有时按法律规定确定适用某一种海关制度。已进入园区的商品也可申请更改适用的海关制度。但不是所有的园区内的商品都可以适用上述"园区货物状态"，不得适用园区货物状态的商品包括：还未最后确定是否受到禁止的商品，暂时存储的商品（例如单证不全或应采取其他操作），过境商品，等待海关查验或审核的留置商品，等待允许直接交付命令的商品，尚未获得进入园区批准的溢卸商品，对外贸易区法案没有列明的在园区内使用的物品等。

3. 对外贸易区内的业务范围

除了法律禁止的商品以外，除《对外贸易区法案》另有规定者外，任何种类的外国或美国产商品都可进入对外贸易区，不受美国海关法的约束，并进行储存、销售、展示、分拆、重新包装、组装、分销、分拣、分级、清洁，与外国或美国产商品混合，或其他操作，或制造（除对外贸易区法案另有规定者外），以及出口、销毁，或以原包装或其他方式运入美国关境。

对园区内业务范围的禁止和限制见于《对外贸易区法案》和对外贸易区管理局的命令。例如，园区内一般不允许居住，除了获得对外贸易区管理局批准的联邦、州或地方政府官员。在对外贸易园区内，未获得特别批准，不得经营零售贸易或推行零售形式的服务。个人拥有的小汽车不得在园区内储存、修理或出售。不得在园区内制造酒、烟及武器。

任何禁止其进行商业流通的商品都不得进入关境内销。若商品未满足进口申报的管理要求，则海关可拒绝其进入关境。

4. 对外贸易区的海关监管

针对海关监管模式，目前美国对外贸易区主要采取的几个措施有：一是采取周报关制度，对于进区与出区的申报，可申请为一周集中申报一次，这样就为企业降低了报关的费用，同时也减少了业务量，提高了业务效率；二是采用电子化申报方式；三是针对国内货物进区手续的减免，即国内的货物在进入对外贸易区时可免除报关程序。以上便利的海关监管模式加上其他制度的配套帮助美国在应对国际竞争时取得显著成效。

5. 对外贸易区法规的修订

2010 年 12 月 30 日，对外贸易区委员会在联邦登记册上发布了一项拟议规则，修改一些实质性和程序性的规则——修改对外贸易区的授权以及区域活动的监管。这些提议变化将会导致现行条例的重大修订。修订包括制造业和增值活动的变化，以及旨在解决专营公司给保税区用户提供统一服务、遵守对外贸易区法案的新规则。该法规提案将取消大多数制造（即实质性加工）活动被普遍要求的来自对外贸易区委员会的提前批准。按照提议，只有在某些罕见的情况下，出口才需要进行事先生产批文活动，例如，在生产链条中的进口部件有反倾销或反补贴税的倾向。拟议规则将显著减少公司等待审批的时间［见 Sec. 400. 14（d）（3）（e）］。拟议的规定也将通过追溯通知之前被认可的对外贸易区委员会操作，提高灵活性以适应生产的变化［见 Sec. 400. 14（e）（1）和 400. 37］。拟议法规的其他变动涉及法定要求，即每一个区域都被当作公共设施运作，并且对所用申请使用的区域统一对待。该拟议规定将提供更好的指导，以及建立遵守这些要求的具体标准（见 Sec. 400. 42 和 400. 45）。对于违反对外贸易区委员会制定的对外贸易区法案的相关处罚，现行的法规没有规定。而拟议规定将给予对外贸易区委员会法定权利对于违反法案的行为加以处罚（见 Sec. 400. 62）。每一次违反都将被罚款，有连续违反行为的，一天累计罚款不超过 1000 美元。受到这种罚款的违法行为可能包括：未能获得事先批准（或提交的通知）；未能提交年度报告；在某些区域，代理人有业绩利益冲突的承授职能，不应由若干第三方进行，等等。拟议规定有一项新的规定，即允许对违反对外贸易区委员会制定的对外贸易区法案进行"事前披露"（见 Sec. 400. 63）。如被委员会发现前，企业"事前披露"其违规行为，将会使罚款额降低。

在考虑了公众对拟议规则的意见后，最终法规又进行了部分修订，于 2012 年 4 月 30 日生效。此次修订缩减了大量事先批准程序，体现了贸易便利化原则。

6.2.4　新加坡的自由贸易区

1. 自由贸易区法案及相关政策

新加坡《自由贸易区法案》（Free Trade Zones Act）专门有一部分规定了可以在自由贸易区内进行的业务活动。其中关于货物在自由贸易区中的处置与美国的规定类似。在园区内进行加工应事先通知海关并获得书面批准，加工过程要处于海关监管之下。原则上不允许在自由贸易区内进行零售贸易，除非获得当局的书面授权，并满足当局设定的条件。未经海关关员书面批准，不得在自由贸易区内使用或消费应税货物。

新加坡自由贸易园区由机场物流园、樟宜机场空运中心组成。新加坡政府一方面通过税收优惠、提供各项教育和在职培训来支持物流业发展，并成功地将运输、仓储、配送等物流环节整合成"一条龙"服务；另一方面，新加坡的自贸区管制较少，政府只起引导作用，充分发挥企业的活力；另外，新加坡海关管理透明，税制清楚，通关效率很高。

2. 新加坡自由港：强大的信息平台

新加坡是亚洲领先的金融、服务和航运中心之一，它毗邻马六甲海峡南口，是欧亚交通必经之地。新加坡始终保持竞争力的关键在于在基础设施建设上增加投资并不断更新技术。新加坡目前的集装箱年处理能力为 3500 万标箱，水深为 16 米，但是，新加坡对此仍不满足，2012 年新加坡国际港务集团（PSA）宣布将花费 35 亿新加坡元（约合 28. 5 亿美元）扩建西南部的帕西班让港口，项目完成后新加坡集装箱年处理能力将上升至 5000 万标箱，能够提供最深 18 米的泊位以容纳更大的集装箱船舶。

2012 年 5 月，世界经济论坛（WEF）公布每两年编撰一次的促进贸易指数排名，指数评比包括市场准入、海关管理、运输与通信基础设施、商业环境四项大指标，新加坡拿到前三项第一，并稳居首位。数据显示，自由贸易区内货物的卸货时间为 4～6 小时，大型快递公司比如 UPS、FedEx 等，货物从卸货到运出自由贸易区，仅需 1 小时。

新加坡自由港中最令人称道的是其功能强大、覆盖面广泛的国际航运中心信息平台——贸易网（Trade Net）、港口网（Port Net）以及码头作业系统。

贸易网就是所谓的电子通关系统，它以电子报关和电子审单为基础，连接该国海关、检验检疫、税务、外汇、安全、军控、企业发展局等 35 个政府部门，是名副其实的"一站式"、"无缝式"服务。作为国际上第一个运用企业申报的电子数据和贸易文件来处理的全国性电子数据交换（EDI）网，它受理进口、出口和转口贸易的几乎全部手续。该网全天候开放，自动处理企业的操作请求。通关方面，有关单位只要提交一份电子文件，网站只需要 10 秒钟即可处理完毕，企业等待 10 分钟就可得到答复，所需花费仅为 2 美元。需要相关部门审核批准的业务，网站会自动向有关部门提交；需要部门打印准证的，通过系统也可以完成。而在以前，在新加坡自由港办理通关手续需要 2～7 天，费用为 6～12 美元，递交文件数量为 3～35 件，涉及办理人员 134 人。

港口网联系的则是政府职能部门、船舶公司（或其代理行）、运输业、货主集装箱中转站等，同样也是全天候服务。港口用户通过该网站可以获得船只进港、出港信息，货物在港口所处的状态，实施跟踪集装箱等信息；还可以预定和了解船只舱位安排，指定停泊位置，等等。码头作业系统管理的主要是码头的货柜作业，它的出现使集装箱通过新加坡港区的时间缩短为 25 秒。

新加坡海关以充分信任企业为监管前提，通过上述的"国际航运中心信息平台"，大大简化了通关时间和手续。在 2010 年前的一段时间，新加坡自由港一直是全球第一大集装箱港口。

6.2.5　香港自由港

香港的自由贸易政策，除为履行国际义务及维护香港安全对贸易实行必不可少的管制外，进出口贸易、旅游、空运，外国人使用港口和机场均不加限制。外来船舶免办进港申请及海关手续，关检及卫检手续简便，物流体系极为畅通。

20 世纪 90 年代，香港通过投资兼并等方式创建了联系全球的物流网络，并建立了一流的运输设施。香港拥有世界最大的集装箱港口，其港口物流的基础设施建设投入大、起点高、设备先进，机构运作简捷高效。

香港国际集装箱堆场计划、协调和监督实现自动化，堆场计算机系统存有每个集装箱的详尽资料，提供多种查询、报告及分析工具，协助管理集装箱储存。该系统随时可以提供码头最多 9 万个标准箱的准确位置。通过这些先进技术，加快集装箱车在码头的周转，提高了物流的效率。

香港自由开放，基础设施高效，边境管理运作良好，政府努力打造有利于国际贸易和投资的商业环境。香港在"世界经济论坛"2012 年主要国际贸易中心城市所在国家或地区贸易便利化指数排名中，名列第二，显示了香港国际贸易的优良环境。

6.2.6　韩国的海关自由区

韩国于 1999 年制定并于 2000 年 12 月修订了"为推进国际物流中心对海关自由区的指定和管理法案"［Act on Designation and Management of Customs-Free Zones for Fostering International Logistics Centers（Republic of Korea）］。该法案的目的是充分利用韩国连接太平洋及处于中国、日本和俄罗斯之间的地理优势，吸引国际物流基地的建设和发展物流产业，指定主要的机场、港口、分拨中心、货运终端为海关自由区，以促进它们发展为 21 世纪东北亚的物流枢纽。

其主要内容有：①海关自由区由财政经济部长从主要的机场、港口、分拨中心、货运终端中指定，这些海关自由区应保证与其他地区连接的运输基础设施，并且在货物进出海关自由区时应享受监管法规给予的便利；②运入自由区的外国货物不征收税费，运入自由区的本国货物将免除或退还关税、酒精制品税、特别消费税以及类似的税费，增值税将以较低的税率征收；③在海关自由区内可以从事装运操作、运输、存储、展示、销售和为物流作业进行的简单加工，以及为物流相关行业提供支持的金融、保险、海关通关等服务；进入海关自由区的物流相关行业的企业可以减免公司税、所得税和利得税以及减免这些企业租用国有财产的租金。

6.3　上海自贸区物流及贸易便利化政策评估

6.3.1　上海自贸区总体方案及评估

1. 总体方案中物流及贸易便利化的内容

1）总体要求

试验区肩负着我国在新时期加快政府职能转变、积极探索管理模式创新、促进贸易和投资便利化，为全面深化改革和扩大开放探索新途径、积累新经验的重要使命，是国家战略需要。

（1）指导思想。高举中国特色社会主义伟大旗帜，以邓小平理论、"三个代表"重要思想、科学发展观为指导，紧紧围绕国家战略，进一步解放思想，坚持先行先试，以开放促改革、促发展，率先建立符合国际化和法治化要求的跨境投资和贸易规则体系，使试验区成为我国进一步融入经济全球化的重要载体，打造中国经济升级版，为实现中华民族伟大复兴的中国梦作出贡献。

（2）总体目标。经过两至三年的改革试验，加快转变政府职能，积极推进服务业扩大开放和外商投资管理体制改革，大力发展总部经济和新型贸易业态，加快探索资本项目可兑换和金融服务业全面开放，探索建立货物状态分类监管模式，努力形成促进投资和创新的政策支持体系，着力培育国际化和法治化的营商环境，力争建设成为具有国际水准的投资贸易便利、货币兑换自由、监管高效便捷、法制环境规范的自由贸易试验区，为我国扩大开放和深化改革探索新思路和新途径，更好地为全国服务。

（3）实施范围。试验区的范围涵盖上海外高桥保税区、上海外高桥保税物流园区、洋山保税港区和上海浦东机场综合保税区等4个海关特殊监管区域，并根据先行先试推进情况以及产业发展和辐射带动需要，逐步拓展实施范围和试点政策范围，形成与上海国际经济、金融、贸易、航运中心建设的联动机制。

2）主要任务和措施中关于贸易发展方式转变和贸易便利化的内容

推动贸易转型升级。积极培育贸易新型业态和功能，形成以技术、品牌、质量、服务为核心的外贸竞争新优势，加快提升我国在全球贸易价值链中的地位。鼓励跨国公司建立亚太地区总部，建立整合贸易、物流、结算等功能的营运中心。深化国际贸易结算中心试点，拓展专用账户的服务贸易跨境收付和融资功能。支持试验区内企业发展离岸业务。鼓励企业统筹开展国际国内贸易，实现内外贸一体化发展。探索在试验区内设立国际大宗商品交易和资源配置平台，开展能源产品、基本工业原料和大宗农产品的国际贸易。扩大完善期货保税交割试点，拓展仓单质押融资等功能。加快对外文化贸易基地建设。推动生物医药、软件信息、管理咨询、数据服务等外包业务发展。允许和支持各类融资租赁公司在试验区内设立项目子公司并开展境内外租赁服务。鼓励设立第三方检验鉴定机构，按照国际标准采信其检测结果。试点开展境内外高技术、高附加值的维修业务。加快培育跨境电子商务服务功能，试点建立与之相适应的海关监管、检验检疫、退税、跨境支付、物流等支撑系统。

3）营造相应的监管制度环境

适应建立国际高水平投资和贸易服务体系的需要，创新监管模式，促进试验区内货物、服务等各类要素自由流动，推动服务业扩大开放和货物贸易深入发展，形成公开、透明的管理制度。

（1）推进实施"一线放开"。允许企业凭进口舱单将货物直接入区，再凭进境货物备案清单向主管海关办理申报手续，探索简化进出境备案清单，简化国际中转、集拼和分拨等业务进出境手续；实行"进境检疫，适当放宽进出口检验"模式，创新监管技术和方法。探索构建相对独立的以贸易便利化为主的货物贸易区域和以扩大服务领域开放为主的服务贸易区域。在确保有效监管的前提下，探索建立货物状态分类监管模式。深化功能拓展，在严格执行货物进出口税收政策的前提下，允许在特定区域设立保税展示交易平台。

（2）坚决实施"二线安全高效管住"。优化卡口管理，加强电子信息联网，通过进出境清单比对、账册管理、卡口实货核注、风险分析等加强监管，促进二线监管模式与一线监管模式相衔接，推行"方便进出，严密防范质量安全风险"的检验检疫监管模式。加强电子账册管理，推动试验区内货物在各海关特殊监管区域之间和跨关区便捷流转。试验区内企业原则上不受地域限制，可到区外再投资或开展业务，如有专项规定要求办理相关手续，仍应按照专项规定办理。推进企业运营信息与监管系统对接。通过风险监控、第三方管理、保证金要求等方式实行有效监管，充分发挥上海市诚信体系建设的作用，加快形成企业商务诚信管理和经营活动专属管辖制度。

（3）进一步强化监管协作。以切实维护国家安全和市场公平竞争为原则，加强各有关部门与上海市政府的协同，提高维护经济社会安全的服务保障能力。试验区配合国务院有关部门严格实施经营者集中反垄断审查。加强海关、质检、工商、税务、外汇等管理部门的协作。加快完善一体化监管方式，推进组建统一高效的口岸监管机构。探索试验区统一电子围网管理，建立风险可控的海关监管机制。

2. 总体方案中物流及贸易便利化内容的评估

国务院关于中国（上海）自由贸易试验区总体方案要求推动贸易转型升级，鼓励企业统筹开展国际国内贸易，实现内外贸一体化发展，在这种要求下，就不仅仅是有关自贸区本身监管流程的再造（"一线放开"），而且要先行先试境内其他地区与自贸区之间的贸易便利化措施，即在"二线管住"的基础上进一步提高贸易便利化水平。

上海自由贸易试验区的范围涵盖上海市外高桥保税区、外高桥保税物流园区、洋山保税港区和上海机场综合保税区4个海关特殊监管区域，面积28.78平方公里。虽然地理位置优越，但毕竟面积有限，辐射带动作用只能局限于长江三角洲，不能有效撬动整个长江黄金水道经济带，甚至可能会出现"虹吸现象"，影响周边地区的发展。为了平衡地区发展，充分发挥自贸区的带动作用，应该以上海自贸区为着力点，有计划、分步骤、动态地将上海自贸区扩充到长江水域的海关特殊监管区域。

6.3.2　海关总署关于安全有效监管支持上海自贸区建设的措施及其评估

1. 措施的主要内容

2013 年 9 月，海关总署研究制定了《海关总署关于安全有效监管支持和促进中国（上海）自由贸易试验区建设的若干措施》（以下简称《措施》），提出了以"创新海关监管，推动贸易便利化"等为主要思想的海关监管制度创新，总体要求即"一线放开，二线管住，区内自由，分类监管，功能拓展"。

1）创新"一线"进出境通关模式

对于一线进境货物，我国一直以来的通关模式是"先报关、后进区"，而在上海自贸区内，海关拟采用"先进区、后报关"的形式，允许企业自运输工具申报进境之日起 14 日内，先进行申报将货物提运进区（依据进口舱单信息），再向主管海关办理进境备案清单申报手续。

此项制度目前仍在试验阶段，目前在上海自贸区内施行的是新、旧通关模式并行的"双轨制"。截至 2013 年，共有 47 家企业成为试点企业，试点车辆平均过卡口时间不到 1 分钟，办理业务 109 起，货值 1.63 亿美元。据测算，新的通关模式使货物入区时间缩短了 2～3 天，平均计算，物流成本减少了 10%。

其他新举措还包括通关作业无纸化、简化备案及通关手续、货物状态分类监管等。

2）"二线"安全高效管住

所谓"二线"指的是自贸区与关境之间。通过衔接"二线"监管与"一线"通关，以优化进出境备案清单比对、企业账册管理、卡口实货核注、风险分析、企业稽查等监管手段，形成海关监管链条，在保证安全的同时又兼顾效率。

卡口管理无疑是上述措施的重点，据报道，为配合海关创新监管模式，上海自贸区海关智能卡口已基本改造完成，卡口配备和设立了自动抬杆车道、LED 信息显示屏、GPS 信息读取设备、箱号识别系统、条形码单证扫描系统、可视对讲系统、视屏监控设施……实现信息化和电子化管理。而让这些系统设备真正能有效运行，还需要海关联合其他有关部门，以及企业、社会各方面的支持。

3）区内自由

区内自由是为了提高货物流转效率，包括：简化区内货物流转手续，试点"保税货物流转管理系统"，允许区内企业间货物流转"分送集报"和自行运输等。

其中，企业间货物流转的自行运输是最主要的创新点，这可以极大降低企业通关的物流成本。截至 2013 年，共有 7 家企业成为试点企业，4 条路线被设计确定。据测算，原先货物通过自行运输方式从洋山保税港区转运至外高桥保税物流园区需要 5～6 小时，而现在只要 3～4 小时，平均下来，运输成本每辆车节省约 200 元。

4）分类监管，功能拓展

优化货物分类监管主要是指：利用信息化系统，建立企业多种账册管理体系，针对上海自贸区内企业多元化的业务发展需求，实现保税加工、保税物流和保税服务等的分类监管。

功能拓展主要指的是制度上的创新，包括：服务业向多元化发展；期货保税交割业务的试点品种、企业和范围扩展；开展保税展示业务；跨境电子商务试点；区港联动机制，等等。

2. 对相关措施的评估

海关通过监管制度的创新，在上海自贸区"一线放开"方面已给企业提供了很多的便利，但与国际上通行的"自由区"制度还有差距。上海自贸区的"一线放开"应准许外国货物自由进出，除搜集入区货物相应信息外，不应要求额外的监管程序。

海关强调"二线管住"，并实施信息化和电子化管理。但更应看到上海自贸区对全国贸易便利化改革的试验作用，在"二线管住"的同时，推进"进出便利"，以推动 WTO 巴厘岛通过的贸易便利化协定（"巴厘岛协议"）的实施为契机，充分利用上海自贸区，推进贸易便利化改革的试点，增强贸易法规和口岸管理措施的透明度，实行集中纳税模式，采用国际标准，缩短通关时间，提高通关效率。

对于"区内自由"，不应只适用于目前上海自贸区的四个海关特殊监域，在与其他海关特殊监管区域之间也应实施类似便利，以便扩大上海自贸区的辐射作用。同时，应降低海关监管对企业物流的干预，降低海关现场的查验率，以账目监管代替货物的实物监管，由逐票逐单的实际监管转为事后的稽查。

对于"分类监管，功能拓展"，应该在保税加工、保税物流和保税服务等的分类监管的基础上，适当增加企业经营自由度，允许兼营"保税业务"和"非保税业务"。在开始阶段，可以允许有经营生活用品、药品的零售场所或存放非保税货物的场所，以满足园区内职能部门和企业对日常生活品的需要和企业对国际市场快速反应的需要。

在功能拓展方面，要想推行贸易模式转型和推动新型贸易业态发展，特别是刺激科技型和文化型企业的发展，单纯依靠贸易便利化减少贸易成本的方法是行不通的，必须配合其他政策，譬如对于融资租赁、电子商务等新型贸易业态，必须配合外汇资金的自由流动、税负减免等政策来实现。上海自贸区可以考虑将将科技园区、文化园区与自贸区融合，实行综合性的鼓励和支持政策。

6.3.3　上海自贸区物流相关政策措施及其评估

1. 政策措施的主要内容

自贸区方案中和航运与物流直接相关的政策主要有以下几点。

1）远洋货物运输

（1）放宽中外合资、中外合作国际船舶运输企业的外资股比限制，由国务院交通运输主管部门制定相关管理实行办法。

（2）允许中资公司拥有或控股拥有的非五星旗船，先行先试外贸进出口集装箱在国内沿海港口和上海港之间的沿海捎带业务。

2）国际船舶管理：允许设立外商独资国际船舶管理企业

主要内容：提升国际航运服务能级。积极发挥外高桥港、洋山深水港、浦东空港国际枢纽港的联动作用，探索形成具有国际竞争力的航运发展制度和运作模式。积极发展航运金融、国际船舶运输、国际船舶管理、国际航运经纪等产业。加快发展航运运价指数衍生品交易业务。推动中转集拼业务发展，允许中资公司拥有或控股拥有的非五星旗船，先行先试外贸进出口集装箱在国内沿海港口和上海港之间的沿海捎带业务。支持浦东机场增加国际中转货运航班。充分发挥上海的区域优势，利用中资"方便旗"船税收优惠政策，促进符合条件的船舶在上海落户登记。在试验区实行已在天津试点的国际船舶登记政策。简化国际船舶运输经营许可流程，形成高效率的船籍登记制度。

2. 对政策措施的评估

根据我国 2004 年颁布的《外商投资国际海运业管理规定》，设立外商投资国际船舶运输企业需以中外合资或中外合作企业形式，外商的出资比例不得超过49%，无法对企业实现绝对控股。放宽中外合资、中外合作国际船舶运输企业的外资股比限制后，外资或可控股境内航运企业。但外资航运企业不能运营中国内贸航线（即国内某港口到国内另一个港口的航线），如果国内某航运企业被外资并购，原来的内贸航线运营执照也将随之吊销。

"放宽中外合资、中外合作国际船舶运输企业的外资股比限制"和"允许设立外商独资国际船舶管理企业"这两项政策将吸引境外资本和国际知名航运公司进入上海，使得船舶航运市场竞争更加激烈，并给国内相关企业带来竞争压力并有可能造成一定冲击。但长期来看，此种竞争压力也将促使国内企业提升自身服务水平，为提升我国国际航运业的竞争能力带来机遇。允许外资在上海自贸区内设立独资的船舶管理公司，将会增加对中国海员人力资源的需求，从而提升国内人才的培养水平；同时也会给国内企业带来先进的船舶管理理念与经验。

但一方面，2000 年以后我国已经允许外国航运企业在华设立外商独资船务公司，为其母公司拥有或经营的船舶提供揽货、揽客、签发提单、出具客票、结算运费和签订服务合同等服务。外国航运企业在华经营已经十分便利。另一方面，我国的航运业税负与中国香港、新加坡等地相比还有较大差距，因此对于外资来华经营尚缺乏吸引力，因此目前来看两项措施的短期影响有限（冯会玲，2013；席秀梅，2013）。

"非五星旗船"是指不在中国注册的船舶，根据我国现有法律规定，即使是中资航运企业，其不在中国注册的外籍船舶不能在我国沿海港口之间从事外贸集装箱的国内段运输。在上海自贸区，中资公司拥有或控股拥有的非五星旗船也可进行外轮捎带业务。这项政策为我国大型班轮公司优化运输组织创造了有利条件，但也将给内支线班轮业务带来冲击，短期内将加剧市场竞争激烈程度。但是竞争压力的增加，可以促进沿海和内陆航运的优化升级，提升行业整体效率（冯会玲，2013）。

6.4　上海自贸区背景下贸易便利化对中国经济的影响分析

建立上海自贸区是中国在贸易便利化方面的一次大胆尝试。贸易便利化的主要内容在于简化通关手续、降低费用、增加效率。中国在 2013 年建成上海自由贸易试验区，以推进贸易发展方式转变，希望以此为契机带动全国的通关便利化改革与创新。上海自贸区相继采取了一系列贸易便利化措施，以海关监管创新制度、进出口贸易便利化、检验检疫部门贸易便利化等为代表的创新举措正逐步实施（何苗等，2014；金爱伟，2013）。更为重要的是，上海海关先后推出一系列"可复制、可推广"的自贸区监管服务制度，为通关便利化制度改革的建设积累了相当宝贵的经验（王孝松等，2014）。

贸易便利化可以显著促进贸易和经济增长，全球贸易便利化潜力及经济效益巨大。Wilson 等（2002）的研究表明：如果亚太经济合作组织（APEC）国家中贸易便利化水平低于平均水平的国家，将其贸易便利化水平与平均水平的差距缩小一半，那么仅 APEC 内部贸易额将会增加 2540 亿美元左右，占 APEC 内部商品贸易的 21%。如果亚洲国家将水路和航空运输服务成本降低 1%，那么由此带来的亚洲国家的总体 GDP 将会增长 33 亿美元左右（UNCTAD，2001）。经济合作与发展组织（OECD，2013）的研究表明：全球贸易成本每降低 1%，全球收入将增长 400 亿美元，而发展中国家和发达国家的贸易便利化措施可使贸易成本分别降低 15% 和 10% 以上，经济利益十分巨大。Hertel 等（2001）采取全球一般均衡模型（GTAP）分析了日本和新加坡之间自由贸易协定的影响，如果仅考虑关税削减，自由贸易协定的经济利益很小，日本的经济福利甚至降低 0.85 亿美元；然而在考虑通关便利化措施后，两国经济福利显著提高，分别增长 65.98 亿和 17.10 亿美元。

国内对贸易便利化经济影响的研究起步较晚，以定性研究为主，数量研究极为匮乏。国内研究普遍认为贸易便利化对外贸发展产生正面促进作用，在某些领域产生更为深远的影响，带来更高的收益（王玉婧和张宏武，2007；王慧彦等，2008）。上海自贸区建设将使业务操作更加便利，有利于我国贸易格局的转变，促进跨界零售业、中转贸易、跨境电子商务、服务业贸易的发展（王冠凤等，2014）。根据研究综述结果看，针对贸易便利化经济影响的研究基本上属于定性探讨，而采用定量方法系统评估贸易便利化经济系统影响的研究极为匮乏。

本研究将上海自贸区看作中国贸易便利化改革的起始点，根据世界银行的贸易便利化数据，采用全球一般均衡模型方法系统分析通关便利化对中国总体经济、贸易和产业经济的影响。本节安排如下：简要介绍中国通关时间及国际比较；介绍模型方法和模拟方案设置；介绍模拟结果；总结主要研究结论。

6.4.1　中国通关时间及国际比较

与发达经济体相比，中国进出口的通关时间相对较长，缩减潜力较大。如表 6-5 所示，根据世界银行 2012 年发布的 Doing Business 报告[①]，我们比较了中国和世界主要经济体的进出口所需时间。从总天数来看，中国进口平均所需总时间为 9 天，出口也平均需要 7 天，仅少于东盟和印度，而远远高于发达经济体。进一步将进出口总天数分解为海关、港口和内陆运输三个内容来看，中国进出口在内陆运输和港口这两个环节所花时间虽然高于美国、澳大利亚和新西兰，但与欧盟和日韩等发达经济体相比差距并不显著。制约中国进出口效率提高的关键在于海关通关时间。其中，在进口的通关时间上，中国平均需要 4 天，而主要发达经济体所需时间都在 2 天以内。例如，美国、欧盟、日本和韩国、澳大利亚和新西兰在进口上的海关通关时间分别为 1 天、1.74 天、1.5 天和 1.5 天。在出口通关时间上，中国平均需要 2 天，而主要发达经济体用时在 1.5 天之内。例如，美国、欧盟、日本和韩国、澳大利亚和新西兰在出口上的海关通关时间分别为 1 天、1.26 天、1.5 天和 1 天。因此，缩减通关时间是提高中国进出口货物贸易效率的关键环节。

---

① http://www.doingbusiness.org/reports/global-reports/doing-business-2012.

表 6-5　不同国家进出口时间比较　　（单位：天）

经济体	进口天数				出口天数			
	海关	港口	内陆运输	总天数	内陆运输	海关	港口	总天数
中国	4	2	3	9	3	2	2	7
美国	1	1	1	3	1	1	2	4
欧盟	1.74	2.15	2.22	6.11	2.3	1.26	2.22	5.78
日本/韩国	1.5	2	1.5	5	2.5	1.5	2.5	6.5
东盟	3.33	3.33	2.56	9.22	3	2.67	2.45	8.11
印度	4	6	10	20	6	4	6	16
澳大利亚/新西兰	1.5	1.5	1.5	4.5	2	1	1.5	4.5
其他国家	4.9	5.3	5.3	15.5	6.5	3.3	3.5	13.2

资料来源：World development indicators 2012. World Bank Publications，2012

　　由于在保存成本和需求不确定性上的差异性，不同产品的时间延迟成本明显不同，这使得贸易便利化对不同产品的经济影响存在显著差异。为了计算贸易时间延迟成本，目前通用做法是采用关税等值进行衡量，这与非关税壁垒（NTM）的处理方法相同，即将多消耗一天所造成的成本对贸易的影响转化为同等效应的关税进行量化（鲍晓华，2010）。表 6-6 显示了世界银行（2012）所估计的中国出口的不同产品每延迟一天所相当的出口关税等值，不同产品每延迟一天的关税等值具有两方面的突出特点：第一，不同出口产品每延迟一天的关税等值差别十分显著。例如，中国出口到美国的蔬菜水果每延迟 1 天的关税等值为 2.9％，然而大米和小麦等大宗农产品延迟 1 天的成本却很小，关税等值为 0。第二，同种产品对不同出口国家/地区延迟一天的关税等值差别很小。例如，中国出口到不同国家/地区的蔬菜水果每延迟一天的关税等值在 2.76％～2.9％范围内。

表 6-6　中国出口产品多消耗一天所相当的关税等值　　（单位：%）

产品	美国	欧盟	日本/韩国	东盟	印度	俄罗斯	澳大利亚/新西兰	其他
大米	0.00	0.00	0.00	0.00	0.00	0.00	0.00	0.00
小麦	0.00	0.00	0.00	0.00	0.00	0.00	0.00	0.00
其他谷物	0.00	0.00	0.00	0.00	0.00	0.00	0.00	0.00
蔬菜水果	2.90	2.76	2.86	2.90	2.92	2.91	2.76	2.83
油籽	0.00	0.00	0.00	0.00	0.00	0.00	0.00	0.00
植物油	1.70	1.61	1.59	1.61	1.55	1.62	1.71	1.70
糖	0.00	0.01	0.00	0.00	0.00	0.20	0.00	0.00
棉花等纺织原材料	0.00	0.00	0.00	0.00	0.00	0.00	0.00	0.00

续表

产品	美国	欧盟	日本/韩国	东盟	印度	俄罗斯	澳大利亚/新西兰	其他
园艺作物	1.42	1.43	1.43	1.46	1.45	1.34	1.46	1.39
牛羊肉	0.01	0.01	0.01	0.03	0.00	0.04	0.02	0.05
猪禽肉	0.87	1.14	1.49	1.40	1.14	1.33	1.59	1.33
奶制品	0.00	0.00	0.00	0.00	0.00	0.00	0.00	0.00
羊毛	0.81	0.81	0.81	0.81	0.81	0.81	0.81	0.81
加工食品	1.56	1.56	1.44	1.49	2.26	1.54	1.37	1.47
水产品	0.71	0.81	0.71	0.89	0.47	1.36	1.09	0.73
林产品	1.00	1.00	1.00	1.00	1.00	1.00	1.00	1.00
煤	0.00	0.00	0.00	0.00	0.00	0.00	0.00	0.00
石油	0.00	0.00	0.00	0.00	0.00	0.00	0.00	0.00
天然气	0.00	0.00	0.00	0.00	0.00	0.00	0.00	0.00
其他矿产资源	0.90	0.91	0.91	0.90	0.90	0.90	0.91	0.90
纺织品	0.55	0.60	0.59	0.75	0.82	0.69	0.59	0.73
服装	0.70	0.72	0.73	0.77	0.76	0.75	0.71	0.74
皮革	0.45	0.47	0.47	0.55	0.53	0.44	0.47	0.46
木制品	0.33	0.34	0.39	0.40	0.39	0.42	0.32	0.38
印刷和出版物	1.44	1.45	1.84	2.04	2.05	1.62	1.64	1.79
石化产品	1.99	1.99	1.99	1.99	1.99	1.99	1.99	1.99
橡胶塑料	1.24	1.22	1.32	1.44	1.38	1.54	1.34	1.43
其他矿产相关产品	1.71	1.53	1.78	1.70	1.95	1.69	1.53	1.69
机械和钢铁产品	0.85	0.92	0.93	1.00	0.95	0.98	0.90	0.95
交通运输	1.04	1.22	0.94	1.11	0.99	1.52	1.05	1.59
电子产品	0.69	0.71	0.58	0.50	0.61	0.76	0.77	0.66
其他制造业	0.75	0.85	0.92	1.14	1.27	0.92	0.82	0.97

资料来源：World development indicators 2012. World Bank Publications，2012

根据时间延迟成本的大小（关税等值），可将不同贸易产品分为四大类：第一类以蔬菜水果等农产品为代表，时间延迟成本极高。由于易腐败变质，蔬菜水果等难以保存的农产品每延迟一天的成本很高。例如，中国出口到美国的蔬菜水果、植物油、园艺作物、加工食品、猪禽肉、林产品和水产品每延迟 1 天的关税等值分别为 2.9%、1.7%、1.42%、1.56%、0.87%、1.0% 和 0.71%（表 6-6 第 1 列）。第二类以石化产品、橡胶塑料和其他矿产相关产品为代表，这类产品具有易挥发变质或老化、难以保存的特点，时滞带来的保存成本或消耗较大，时间延迟成本相对更高，甚至超过第一类中的部分产品。例如，中国出口到美国的石化产品、橡胶塑料和其他矿产相关产品每延迟 1 天的关税等值分别为 1.99%、1.24% 和 1.71%。第三类产品以电子产品、印刷和出版物、纺织品和服装、交通运输等产品为代表，由于其需求受消费时尚影响大，具有较强的时效性，出口时间的延长会加大这类产品的销售风险，时间延迟成本也相对较高，但是基本上低于第一、第二类产品。例如，中国出口到美国的印刷和出版物、交通运输、电子产品、服装和纺织品等产品每延迟 1 天的关税等值分别为 1.44%、1.04%、0.69%、0.7% 和 0.55%。第四类产品则以谷物和矿产等产品为代表，不易腐败贬值，市场需求也相对平稳，短时间的销售延迟基本没有影响。如表 6-7 所示，由于产品固有的特性，进口产品的时间延迟成本的大小（关税等值）与出口产品基本相同。

表 6-7　中国进口产品多消耗一天所相当的关税等值　　　（单位:%）

产品	美国	欧盟	日本/韩国	东盟	印度	俄罗斯	澳大利亚/新西兰	其他
大米	0.00	0.00	0.00	0.00	0.00	0.00	0.00	0.00
小麦	0.00	0.00	0.00	0.00	0.00	0.00	0.00	0.00
其他谷物	0.00	0.00	0.00	0.00	0.00	0.00	0.00	0.00
蔬菜水果	2.64	2.82	2.91	2.96	2.92	2.92	2.90	2.78
油籽	0.00	0.00	0.00	0.00	0.00	0.00	0.00	0.00
糖	0.02	0.00	0.00	0.00	0.00	0.00	0.01	0.01
棉花等纺织原材料	0.00	0.00	0.00	0.00	0.00	0.00	0.00	0.00
园艺作物	1.47	1.68	1.47	1.47	1.46	1.47	1.51	1.47
牛羊肉	0.00	0.00	0.02	0.13	0.16	0.00	0.03	0.08
猪禽肉	1.33	1.14	0.82	1.30	1.07	0.92	1.15	1.41
奶制品	0.00	0.00	0.00	0.00	0.00	0.00	0.00	0.00
羊毛	0.81	0.81	0.81	0.81	0.81	0.81	0.81	0.81
林产品	1.00	1.00	1.00	1.00	1.00	1.00	1.00	1.00
水产品	0.64	0.55	0.88	0.82	0.68	0.55	0.58	0.72
煤	0.00	0.00	0.00	0.00	0.00	0.00	0.00	0.00
石油	0.00	0.00	0.00	0.00	0.00	0.00	0.00	0.00
天然气	0.00	0.00	0.00	0.00	0.00	0.00	0.00	0.00
其他矿产资源	0.90	0.90	0.90	0.90	0.90	0.90	0.90	0.90
植物油	1.56	1.56	1.60	1.53	1.65	1.86	1.57	1.55
加工食品	1.58	1.11	1.42	1.46	1.24	1.58	1.42	1.37

续表

产品	美国	欧盟	日本/韩国	东盟	印度	俄罗斯	澳大利亚/新西兰	其他
纺织品	1.01	0.90	1.02	1.02	0.78	1.22	0.72	0.94
服装	0.78	0.75	0.86	0.77	0.71	0.78	0.73	0.81
皮革	0.48	0.46	0.52	0.44	0.36	0.41	0.42	0.44
木制品	0.37	0.34	0.24	0.48	0.60	0.40	0.63	0.39
印刷和出版物	2.00	2.12	2.03	2.10	1.90	2.02	2.17	1.93
石化产品	1.99	1.99	1.99	1.99	1.99	1.99	1.99	1.99
橡胶塑料	1.61	1.48	1.66	1.68	1.43	1.50	1.76	1.75
其他矿产相关产品	1.72	1.58	1.49	1.53	1.37	2.39	1.64	1.12
机械和钢铁产品	0.85	0.86	0.80	0.89	1.48	1.60	1.70	1.01
交通运输	0.76	1.17	1.27	0.91	0.79	0.67	1.32	0.98
电子产品	0.34	0.45	0.40	0.34	0.49	0.40	0.31	0.30
其他制造业	1.15	1.09	1.43	0.93	1.11	0.76	0.82	1.13
服务业	0.00	0.00	0.00	0.00	0.00	0.00	0.00	0.00

资料来源：World Bank（2012）

6.4.2 研究方法和模拟方案

分析贸易便利化的数据研究以计量经济学（Hummels，2001，2007，2013）和均衡模型的方法（Hertel et al.，2003；Minor and Tsiga，2008）为主，而均衡模型更适用于事前影响分析和评估（Peter，2008；Hertel et al.，2003）。本研究采用全球一般均衡模型（GTAP）分析上海自贸区贸易便利化经验措施在全国推广后，进出口产品贸易通关时间下降对中国经济和产业发展的影响。GTAP是由美国普渡大学开发的全球一般均衡模型系统，从1996年以来被广泛应用于国际贸易政策分析。标准的GTAP是比较静态均衡模型，基于古典经济学理论，假设市场是完全竞争的，生产规模报酬不变，生产者最小化生产成本，消费者最大化效用，通过市场价格的调节使所有产品和生产要素出清。每种产品生产由嵌套的常系数替代弹性方程（CES）构成，中间投入品由国内和国外产品通过CES方程复合而成，不同国外产品按原产地进行分类（阿明顿假设），并通过常CES方程复合为单一进口产品。在要素市场，假设劳动力和资本在不同产业间自由流动；而土地在部门间是不完全流动的，因此不同用途的土地价格相等。每个国家只有一个账户，所有的税收和禀赋收入都积聚到这个账户，并通过柯布-道格拉斯效用方程，将收入分配到私人消费、存款和政府消费。私人支出采用非齐次的固定差异弹性（constant difference elasticity）方程，而政府的支出方程采用柯布-道格拉斯方程。在 GTAP 中，还有两个国际部门（即国际银行和国际运输部门）。各个国家的储蓄汇总到"国际银行"，并根据资本的回报率在各个国家间进行分配；"国际运输部门"主要是提供交通运输服务，平衡到岸价（CIF）和离岸价（FOB）之间的差异。世界经济通过贸易和投资的流动而紧密联系在一起。模型具体介绍可参阅 Hertel（1997）的研究。

　　本研究基于最新的 GTAP 版本 8 数据库（于 2012 发布），数据基准年份是 2007 年，数据库共包含 57 个产业部门/产品，以及 129 个国家/地区。基于本研究的目的，我们将数据库加总为 9 个国家/地区和 33 种产品。国家/地区包括中国、美国、欧盟、日本/韩国、东盟、印度、俄罗斯、澳大利亚/新西兰，以及其他国家；产品包括大米、小麦、其他谷物、蔬菜水果、油籽、糖、棉花等纺织原材料、园艺作物、牛羊肉、猪禽肉、奶制品、羊毛、林产品、水产品、煤、石油、天然气、其他矿产资源、植物油、加工食品、纺织品、服装、皮革、木制品、印刷和出版物、石化产品、橡胶塑料、其他矿产相关产品、机械和钢铁产品、交通运输、电子产品、其他制造业、服务业。

　　在评价贸易便利化对经济系统影响的具体分析方法上，我们采用 Hertel 等（2003）、Minor 和 Tsiga（2008）相同的分析方法，即提高国际运输部门的技术进步，以体现通关时间节约导致的贸易成本降低[①]。为此，我们设定了基准方案和通关便利化方案。

　　基准方案：采用递归动态的方法模拟了 2008～2014 年的基准方案，递归动态方法可参阅 Walmsley 等（2001）、Tongeren 等（2004）的研究。在基准方案中，我们充分考虑了在此期间各国经济（GDP）、资本、人口和劳动力等变化，各种经济数据都来自法国国际经济研究中心（CEPII，2014）的全球预测数据。

　　通关便利化方案：设置了中贸易便利化和高贸易便利化两个子方案。如表 6-8 所示，在中贸易便利化方案中，中国进口产品的通关时间由 4 天降低为 3 天，节约 1 天；而出口通关时间由 2 天降低为 1.5 天，节约 0.5 天。在贸易便利化方案中，中国进口产品的通关时间由 4 天降低为 2 天，节约 2 天；而出口通关时间由 2 天降低为 1 天，节约 1 天。即便在高通关便利化方案中，中国进口通关时间依然略高于发达国家，这表明本研究对贸易便利化措施所节约的通关时间假设是较为适中。其他假设与基准方案完全相同。

---

　　①　如果需要具体模型程序，可联系 yangjunUIBE@163.com。

表 6-8　贸易便利化政策分析模拟方案

模拟方案	进口通关时间	出口通关时间
基准方案	不变	不变
通关便利化方案		
中贸易便利化方案	由 4 天减少为 3 天（减少 1 天）	由 2 天减少为 1.5 天（减少 0.5 天）
高贸易便利化方案	由 4 天减少为 2 天（减少 2 天）	由 2 天减少为 1 天（减少 1 天）

6.4.3　分析结果

1. 对中国宏观经济的影响

贸易便利化将显著促进中国经济增长和社会总福利的提高。如表 6-9 所示，在中贸易便利化方案下，相对于基准方案，中国实际 GDP 在 2014 年将提高 0.27%，社会经济福利增长 192 亿美元。从分解的结果看，进口时间节约使实际 GDP 增长 0.24%，社会经济福利增长 128 亿美元；出口时间节约使实际 GDP 增长 0.03%，使社会经济福利增长 64 亿美元。同时，各种初级生产要素的价格显著增长，相对于基准方案，土地租金、非熟练劳动力工资和熟练劳动力工资、资本价格分别提高 0.23%、0.47%、0.56% 和 0.51%。相对而言，进口时间节约对要素价格的拉动效应较小，土地租金甚至下降 0.13%；然而，出口时间节约却显著拉升要素价格，各种要素价格相对于基准方案分别增长 0.36%、0.39%、0.40% 和 0.40%。

表 6-9　在中贸易便利化方案下节约通关时间对宏观经济的影响（相对于基准方案）

项目	总影响	总影响分解	
		进口时间节约	出口时间节约
实际 GDP/%	0.27	0.24	0.03
福利（EV）/亿美元	192	128	64
出口/%	1.14	0.78	0.36
进口/%	1.45	0.72	0.72
贸易平衡项/亿美元	32	15	17
GDP 价格指数/%	0.23	−0.13	0.36
进口产品价格指数/%	−0.81	−0.77	−0.05
出口产品价格指数/%	0.10	−0.16	0.26
居民人均收入/%	0.53	0.14	0.40
居民消费/%	0.13	0.09	0.04

续表

项目	总影响	总影响分解	
		进口时间节约	出口时间节约
政府消费/%	0.25	0.17	0.08
投资变化/%	0.27	0.17	0.10
要素回报			
土地租金/%	0.23	−0.13	0.36
非熟练劳动力工资/%	0.47	0.08	0.39
熟练劳动力工资/%	0.56	0.16	0.40
资本价格/%	0.51	0.11	0.40

资料来源：GTAP 模型分析结果

进口时间节约对经济增长和经济福利提高的贡献更显著，一方面是因为其进口时间节约较大（节省 1 天），另一方面与其对经济系统的影响方式相关。进口通关便利化显著降低时间延迟成本较大进口产品的成本，进口价格下降，进口数量显著增加。从表 6-9 第 2 列的分解结果看，进口时间节约使进口产品价格指数降低 0.77%，总进口增长 0.72%；较低的进口价格和较快进口增长使国内生产成本下降，国内 GDP 价格指数和居民消费分别降低 0.13% 和 0.09%。价格显著下降会造成较明显的收入效应，政府消费明显提高，相对于基准方案提高 0.17%。同时，国内出口产品价格因生产成本降低而下降，出口产品价格指数降低 0.16%，总出口显著增长 0.78%。此外，机械和钢铁产品、交通运输和电子产品等时间成本较低产品是资本形成的重要投入品，进口时间节约有助于减少资本的生产成本；与此同时，经济增长将拉动对资本的需求，资本价格上涨。因此，投资预期收益率①显著提高，相对于基准方案，投资预期收益率提高 0.30%，从而拉动投资增长 0.17%。GTAP 模型采用支出法核算 GDP，由于消费、投资和出口都出现显著增长，抵消了进口增长的负面影响，在中等贸易便利化方案下，进口时间节约使实际 GDP 增长 0.24%。

出口时间节约对促进实际 GDP 增长影响较小，但是对国内价格的拉动却很显著。从表 6-9 结果看，出口时间节约使出口增长 0.36%，在没有技术进步变化和初级生产要素（土地、劳动力和资本等）保持不变的情况下，贸易增长促使国内资源在产业间重新配置、产品销售在国内外市场间进行调整，这使得国内 GDP 价格指数相对于基准方案增长 0.36%，国内价格显著上涨一定程度上抵消了贸易增长对实体经济的拉动效应。表 6-9 第 3 列所示，相对于基准方案，居民消费和政府消费分别增长 0.04% 和 0.08%。虽然资本价格显著提高 0.4%，但是

① 资本收益率的变化等于资本价格的百分比变化减去资本生产成本的百分比变化。

由于资本品生产成本上涨，投资预期收益率仅提高 0.15%，投资增长 0.1%。同时，国内价格上涨也导致进口显著增长，相对于基准方案，进口增长 0.72%。由于居民消费、政府消费、投资的增幅较小，同时进口快速增长，这使得出口时间节约对经济的促进作用相对较小。在中等贸易便利化方案下，出口时间节约使实际 GDP 增长 0.03%。

2. 对中国不同产品贸易的影响

贸易便利化措施对不同产品的进出口贸易的影响存在显著差异。我们将从进口时间节约和出口时间节约这两个方面进行讨论。进口时间节约将显著提高进口产品的市场竞争力，时间成本较高产品的进口将显著增长。例如，蔬菜水果、植物油、园艺作物、加工食品、猪禽肉等时间成本高的农产品在中等贸易便利化方案下，进口分别增长 4.87%、3.77%、2.17%、2.30% 和 3.65%（表 6-10 第 4 列）；时间成本也很高的石化产品、橡胶塑料和其他矿产相关产品的进口分别增长 3.50%、3.40% 和 3.91%。然而，时间成本较低产品的进口将降低。例如，大米、小麦、其他谷物、煤和石油等时间成本较低，其进口分别减少 0.11%、0.41%、0.06%、0.38% 和 0.69%。由于国内产品价格降低（表 6-10 第 4 列），不同产品出口都有不同程度的增长（表 6-10 第 4 列）。净出口变化更为清楚地反映了贸易便利化对不同产品贸易的影响，如表 6-10 第 6 列所示，时间成本较高产品的净进口增长较为显著，特别是时间成本高和进口数量大的产品。例如，蔬菜水果时间成本最高（表 6-10），但是由于进口金额相对较小，净进口仅增长 1.27 亿美元；虽然橡胶塑料的时间成本相对较低，但是进口金额大，净进口增长 49.93 亿美元。值得一提的是，电子产品的贸易变化与其他产品不同，虽然电子产品的时间成本相对较高，进口时间节约不仅没有导致净出口降低，反而增长 19.08 亿美元。这是因为国内电子产品生产对进口电子产品的依赖程度高，而且需要大量的钢铁机械产品、橡胶塑料等产品做中间投入品，进口时间节约将显著降低这些重要中间投入品的价格，生产成本明显降低，从而有利于电子产品出口，其净出口不仅没有降低，反而明显提高。

表 6-10　在中贸易便利化方案下节约通关时间对贸易的影响（相对于基准方案）

产品	总影响			总影响分解					
				进口时间节约			出口时间节约		
	进口%	出口%	净出口/百万美元	进口%	出口%	净出口/百万美元	进口%	出口%	净出口/百万美元
大米	0.85	−1.59	−11	−0.11	0.21	1	0.97	−1.81	−12
小麦	0.98	−1.94	−11	−0.41	0.56	3	1.39	−2.50	−14

续表

| 产品 | 总影响 | | | 总影响分解 | | | | | |
| | | | | 进口时间节约 | | | 出口时间节约 | | |
	进口%	出口%	净出口/百万美元	进口%	出口%	净出口/百万美元	进口%	出口%	净出口/百万美元
其他谷物	0.29	−0.52	−7	−0.06	0.16	2	0.35	−0.69	−9
蔬菜水果	5.65	2.20	−63	4.87	0.19	−127	0.77	2.01	64
油籽	−0.23	−0.17	39	−0.31	1.05	59	0.08	−1.22	−21
糖	0.84	−1.48	−7	−0.09	0.22	1	0.93	−1.70	−8
棉花	−0.08	−0.76	5	−0.18	0.38	11	0.10	−1.14	−6
园艺作物	2.93	2.18	−8	2.17	1.09	−13	0.76	1.10	6
牛羊肉	0.78	−2.23	−13	0.06	−0.04	−1	0.71	−2.19	−12
猪禽肉	4.73	1.26	−268	3.65	0.00	−232	1.08	1.26	−36
奶制品	1.30	−2.22	−26	−0.03	0.30	2	1.33	−2.51	−28
羊毛	2.30	4.72	−68	1.77	2.97	−53	0.52	1.75	−14
林产品	2.06	1.24	−240	1.60	0.56	−187	0.47	0.68	−54
水产品	1.38	−0.01	−8	0.95	0.13	−4	0.43	−0.14	−4
煤	0.30	−0.54	−37	−0.38	0.72	48	0.68	−1.26	−85
石油	−0.13	−0.20	192	−0.69	1.29	1033	0.56	−1.48	−841
天然气	−0.60	0.94	11	−1.28	3.05	24	0.68	−2.11	−13
其他矿资源	0.38	0.18	−391	0.20	0.31	−201	0.18	−0.13	−190
植物油	4.68	3.46	−447	3.77	0.93	−375	0.91	2.52	−73
加工食品	2.95	0.76	−164	2.30	0.19	−220	0.65	0.57	56
纺织品	4.07	0.30	−496	3.04	0.55	−49	1.03	−0.25	−446
服装	4.04	0.11	−98	2.74	0.34	219	1.30	−0.23	−317
皮革制品	2.76	−0.41	−401	1.58	0.30	76	1.18	−0.71	−476
木制品	2.05	−0.24	−220	1.02	0.60	223	1.03	−0.85	−444
印刷出版物	5.79	2.85	−663	4.83	0.87	−777	0.96	1.98	114
石化产品	3.83	2.90	−386	3.50	0.40	−1156	0.33	2.50	770
橡胶塑料	4.24	2.99	−4464	3.40	1.37	−4993	0.84	1.61	529
其他矿产相关产品	4.90	2.38	297	3.91	0.50	−137	1.00	1.88	434
机械钢铁	3.48	1.68	−3234	2.43	1.03	−2923	1.05	0.65	−310
交通运输	3.71	2.35	−475	2.71	0.93	−876	1.00	1.41	401
电子产品	1.35	1.04	1110	0.81	0.91	1908	0.54	0.13	−798
其他制造业	5.43	0.26	−77	4.03	0.27	14	1.39	−0.01	−92
服务业	0.79	−0.89	−2423	0.06	0.10	9	0.73	−0.99	−2432

资料来源：GTAP 模型分析结果

与进口时间节约对贸易的影响相反，出口时间节约使时间成本较高产品出口增长，而时间成本较低的产品出口降低。例如，蔬菜水果、植物油、园艺作物、加工食品、猪禽肉等时间成本高的农产品在出口时间节约的中等贸易便利化方案下，其出口分别增长 2.01%、2.52%、1.10%、0.57% 和 1.26%（表 6-10 第 8 列）；时间成本也很高的石化产品、橡胶塑料和其他矿产相关产品的出口分别增长 2.50%、1.61% 和 1.88%；而时间成本较低的产品出口降低（表 6-10 第 8 列）。例如，大米、小麦和其他谷物的出口分别降低 1.81%、2.50% 和 0.69%；煤、石油和天然气等矿产品出口分别降低 1.26%、1.48% 和 2.11%。由于国内产品价格上涨[①]，所有产品的进口都有不同程度提高。净出口变化清楚地反映了出口时间节约对不同产品贸易的影响：时间成本较高和出口量较大的产品净出口显著提高，而时间成本较低产品的净出口却明显减少。例如，蔬菜水果、加工食品、园艺作物、石化产品、橡胶塑料和其他矿产相关产品等时间成本高产品的净出口分别增长 6400 万美元、5600 万美元、600 万美元、7.7 亿美元、5.29 亿美元和 4.34 亿美元。值得一提的是，对于时间成本相对较高，但是进口金额显著高于出口的产品，国内资源配置导致国内价格上涨，其净进口可能会增加。例如，植物油的时间成本相对较高，而且出口增幅也较高，但是由于出口很少，而进口却很大，虽然进口小幅增长，但是进口额增长却高于出口，净进口反而提高 7300 万美元。

贸易便利化对不同产品贸易的总影响取决于进口时间节约和出口时间节约两个效应，是两种效应的总和。例如，由于进口时间节约，蔬菜水果的进口增长 4.87%，出口增长 0.19%，净进口提高 1.27 亿美元；而由于出口时间节约，蔬菜水果的进口增长 0.77%，出口增长 2.01%，净出口提高 6400 万美元。因此，贸易便利化对蔬菜水果的总影响为两种效应的加总，进口增长 5.65%，出口增长 2.20%，净进口提高 6300 万美元。由于进口时间节约的程度高于出口，因此从总效应来看，贸易便利化使时间成本较高产品的进口增长相对较大，净进口增长。例如，除了蔬菜水果以外，其他时间成本较高的加工食品、园艺作物、印刷出版物、石化产品和橡胶塑料的净进口分别增长 1.64 亿美元、800 万美元、6.63 亿美元、3.86 亿美元和 44.64 亿美元。

3. 对不同产业产出的影响

贸易便利化对不同产业产出的影响机制较为复杂，产出变化与贸易、中间需求和最终需求等变化都有关系。为了清楚地分析贸易便利化对产业产出的影响，依然从进口时间节约和出口时间节约两个方面进行分析。首先，进口时间节约将

---

①　模型假设各种生产要素（土地、劳动力和资本）得到充分利用，而且总供给在短期不发生改变；在生产技术不变的情况下，部分产品出口和产出增长必将拉动国内生产要素价格、资源配置在不同产业间改变。

使时间成本较高的进口产品价格下降，进口数量提高，从而使国内生产成本下降，产出价格降低（表 6-11 第 4 列）。因为人均收入提高（表 6-9）和产品价格下降，居民总体消费增长（表 6-9）；然而，居民消费增长并不意味着对国内产品需求提高。如果进口产品价格降幅较大，进口产品消费增长就可能大于总需求增幅，对国内产品需求不仅不会增长，反而下降，即进口产品的替代效应大于需求的扩张效应。例如，虽然园艺产品的居民总消费增长 0.17%，但是进口产品增长更为显著，居民对国内园艺产品的消费反而降低 0.6%。同样的情况也发生在中间投入品需求上。结合进口时间节约对贸易的影响分析，可以得出如下结论：第一，时间成本较高且进口占国内消费比重较高的产品，在进口时间降低后，因进口产品冲击，需求（包括居民消费、中间需求和投资品生产等）被替代，产出将受到负面影响。如表 6-11 第 4 列所示，蔬菜水果、园艺作物、植物油、印刷出版物、石化产品和橡胶塑料等产出降幅较为显著，分别降低 0.05%、0.50%、0.76%、0.58%、0.42% 和 0.86%。第二，时间成本相对较高但是进口占国内需求比重较低的产品，因为对国内需求的替代效应较小，需求的扩张效应占据主导，这些产品的产出将提高。例如，猪禽肉和加工食品的产出分别提高 0.01% 和 0.03%。第三，时间成本较高产品是重要的中间投入品，进口时间节约可以较大幅度降低中间投入品的价格，生产成本下降，出口显著提高，并拉动产出增长。例如，由于进口产品的替代，居民消费和中间需求对国内电子产品需求分别降低 0.10% 和 0.03%，但是由于出口的显著增长，国内电子产品产出反而提高 0.47%。第四，对于时间成本较低且收入弹性较大的产品，因为需求显著增长而替代效应很小，其产出将较显著增长。例如，奶制品、水产品和天然气等产出分别提高 0.15%、0.1% 和 0.14%。第五，对于时间成本较低、收入弹性较小或主要用于中间投入的产品，如果下游产业产出减少导致对该产品的中间需求降低，则该产品产出将受到负面影响。例如，大米、小麦、其他谷物和石油就属于该类产品，其需求减少主要是中间需求降低所致，产出分别小幅降低 0.03%、0.01%、0.09% 和 0.03%。

表 6-11　在中贸易便利化方案下节约通关时间对产品价格、
产出和需求的影响（相对于基准方案）　　　　（单位：%）

产品	总影响		总影响分解							
			进口时间节约				出口时间节约			
	产出价格	产出数量	产出价格	产出数量	居民消费 全部产品	居民消费 国内产品	国内产品的中间需求	产出价格	产出数量	居民消费 全部产品	居民消费 国内产品	国内产品的中间需求
大米	0.29	-0.07	-0.04	-0.03	0.11	0.11	-0.06	0.33	-0.03	0.05	0.03	-0.03
小麦	0.21	-0.11	-0.08	-0.01	0.12	0.12	-0.03	0.29	-0.10	0.06	0.06	-0.04
其他谷物	0.23	-0.16	-0.09	-0.09	0.11	0.17	-0.11	0.31	-0.07	0.08	-0.14	-0.03

续表

产品	总影响		总影响分解									
			进口时间节约					出口时间节约				
	产出价格	产出数量	产出价格	产出数量	居民消费		国内产品的中间需求	产出价格	产出数量	居民消费		国内产品的中间需求
					全部产品	国内产品				全部产品	国内产品	
蔬菜水果	0.32	-0.01	-0.05	-0.05	0.11	0.10	-0.13	0.37	0.04	0.04	0.04	0.00
油籽	0.00	-0.86	-0.25	-0.59	0.11	0.61	-0.65	0.25	-0.27	0.10	-0.50	-0.23
糖	0.27	-0.04	-0.05	0.02	0.14	0.15	-0.01	0.32	-0.05	0.07	-0.02	-0.05
棉花	0.09	-0.32	-0.11	0.03	0.19	0.24	0.03	0.20	-0.35	0.13	-0.01	-0.35
园艺作物	0.21	-0.40	-0.19	-0.50	0.17	-0.60	-1.40	0.40	0.10	0.05	-0.21	-0.47
牛羊肉	0.31	-0.16	0.00	-0.01	0.15	0.15	-0.02	0.31	-0.15	0.08	0.07	-0.16
猪禽肉	0.35	0.00	-0.01	0.01	0.16	0.08	-0.05	0.35	0.00	0.07	0.05	-0.06
奶制品	0.27	0.10	-0.05	0.15	0.16	0.17	0.11	0.32	-0.05	0.08	0.01	-0.06
羊毛	-0.07	-1.21	-0.25	-0.72	0.28	-0.77	-0.82	0.19	-0.49	0.14	-0.28	-0.55
林产品	0.11	-0.83	-0.16	-0.56	0.31	-0.18	-0.57	0.26	-0.26	0.14	-0.03	-0.27
水产品	0.16	0.15	-0.10	0.10	0.17	0.17	0.05	0.25	0.05	0.09	0.09	0.03
煤	0.00	0.03	-0.21	0.01	0.28	0.30	-0.01	0.21	0.02	0.15	0.12	0.03
石油	-0.12	-0.20	-0.20	-0.03	0.21	0.78	-0.04	0.08	-0.17	0.26	-0.36	-0.16
天然气	-0.15	-0.09	-0.15	0.14	0.25	0.29	0.14	0.00	-0.23	0.25	0.23	-0.23
其他矿产资源	-0.02	-0.47	-0.26	-0.40	0.48	-0.09	-0.41	0.24	-0.07	0.21	-0.03	-0.07
植物油	0.13	-0.87	-0.15	-0.76	0.21	-0.51	-0.93	0.28	-0.10	0.08	-0.08	-0.16
加工食品	0.25	0.08	-0.07	0.03	0.15	0.08	-0.04	0.32	0.05	0.07	0.05	0.00
纺织品	0.16	-0.25	-0.13	-0.01	0.22	-0.01	-0.19	0.29	-0.23	0.01	0.01	-0.23
服装	0.21	0.03	-0.09	0.15	0.20	0.06	-0.09	0.31	-0.11	0.09	0.02	-0.08
皮革制品	0.23	-0.31	-0.08	0.12	0.19	0.08	-0.09	0.34	-0.43	0.09	-0.02	-0.38
木制品	0.15	-0.07	-0.14	0.19	0.24	0.21	0.07	0.29	-0.26	0.11	0.07	-0.10
印刷出版物	0.12	-0.50	-0.18	-0.58	0.32	-0.27	-0.70	0.30	0.08	0.12	0.01	-0.07
石化产品	-0.10	-0.16	-0.17	-0.42	0.28	-0.08	-0.54	0.07	0.26	0.17	0.15	0.06
橡胶塑料	-0.01	-0.80	-0.26	-0.86	0.38	-0.65	-1.26	0.26	0.06	0.14	-0.09	-0.19
其他矿产相关产品	0.16	0.15	-0.13	0.03	0.25	0.17	-0.01	0.29	0.13	0.11	0.09	0.01
机械钢铁	0.09	-0.16	-0.18	-0.16	0.30	-0.25	-0.42	0.26	0.00	0.14	-0.09	-0.14

续表

产品	总影响		总影响分解									
			进口时间节约					出口时间节约				
					居民消费		国内产品的中间需求			居民消费		国内产品的中间需求
	产出价格	产出数量	产出价格	产出数量	全部产品	国内产品		产出价格	产出数量	全部产品	国内产品	
交通运输	0.10	0.01	−0.17	−0.14	0.28	−0.09	−0.31	0.27	0.15	0.12	0.00	−0.02
电子产品	0.02	0.28	−0.18	0.47	0.28	−0.10	−0.03	0.20	−0.19	0.17	−0.32	−0.57
其他制造业	0.26	−0.05	−0.07	−0.03	0.23	0.06	−0.25	0.32	−0.02	0.10	0.05	−0.04
服务业	0.30	0.13	−0.03	0.11	0.23	0.23	0.07	0.32	0.02	0.11	0.08	0.02

资料来源：GTAP 模型分析结果

出口时间节约对时间成本较高的产业发展有利，而时间成本较低的产业产出受到一定的负面影响。出口时间节约将促进时间成本较高产品的出口，这类产品的出口都有较显著增长（表 6-11 第 8 列），从而促进产出提高。如表 6-11 第 9 列所示，蔬菜水果、园艺作物、加工食品、印刷出版物、石化产品、橡胶塑料、其他矿产相关产品和交通运输产品的产出分别增长 0.04%、0.10%、0.05%、0.08%、0.26%、0.06%、0.13% 和 0.15%。由于有限的生产资源流向这类产品，从而导致要素价格上涨和生产成本提高，产品价格都有不同幅度上涨（表 6-11 第 8 列），由于相对于进口产品价格上涨，国内产品消费被进口产品替代，同时时间成本较低产品的出口因价格上涨而降低，这类产品的产出受到负面影响。例如，大米时间成本很低，虽然出口时间降低并不对其生产和贸易产生直接影响，但是由于其他产业快速发展，促使要素价格和生产成本上涨，其产出价格提高 0.33%，中间需求和出口分别下降 0.03% 和 1.81%，产出降低 0.03%。

对于不同产业产出和价格的总影响取决于进口时间节约和出口时间节约的综合效果。由于贸易便利化使进口时间节约的程度大于出口，因此时间成本较高产品的产出在总体上将有所降低。例如，蔬菜水果、园艺作物、植物油、其他矿产资源、印刷出版物、石化产品和橡胶塑料等时间成本较高产品的产出分别降低 0.01%、0.40%、0.87%、0.47%、0.50%、0.16% 和 0.80%。受负面影响的程度与时间成本大小和进口占国内消费的高低紧密相关；时间成本越高、进口占国内消费份额越大，产出降幅就越明显。例如，蔬菜水果的时间成本最高（延迟 1 天的关税等值为 2.9%），但是进口占国内消费的比重很小，蔬菜水果产出仅降低 0.01%；虽然植物油时间成本相对较低（延迟 1 天的关税等值为 1.7%），但进口比重很高，植物油产出降低 0.87%。对于收入弹性大、时间成本相对较低，同时进口数量少或难以贸易的服务业产品，产出将受到正面影响。例如，水产品和加工食品的需求弹性较大，而且进口相对于国内消费比重很低，需求扩张效应大于被进口产品的替代效应，两个产品产出分别提高 0.15％ 和 0.08％。特别是服务业，由于随着收入提高，其最终需求和中间需求都快速扩张，而且服务业的贸易程度较低，产出增长 0.13％。此外，以时间成本较高产品作为重要中间投入品的产品，因为生产成本显著降低，产出也会显著增长。例如，钢铁机械、橡胶塑料和进口电子产品都是国内电子产品生产的重要中间投入品，这些高时间成本产品的进口时间降低将显著降低其生产成本，促进电子产品出口，电子产业产出提高 0.28％。

4. 对其他国家福利的影响

中国贸易便利化可以显著提升世界经济福利。如表 6-12 所示，在中等贸易便利化方案下，中国以外世界其他国家的经济福利相对于基准方案提高 62.09 亿美元。其中，从进口时间节约上增长的经济福利为 26.51 亿美元，从出口时间节约上增长的经济福利为 35.57 亿美元。不同国家经济福利的增长幅度和其与中国的贸易量和贸易结构有关。在进口时间节约上，福利增长最显著的是美国、欧盟和日本/韩国等中国主要贸易国家，分别增长 6.95 亿美元、7.54 亿美元和 9.67 亿美元；然而，俄罗斯和其他国家（ROW）经济福利反而下降，这主要是因为中国在这些地区主要进口大量的初级能源产品（如石油和天然气等），而这些产品的时间成本很低，时间成本较高产品的进口增长抵消了对这些产品的需求，因此，对中国主要出口这类产品的国家的经济福利反而下降。出口时间节约使所有国家的消费者因产品价格降低而受益，所有国家的经济福利都有不同幅度的提高。

表 6-12　　在中贸易便利化方案下节约通关时间对其他国家
经济福利的影响（相对于基准方案）　　　　（单位：百万美元）

经济体	总福利变化	总福利变化分解	
		进口时间节约	出口时间节约
美国	1106	695	412
欧盟	1177	754	423
日本/韩国	1517	967	549
东盟	626	211	415
印度	245	127	118
俄罗斯	−34	−178	143
澳大利亚/新西兰	223	81	142
其他国家（ROW）	1349	−6	1355
总计	6209	2651	3557

资料来源：GTAP 模型分析结果

更高的贸易便利化程度将进一步促进中国经济增长和社会福利的提高。如表 6-13 所示，在高贸易便利化方案（情景方案 2），相对于基准方案，中国实际 GDP 增长 0.55％，社会经济福利提高 385 亿美元，都显著高于情景方案 1；中国的进出口贸易增幅将进一步提高，进口量和出口量将分别增长 2.90％和 2.29％，贸易平衡项增加 65.08 亿美元。与此同时，要素价格将上涨。其中，土地租金、非熟练劳动力工资和熟练劳动力工资、资本价格分别增长 0.46％、0.94％、1.11％和 1.02％。在进口时间节约和出口时间节约对宏观经济、产品贸易和生产的影响机制上，高贸易便利化方案与中贸易便利化方案是完全一致的。因此，鉴于篇幅，对高贸易便利化方案下通关时间节约对产品贸易和生产的影响不再深入讨论。

表 6-13　在高贸易便利化方案下节约通关时间对宏观经济的影响

（相对于基准方案）

项目	总影响	总影响分解	
		进口时间节约	出口时间节约
实际 GDP/％	0.55	0.48	0.06
福利（EV）/亿美元	385	255	129
出口量/％	2.29	1.56	0.72
进口量/％	2.90	1.45	1.45
贸易平衡项/亿美元	65.08	29.86	35.22
GDP 价格指数/％	0.46	−0.26	0.71
居民人均收入/％	1.07	0.27	0.80
要素回报			
土地租金/％	0.46	−0.26	0.72
非熟练劳动力工资/％	0.94	0.17	0.77
熟练劳动力工资/％	1.11	0.31	0.80
资本价格/％	1.02	0.22	0.79

资料来源：GTAP 模型分析结果

6.4.4　主要研究结论

与发达经济体相比，中国进出口的通关时间相对较长，缩减潜力较大。根据世界银行 2012 年发布的 Doing Business 报告，中国进口平均所需总时间为 9 天，出口也平均需要 7 天，远高于发达经济体，而且制约中国进出口效率提高的关键在于海关通关时间。在进口的通关时间上，中国平均需要 4 天，而主要发达经济体所需时间都在 2 天以内。在出口通关时间上，中国平均需要 2 天，而主要发达经济体用时在 1.5 天之内。因此，缩减通关时间是提高中国进出口货物贸易效率的关键环节。

贸易便利化将显著促进中国经济增长和社会总福利的提高。在中贸易便利化方案下，相对于基准方案，中国实际 GDP 在 2014 年将提高 0.27%，社会经济福利增长 192 亿美元。各种初级生产要素的价格显著增长，土地租金、非熟练劳动力工资和熟练劳动力工资、资本价格分别提高 0.23%、0.47%、0.56% 和 0.51%。从分解的结果看，进口时间节约使实际 GDP 增长 0.24%，社会经济福利增长 128 亿美元；出口时间节约使实际 GDP 增长 0.03%，使社会经济福利增长 64 亿美元。其中，进口节约时间对经济增长和经济福利提高的贡献更显著，主要与其进口时间节约较大（节省 1 天）和对经济系统的影响方式相关。

贸易便利化措施对不同产品的进出口贸易的影响存在显著差异。进口时间节约将显著提高进口产品的市场竞争力，时间成本较高产品的进口将显著增长；出口时间节约使时间成本较高产品出口增长，而时间成本较低的产品出口降低。由于在本研究的方案设置中，进口时间节约的程度高于出口，因此从总效应来看，贸易便利化使时间成本较高产品的进口增长相对较大，净进口增长。在中等贸易自由化方案下，蔬菜水果、加工食品、园艺作物、印刷出版物、石化产品和橡胶塑料等时间成本较高产品的净进口分别增长 6300 万美元、1.64 亿美元、800 万美元、6.63 亿美元、3.86 亿美元和 44.64 亿美元。

贸易便利化对不同产业产出的影响机制较为复杂，产出变化与贸易、中间需求和最终需求等变化都有关系。贸易便利化使进口时间节约的程度大于出口，因此时间成本较高产品的产出在总体上将有所降低。受负面影响的程度与时间成本大小和进口占国内消费的高低紧密相关；时间成本越高、进口占国内消费份额越大，产出降幅就越明显。然而，对于收入弹性大、时间成本相对较低，同时进口数量少或难以贸易的服务业产品，产出将受到正面影响。此外，以时间成本较高产品作为重要中间投入品的产品，因为生产成本显著降低，产出也会显著增长。

中国贸易便利化可以显著提升其他国家的经济福利。在中等贸易便利化方案下，中国以外世界其他国家的经济福利相对于基准方案提高 62.09 亿美元。其中，进口时间节约和出口时间节约对世界各国的福利影响存在较大差异。在进口时间节约上，福利增长最显著的是美国、欧盟和日本/韩国等国家；然而，俄罗斯和其他国家（ROW）经济福利反而下降，这主要是中国在这些地区主要进口大量的初级能源产品，而这些产品的时间成本很低，时间成本较高产品的进口增长抵消了对这些产品的需求，因此，对中国主要出口这类产品的国家的经济福利反而下降。节约出口时间使所有国家的消费者因产品价格降低而受益，所有国家的经济福利都有不同幅度的提高。

6.5　政策建议

贸易便利化是政府"规则制度"作用于对外贸易的具体结果。就世界上的自贸区而言，不论其名称如何，基本上都是从"税"、"物流便利"和"资金便利"的角度吸引企业入住的。我国现行的海关特殊监管区不能例外，上海自贸区也不会例外。"保税"和"资金便利"不属于本报告的范畴，这里主要从"物流便利"的角度给出上海自贸区进一步发展的政策建议。

6.5.1　提高物流效率，营造良好环境

上海物流运营效率与世界先进的自贸区，如香港和新加坡，仍存在差距，物流网络功能需要进一步优化，港口、铁路、内河运输运营效率有待提高，尤其是港口国际中转比例。具体来说，存在以下不足之处：①自贸区内外的物流网络缺乏有效衔接。从现有的铁路与公路的情况看，特别是连接自贸区与上海市区以及邻近城市的陆上交通网稍显乏力；②物流运作的速度和效率有待提高。受高科技和机械化程度等因素的限制，自贸区物流效率还有很大的提高空间；③自贸区内物流信息设施条件仍不能满足国际物流发展的需要，现代国际物流业要求的具有完善物流信息平台的综合物流系统还没有很好地形成；④在电子商务，特别是跨境电子商务方面自贸区仍有很大的提高空间。自贸区唯一的国家跨境贸易电子交易试点——"跨境通"电子商务平台仅完成了功能测试，与国际成熟自贸区相比还有不小差距；⑤自贸区对于仓储服务性质的产业留有很大空间。虽然自贸区内有着为数不少的仓储服务企业，但这些企业在上海保税仓储市场已沉寂多年的情况下，能否健全有效地运转相关业务，有待进一步落实。特别是随着自贸区周边地段地价与房价的高速增长，仓储用地资源与成本需要更进一步的建设规划；⑥自贸区运输业务在多样性上显得不足。

上海自贸区刚刚起步，应该多借鉴国际成功经验，为己所用，不断提升自己的国际化水平。具体来说，可以从以下方面着手：

（1）提高物流运作的速度和效率。物流运作的速度和效率很大程度上决定自贸区的运作效率。香港和新加坡都广泛采取了信息网络手段，确保了到港船舶的无缝衔接，以及货物和集装箱装卸的调度。相比之下，上海对信息网络的运用稍显不足，加强船只调度和货物装运上电子物流平台和自动机械化的运用，将大大提高物流运作的效率，进而提升自贸区的竞争力。也可以借鉴德国汉堡港的经验，对进出的船只和货物给予最大限度的自由，这种自由贯穿于货物卸船、运输、再装运的整个过程中，以此提高物流效率。

（2）高度重视全球物流绩效指数（logistics performance index，LPI）。全球

物流绩效指数是一个国家或地区内物流水平及其参与全球物流能力的国际性指数，由世界银行每两年发布一次，2012 年参与的有 155 个国家和地区，2014 年参与的有 160 个国家和地区。全球物流绩效指数由六个方面的指标构成，每个指数最高分为 5 分。2012 年，排名第一的是新加坡，我国排第 26 位。2014 年，排名第一的是德国，我国排第 28 位。我国全球物流绩效指数的排名属于全球第二梯队，即全球物流绩效指数得分处于 3 分以上的 51 个国家和地区的中间位置，高于其他金砖国家。建议上海自贸区对照全球物流绩效指数的六大指标，找差距，提措施，使上海自贸区实现更快的发展，与世界更好地接轨（丁俊发，2014）。

（3）构筑和完善以多式联运体系为核心的国际物流。国际多式联运系统是指在国际运输中灵活运用各种运输形式所具有的安全、准时、大量、高速、舒适等特性，综合组织成为最有效和最适合运输需求的综合物流运输系统，即由一个承运人负责将多种运输方式加以综合与集成，以最好的服务、最快的速度、最具竞争力的价格实现“门到门”运输（刘杰和王凌峰，2014）。

（4）采用第三方物流，加快物流速度。物流活动和配送工作由专业的物流公司或储运公司来完成，由于不参与商品的买卖，只提供专门的物流服务，减少了买卖双方其他因素的干扰，能够更有效地利用资源，提高物流效率。

（5）构建高科技运输仓储体系。新加坡物流公司基本实现了整个运作过程的自动化，一般都拥有高技术仓储设备、全自动立体仓库、无线扫描设备、自动提存系统等现代信息技术设备（姚伟，2009）。

（6）加大连接交通网络的建设。通过交通网络的建设，自贸区内的物流网络与区外的物流网络以及腹地的物流网络很好地相互对接，建立紧密的协作关系。加强自贸区与周边城市联系，特别是强化与杭州、宁波、南京等经济发达城市的路上交通网络。

（7）加快建立国际物流信息交易系统。随着国际物流信息化趋势的推进，自贸区要加快建立国际物流信息交易系统，确保全天候地与国际互联网沟通，以满足国际物流运作的需要（刘杰和王凌峰，2014）。加快建设功能切实可靠的电子商务网络平台，促进各行业在区内和全球性资讯交流与服务的融合。

（8）在空港和海港物流方面，采取外包和委托负责处理方式。目前在香港国际机场所有的空运货物都是委托香港空运货站有限公司（HACTL）和亚洲空运公司（AAT）处理的。这两家公司均属民间公司，与香港机场管理局签署经营管理合约。委托外包的方式往往能提升运作效率，上海可以考虑将部分物流业务也用类似的方式委托给其他民营企业代理，既可减少港口运作压力，又能避免体制过于集中僵化，从而提高效率。

（9）拓展运输业务。将运输业务从单一的仓储运输业务扩展到多元化业务，如保税物流、加工物流、采购物流等增值服务的延伸。同时，可以根据自贸区企业的多元化，实现物流业务的多元化（郑佳，2013）。

6.5.2　积极履行《新京都公约》的要求，推动相关立法进程

贸易便利化主要表现在海关管理的高效、进出口手续的简便上，但究其本质是海关治理能力的高低。适时加入《京都公约》"自由区"附约的目的就是要以国际规范为蓝本，规范我国海关业务的操作流程，提高我国海关的治理能力。

《京都公约》的全称是《关于简化和协调海关业务制度的国际公约》。它汲取了各国海关的成功经验，是一个条款灵活、可以适用于各国多变的国际贸易结构和海关制度的世界公约。我国于 1988 年成为《京都公约》的缔约方，有保留地接受了两个附约，即《关于保税仓库的附约》和《暂准进口货物按原状复出口的附约》。1999 年 6 月，世界海关组织全面修订了《京都公约》。2006 年 2 月《新京都公约》正式生效，但我国一直没有加入《京都公约》的"自由区"附约。

作为海关领域内的基础性国际公约，修改后的《京都公约》强调"依法行政"下的"贸易便利"，海关业务制度的简化并不以牺牲海关监管为代价。欧盟、美国、新加坡、韩国已经在"贸易便利"原则的指引下，对自由贸易园区制定了较为完善的法律法规，而目前中国的《海关法》更多地体现了海关对行政管理相对人的管理，没有强调"贸易便利"的原则。上海自贸区应在公约"自由区"附约的基础上，归纳总结中国上海自贸区的实践，适时修改海关法或单独制定自贸区海关监管办法，为最终加入公约的"自由区"附约做好准备。

6.5.3　深刻理解"境内关外"，积极扩大"物流便利"

《京都公约》定义的"自由区"是"指一国的部分领土，运入这部分领土内的任何货物，就进口税及其他各税而言，被认为在关境以外，并免于实施惯常的海关监管制度"。很多研究者就此认为自贸区是"境内关外"，但这种"境内关外"仅仅是"就进口税及其他各税而言"的"关境以外"，是目前国内海关特殊监管区内的"保税"。事实上，自贸区仍在"关境"之内，海关仍然可以在自贸区内实施相应的"海关监管制度"。世界上没有任何一个国家的海关不对自贸区进行相应监管，只不过这种监管不同于以征收"关税和其他附加税"为目的的"惯常的海关监管"。

《京都公约》规定，海关对自由区货物的监管，在确有监管的"必要"时，也仅限于单证与货物的"一致性"和"合法性"，并且应当明确允许入区的货物、授权的操作、监管的条件和程序。在"贸易便利"的原则下，坚持货物在"境外"与"自贸区"、各"自贸区"之间自由通行的原则，譬如"货物从国外进入自由区，如果从随附单证上已获信息，海关不应要求货物再进行申报"；"准予进入自由区或在自由区生产的货物应被允许部分或全部运出，进入另一自由区或置

于另一海关制度，但必须符合规定条件并办理相应手续"；"如果从自由区直接运往境外的货物必须向海关交验单证，海关不应要求已从随附单证上获得的信息以外的更多信息"。因此，上海自贸区的"一线放开"应准许外国货物自由进出，除搜集入区货物相应信息外，不应要求额外的监管程序。信息的收集可与运输信息联动，事后集中备案。货物入区后，可以在规定的范围内进行操作，除公共道德与安全、健康、动植物检疫、知识产权保护等方面的原因外，一般不应干涉企业的经营活动。自由贸易区与境内其他关境的通道口，一般视为进出口线，实行与其他关境相同的海关法律法规、政策。其主要作用是防止自由贸易区货物流入非自由贸易区而冲击市场。这是"二线管住"。

6.5.4　完善电子平台，实现网上通关

"单一窗口"是指经营者可以采用电子方式将海关及负责边境管制事务的其他部门（如警察、边境防卫、动物检验及环境部门）要求的资料一次性递交给单一联络点即视为完成申报。"单一窗口"不仅要求经营者和海关之间无障碍的信息交流，还要求海关和其他机构之间能够共享信息；"一站式平台"是指不同政府部门（如海关、动物检验及环境等）的管理工作譬如审单、检验等可由相应管理部门同时进行。

新加坡自由港的贸易网就是一种"单一窗口"。它以电子报关和电子审单为基础，连接海关、检验检疫、税务、工商、外汇管理等多个与贸易相关的政府部门，实现了贸易相关数据的共享和交换。该网全天候开放，可以自动处理企业的操作请求，完成所有海关的操作。新加坡自由港的港口网和码头作业系统的航运信息平台，可以帮助相关政府部门、船舶公司（或其代理行）、货主充分利用相关信息，提高作业效率。

我国的电子通关系统已经有很好的基础，应当在原有电子口岸的基础上进一步扩展平台的用户，实现贸易数据、运输信息和企业经营信息的共享和交换，实现网上的"单一窗口"，为企业提供"一站式"服务。海关应当以充分信任企业为前提，规范和标准化海关的业务流程，根据企业的申请和相关规程，通过网络自动完成企业的各种请求，实现"无须人为干预"的"自动通关"，最终达到企业一次申报，即报即放。

6.5.5　专家化事后稽查，全方位风险管理

境外货物自由入区以及货物在境内与自贸区之间即报即放的通关模式给企业带来了极大的"物流便利"，但是这种便利是以区内企业自律为前提的。否则，物流便利的程度越高，监管成本就越高，贸易风险就越大。我国的 AEO 制度已经实施多年，大多数信誉好、合规性强的企业都获得了更为便捷的通关待遇。

应当大幅降低海关现场的查验率。在海关内部或者委托海关外部机构建立一支专家型的稽查团队。专家团队以企业为监管单元，利用数据综合分析多种因素，实施货物的分级监管，决定对进出口货物是全部放行、临时抽检还是扣留；以账目监管代替货物的实物监管，由逐票逐单的实际监管转为事后的审计监察式监管。对一些敏感的可能有潜在危险的货物还是要进行必要的检查和监管。

专家团队可以在在信息共享的基础上，充分运用风险管理技术，进行风险分析和风险识别，对货物相关信息进行横向（各口岸情况）、纵向（货物历史数据和预测信息的比对）的比较、分析，并结合当期国际贸易中的各种风险预警通告，随时更新具体货物的监管要求，以便从众多货物中找出需要重点关注的货物类别，或者从众多物流相关方中筛选出需要实施严格程序的相关方，对货物的监管真正做到有的放矢。

建立海关稽查的"吹哨人法案"，允许和鼓励个人或私人部门代表海关，起诉任何违反海关管理规定，并从中获利的企业和其他实体。对走私或其他违法行为，应当给予严厉处罚。对相应的专家团队和"吹哨人"应当建立"事后分成制度"，给予一定比例的罚款额作为补偿。

6.5.6　探索建设科技型、文化型的自贸区

一般认为，自贸区可以产生技术外溢、知识溢出和示范效应，会吸引一些当地公司从事生产与自贸区的外资公司相关的产品。当地供应商也会因必须符合世界产品标准和质量从中受益。另外，劳动力、技术员工和管理者的水平也会有相应提升。

然而必须引起注意的是，世界上诸多自贸区中并没有任何一个自贸区成为科技企业的聚集区，或者是文化企业的聚集区。正如前文所述的，贸易便利化能降低贸易成本，但并不会直接刺激科技型企业的成立和发展。要想把自贸区办成科技型的自贸区，单纯依靠贸易便利化减少贸易成本的方法是行不通的，必须配合其他政策。譬如对于融资租赁、离岸贸易等新型贸易业态，必须配合外汇资金的自由流动、税负减免等政策来实现。

一般说来，自贸区都规定了可以在自贸区进行的业务活动。上海自贸区可以把研发活动或者文化活动作为自贸区可以进行的业务活动，将文化园区、科技园区与自贸区融合。允许在试点区域进行有管理的零售贸易，可以使用或消费应税货物。

总之，自贸区的建设应当加强贸易便利化建设，相关法规政策的制定应当满足企业的需要，把由"政府主导"的自贸区发展模式转变为"政府主导协调、企业积极参与"的合作发展模式。

6.5.7　发挥自贸区带动作用，推进自贸区动态延伸

上海自由贸易试验区的范围涵盖上海市外高桥保税区、外高桥保税物流园区、洋山保税港区和上海机场综合保税区4个海关特殊监管区域，面积28.78平方公里。虽然地理位置优越，但毕竟面积有限，辐射带动作用只能局限于长江三角洲，不能有效撬动整个长江黄金水道经济带，甚至可能会出现"虹吸现象"，影响周边地区的发展。

上海自贸区无疑应该是一个综合自由贸易区，具备商业贸易、加工制造、仓储、转运、展示、金融服务等多项功能。但其面积狭窄，在某项功能上未必能够充分发挥其作用，需要其他专门性的自贸区作为补充。

为了平衡地区发展，充分发挥自贸区的带动作用，应该以上海自贸区为着力点，有计划、分步骤、动态地将上海自贸区扩充到长江水域的海关特殊监管区域，这样就会形成一个以上海自贸区为龙头，长江沿岸经济带内海关特殊监管区为骨架，各类自贸区功能互补的自贸区经济走廊。也可以根据企业需要，临时性动态地将某些地区或厂区作为海关的保税区域。

在各自贸区之间，可以借鉴美国对外贸易区的物流直通程序，即区内企业进口的货物可以直接以保税形式运进任意一个自贸区。

本章参考文献

鲍晓华．技术性贸易壁垒及其自由化对谷物出口的影响——基于中国数据的实证检验和政策模拟．经济管理，2010，（17）：20-28.

崔迪．2013．从欧美自由贸易园区发展经验看上海建立自由贸易园区研究．江苏商论，（6）：38-42.

单君兰，周苹．2012．基于 APEC 的贸易便利化测评及对我国出口影响的实证分析．国际商务研究，33（1）：40-45.

丁俊发．2014．上海自贸区给物流业发展带来的机遇与挑战，中国流通经济，（11）：4-7.

方晓丽，朱明侠．2013．中国及东盟各国贸易便利化程度测算及对出口影响的实证研究．国际贸易问题，（9）：68-73.

冯会玲．2013-11-25．上海自贸区航运服务行业政策解读分析．中国水运网．

金爱伟．上海自贸区必将影响中国经济发展进程．国际融资，2013，（10）．

柯白玮．2013-09-28．新加坡自由贸易园区探访记．东方早报．

刘杰，王凌峰．2014-01-13．上海自贸区建设下如何构建航空物流．中国质量新闻网．

上海海关创新监管模式稳步拓展"自行运输"试点业务．2014-01-09．上海市人民政府网．http：//www. shanghai. gov. cn/shanghai/node2314/node2315/node15343/u21ai832788. html.

上海海关监管创新激发自贸区活力"自行运输"节省成本．2014-01-07．上海市人民政府网．http：//www. shanghai. gov. cn/shanghai/node2314/node2315/node4411/u21ai831262. html.

王冠凤，郭羽诞．上海自贸区贸易便利化和贸易自由化研究．现代经济探讨，2014，（2）：28-32.

王慧彦，梁瑞莲．从国际贸易链分析贸易便利化的实现策略．商业时代，2008，（36）：32-33.

王孝松，张国旺，周爱农．上海自贸区的运行基础、比较分析与发展前景．经济与管理研究．2014，（7）：52-64.

王玉婧，张宏武．贸易便利化的正面效应及对环境的双重影响．现代财经：天津财经大学学报，2007，27（3）：72-76.

席秀梅．2013-10-24．航运借自贸区变革——解读上海自贸区航运新政策．

许统生，陈瑾，薛智韵．2011．中国制造业贸易成本的测度．中国工业经济，（7）．

许统生，李志萌，涂远芬，2012．等．中国农产品贸易成本测度，中国农村经济，（3）．

许统生，涂远芬．2010．中国贸易成本的数量、效应及其决定因素．当代财经，（3）．

姚伟．2009．新加坡的物流业．市场周刊，（6）．

郑佳．2013-12-26．上海自贸区给物流企业带来的机遇和挑战．长风网．

Anderson E T，Wincoop van E. 2004. Trade costs. Journal of Economic Literature，42（3）：691-751.

Anderson F T，Wincoop van E. 2003. Gravity with gravitas：a solution to the border puzzle. American Economic Review，93（1）：170-192.

APEC. 1999. Assessing APEC Trade Liberalization and Facilitation. EC Committee，Singapore.

APEC. 2000. Economic leaders'declaration: delivering to the community. Bandar Seri Begawan: Brunei Darussalam.

Arvis J F, Duval Y, Shepherd B, et al. 2013. Trade costs in the developing World. World Bank Policy Research Working Paper No. 6309, January.

Baier S L, Bergstrand J H. 2009. Bonus vetus OLS: a simple method for approximating international trade-cost effects using the gravity equation. Journal of International Economics, 77 (1): 77-85.

Bhagwati J N. 1969. The generalized theory of distortions and welfare. General Information.

Blonigen B A, Navaretti G B, Venables A J. 2005. Multinational Firms in the World Economy, Princeton University Press (2004) . Journal of International Economics, (2): 520-524.

Disdier A C, Head K. 2008. The puzzling persistence of the distance effect on bilateral trade. Review of Economics and Statistics, 90: 37-48.

Djankov S, Freund C, Pham C S. 2010. Trading on time. Review of Economics and Statistics, 92 (1): 166-173.

ESCAP. 2011. Trade facilitation in Asia and the Pacific: an analysis of import and export process. ESCAP Studies on Trade and Investment, No. 71, United Nations, Bangkok.

Findlay C. 2009. Trade facilitation//Corbett J, Umezaki S. Deepening East Asian Economic Integration. ERIA Research Project Report 2008-1, 97-124. Jakarta: ERIA.

Grossman S J, Hart O D. 1986. The costs and benefits of ownership: a theory of vertical and lateral integration. General Information, 94 (4): 691-719.

Helpman E. 1984. A simple theory of international trade with multinational corporations. Journal of Political Economy, 92 (3): 451-471.

Hertel T W, Wamsley T, Itakura K. Dynamic effects of the "new age" free trade agreement between Japan and Singapore. Journal of Economic Integration, 2001: 446-484.

Hertel T W, Walmsley T, Itakura K. Dynamic effects of the "new age" free trade agreement between Japan and Singapore. Journal of Econmic Integiation. 2001: 446-484.

Hoekman B, Nicita A. 2011. Trade policy, trade costs, and developing country trade. World Development, 39 (12): 2069-2079.

Htetel T W, Hertel T W. Global trade analysis: modeling and application Cambridge university press, 1997.

Huang J. Tongeren F W. Dewbre J, et al. A new representation of agriccoltural production technology in GTAP. 2004.

Hummels D. 2007. Transportation costs and international trade over time. Journal of Economic Perspectives, 21 (3): 131-154.

JETRO. 2009. ASEAN Logistics Network Map. 2nd ed. Tokyo: JETRO.

Kemp M C, Nagishi T. 1963. Domestic distortions, tariffs, and the theory of optimum subsidy. Journal of Political Economy, 71 (6): 1011-1013.

Krishna K, Roy S, Thursby M. 1998. Implementing market access. Social Science Electronic Publishing, 6 (4): 529-544.

Krugman P R. 1979. Increasing returns, monopolistic competition, and international trade. Journal of International Economics, 9 (4): 469-479.

Krugman P. 1980. Scale economies, product differentiation, and the pattern of trade. American Economic Review, 70 (5): 950-959.

Lipsey R G, Lancaster K. 1956. The general theory of second best. Review of Economic Studies, 24 (1), 11-32.

Markusen J R. 1984. Multinationals, multi-plant economies, and the gains from trade. Journal of International Economics, 16 (84): 205-226.

McCallum J. 1995. National borders matter: Canada-US regional trade patterns. American Economic Review, 85 (3): 615-623.

Michael E, 2005. The economic impact of trade facilitation. OECD Trade Policy Working Papers, OECD Publishing.

Moenius J. 1999. Information versus product adaptation: the role of standards in trade. Working Paper of University of California: 1-40.

Moïsé E, Sorescu S. 2013. Trade facilitation indicators: the potential impact of trade facilitation on developing countries' trade. OECD Trade Policy Papers, No. 144, OECD Publishing. http://dx. doi. org/10. 1787/5k4bw6kg6ws2-en.

Novy D. 2008. Gravity redux: measuring international trade costs with panel data. The Warwick Economics Research Paper Series, 861, University of Warwick, Department of Economics.

Novy D. 2013. Gravity redux: measuring international trade costs with panel data. Economic Inquiry, Western Economic Association International, 51 (1): 101-121.

OECD. 2003. Quantitative assessment of the benefits of trade facilitation. TD/TD/WP (2003) 31/FINAL.

Portugal-Perez A, Wilson J S. 2012. "Export performance and trade facilitation reform: hard and soft infrastructure. World Development, 40 (7): 1295-1307.

Ramasamy B. 2010. An analysis of import-export procedure and processes in China. Asia-Pacific and Training Network on Trade Working Paper Series, 88.

Rodrik D. 1989. Policy uncertainty and private investment in developing countries. Social Science Electronic Publishing, 36 (2): 229-242.

Saslavsky D, Shepherd B. 2012. Facilitating international production networks, the role of trade logistics. World Bank Policy Research Working Paper, No. 6224.

UNCTAD. 2011. Technical notes on trade facilitation. Transport and Trade Facilitation Series No. 1.

Wilson J S, Mann C L, Otsuki T. Trade facilitation and economic: development: A new approach to quantifying the impact. the World Bank Economic Review. 2003, 17 (3): 367-389.

Wilson J S, Mann C, Otsuki T. 2003. Trade facilitation and economic development: a new approach to quantifying the impact. World Bank Economic Review, 17: 367-389.

WTO. 1998. World Trade Report. Geneva: World Trade Organization Publication.

第7章 促进中国（上海）自贸区发展的相关保障体制与政策研究

7.1 上海自贸区外资准入的负面清单①

上海自由贸易试验区最近出台的《中国（上海）自由贸易试验区外商投资准入特别管理措施（负面清单）（2013 年）》（以下简称《负面清单》）在亮相之后即受到了各界的广泛关注。"准入前国民待遇"和"负面清单"是上海自由贸易试验区（以下简称"自贸区"）外资立法最受外界瞩目的词汇，也是改革亮点。自贸区在外资准入立法方面由正面清单向负面清单的管理模式巨变能否释放足够的经济改革能量，也是学界讨论的重要话题。然而，通过对《负面清单》进行更深层次的分析，我们不难发现，自贸区的外资准入立法仍然存在着限制范围过大、服务业开放不足、与国际社会标准接轨不够等突出特点。本章从国际投资法以及国民待遇模式等角度对自贸区外资准入立法进行分析，并提出了目前自贸区外资立法面临的国内外艰巨挑战以及部分可行的改进措施，以期自由贸易的法治保障试验确实可在区内进行试点，并能够在 2～3 年探索出可向全国各地推广的新道路。

7.1.1 上海自贸区外资准入立法特点

2013 年 9 月 29 日 10 时，面积为 28.78 平方公里的上海自贸区正式挂牌，这也是目前中国大陆境内的第一个自由贸易区，并将在今后的三年内在全国范围内进行自贸区设立的进一步试点和扩展。在自贸区的立法保障模式探索中，国务院率先在外资立法方面废除了原三资企业法等法律在自由贸易区内的施行，改外资审批制为备案制。很快，上海市于 2013 年 9 月 30 日公布了共 18 大类的负面清单，意味着外资准入立法成为自贸区新型法律体系探索的第一棒。上海自贸区外资准入方面的立法遵循和涵盖两个极为重要的概念，"准入前国民待遇"和"负面清单"，其各自的特点如下。

---

① 本部分主要内容以"中国（上海）自由贸易试验区外资准入的负面清单"为题，发表于《法学》2014 年第 1 期。

1. 外资准入前国民待遇

国民待遇是针对国际投资，特别是针对国际直接投资的重要原则。它源于曾经盛行于拉美国家的加尔文主义，它的基础是平等，意思是外国人与当地居民有同等的待遇（经济合作与发展组织，1998）。国民待遇既可以是一个国内法上的概念，也可以是一个协议法上的概念。在国内法下，根据国民待遇，如果一个国家将特定的权利、利益或特权授予自己的公民，它也必须将这些优惠给予处在该国的他国公民；而在国际协议，特别是国际投资协议的背景下，根据国民待遇，一国必须向其他缔约国的公民提供平等的待遇。促进缔约之间互相给予国民待遇是许多世界多边投资贸易协议，包括经济与合作发展组织（OECD）、世界贸易组织（WTO）和北美自由贸易区（NAFTA）等的重要目标和议题。

根据 OECD 协议，外资在进入过程中主要可以在三个阶段享有国民待遇：①准入阶段；②设立经营阶段；③法律救济阶段（经济合作与发展组织，1998）。除了法律救济阶段是在外资进入之后，准入阶段和设立经营阶段都和外资的进入过程有直接关系。"准入阶段"是指外资进入东道国的阶段；"设立经营阶段"是指外资在东道国设立和经营商业存在的权利，如独资或合作经营。因此，从我国以往的外资法律法规来看，立法者更多关注的是外资准入的实质阶段，即设立经营阶段，而对于中国承诺给予国民待遇的方面，这种国民待遇只适用于已经进入我国市场的产品、服务或知识产权项目。而在自贸区的立法当中，"准入前国民待遇"其实更相当于一种"设立时国民待遇"，即在外资的设立过程中不再进行外资和本国投资者的区分。因此，像一些专家学者呼吁的那样，将"准入前国民待遇"翻译成"设立时国民待遇"可能更加贴切（龚柏华，2013）。

虽然国际法不要求任何国家主动给予外资国民待遇，即使是像美国这样一直对外资持开放态度的世界最大经济体，也不可能在外资进入的各个阶段给予国民待遇，但是在设立阶段给予外资国民待遇的法律却屡见不鲜。一向对外资持欢迎态度的美国等发达国家已不在商业实体设立时区分投资方的国籍，从这一层面上将国民待遇普遍化。此外，美国早已将国民待遇引入其双边贸易投资条约的范本中，要求双方均在外资进入的各个阶段给予相应的国民待遇，有国家对外资准入祖父条款进行保留的情况下除外（陈安，1999）。同时，美国在与加拿大、墨西哥缔结《北美自由贸易协定》的时候，也将国民待遇这一概念引入了 NAFTA 的立法中，这是国民待遇从双边投资协定到多边投资秩序的一个飞跃。虽然在当时这样的高度开放要求给尚未完全打开大门的墨西哥造成了一定的困扰，但长期来看，却是北美经贸一体化的重要步骤（Smith，2007）。

而发展中国家传统上长期怠于给予外资国民待遇，中国也并非例外。这一立法的理论和政治基础是发展中国家普遍担心过于强大的外资势力会给本地市场带来严重冲击，甚至摧毁本地产业。为了保护民族工业，有一些发展中国家甚至会在国民待遇中设立保留条款，即要求根据本国政府和企业的需要决定是否在特殊状况下取消国民待遇（Smith，2007）。长期以来，来自发达地区的外资与发展中东道国在国民待遇上的争论从未停止。

目前，我国虽然在双边投资协定的谈判中十分积极，面对欧盟、美国等发达国家也掌握了一定的主动权，但是在之前与各发达国家的条约签订中，都是以最惠国待遇为基础，只是在经营时实行准入后的国民待遇。而我国在外资政策上则属于"鼓励与限制并存"，外资进入中国前仍需满足《外商投资产业指导目录》（2011 年修订）（以下简称"指导目录"）等规定。因此，从这个层面上说，在上海自贸区的外资准入立法中，引入准入前国民待遇概念，并以此作为立法的总体方向之一，表明了立法者进一步对外资开放市场的态度，是有一定积极意义的。

2. 负面清单

"负面清单"实际上是原则的例外，遵循的是"除非法律禁止的，否则就是法律允许的"解释逻辑，体现的是"法无禁止即自由"的法律理念（陈安，1999）。《中国（上海）自由贸易试验区外商投资准入特别管理措施（负面清单）（2013 年）》以外商投资法律法规、《中国（上海）自由贸易试验区总体方案》、《外商投资产业指导目录（2011 年修订）》等为依据，列明自贸区内对外商投资项目和设立外商投资企业采取的与国民待遇等不符的准入措施。负面清单按照《国民经济行业分类及代码》（2011 年版）分类编制，包括 18 个行业门类，特别措施共 190 项，其中禁止类 38 项，限制类 152 项（上海市人民政府文件沪府发〔2013〕75 号）。在负面清单里的禁止项目涵盖文化产业、互联网、金融、文物、房地产等各个行业，包括：禁止投资文物拍卖；禁止投资文物商店；禁止盐的批发；禁止投资经营因特网数据中心业务；禁止直接或间接从事和参与网络游戏运营服务；禁止投资经营性学前教育、中等职业教育、普通高中教育、高等教育等教育机构等。《指导目录》中"S 公共管理、社会保障和社会组织"、"T 国际组织"2 个行业门类不适用负面清单。对负面清单之外的领域，外商投资项目将由目前的核准制改为备案制（国务院规定对国内投资项目保留核准的除外）；外商投资企业合同章程的审批将改为备案管理。

除列明的外商投资准入特别管理措施之外，办法还禁止（限制）外商投资国家以及中国缔结或者参加的国际条约规定禁止（限制）的产业，禁止外商投资危害国家安全和社会安全的项目，禁止从事损害社会公共利益的经营活动。其中，国家安全、社会安全、公共利益等词语在法律上并无明确定义。

在国际上，负面清单作为一种国际投资的常用模式，还是比较常见的。很多发展中国家在改革完善外资立法的过程中，也曾采取颁布负面清单并逐步缩小的方式。例如，菲律宾自 1987 年颁布《外商投资法案》（The Omnibus Code of 1987）时改革外资法，每年起以总统令的方式颁布外资负面清单，作为其外资法的修正案部分，根据宪法、菲律宾法律、公共健康和社会风俗等要素对清单内列举的行业对外资进行限制（Meijia，2003）；在 1991 年乌兹别克斯坦外国投资法的规定中，外国投资者可以从事该法未予禁止的任何形式的投资活动（Smith，2007），而在负面清单上的外国投资者和外资参与企业则只有在特别批准的情况下才可以参与这些活动。南亚区域合作联盟（South Asian Free Trade Zone，SAFTA）各国也在用负面清单或者敏感清单的方式对区域内的外资进行开放。WTO 学者也一向非常支持负面清单作为管理模式。在以往的 WTO 各轮贸易会谈中，来自各国的会员也曾经就正面清单和负面清单管理市场准入做了非常多的商讨，虽然未能达成更多共识（Kennedy，2003）。而 NAFTA 学者在这一层面上更进一步，大力主张取消美、加、墨三国负面清单上的服务行业限制，加快区域贸易一体化进程（Kennedy，2003）。

由此可见，负面清单管理模式的确是投资进一步自由化的一个符号式象征，然而，不能仅仅据这种管理模式判断市场对外资的开放力度。

7.1.2　上海自贸区外资准入立法分析

上文结合国际投资法基本原则简要介绍了上海自贸区目前外资立法的两个重要举措，"准入前国民待遇"以及"负面清单"，可见在外资管理方式上引入这样的条款对进一步开放市场、与国际投资标准相符是具有创新性和开拓性的。这也是中国在 WTO 乌拉圭会谈之后第一次根据《与贸易有关的投资措施协议》（TRIMS 协议）中的国民待遇原则公开立法。然而，对于此次颁布的外资准入方面的立法，政府职能部门、学者和民众则产生了截然不同的观点。

中华人民共和国商务部发言人沈丹阳于 2013 年指出，此次"负面清单开放程度之高前所未有，涉及国民经济行业分类的大多数领域对外商投资准入是充分开放的"。然而，外商则认为，此次出台的负面清单颇令人失望。美国商会中华区主席 Gregory Gilligan 于 2014 年曾直言："沿用外商投资目录制定的负面清单使得上海自贸区难以体现其'自由贸易'的内容。我们在过去几年一直在建议缩减清单。和外商投资目录几乎相同的负面清单会使上海自贸区的优势减少。"商务部研究院马宇研究员也不止一次在公开场合表示："自贸区的试验应该在两个方面，一个方面是在市场准入扩大上，还有一个是在逐步取消政府管制上。但很遗憾的是，现在已经出台的这些细则里，在市场准入的扩大方面，力度是远远不够的。"笔者认为，就目前看来，这份外资准入清单还存在着以下几个重要问题。

1. 负面清单以 2011 年指导目录为依据，涵盖行业范围过大

此次颁布的负面清单共包括 18 项 1000 多条门类，其中禁止项 12 项。通读清单我们不难发现，此次自贸区颁布的负面清单实际上是以 2011 年的行业指导目录为依据的，并没有为原本的目录减负，且清单里的限制产业和管制措施甚至比目录有过之而无不及。例如，经过比对分析发现指导目录所有的禁止/限制投资产业都体现在了清单里，而清单里的禁止、限制投资产业以及管制措施甚至更多。例如，目录中的限制类 35 项，鼓励类中股权限制措施 12 项，基本全部出现在了负面清单中。其中，有些针对采矿、通信、航空、湿地等传统国家控制行业的禁止有章可循，然而，另一些没有在目录中出现的某些产业和管制措施，却赫然出现在了负面清单中，比如，"禁止投资因特网数据中心业务"，"禁止投资文物拍卖"，"禁止投资盐的批发"，"禁止直接或间接从事和参与游戏运营服务"，等等。而大家最为关注的金融业开放，在负面清单中更是看不出端倪，针对投资银行、信托公司、保险公司、证券公司、期货公司等重要金融机构形式的限制仍在。可见，此次负面清单在扩大开放行业门类上并没有在 2011 年的指导目录基础上有所突破。

针对批评，国资委相关专家指出，颁布负面清单是我国在外资准入上革命性的管理模式的改变，只是开放的第一步，今后三年内清单会逐步减负。当然，我们要承认开放市场并没有一步到位的方法，各个国家在逐步删减负面清单的内容时都曾经在法律上遇到过困境。其中，最大的问题之一在于过频繁地修改清单容易引发外商对于投资的不确定性。例如，菲律宾的外资负面清单每一到两年都会进行一次大规模修订，直到 2012 年第 9 版的负面清单中，有 23 大类行业在列，其中 10 项为禁止项。然而，这对于外商长期投资计划的制订是非常不利的，因为这样的更新太过频繁，令外商深感在菲律宾的投资并无持续性的保障。因此，更多法学家认为负面清单的设定最好一步到位，而不是在短期内进行大规模的多次修订。又如，印度尼西亚由印尼投资协调委员会（BKPM）每年根据总统令颁布的负面投资名单（Daftar Negatif Investasi），规定了在印尼哪些领域对外资开放，以及允许的外资所有权比例。然而，在逐年削减负面清单的过程中，由于信息的滞后，一个突出问题就是清单的减负程度和其他政府职能部门的审批减负程度不配套（上海市人民政府文件沪府发〔2013〕75 号）。换句话说，外商不能够预测在走出负面清单之后会否在政府的行政审批许可过程中遭遇其他麻烦。这些不确定因素都减低了外资对菲律宾、印度尼西亚等国家的兴趣，令负面清单不能发挥其应有的作用。

由此可见，在自贸区内逐年削减负面清单绝非一件轻而易举的事情。长期以来，我国对外资的控制一向比较严格，对自贸区外的市场准入本来就有相当严格的限制和投资审批。与此同时，一段时期以来，政府管理的多项投资审批并没有强有力的法律依据，既不透明也不规范，长期为外资诟病。因此，如果负面清单涵盖领域过大，在自贸区内的审批制到备案制试点的管理模式改革就难以起到预想的试验作用，这种管理模式的区外推行就将更加遥遥无期。

2. 自贸区内服务业开放明显不足，难以满足市场期许

在 2001 年中国加入 WTO 第三次经济改革朝到来之前，中国对服务业的开放程度是非常有限的。加入 WTO 后中国的市场逐步向世界开放，也带来了中国经济发展的黄金十年。然而，WTO 多哈谈判进入僵局之后，加入 WTO 给中国带来的改革红利也逐渐用尽。然而，今时今日，中国对外资的开放仍然是以 WTO 指引为依据的，特别是在服务业的开放方面，中国一直根据《关税与贸易总协定》（GATT）和《服务贸易总协定》（GATS）提出的要求逐步开放，很少主动做出积极的探索和尝试。因此，在主动开放服务业方面，自贸区的外资准入立法被寄予厚望。目前，迫使自贸区进一步开放服务业的主要压力有：

第一，来自发达国家规范物流安全立法的压力。欧盟和美国已经加紧立法，对来自发展中国家制造的产品在生产制造环节中出现的劳工权益和环境问题做出了针对性预防，以便制造业可以更快回流欧美，促进国内就业。例如，美国加利福尼亚州就于 2012 年 1 月开始执行《2010 年加利福尼亚州物流透明化法案》（The 2010 California Transparency in Supply Chains Act），要求销售商对其进口的在生产过程中劳动者权益未达标的产品交付进行公众通报，以期望在公众压力下减少消费者对此类产品的购买。美国国土安全部部长纳波利塔诺于 2011 年也表示，对全球物流的威胁超越国界。而美国和欧盟也正加紧合作，希望在双方之间建立一条物流安全防线。虽然中国的制造业在不断升级，但是部分企业在追求利润的同时还不能自愿考虑安全因素，因此在制造过程中产生的诸多人权、环境安全问题无法在短时间之内满足发达国家需要。因而，这种压力必然迫使我国继续开放服务业，以促进经济长期稳定发展。

第二，来自上海人均 GDP 突破 1 万美元的压力。经过 30 多年的改革开放，上海的产业能级和国际化水平已经达到新的高度，人均 GDP 已突破 1 万美元，标志着上海已进入中等偏上收入城市行列，而上海土地资源日益稀缺，产业结构的优化和经济发展的转型已刻不容缓。上海地区的制造业在外商眼中并就基本没有优势，而自贸区面积有限，大规模发展制造业并无可能。同时，上海又是中国甚至是世界人才的重要聚集地之一，劳动力人口的平均教育程度和职业技能远超中国的其他大中型城市，从事金融、法律、会计、咨询、保险等服务行业的人口潜力大。并且，上海的人均收入高，而高端的服务性消费供给明显不足，外商在上海的服务与投资仍主要集中于商贸、餐饮等传统行业，对周边的辐射作用比较弱。因此，自贸区应该利用自身政策优势探索上海地区服务业开放的新思路。

第三，来自我国政府进一步将上海建立成世界性金融、航运中心的压力。上海若想赶超香港，进一步向着亚洲金融中心的身份迈进，自贸区内的金融必须充分开放，其中，开放的领域应包括资本项目的自由兑换、利率市场化等，才可能有国际竞争力。而在金融严格管制的条件下，想成为世界级金融中心无异于痴人说梦。与此同时，管制服务业，也难以探索新型服务性法制保障体系。长此以往，将上海建成世界级金融中心的战略宏图很有可能只是停留在口号上。

然而，目前这份自贸区的负面清单对服务业的开放是非常有限的，特别是在通信网络、文化产业方面，仍然禁止外商进入。而在金融服务方面虽然有相关条款，但国民待遇在金融领域的突破仍然很少，对大部分服务行业的开放仍然停留在 WTO 水平。这样的试验能否进一步促进上海地区的市场开放，以及新型服务保障法律体系的建立，结果未知。

3. 自贸区内的有限国民待遇不符合 TPP 等国际新型投资秩序的要求

2013 年 7 月，主持第五轮中美战略与经济对话的国务院副总理汪洋访美，中美加速签订双边贸易协定的可能性再一次高调进入人们视野。作为这次对话的一大成果，中美双方已经同意以"准入前国民待遇"和"负面清单"模式为基础，推动双边投资协定进入实质性谈判。因此，在自贸区外资准入立法细则出台之前，不少专家指出自贸区外资准入立法将是我国政府积极迎合中美双边贸易会谈、TPP 等国际新型单边、多边投资贸易秩序要求的重要步骤，并且有助于为中国企业提供开放的信心和后盾，令中国企业在更大规模的"走出去"过程中勇于承担甚至主导国际投资的新型秩序。然而，目前自贸区出台的负面清单的确令人失望，远远不能满足后 WTO 时代国际新型投资秩序对中国进一步开放市场的要求。

一方面，中美双边谈判之所以一直悬而未决，主要原因在于中美两国对市场开放的分歧过大。美国"高度自由化"的双边投资协定范本对"投资"做出了极宽泛的定义，并涵括了准入前国民待遇标准、负面清单、资金自由转移等投资的方方面面，而上文也说到，在中国以往签订的双边投资协议中，只承诺对准入后的外资给予国民待遇。虽然中美这两个全球最大经济体互相依存，密不可分，而中美两国的双边谈判也绝不应该以中国的单方妥协为基础，然而，从目前两国的实际需求来看，自贸区可以提供的负面清单样本不可能达到美国政府的期望，可能阻滞中美双边协定进入实质性谈判的步伐。退一步说，抛开中美双边谈判不谈，这样的本质分歧也极有可能在中国与其他国家探索有效双边投资协定的过程中凸显出来。例如，中国目前正与南非磋商自由贸易协定，而南非是一个已经与美国、欧盟等签订了高标准协议的国家。如果中国不能在短期内探索出可以被美国等发达国家认可的准入前国民待遇标准和负面清单，中国与其他国家展开的双边贸易会谈也可能会因此停步。

另一方面，不能忽视的是，美国也在加紧 TPP 甚至是 TTIP 的会谈，以期尽快建立一个以美国、欧盟等发达国家为主导的后 WTO 时代新型国际投资秩序。假设中国被 TPP 排除在外，但中国与 TPP 国家都在不同程度上存在着双边贸易关系，而 TPP 谈判意在制定高标准的 21 世纪贸易协定，这一协定远比过去亚洲国家之间的任何贸易协定都更加全面和具有法律约束力（Schott，2013），这对中国与泛太平洋国家的现存双边贸易伙伴关系的冲击将是巨大的。换句话说，如果中国目前不能利用自贸区的利好政策对外资准入进行更加积极、宽泛的尝试，今后中国在国际新型投资秩序下面临的压力可能远远超出我们的预期。

7.1.3　上海自贸区外资准入法改进方向和应对策略

以上，笔者从几个方面对目前上海自贸区外资立法进行了分析。值得肯定的是，自贸区立法者引入了世界先进的外资管理模式，然而，目前发布的负面清单还存在着范围过大、服务业开放不足、与新型国际投资体系匹配度不高等突出问题。笔者认为，由于自贸区是一个"试验区"，因此，立法者应该明确，自贸区的法律政策应该区别于区外。因为区内的试验，既是一个开放外资的试验，又应该是在扩大开放的同时增强法律保障建设的试验。因此，下文针对目前的自贸区准入立法提出一些改进建议，希望自贸区外资立法能够改善现存问题，为新一轮的经济改革开放积累经验。

1. 上海自贸区外资准入法规和负面清单应直接由国家立法

各国的外资准入立法是主导国际关系的基本元素之一，也是对各国经济开放程度和跨国经营行为影响深远的法律。在改革开放之后，我国的外资立法经历了至少 4 个重要阶段：1979～1982 年的起步期、1983～1989 年的快速增长期、1989～2000 年的控制转监管期，以及 2001 年加入 WTO 之后的逐步开放期（Gao，1997）。每一个阶段都有国家的政策法规引导着中国市场逐步向外资开放。而纵观世界各国的负面清单立法，也都是由国家一级政府进行实施的，如上文提到的菲律宾的负面清单就是以总统令的形式签署的，而印度尼西亚的负面清单是由国家投资协调委员会指定的。然而，中国目前并没有出台国家层面的针对海外直接投资的统一法律法规，所有的外资管理类法律都以部门法的形式出现。而针对自贸区，国务院出台的规定也只暂停了三资企业法在区内的施行，更具战略意义的负面清单则由上海市人民政府颁布，属于地方法规。由地方政府进行外资准入立法，虽然在进行小规模地区经济试验的时候并无不可，但对于探索出能推广到全国的经验，则其在法理上和政策上都缺乏合适的权力基础和依据。更进一步说，地方出台外资管理法规，会有非常多难以解决的利益制衡，影响其做出全面有效的探索。因此，若将自贸区的外资立法停留在一个地方政府法规的层面上，无论自贸区管理者希望做出多大的努力，都可能很难真正在开放外资上做出实质性的努力和尝试。笔者认为至少在外资准入立法和颁布负面清单方面，自贸区的立法都应该由国家统一做出。

2. 进一步根据自身需要和其他国家经验缩减负面清单

负面清单出台以来，虽然国务院发展研究中心相关专家进一步强调上海自贸区挂牌只是一个好的开始，负面清单刚刚满月，即将缩短，但上文也谈到，在实际操作上，修改外资负面清单并不是一件简单的事情，而对于缩减负面清单的具体方式，多数国家也没有现成经验可循，只能逐步探索。其次，立法者在缩减负面清单时可能会再次遇到地方性法规和国家法规之间冲突的问题。因此，在逐步根据自身需要缩减负面清单的问题上，立法者还应该尽快进行更深层次的研究，争取更早出台可行性高的方案。

3. 坚持一线放开、二线管住的指导思想，加强自贸区内反垄断、国家安全、知识产权保障等方面的立法

在自贸区内探索扩大开放的同时，建立一个更强有力的法制保障体系也格外重要。笔者认为，结合国际形势和中国经济发展，在外资立法上，传统的防御外资的思维应该逐步转变成合作共赢的思维方式。在削减负面清单的同时，应加强区内反垄断、国家安全、知识产权以及环境保护方面的立法。这包括：

针对外资主导的跨国并购，加强自贸区内反垄断和国家安全审查方面的立法。随着国家工商行政管理总局的《中华人民共和国反垄断法》的出台，对于外资主导的并购，特别是那些容易造成垄断或寡头经营的行业，要加强反垄断管理，杜绝在区内进行的妨碍货物自由流动的行为。在国家安全审查方面，可适当学习美国经验，在终结外资审批制的同时建立起良性的国家安全审查制度，加强部门联合协作、采取元首责任制、加入非正式沟通机制、强化人大监督、减少司法干预。

在自贸区内针对外资加强对外商知识产权方面的认定和保护。在知识产权方面，自贸区应当遵循《与贸易有关的知识产权（包括假冒商品贸易）协议（草案）》（TRIPS协议）的基本原则和最低要求，同时出台地方性法规，根据上海自贸区自身的发展需要，适时地给予外资在外国获得的知识产权更高层面上的认可和保护，同时建立自贸区知识产权部门，提高本地的知识产权执法能力。结合我国以往在保税区实体货物的商标、专利等方面的保护经验，在自贸区内，进一步探索研究如何将这样的保护推广到无形的知识产权产品当中。

在自贸区内出台特殊的环境法律法规，加强对环境破坏行为的监管。由于在自贸区内用提高环境税的方式监管外资并不现实，那么，适当地提高对区内环境污染的监督和处罚门槛就刻不容缓。一旦发现自贸区内出现相关环境违法行为，有关部门应立刻吊销其营业执照并处以巨额罚款，为进入自贸区的国内外企业创造良好的自然经营环境。

综上所述，针对自贸区内二线监管的法律可能更多地具有地方性法规的相关特征和更高的"试验性"性质。因此，在国家层面立法扩大外资准入的同时适当加强具有地方性投资贸易保障作用的立法，在自贸区法治试验中具有同等重要的积极意义。

4. 尝试在自贸区内引入更多元化和透明的投资争议解决方式

与国家经济主权弱化和国际经济组织影响力增强这一趋势相伴，多边规则的实施机制日益强化，法律规则正在逐渐成为解决国际经贸争端的一个主要手段，在自贸区内尤其如此。

外资在进入发展中国家的时候，普遍将东道国透明有效的争议解决方式作为考虑的重要因素之一，为研究国际投资法的学者所熟知。华盛顿条约体系下的国际投资争端解决中心（ICSID）的投资仲裁仍然是解决国际投资争端的主流机制。然而，我国在签订华盛顿条约时曾做出重要保留，只在外资进入后的征收和清算环节中给予 ICSID 仲裁庭管辖权，事实上，我国政府也只在 2011 年的 EkranBerhad vs. China 一案中成为被申诉人，而成功在 ICSID 仲裁庭向中国要求仲裁的并无先例。既然目前外资很难在 ICSID 解决与中国各级政府之间的纠纷，那么在自贸区的立法中就应该有的放矢地对这一问题进行弥补，减轻外资猜疑。例如，加纳在《自由贸易区法》中就直接提出禁止在区内采取国有化和征收，以国内法的形式向外资做出了担保和承诺（Ghana The Free Zone Act 1995, Section 31 (1)，Investment Guarantees）。

同时，自贸区内的特殊争议解决机制也亟待建立，尤其是成立地方性的法院或者引入 ADR 等争端解决机制。郑少华（2013）教授建议，上海可以利用自身较全国其他地区法律人才丰富的特点，在法官中积极选拔精通外语、法律基本功扎实的优秀法官，在适当的时候建立自贸区法庭或者上海浦东法院自贸区分院，解决在自贸区不断涌现的法律问题。尤其是面对执法机关的问题时，可以适当地利用行政庭解决境外投资者在开放过程中关于政府管理技能的某些问题，促进公正的实现。

7.1.4　结语

综上所述，自贸区管理者在改进外资管理模式上的确做了许多积极有益的尝试。与此同时，虽然区内外资准入立法引入了国际双边投资协定中流行的"国民待遇"、"负面清单"等法律原则，在具体实施过程中，仍然存在着控制领域过多、服务业开放层面太少、无配套法律和争端解决机制等问题，自由贸易区的负面清单还并不"自由"。笔者认为，作为自贸区法治先行的重头改革领域之一，自贸区的外资立法须在今后三年内不断完善自己，由国家机关统一进行立法，由地方政府在外资进入之后的法制保障领域大胆尝试，并同时建立透明良好的区内争议解决机制，才能尽快积累在全国范围内可以推广的外资开放和法制保障建设的经验。如今，中国的改革开放已经进入了深水区，进入了攻坚阶段，习近平总书记也再次在党的十三届三中全会上提出"改革就是要杀出一条血路来"的实际构想。现阶段，不管是在市场准入上，在经济体制改革上，还是在法律保障建设上，尚未解决的都是一些最困难、最复杂的问题，这个时候就更需要一些国家战略来刺激经济发展和制度的完善。而上海自贸区引入的负面清单管理模式，只有在充分开放的基础和平台上，才能进一步刺激整个国家的市场开放，甚至下一步的经济体制改革。我国的立法者在这一过程中可以也应当扮演更为积极和重要的角色。

7.2　上海自贸区发展离岸贸易的法律及政策保障①

离岸贸易是近二三十年来出现的一种新的国际贸易方式，其所具有的在全球范围内优化资源配置、最大限度降低交易成本的内在特质，决定了其具有极强的生命力。这种贸易方式的影响力已经在中国香港、新加坡等著名的国际贸易中心得到了突出体现。

在上海推动建立国际贸易中心的过程中，离岸贸易也成为受关注的内容之一。由上海市第十三届人民代表大会常务委员会通过、自 2013 年 1 月 1 日起施行的《上海市推进国际贸易中心建设条例》（以下简称《条例》）第 7 条明确规定："市人民政府及其有关部门应当采取措施，鼓励企业优化货物进出口贸易结构，促进加工贸易企业转型升级，增强上海口岸的集散作用，推动转口贸易和离岸贸易发展……"2013 年 9 月设立的上海自贸区则为离岸贸易的发展提供了前所未有的契机。《中国（上海）自由贸易试验区总体方案》（以下简称《总体方案》）明确规定："支持试验区内企业发展离岸业务。"发展离岸贸易，不仅有助于上海国际经济、金融、航运、贸易四个中心的建设，而且通过"先行先试"积累的经验也将为整个国家国际贸易水平的提高提供借鉴。

离岸贸易在上海的对外贸易中虽已有一定的实践，但主要是在保税区范围内，且由于政策条件的限制，远未得到充分的发展，也远未成为上海对外贸易的

---

① 本部分主要内容以"中国（上海）自由贸易试验区发展离岸贸易的法律及政策保障"为题，发表于《法学》2013 年第 12 期。

重要形式。由于自贸区高度开放的特征，它将为离岸贸易的发展提供最佳的平台。基于此，本节主要讨论在自贸区中发展离岸贸易的思路，特别是如何通过法律促进和保障离岸贸易的发展。

7.2.1　离岸贸易的特点和性质

1. 离岸贸易的特点

离岸贸易是指贸易商（或称贸易中间商）从海外组织货源并直接销售给海外进口商，即贸易商分别与出口商和进口商签订买卖合同，但经营的货物由出口商所在地直接付运到进口商所在地，而不经过贸易商所在地。因此，其基本特征是货物流与资金流、订单流的分离，贸易商所在地往往是资金流、订单流和货物流的控制管理中心。

离岸贸易具有三种业务模式：标准离岸交易方式、准离岸交易方式和区内交易方式。标准离岸交易指贸易商与出口商、进口商位于不同国家，即贸易商是在海外组织货源，并销售给海外客户。其中出口商和进口商可能处于不同国家，也可能处于同一国家。这均属于典型的离岸交易。学者们有时也就仅仅从这个方面来定义离岸贸易。由于极少有贸易商只从事标准的离岸交易，他们往往同时也从事境内出口商与境外的进口商之间的国际贸易，贸易商分别与境内出口商和境外进口商订立买卖合同，货物则由境内出口商所在地直接发运至境外进口商所在地。这种情形符合离岸贸易的一般特征，但又不属于典型的离岸贸易，因此有学者将之称为"准离岸交易方式"。区内交易方式则属于准离岸交易方式的一种延伸方式，即贸易商从海外进口货物后，在保税区或自贸区之类的区域内将货物转卖给其他公司（其他公司也可能将货物向境内公司再转卖），而货物则从海外出口商直接运交给最后受买的公司（黄新祥，2012）。

这三种交易方式均符合离岸贸易的上述基本特征，只是在三种交易方式中，贸易商、出口商和进口商所处的国别和位置不同而已。当然，如果贸易商、进口商和进口商同处一国境内，则不属于离岸贸易的范畴。

2. 离岸贸易的性质：货物贸易还是服务贸易

有学者认为，"离岸贸易作为一种新型的贸易方式，属于服务贸易的范畴"（彭羽和沈克华，2013），并以 2010 年之前的《香港服务贸易统计》报告为例证。该报告称，离岸贸易涵盖在香港经营业务的机构（不包括其在香港境外的有联系公司）所提供的"商贸服务"及"与离岸交易有关的商品服务"。据香港特别行政区政府统计处的解释，前者指"从境外卖家买入并直接卖给香港以外买家的货物买卖服务，有关货物并没有进出香港。"后者指贸易商以代理人或经纪人的身份"按香港以外买家/卖家要求，安排购买/销售货物的服务（包括寻找货源、市场推广、商讨合约及价格、搜集货物样本及足够的货量、装运、验货及安排订购事宜），所涉及的货物是由境外卖家透过在香港经营业务的机构安排售予另一境外买家，有关货物并没有进出香港"（香港特别行政区政府统计处《2007年香港服务贸易统计》报告）。

离岸贸易的性质牵涉到贸易统计的合理性和准确性。笔者认为，离岸贸易并不能简单地归并到服务贸易的范畴中。货物贸易与服务贸易的区别在于交易的对象不同，前者是买入或者卖出货物，后者是购买或者提供服务。以代理人身份代为其他公司买卖，从代理人的角度来说，其是提供服务以获取佣金，这当然可归入服务贸易的范畴。但是，这种情形并非真正意义上的离岸贸易。该报告中所界定的"商贸服务"才是真正的离岸贸易。就此而言，贸易中间商分别与出口商和进口商订立的均属买卖货物的合同，只是在具体交货的方式上做了简化，使得货物直接由出口商所在地发送进口商所在地而已。这种交货方式上的变化并不能影响货物买卖合同的性质。

在2013年2月发布的《2011年香港服务贸易统计》中上述分类方法已经发生了明显变化。离岸贸易（即统计报告中所说的"转手商贸活动"）被从服务输出统计中删除，而归入了货物贸易类别。按照该统计报告及香港特别行政区政府统计处的解释，"从服务输出中撤除'转手商贸活动'所赚取的毛利，这是根据采用新的标准（即所有权转移原则）记录外地加工货品和转手商贸活动"。"由于该交易的货品涉及实际的出售活动（即涉及所有权转移），新统计标准订明，有关经加工货品的销售价值应记录在货品贸易内。"

这是因为香港特别行政区政府统计处起初基于货物未进出香港而将离岸贸易归于服务贸易中，而最新的调整方才体现了货物贸易的本质。

7.2.2　上海发展离岸贸易的重要性和优势

1. 上海发展离岸贸易的意义

"因各国（地区）资源禀赋的差别和劳动力成本、税收、物流成本都不尽相同，在全球配置资源，通过物流管理实现比较利益最大化，是发展离岸贸易的原动力。"（刘昌荣，2011）因此，从企业经营的角度看，离岸贸易能够最大限度地降低交易成本，提高资源配置的效率，尤其是对于跨国公司及"走出去"的中国企业而言，离岸贸易可使其在全球范围内配置资源。从一国经济乃至世界经济发展的整体来看，个体企业交易成本的降低可以有效提高整体经济发展的效率。

对于城市（包括上海）而言，离岸贸易具有"全球（区域）贸易营运与控制功能，贸易核心资源的聚集功能，对离岸金融及高端金融服务产品的创新促进功能，高端服务业的带动引领功能"（孙玉敏，2013）。发展离岸贸易，对于上海四个中心的建设都具有重要意义。

首先，发展离岸贸易将推动上海国际贸易中心的跨越式发展，是上海由本国进出口贸易向全球贸易营运和控制中心转变的关键，具有重要的战略价值。目前上海基本上仍是传统意义上的口岸进出口中心，即属于货物流的进出中心，甚至有人戏称之为"搬运中心"，而其全球贸易运营功能尚未得到充分发挥，因此还不是真正意义上的国际贸易中心。离岸贸易的发展将使上海不仅从事货物的进出口，而且经营其他国家和地区之间的进出口业务，从而极大地提升其全球贸易运营功能。

其次，由于离岸贸易的发展需要良好、开放的金融环境，两者相互促进，因此，发展离岸贸易，"必然促进以离岸金融为核心的高端金融服务的发展，必将催生相关的金融创新，丰富金融市场产品和工具，拓展金融市场广度，为早日实现人民币国际计算货币的地位奠定坚实的基础，从而加快上海迈向国际金融中心的步伐"（汤世强，2010）。

再次，由于离岸贸易的展开需要良好的服务体系，因此，离岸贸易的发展将极大带动上海现代服务业的发展，诸如物流、融资、保险、法律服务、仲裁、管理咨询、电子商务、产品认证等服务业领域，必将在离岸贸易的带动下获得发展或提升。服务业的专业化、多元化、高端化也正是上海产业结构调整的重要内容，因此必然有助于其国际经济中心的建设。

最后，以准离岸交易方式和区内离岸交易方式进行的离岸贸易也将提高货物的境内与境外之间的贸易进出口量，从而促进国际航运中心的建设。

2. 上海发展离岸贸易的优势

上海发展离岸贸易具有以下若干优势：

（1）上海的地区总部经济发达。跨国公司在中国设立的地区总部，80％都位于上海。截至 2013 年 8 月底，外商累计在上海建立地区总部 432 家、投资性公司 277 家、研发中心 361 家（杨群，2013）。这为离岸贸易的发展提供了主体方面的条件。

（2）上海的港口、道路交通等基础设施和硬件设施优良，与其他国际贸易中心如香港、新加坡、纽约等相比差别不大。甚至有业界人士认为在这方面上海的条件不亚于其他国际贸易中心城市。

（3）上海是中国的经济文化中心，高端人才储备丰富。特别是近年来上海努力构筑人才高地，至少与国内很多地区相比，人才优势非常明显。

（4）经济腹地广阔。上海周边的华东、华中地区各省市不仅资源丰富，为经济发展水平较高的地区，近邻的长三角地区整体经济发展更是非常活跃，这为准离岸贸易的开展准备了良好的资源条件。这方面的优势也比香港和新加坡更为突出，因为贸易商往往并不单纯发展离岸贸易，而同时采用多种贸易方式发展业务，这样经济腹地广阔就成为重要的影响因素之一。

（5）社会环境的稳定性、政府服务的规范性、依法行政的水平都比较高，是上海软实力方面的重要体现，这些构成吸引跨国公司及中国"走出去"企业在上海设立贸易控制、结算中心的重要因素。

7.2.3　现行法律政策环境和服务环境对离岸贸易发展的制约

尽管上海具有以上方面的优势，可是现行法律政策环境和服务环境对离岸贸易的发展仍存在诸多制约，软肋主要在税收和贸易便利化方面，具体说明如下。

1. 税制方面的障碍

我国的地方税税权高度集中在中央政府，有关税收的管理权限也基本集中在中央，因此在中国各地方，税种、税率基本上是统一的。与其他国际贸易中心相比，中国大陆（自然包括上海）的税收水平明显偏高。

如在企业所得税方面，香港为16.5%，新加坡平均水平为17%，获得"全球贸易商计划"的企业还可享受低至10%～5%的企业所得税率。香港对离岸贸易则不征企业所得税。而中国大陆对居民企业不论在岸或离岸贸易都征收25%的所得税。在个人所得税方面，香港是四级超额累进制，最低为2%，最高为17%；新加坡最高为20%。而在中国大陆，薪金所得税制是九级超额累进制，最低为5%，最高达到45%。从这方面看，上海居于明显劣势。

《总体方案》虽然在税收方面也规定了某些优惠，但都是极为有限的情形，并未在企业所得税和个人所得税税率方面做出调整。虽然上海自贸区建立过程中的一个基本理念是着重于制度创新而不依赖税收方面的政策洼地，但对于离岸贸易这样的特殊情形，须做特别考虑。从离岸贸易的本质上来说，它首先是贸易商（特别是跨国公司）为降低交易成本的现实选择。如果上海不提供良好条件吸引贸易商在上海展开离岸贸易，离岸贸易业务则会流向香港、新加坡等其他国家和地区，导致上海不仅在离岸贸易上不能获得税收，而且影响到离岸贸易其他功能的发挥。况且，倘若是仅对于离岸贸易降低税收，这本身也可以成为可复制、可推广的经验之一。《总体方案》实际上也并未完全排除对于离岸贸易作出特殊安排的可能性。

2. 外汇管理导致的外汇结算问题

长期以来，我国外汇管理法规规定以贸易商的货物流与资金流、订单流保持一致为基础进行外汇收付。因此，收汇和付汇往往要求提供报关单和核销单。根据中国外汇管理局现行《结汇、售汇及付汇管理规定》第6条，应当结汇的外汇包括"出口或者先支后收转口货物及其他交易行为收入的外汇。其中用跟单信用证/保函和跟单托收方式结算的贸易出口外汇可以凭有效商业单据结汇，用汇款方式结算的贸易出口外汇持出口收汇核销单结汇"。按照《结汇、售汇及付汇管理规定》第13条，对于进口用汇，核销时必须凭正本进口货物报关单办理。

根据离岸贸易的特征，货物流与资金流分离，无法提供相应的报关单及外汇核销单，这意味着从事离岸贸易企业的外汇收入不能结汇，使得离岸贸易事实上无法开展。其次，根据《境内机构经常项目外汇账户管理实施细则》，对经常项目外汇账户的开立进行了规定，而对有关离岸贸易账户的开立尚没有规定，实际上限制了离岸贸易相关账户的开立，限制了离岸贸易的开展（黄新祥，2012）。

2007年《保税监管区域外汇管理办法》的实施虽未明确规定离岸贸易，但在外高桥保税区从事离岸贸易的企业按照此办法运作，一定程度上满足了贸易商的结算要求，但在具体执行时流程复杂，例如，需要提供涉及贸易全流程的各种商业单据，严格监管造成企业运行成本上升。

2010年10月，国家外汇管理局批准外高桥保税区进行国际贸易结算中心试点，允许试点企业设立离岸贸易结算专户，对离岸贸易业务外汇收支封闭运行，专款专用。可是仍然不是很便利，如"每单业务外汇必须实行先收后支、收大于支，收支须是相同币种"，都构成了对外汇使用的限制（刘昌荣，2011）。另外，离岸贸易专用账户缺乏融资和理财功能，占用了企业流动资金，降低了资金运作效率，增加了企业运行成本（彭羽等，2012）。

2013年6月1日开始施行的《海关特殊监管区域外汇管理办法》第6条规定："区内机构采取货物流与资金流不对应的交易方式时，外汇收支应当具有真实、合法的交易基础。银行应当按规定对交易单证的真实性及其与外汇收支的一致性进行合理审查。"《海关特殊监管区域外汇管理办法》的进步之处在于明文规定了离岸贸易的情形，但对其他提交的单证及银行的具体审查方式缺乏明确规定。

相比之下，在中国香港、新加坡等国家和地区，外汇可以自由进出，因而不需要对离岸贸易的结算制定特别的政策，从而凸显了上海在这方面的差距。

3. 其他贸易便利化方面的障碍

（1）配套服务体系尚且不够完善。如前所述，离岸贸易的发展需要完善的现代服务体系。即便上海的服务业在国内处于很高的水平，但仍然存在不足之处。比如，离岸贸易需要离岸金融的支持，可是上海的离岸金融尚不发达。虽然国家外汇管理局通过1998年生效的《离岸银行业务管理办法》及其实施细则已经开始离岸银行义务的试点，但迄今只有深圳发展银行、招商银行、浦发银行、交通银行、宁波国际银行、厦门国际银行等数量有限的银行可以从事离岸银行业务。这也在一定程度上制约了上海离岸贸易的发展。又如，中东地区国家要求转运的货物重新签发认证，这就需要有第三方认证机构提供服务。目前，在中国大陆关境之内，企业可以找中国国际贸易促进委员会（以下简称"贸促会"）来办理，但保税区位于关外，企业要获得贸促会的认证很不方便。相比之下，香港有 6 家政府推荐机构，包括工业总商会、中华总商会等，帮助企业完成认证。再如，原产地证书的签发。关境之内的普通货物贸易一般由贸促会签发原产地证书，但是离岸贸易货物不是从中国出口，贸促会由此不能签发证书。所以，这种情况下通常在香港签发（曹炜，2013）。

（2）转运贸易环节作不必要的商检。贸易转运本来不属于离岸贸易的典型特征，但也不排除在有些情况下货物在由出口商发运进口商的过程中需要转口。若是经上海转运，法定商检的产品在综合保税区中转时，货物可能只是在港口卸下来转船后又离境，即实际上不进入境内，但根据海关监管的现有规定，这些集装箱在上海港仍必须经过海关、商检等多道检查手续。事实上这种产品跟中国没有任何关系，对中国也不会产生什么影响。企业被迫办理进境备案清单和出境备案清单，耗时耗资，中转效率低下，有些企业被迫将很多中转业务放到香港和新加坡（刘昌荣，2011；曹炜，2013）。

以上这些方面的问题和障碍，导致不少跨国公司的地区总部虽然实际在上海保税区内操作离岸贸易，甚至于订单中心、投资中心设在上海，但贸易中心和结算中心却放在香港或者新加坡。这样，贸易量和税收等也就被归于注册在国外的公司。这也造成了这些在上海的地区总部并未真正发挥地区总部的作用。

7.2.4　上海自贸区发展离岸贸易的法律和政策保障：若干思路

贸易结算中心具有"轻资产"的特征，从理论上说，只要基础设施条件和服务环境良好，它可以设在全球任何城市。如前所述，上海发展离岸贸易具有一定优势，有些条件比其他国际贸易中心城市更为优越。只要克服现存的一些障碍，不断优化政策和服务环境，完全有可能有效吸引国内外企业在上海自贸区从事离岸贸易。虽然在本章有限的篇幅内，很难对上海与其他国际贸易中心发展离岸贸易的优势和劣势做一个全面、具体的比较，但克服税收和贸易便利化这两个方面的突出障碍，无疑将有利于上海积累发展离岸贸易的优势，对于吸引跨国公司及我国"走出去"企业在自贸区开展离岸贸易、设立结算中心就显得非常重要。具体来说，可以考虑在以下方面提供法律和政策上的保障。

1. 建立与自由贸易试验区相适应的外汇管理体制

《总体方案》规定："在风险可控前提下，可在试验区内对人民币资本项目可兑换、金融市场利率市场化、人民币跨境使用等方面创造条件进行先行先试。在试验区内实现金融机构资产方价格实行市场化定价。探索面向国际的外汇管理改革试点，建立与自由贸易试验区相适应的外汇管理体制，全面实现贸易投资便利化。"这一规定意味着，虽然目前尚未具体措施出台，但已经为外汇管理体制的改革指明了方向。在具体的制度设计上，可以考虑以下做法。

（1）不断扩大可设立离岸贸易专用账户的企业范围。现有的设立银行专用账户的方式进行离岸贸易结算，基本可以解决早期出现的收汇难的问题。未来应不断降低试点企业注册资本的准入门槛，扩大适用范围，让更多企业包括中小型企业也可以参与进去。另外，从提高企业资金运作效率、降低运营成本的角度看，应逐步赋予试点企业离岸贸易专用账户的融资和理财功能（彭羽等，2012）。

（2）在对离岸贸易的监管方面，可以借鉴新加坡的经验，建立认证制度，包括离岸贸易公司的认定、离岸贸易种类的认定、离岸贸易收入的认定、离岸贸易金额的认定等。建议由上海商务委员会作为认证主体来甄别离岸贸易，作为结汇的基础。根据离岸公司提供的合乎贸易惯例的凭证，对离岸贸易的真实性予以核查。可查验交易合同和支付凭证等项目，以确认贸易合规性（贸易过程和货物交付均发生在离岸法域之外）；记录贸易概况，如实际贸易商品、数量和金额等。根据上海商务委员会对离岸贸易的登记文件以及贸易的收入金额予以结汇（汤世强，2010）。其中不应再要求企业提供报关单和核销单之类的单据，因为从事离岸贸易的企业根本无法提供这样的单据。

（3）在离岸账户内，凡是转口贸易、发生在境外的服务贸易以及发生在境外出资、分红、利息用汇等，资金自由进出，不需任何用汇申请和核销，但执行事后备案和第三方审计制度；在岸账户则仍然执行国家和上海市的相关规定（袁欣，2011）。

虽然即便采取了以上措施，仍然不能达到香港和新加坡那样外汇自由进出的程度，但基本上可以满足自贸区企业发展离岸贸易过程中收付汇方面的要求，至少不会对企业从事离岸贸易造成明显的障碍。

2. 适当调整现行税制，对离岸贸易提供一定的税收优惠

要吸引跨国公司在上海设立地区总部或离岸贸易公司并开展离岸贸易业务，税收优惠是一个重要手段。这也是世界各国所采取的通行政策。如前所述，目前上海在离岸贸易企业所得税和个人所得税方面与中国香港、新加坡等地相比，具有明显劣势。因此，应对企业所得税和营业税遵循增量不征税或低税的政策，即凡是没有发生在中国境内的交易不征税或低税，至少要明显缩小与中国香港、新加坡及其他国际贸易中心在税收方面的差距。这对我国现有税基和税率的平衡也不会造成破坏（袁欣，2011）。当然，具体的方式和程度可以进一步研究，例如，公司所得税、印花税、营业税、利息税、资本利得税和股息预扣税，及各种准备金的缴纳等方面都可以考虑给予优惠。对于跨国公司从事离岸贸易结算的高管的个人所得税，可以参照陆家嘴金融区对于金融类高管的个人所得税补贴政策。

在这一点上前海的经验也可借鉴。2012 年 6 月，国务院下发《关于支持深圳前海深港现代服务业合作区开发开放有关政策的批复》，其中主要涉及两项税收政策，其中之一就是在制定产业准入目录及优惠目录的基础上，对前海符合条件的企业减按 15％的税率征收企业所得税。因此，类似的优惠政策也可以考虑在上海自贸区适用。

3. 建设离岸金融市场，为离岸贸易提供良好的金融服务条件

离岸银行的特点是吸收非居民的存款，并为非居民提供金融服务。它是离岸金融的高端形式。在开展离岸贸易的过程中，非居民企业（如离岸贸易中的进口商）就可能需要融资服务。多样化的金融服务必然会为离岸贸易的开展提供良好的金融服务。我国离岸金融服务刚刚起步，还停留在较低水平上。未来可以进一步在规定一定条件的基础上扩大可提供离岸金融服务的银行的范围，特别是我国各大国有商业银行，也可以逐渐扩展离岸金融服务。可借鉴伦敦、香港、新加坡和纽约的经验，发展"离岸金融交易市场"。这不仅将直接支持离岸贸易的发展，而且将极大地促进上海金融服务的专业化、高端化和国际化。

4. 其他方面的促进措施

（1）积极培育相关的服务机构，建立完善的服务体系。成熟的配套服务对于离岸贸易的开展是不可或缺的。政府应积极培育物流、融资、保险、法律服务、仲裁、管理咨询、电子商务、产品认证等服务业领域的企业，建立完善的服务体系。例如，前述中东国家要求的再次认证问题，原产地证书的签发问题，可以考虑由贸促会在上海自贸区内开设分会或派出机构，或者另行设立专门机构以满足这些方面的要求。又如，开展离岸贸易的重要前提是对信息的掌握，可以促进培植提供商务信息的专门机构，以向跨国公司提供有关的贸易信息。在服务机构的培植方面，政府要尽量给予相关的鼓励和便利。

（2）上海可以借鉴新加坡和香港的做法，发挥政府对离岸贸易的服务功能。通过设立促进离岸贸易的专门机构，并在世界各地设立分支机构，促进离岸贸易公司设立和营运的便利化。上海市商委或之下设立的机构可以承担这样的职责。

（3）在自贸区，对于那些仅属转口、不进入我国关境的商品，可以规定无须经过海关、商检环节。这不仅可降低企业运营成本，也可以提高政府的工作效率。

7.3　上海自贸区金融改革对宏观审慎监管的挑战[①]

人民币跨境使用、人民币资本项目可兑换、利率市场化和外汇管理改革试点，是《总体方案》中金融领域的四点核心任务。中国人民银行[②]、中国银监会[③]、中国证监会、中国保监会[④]分别发布了相应的支持措施，以支持上海自贸区的金融改革。

这些改革任务的目标是人民币国际化。2008 年的次贷危机，严重冲击了以美元为主导的国际货币体系。在此背景下中国加快了人民币国际化的步伐。基于国际货币的三大功能——交易媒介、计价尺度与储存手段，中国政府首先从跨境贸易的计价与结算开始，目前正在推动跨境直接投资，等最终条件成熟时再推动人民币成为国际储备货币。[⑤]

在改革的顺序上，有学者认为在完成利率市场化和汇率形成机制改革前开放资本账户，就会遭受外部冲击，形成巨大风险，所以利率、汇率改革和资本账户开放要遵循"先内后外"的改革次序；但也有学者认为，资本账户开放与所谓的"前提条件"并不是简单的先后关系，而是循序渐进、协调推进的关系。利率、汇率改革和资本账户开放的所谓次序，并非必需（中国人民银行调查统计司课题组，2012）。无论是"次序论"还是"协调论"，都有一个共识，即需要基础的法律制度作为稳步推进的支撑，否则在金融改革过程可能产生的系统性风险[⑥]将会给经济乃至社会带来巨大的损失。因此，加快确立、明晰我国金融宏观审慎监管机构的地位和职责，对于支持和保障整体性的金融改革，无疑是非常重要的。

---

①　本部分主要内容以"上海自贸区金融改革对宏观审慎监管的挑战"为题，发表于《东方法学》2014 年第 1 期。

②　2013 年 12 月 2 日，央行发布《中国人民银行关于金融支持中国（上海）自由贸易试验区建设的意见》。其中，贸易便利化、人民币跨境结算、外汇管理这三者是重头戏，个人资本项下开放步伐较大。

③　中国银监会于 2013 年 9 月 29 日发布《中国银监会关于中国（上海）自由贸易试验区银行业监管有关问题的通知》，支持中资银行入区发展、支持区内设立非银行金融公司、支持外资银行入区经营、支持民间资本进入区内银行业、鼓励开展跨境投融资服务、支持区内开展离岸业务、简化准入方式、完善监管服务体系。

④　中国证监会、中国保监会也于 29 日分别公布了支持促进中国（上海）自由贸易试验区若干政策措施。

⑤　为了推动人民币在国际经济交往中的应用，2008 年 7 月 10 日，国务院批准中国人民银行设立汇率司，其职能包括"根据人民币国际化的进程发展人民币离岸市场"。这是公开的官方文件首次提及人民币国际化，正式拉开了推动人民币国际化的政策帷幕。

⑥　所谓系统性风险，根据美国经济学家 Henry Kaufman 的观点，是指一个事件引起系统中一系列连续损失的可能性。其显著的特征在于极大的外部性，所以一家系统性重要银行的破产所带来的社会成本会远远大于该金融机构本身的损失。

7.3.1　几个关键概念的厘清

对于自贸区金融改革中的几个关键词，人民币跨境使用、人民币资本项目可兑换、利率市场化、汇率市场化、人民币回流，我们应首先弄清楚其具体涵义、相互之间的逻辑关系，以及实现路径，在此基础上才能够辨识、分析其中可能产生的系统性风险。

我们可依图 7-1 的路径来进行分析。

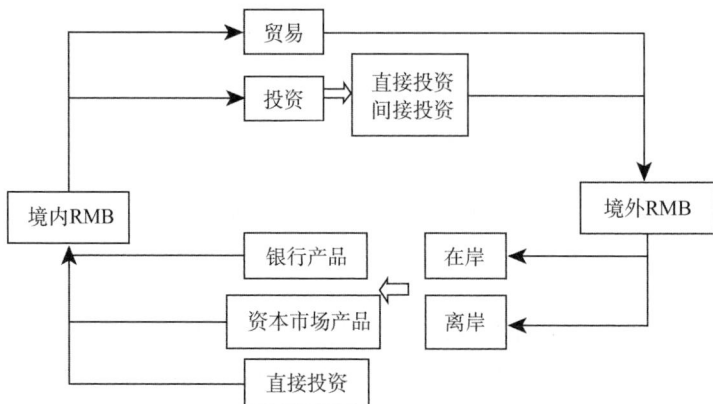

图 7-1　人民币跨境使用路径图

人民币的跨境使用，是指或者通过贸易或者通过投资①（直接投资和间接投资）的手段可以在境外使用人民币。如图 7-1 所示，在国际贸易中，进出口双方在合同中接受以人民币作为计价和结算货币。国外出口商将收到人民币货款，国外进口商则以人民币进行支付。人民币跨境使用原因首先在于我国想改变外汇储备美元化的风险，即储备增长，但美元在贬值。其次是我国贸易商对用本币结算具有较强的现实需求，因为用人民币进行计价和结算就可以规避汇率波动的风险，同时还可以较低资金流转的成本。②

但是境外主体为什么要接受人民币呢？对境外主体而言，人民币属于外币，有汇率风险，属于选择使用的范畴。人民币可以通过贸易和投资流出去，但境外

---

①　2011 年 1 月，中国人民银行发布《境外直接投资人民币结算试点管理办法》，人民币计价进行海外直接投资正式启动。与以往人民币主要依靠跨境贸易、个人旅游等贸易渠道"走出去"相比，这一规定又增加了一个资本项下的流出渠道。

②　长期以来，我国对外贸易大都采用主要的国际货币进行结算。两国的银行必须通过第三方商业银行才能实现货款的最终清算。一笔贸易款项可能涉及进（出）方、进（出）口开户行、进（出）口方的外币清算行等多家机构的多个环节才能完成。过多的环节使资金流转速度、到账速度放慢，且每个环节都需承担一定的费用，大大增加了企业的经营成本。

主体是否愿意持有则要取决于：作为交易货币使用中是否顺畅；交易和结算时是否便利；作为资产货币持有时是否安全并带来收益等（施瑡娅，2011）。作为外币自然会产生汇率风险，这就需要我国的金融机构和外汇市场提供汇率风险的对冲产品以及人民币融资渠道；境外主体通过合法渠道获得人民币后是持有还是卖掉就取决于在其各种货币资产收益之间的比较。所以上述所分析就涉及另外一个关键问题，即人民币的回流，也就是图 7-1 的下半部分。

　　满足境外人民币交易和投资的需求也可以通过贸易、直接投资、间接投资的途径来实现，即在银行市场、资本市场开发出相应的、有竞争力的资产产品供对方选择，境外主体才会自愿选择使用人民币。因此我国的法律是否许可境外主体将人民币存款转换为其他资产就非常关键。[①]境外居民用人民币进行直接投资意味着增加了一个人民币回流的渠道[②]；境外主体投资于人民币证券市场意味着我国证券市场的对外开放[③]；国内金融机构提供给境外主体的人民币融资及风险对冲管理意味着我国货币市场的对外开放。这些开放是伴随着我国人民币走出去服务实体经济的进程而自然形成的，它不一定涉及货币的可兑换问题（施瑡娅，2011）。在这个过程中人民币在银行市场和资本市场的供给和需求都将以市场的因素来定，这就是一个自然而然的利率市场化的过程。至此，我们可以明白人民币跨境使用并不等于人民币可自由兑换。

　　但是，图 7-1 只是以人民币为例来说明的一国货币跨境使用的情况，而实际情况是境内主体所持有的货币资产并不仅仅是人民币，还有美元、欧元等外汇；在国际金融市场上交易流通的货币也更多是这些完全可自由兑换的国际化货币。如前所述，境内外主体都会面临一个持有、选择何种货币的问题。这种选择权是至关重要的，因为其深刻地反映了境内外主体对各国宏观经济、实体经济、资本市场和金融产品的综合判断。当进行国际贸易时，允许人民币自由兑换成其他货币，这就是经常账户下的自由兑换；当进行银行融资、直接投资和间接投资[④]时允许兑换，这就是资本项下的自由兑换。

　　如果本币在资本项目下可自由兑换，意味着国内金融市场与国际金融市场将

---

　　①　一般来讲，只有存款而没有其他资产支持的货币是无法支撑其参与国际货币竞争的。正因如此，我国在 2010 年 8 月向境外三类机构开放了银行间债券市场，允许其将持有的人民币存款转换成人民币债券。

　　②　2011 年 10 月，商务部发布《关于跨境人民币直接投资有关问题的通知》，允许境外投资者用合法获得的境外人民币依法开展直接投资活动，并规定跨境人民币直投在中国境内不得直接或间接用于投资有价证券和金融衍生品以及用于委托贷款。

　　③　2013 年 3 月 6 日，中国证监会向社会公布《人民币合格境外机构投资者境内证券投资试点办法》，标志着 RQFII 的产生。

　　④　如 QDII（qualified domestic institutional investors，合格境内机构投资者制度），是允许在资本账户未完全开放的情况下，允许内地居民用外汇投资境外资本市场。

紧密连接在一起，居民和非居民、金融机构对于资金的供给和需求的选择将取决于对不同货币的比较。由此货币的价格即利率和汇率将由一个开放的市场所决定，形成真正的也更有风险的价格决定机制。因此，第一，资本项目可自由兑换给投资者提供了不同币种的选择，便利了直接投资、间接投资和银行融资；第二，利率和汇率将由国际、国内金融市场的各种因素所决定，资金价格的确定更为均衡，但市场波动将不可避免；第三，对于我国金融机构而言，风险将显著加大。

通过上述分析我们可以看出，仅仅是人民币跨境使用并不必然需要资本项目可自由兑换，能够用本币跨境进行贸易、融资、资本项目的交易也在一定程度满足了主体的需求，但多种货币的并存自然产生了交易主体在资本项目下进行兑换、选择货币的意愿。而在此基础上本币的利率和汇率的决定机制就必然走上了一条充满风险但最大程度市场化的进程。

7.3.2 尽快确立我国的宏观审慎监管机构

人民币跨境使用、人民币可自由兑换意味着逐步开放整个金融防线，可能会带来国际资本对国内金融市场的冲击，通过国际借贷、国际证券投资以及外汇市场很快地传导到国内。利率、汇率市场化意味着金融机构的经营基础和环境将会发生重大改变。即使国内金融市场具备相应的广度和深度，金融体系比较健全，金融机构比较成熟，对外部竞争和冲击反应灵敏，如美国，也不能消除金融危机发生的可能。金融市场本身就伴随着风险，不能因风险的存在就放弃金融市场的改革和发展；但目前在自贸区金融改革的背景下，更重要的是前瞻性地考虑到其可能产生的系统性风险，尽早确立并不断完善我国的金融宏观审慎监管架构。

1. 金融改革可能产生的系统性风险

从前述对几个关键概念逻辑关系的分析中，我们不难看出，人民币跨境使用是否顺利，很大程度上取决于回流，因此银行和资本市场能否提供满足境外资金回流的金融产品便成了关键。当法律开始鼓励境内金融机构向境外主体提供各种金融产品时，便会引发激烈的金融创新和竞争。

如前所述，利率市场化，就是指长短期资金在金融市场上的价格即利率水平由市场供求决定，具体而言，在人民币跨境使用的背景下，是指居民、非居民的供给和需求共同决定了人民币的价格。利率市场化的目标直接指向资金的优化配置，对于我国企业发展、经济结构调整、银行变革和整个金融市场的发展，都会起到促进作用。

但对于银行来说，将无法继续享受垄断价格的政策红利，当所有的银行都必须面对市场竞争时，其结果必然是存贷款利差的缩小，银行的利润空间将迅速收窄。① 另外，利率市场化后资本市场同银行的竞争会更加公平，资本市场的产品定价也更为合理，传统银行客户的筹资方式会在间接融资和直接融资中进行理性的选择，从而会导致银行业务从价格和数量上均受到影响；当资本管制解除之后，随着外国资本的大规模流入，银行体系的可贷资金的变化也将更加难以把握。因此，银行依靠传统的存贷利差业务的利润模式就面临极大的挑战。

既然主营业务受到影响，自然导致银行增加表外业务，进行金融创新，逐步朝综合经营方向发展，尽管表外业务拓宽了银行的经营，增加了银行的收入，但同时也带来更大的经营风险、更高的内控和监管要求（朱敏，2013）。事实上当下金融业已经存在着潜在的巨大系统性风险隐患。庞大的理财产品市场通过信托绝大部分仍流入房地产行业；银行、券商和保险公司的资产管理公司及基金公司的专业子公司所设计、发行的大部分非标准化产品也流向房地产行业。如果资金链条在某一环节断裂，金融危机将很难避免。这是在利率、汇率都未市场化的背景下，银行业尚存在着垄断资金价格优势的情况下，局面尚且如此，对金融业系统性风险的影响前所未有。

2. 次贷危机后国际金融市场对系统性风险的应对

次贷危机会蔓延至国际金融市场，表明传统的微观审慎监管在应对严重系统性风险时存在不足。微观审慎监管强调对单个金融主体安全和稳健的关注，但由于国际金融市场一体化的趋势，金融各主体内在关联性大大加强，金融风险的传染和传播更加迅速且难以监控，传统的监管就不能充分保证整个金融系统的稳定。因此，国际金融组织和各国的改革都重点关注了系统性风险的监管问题。2009 年 4 月 2 日结束的 G20 峰会宣布成立金融稳定理事会（FSB）作为全球金融稳定的宏观审慎监管②国际组织。强化对系统性风险的预防和管理，加强宏观审慎性监管，已成为国际金融监管改革的重要趋势。G20 责成 FSB 会同 IMF、国际清算银行（BIS）以及巴塞尔银行监管委员会（BCBS）等国际标准制定机构，从加强银行资本和流动性标准、加强信用评级机构监管、强化对系统性重要金融机构（SIFIs）③ 的监管等方面提出了一系列改革措施，并在遏制危机的全球蔓延

---

①　据中国银监会测算，完全实现利率市场化后，银行的利差可能会下降 60～80 个基点，银行的盈利能力面临巨大挑战。

②　强调宏观审慎的监管理念认为，仅凭微观层面的努力难以实现金融体系的整体稳定，监管当局需要从经济活动、金融市场以及金融机构行为之间相互关联的角度，从整体上评估金融风险，并在此基础上健全金融体系的制度设计并作出相应的政策反应。

③　http://www.financialstabilityboard.org/index.htm. FSB 已经制定了包括降低金融机构倒闭概率和影响、提高处置问题金融机构能力、减少关联性和风险传染等措施在内的政策框架。

和恢复全球金融市场稳定方面收到了一定的成效。国际金融监管改革特别突出了中央银行在宏观审慎监管中的地位（陈志毅，2011）。

中央银行被称为"银行的银行"，因为当商业银行出现流动性危机时，央行事实上承担了为银行体系提供"保险"的职责，也即承担了维护金融体系稳定的责任。危机发生后，美国通过《多德弗兰克》法案赋予了美联储更为广泛全面的审慎监管权限[①]，欧盟授权欧洲中央银行总体负责并决定 ESRB[②] 的宏观审慎监管职责，英国则重新授权英格兰银行对宏微观审慎监管[③]统一负责。各国在具体制度安排上当然是有所不同的，但其思路有共同性：首先，将中央银行纳入金融宏观审慎监管框架，并在其中发挥主导作用；其次，宏观审慎分析中微观监管信息共享至关重要，因此需要建立正式的机制和组织安排来强化央行和各监管机构之间的协调和合作，以建立或完善良性的沟通和协调机制，从而形成对系统性风险的科学分析、监测和评估制度。

3. 明确我国央行在宏观审慎监管架构中的定位

作为 FSB 的成员国，我国也应为国际金融体系的稳定承担应有的责任和义务。我国已经在宏观审慎监管方面做出了一些有益的探索，如中央银行和中国银监会、中国证监会、中国保监会已经基本上建立了"一行三会"的信息共享和政策协调机制。中国银监会还于 2007 年 12 月发布了《商业银行压力测试指引》报告，并在部分银行中进行了压力测试。但在金融改革的背景下，如何应对人民币国际化可能带来的系统性风险，我国还应进一步建立和完善宏观审慎监管框架，使金融改革在合理的控制之下，防范风险于未然。

宏观审慎监管必须要有清晰的职能机构、明确的目标定位及相应的监管手段。中央银行承担了维护金融稳定、制定和实施货币政策、最后贷款人等职能，而且中央银行拥有作为现代金融系统的核心的支付清算系统，有着大量的可以用于宏观审慎监管分析的金融资源，这些优势条件使其能够及时探测并分析金融市

---

① 美国成立了包含主要金融监管机构成员在内的"金融稳定监督委员会"（FSOC），专职负责美国金融体系宏观审慎监管，同时对金融机构和大型关联性强的金融控股公司将分别设立更严格的资本金和风险拨备标准。与此同时，美国还采取了授权美联储负责系统性金融风险的具体监管、实施"沃尔克规则"、限制商业银行运用自有资金开展自营交易业务、扩充联邦存款保险公司（FDIC）的监管权和赋予其清算职责等一系列维护金融稳定的监管措施。

② http：//www.esrb.europa.eu/home/html/index.en.html。欧盟建立的泛欧金融监管框架已经成为超主权范围内宏观审慎监管的重要典范。欧盟宣布成立了欧盟系统风险委员会（ESRB），加强欧洲央行与各国监管机构之间的关系，识别、监控和预警整个金融体系内的系统风险。

③ http：//www.bankofengland.co.uk/pra/Pages/default.aspx。危机发生后英国根本性地改革了英国的金融监管体制，其核心是赋予中央银行-英格兰银行集中的宏微观审慎监管权：在英格兰银行董事会设立金融政策委员会（FPC），专司宏观审慎管理；在英格兰银行下设审慎管理部，原有金融服务局（FSA）同时废止。

场潜在的系统性风险，并采取相应的措施，从而在宏观审慎监管中发挥核心作用（周胜强等，2012）。

然而目前我国对系统性风险的防范还停留在"保持金融稳定"的层面。2003年修订后的《中国人民银行法》将人民银行的基本职责确定为"在国务院领导下，制定和执行货币政策，防范和化解金融风险，维护金融稳定"，但对人民银行维护金融稳定的职责权限、工具方法没有明确规定。不论是"三会"建立前后，还是国际金融危机发生前后，对人民银行在宏观审慎监管框架中的地位和职权、如何通过有效手段来实施宏观审慎监管、建立一套怎样的机制对系统重要性金融机构实施差别化监管等重大问题均没有任何法律支持（陈志毅，2011）。在实践中，人民银行内设有"金融稳定处"，其职责包括"综合分析和评估系统性金融风险，提出防范和化解系统性金融风险的政策建议"，但只是"分析、评估、提出建议"，无法得出央行是否对宏观审慎监管负主要责任的结论。即使现在已建立"一行三会"部际联席会议制度，但今年连续发生的两次严重"钱荒"事实上已经对我国宏观审慎监管的缺失发出了明确的警示信号。

2013年6月的"钱荒"成为国内外媒体关注的焦点。[①]当时针对市场上由于商业银行大量通过理财产品进行资金错配造成的货币总量巨大问题，央行使用市场工具进行"存量调节"，其实是在进行紧缩流动性的货币政策操作，但结果出乎预料，瞬间引起银行间拆借利率的飙升，隔夜拆借的资金年化利率突破30%，一个月资金拆借利率超过10%，债券市场的回购利率达26%。与此同时，6月上证综指跌幅达20%。12月类似情况再次发生。央行只坚持从紧的货币政策，看不到其对金融机构、货币市场、债券市场产生的巨大破坏力[②]，实际上并非真的看不到，而是法律并没有赋予其明确的宏观审慎监管的地位、职能、目标和具体方法。

央行在推行今年从紧的货币政策时，本意可能是希望倒逼银行提高表内存贷业务的资金使用效率，提高利润率，降低表外业务的比例，但它忽视了当所有银行都在从事资金错配业务时，一定是因为监管本身出了问题，严格的存贷比、优质贷款资源的稀少以及前期扩张性政策带来的不良贷款，均导致银行一致大力拓展表外业务，通过理财产品设计将资金投向收益率最高的房地产行业。而广大的实体经济却在这所谓的"流动性过剩"中长期"缺钱"，不断攀升的利率使得企

---

① 长期以来，在我国金融管制体制下，为了保证经济快速增长，央行每年都要大量发行货币，以 M2 为代表的货币量急剧膨胀。当 CPI 上升过快时，央行就会进行宏观调控，实行货币紧缩，继而导致经济放缓；一旦经济放缓央行又会放松银根，形成了一个"无出路"的循环。从目前实际情况来看，一方面货币量急剧增加，另一方面实体经济资金短缺，出现了一个用经济学常识无法解释的现象，即货币总量非常大，但实际利率畸高，实体经济使用资金的成本高昂。

② 由于银行间利率市场的持续上扬，企业债券市场利率也持续攀升，价格连续暴跌，企业在债券市场融资成本畸高，导致已无法在该市场筹资。不少金融机构的债券团队甚至解散，转而从事非标准化业务，如平安集团。

业无法承受畸高的融资成本，实体经济的发展被严重压制。这已经成为令国内外金融市场瞩目的一个怪象：实体经济无法筹资，而央行仍一直坚持从紧货币政策，商业银行筹资成本上升，更加投向收益率高的泡沫产业，导致实体经济的筹资成本进一步攀升。

如果法律赋予央行明确的宏观审慎监管地位，其职责除了货币政策的制定和执行，就更应该包括对金融业的系统性风险的关注。在两次"钱荒"中如果央行坚持到最后仍不进行流动性支持，局部性甚至更严重的金融危机是有可能发生的，因为当时几家大行都已经出现了银行违约的情况，当银行资金链条断裂时，这就不是一家商业银行倒闭的问题了。所以央行的货币政策不能只简单地考虑一点，不及其他，应该在宏观审慎的框架下对其货币政策相应后果进行充分评估才能实施。

人民币在国际化进程中多面临的风险将远大于金融危机中我国相对的封闭金融市场。一旦等到金融市场扩容、利率市场化、汇率市场化已带来金融机构更为激烈的竞争，表内、表外业务风险都进一步加大，而宏观审慎监管架构仍不能建立起来，金融危机的发生不仅将是不可避免的，而其对中国经济、社会的损害也将是不可估量的。

7.3.3　加强宏观审慎监管的协调

随着国内金融市场的发展，银行业、证券业、保险业、信托业之间的业务划分日益模糊，在金融创新快速发展的情况下，目前法律框架下的分业经营已演化成各自通过资产管理公司或专业子公司来进行的综合经营。在目前"一行三会"暂时不变的监管架构下，如何对监管进行协调，提高系统性风险监管效能，也是我国金融宏观审慎监管架构中非常重要的内容[①]。

第一，强化中央银行与各专业监管机构的协调合作。中央银行的宏观审慎监管是负责监管整个金融体系的系统性风险，在包括不同行业的金融领域，要特别关注跨市场、跨行业的风险。从防范系统性风险的高度考虑，可以在制度中规定宏观审慎监管政策对微观审慎监管的指导和约束作用。央行可以根据宏观审慎监管的需要，要求银行、证券、保险各专业监管机构在微观审慎监管方面与之相配合。另外，专业监管机构在实施微观审慎监管时，也应服从中央银行的宏观审慎监管，并为之提供微观监管信息共享的安排。各监管机构彼此之间的协调也很重要。面对正在发展的综合经营实践，传统的机构监管显然已无法适应，各监管机构都有分别针对银行业、证券业和保险业经营特点和规律的不同监管制度，如果

---

① 《金融业改革和发展"十二五"规划》已经提出"十二五"期间要健全金融监管机构之间以及与宏观调控部门之间在重大政策与法规问题上的协调机制，完善金融稳定信息共享机制，实现信息共享的规范化和常态化。

银行资管公司发行了证券化产品，银监会显然并不具备对该类产品的监管资源，更为恰当的监管机构应该是证监会。如何识别各类金融创新产品在运行中的风险及风险传递路径，以及是否具有系统性风险的特性，这就需要央行和各监管机构，以及各监管机构之间进行密切而有效的协调。

第二，进一步加强央行与各相关部门之间的联系。宏观审慎监管架构也包含了对问题金融机构的相应处置，以避免系统性风险的进一步传递和扩散。如何进行及时具体的救助和处置，需要央行和其他部门的密切联系和合作。次贷危机传到英国的一个标志性事件是"北岩银行"的处置，其中就暴露出英国在危机前原有的三家处置机构——FSA、英格兰银行和财政部在合作与协调中的很多问题。对我国宏观审慎监管框架而言，当前迫切需要解决宏观层面的协调机制，即中国人民银行与财政部、国家发改委等部门之间的协调。只有用法定的方式，建立央行与相关部门之间的协调机制，将各自的职责明确下来，才能增强政策透明度，降低成本，提高监管效率，才能真正实现宏观审慎监管的目的，防范风险于未然（史秀芬，2011）。

第三，加强中央银行与各国宏观审慎监管机构的合作。金融机构的跨国经营，带来了对监管国际化的挑战，例如，相关监管当局如何进行协调和合作以应对风险的跨国界转移？在进行问题金融机构处置时各国如何对他国的处置方案进行识别和承认？在资本流动性极强的情况下，母国和东道国如何合作以共同防范投机资本的冲击？在货币政策的效果受到国外金融市场影响时如何加强同他国央行的合作？这些问题都要求中央银行在履行宏观审慎监管职责时，要高度重视与他国宏观审慎监管机构的合作。因此，在建立宏观审慎监管框架时，可以授权中央银行加强与他国宏观审慎监管机构的合作，防止国际金融风险对我国金融体系的传导，并借鉴其他国家监管机构、国际金融组织的成功经验，进一步完善我国的宏观审慎监管体系。

7.4　上海自贸区的监管法律制度设计[①]

经济的全球化和一体化发展，在使经济主体间以及经济主体对社会经济的依赖性日益增强的同时，也使经济主体活动的外部性增强。在现代发达的经济体系中，任何单个主体经济行为的负外部性即使有害性不大，但众多个体负外部性的合成和积累还是会给整个经济体系的运行带来灾难，市场经济发展中产生的"市场失灵"导致的经济危机就说明了此点。因此，对具有负外部性的经济行为进行（规制）监管，成为现代政府的主要经济职能，监管是否科学合理，成为一国或

---

① 本部分主要内容以"中国（上海）自由贸易试验区的监管法律制度设计"为题，发表于《法学》2013 年第 11 期。

一定区域内经济能否良好运行的关键。由此可见，自贸区要良好运行和发展，关键在于科学合理的监管。

经验证明，在现今法治社会条件下，科学合理的监管是以良好完善的法律制度为基础的。而良好的法律制度的建立，不仅需要了解该法律所要解决的社会问题，也需要相关的法律理论作为支撑。基于此，本节首先对 20 世纪 80 年代末期以来国外监管理论的核心理念及制度予以说明；在此基础上，通过对世界不同自由贸易区监管的法律研究，总结提炼出一些可资借鉴的理论；最后，就自贸区监管法律制度提出一些建议。

7.4.1　一般监管的"硬核"

自由贸易区的监管既有其特性，又要遵循一般监管的普遍法则。因而，了解国外现代一般监管的"硬核"——基本理念与主要制度，既是了解国外自贸区监管制度的基础，亦是建立和完善中国（上海）自由贸易试验区监管制度的理论基础。

1. 基本理念

从 20 世纪 80 年代以来发达国家监管（规制）改革的实践看，其监管遵循两个基本理念，即依规监管和合理监管。

1）依规监管

科学技术在生产中的广泛应用，不仅使经济日益专业化、社会化和复杂化，而且使经济行为的社会有益性和行为风险的社会性并存。为了防止风险（包括技术风险和系统风险）引发的巨大社会经济损害，对具有风险性的经济活动进行监管成为必要。

为了使监管科学合理，各国一般都依法设立了专门的监管机关，并制定了相关的法规、规则、指南、办法等，对监管者及市场主体的行为进行了较具体详细的规范，这些通常被称为"规制"①。因而，"规制"既成为从事经济活动的市场

---

① "规制"一词由 regulation 或者 regulatory 翻译而来，当前既有翻译成"监管"、"管制"的，也有译为"规制"的。但从变化趋势看，早期译为"监管"、"管制"的为多，近年来则多译为"规制"。除了这种翻译中词语使用的不同外，对"规制"的含义，也因对该词的词性使用不同而不尽相同。作为名词的"规制"（regulation 或者 regulatory），其含义一般都是指某类法律规则。如在 WTO 协议中用许多术语来描述规制，泛指一切"立法措施"、"附属措施"和"行政决策"。《韦氏第三版新国际词典》的相关解释是指：由政府部门（行政机构）根据宪法或者法律授权而发布的具有法律效力的规则或者命令；作为动词的规制（regulate），一般是从行为方式或过程的意义上使用的。《新帕尔格雷夫经济学大辞典》把规制解释为，政府为控制企业的价格、销售和生产决策而采取的各种行动，政府公开宣布这些行动是要努力制止不充分重视"社会利益"的私人决策。植草益则提出，规制是指以法律、规章、政策、制度来约束和规范经济主体的行为，或者说有规定的管理或者有法律规范的制约（植草益，1992）。本研究是在名词意义上使用"规制"一词，而动词意义上则使用监管。

主体的行为准绳，亦成为监管者判断行为者是否合规的根据。正是在此意义上，现代的监管是"依据规制"的监管，简称"依规监管"，是法治在监管中的体现。

2）合理监管

从监管发展的历程看，监管的目标从以合法化为重心转向以合理化（或科学化）为重心。现代的监管作为监管机关的抽象行为，合法化只是最低要求，或者说是法治社会的基本要求，这是不言而喻的，因而，合法化已不是监管的目标。从 20 世纪 80 年代以来的监管改革看，现代监管的重心可以说是合理性（或科学性），即手段的合目的性，具体讲，就是通过制度性保障，在规制决策、执行中引入专家、利益相关者的参与，使规制更合理，力求达到用最低的成本促进经济效率、竞争或环境改善的目的，最低要求为规制产生的收益大于其成本。这被称为制定规制所遵循的唯一合理原则，也是经济合作与发展组织建议作为指导规制改革、建立"良好规制"的一条关键原则①。

2. 核心制度

为实现上述规制理念，发达国家建立了一套相应的法律制度，据经济合作与发展组织"规制"改革的经验，实现规制合理性主要有以下制度保障。

（1）透明度制度。透明度作为一项原则在揭示规制决策及其实施的基础，以及可能涉及的全部成本和收益方面起着重要作用。程序的公开透明有助于制定出好的规制，有助于更好地遵从规制，最终获得更大的政治合法性（施本植等，2006）。对此，在发达国家的规制实践中，相关法律作了规定。以美国最为发达，美国的规定主要有三点：①通过规制活动的事前计划的透明性，即对作为规定政府监管和取消监管的政策说明。规制计划每年出版一次，包括计划需要的说明、已考虑的备选方法说明，以及关于风险大小和风险减少期望的说明。②规制制定中的透明性，主要体现在规制制定的程序制度上，要求规制的制定须经"公告与评论"程序，同时要求规制机构对相关评论必须予以考虑，而且，评论本身要予以公布。③规制采纳后的发布。即规制要想生效，必须在相关刊物发布，也提供网上在线发布（王林生和张汉林，2006）。

（2）参与协商制。按照所有人可以公开参与的原则，依法赋予公众参与政府规制活动的法定权利②，主要表现在以谈判磋商的方式制定规制，这样在制定规制时就把利益相关方的意见考虑在内了。这有利于利用被规制方的专业知识提高

---

① "考虑到规制在社会上的影响，它产生的收益应大于其成本"，这样的测试是一个值得推崇的方法，因为它旨在满足"社会最优化"标准的政策（参见 OECD. The OECD Report on Regulatory Reform Synthesis Report. Paris，1997）。

② 这在发达国家主要体现在《行政程序法》中，如美国 1946 年《行政程序法》赋予公民参与联邦政府规制制定活动的法定权利。

规制的技术质量，培养被规制者对结果负责的精神，提高其对规制的认可度和自愿遵守程度。

（3）规制影响分析制度。这一制度是"法治比较发达国家政府决策和立法程序中的一个重要环节。其主要目的，就是对拟定的或者已经发布实施的法律、法规、规章、政策、措施等具有普遍约束力的决策或立法项目可能带来的效益、成本和效果进行分析、评估和衡量，以决定是否有必要制定或出台某项政策或立法，如何才能使制度设计更加科学合理"（曹康泰，2009）。目前，对规制的影响分析除经济分析外，还有环境分析和竞争分析。

（4）合作治理制。这主要体现在规制中有关标准的制定上，发达国家逐渐采纳了市场主体组织制定的标准，实行政府与私人合作制定标准，突破了传统的标准只有纯粹的政府标准的现象。如在美国的标准发展过程中大多是由产业部门领导完成的，以个人自愿原则为基础，通过众多企业参与制定标准。有关标准化的政府政策要求，除非与法律相悖或不切实际，否则联邦机构要参与自愿标准发展活动，并用自愿一致的标准代替纯粹的政府标准。

（5）灵活的应变制度。主要体现为"落日条款"，即一般规制都规定实施期限，且时间较短（3～5年），以便据实施状况予以修改或废止。

7.4.2　世界成功自由贸易区监管的经验

经济的全球化和市场经济的共性，使得其他国家在自贸区的建立和发展中所取得的监管经验具有一定的普适意义。因此，了解其他国家自贸区监管的机构设置、原则与惯例、监管的对象与重点，以及监管的措施与手段，对建立我国自贸区的监管制度具有借鉴价值。

1. 独立、权威的管理机关

按照现代规制理论，良好的规制（监管）需要权威的监管机关，正因此，国外的自由贸易区都设有独立性、权威性的管理机构。以世界上有代表性的四个自由贸易区（或港区），即美国纽约港自由贸易区、荷兰阿姆斯特丹港自由贸易区、德国汉堡港自由港区，以及阿联酋迪拜港自由港区为例。四国对自由贸易区管理机构授权上大体相近，都是港区合一，"成立经联邦政府授权的专门机构，负责管理和协调自由贸易区的整体事务，投资建设必要的基础设施，有权审批项目立项。特别是着眼于自由贸易区与城市功能的相互促进，超前进行整体规划和建设，极富特色和成效，带动了周边城市经济的发展，尤其是在金融、保险、商贸、中介等第三产业发展上成效显著"（赵学森，2006）。

2. 自贸区监管的原则与惯例

1）监管的原则

世界上成功的自由贸易区监管的基本原则可概括为"一线放开，二线管住，区内自由"。所谓"一线"，是指自由贸易区与境外的通道口或连接线。"一线放开"就是指境外的货物可以不受海关监管自由地进入自由贸易区，自由贸易区内的货物也可以不受海关监管自由地运出境外。所谓"二线"是指自由贸易区与境内的通道口或连接线。"二线管住"就是指货物从自由贸易区进入国内非自由贸易区，或货物从国内非自由贸易区进入自由贸易区时，必须依据本国海关法的相关规定接受海关监管，并征收相应的关税。"区内自由"，即区内不干预，指在区内的货物可以进行任何形式的储存、展览、组装、制造和加工，自由流动和买卖，这些活动无须海关批准，只需要备案。

2）监管的惯例

（1）"一线"监管的国际惯例。"一线"原则上自由，并非完全不受海关监管，但海关监管受以下限制：第一，从境外运入自由贸易区的货物如有必要向海关交验单证时，仅限于出示载明货物主要项目的商业或官方单证，以及确认单证与货物的一致性和合法性。[①] 第二，海关对运入自由贸易区的货物，不应要求出具担保。第三，海关禁止或限制从境外运入自由贸易区的货物理由必须限于以下情况：维护公共道德或治安需要；公共保健或卫生需要；实行动植物检疫对象；保护专利、商标权和版权需要。也就是说，除这几种情况外，海关不得以禁止或限制为由拒绝货物运入自由贸易区。

（2）"二线"监管的国际惯例。"二线"通常被视为进出口线，实行与其他关境进出口相同的海关法律、法规政策。为便于监管，"二线"通常设置隔离设施，如铁丝网或隔离墙，并设立出入关卡，每天有海关人员巡逻检查。

（3）区内监管的国际惯例。区内监管的国际惯例，主要是指区内的业务活动无须海关批准，以充分相信入区企业均有自律能力、知法守法为假设，对入区货物只需要备案。但海关可进行适度监管。如自由贸易港区可按国内法规定，由海关或其他机构经营管理；自由贸易港区的建筑和布局及海关监管的安排等规定，应当由海关制定；海关可以要求进入自由贸易港区的人建立账册，以便监管其货物流通。

3. 自贸区监管的对象与重点

（1）监管的对象。简单讲就是从传统的以货物为监管对象转换为以企业为监

---

① 参见《关于简化和协调海关业务制度的国际公约》，第 5、6、10、12、22 条的规定。

管对象，主要就是以企业为监管单元，利用风险管理方式，在信用分级的基础上，据信誉实行松紧有别的监管。

（2）监管的重点。自由贸易区监管的重点放在企业仓库上，以免影响其装运业务或生产作业。

4. 自贸区监管的措施与手段

（1）外松内紧、违规重罚。由于贸易区的"境内关外"特性，监管的重点在"二线"，即货物进入国内市场的口上外松内紧。但对违法经营者处罚相当严厉，一旦发现利用自由贸易区进行违法活动，则吊销营业执照，并处以巨额罚款。

（2）利用风险管理方式，实施分级监管。在从传统的以货物为监管对象转为以企业为监管对象的基础上，利用风险管理方式、据企业以往的通关记录，对企业进行信誉分级，实施分级监管和以对账目的监管代替对实物的监管。如香港自由贸易区，据货主以往记录来决定对进出口货物是否放行或抽检。荷兰的鹿特丹港对企业实行定期检查，且信誉越好，检查的间隔越长，检查越少，且主要以对仓储文件的监管来代替对货物实物的监管，只有必要时才进行实物盘查。

（3）利用现代信息技术，实行全程网络监管。世界主要自由贸易港区，如美国的对外贸易区、我国香港地区的自由港、荷兰的鹿特丹港，都拥有极完善的计算机管理系统，其监管作业的各个环节均已实现全程联网式控制。其计算机网络已经构成了一个完整的信息平台，不仅拥有货物信息（数量、品质、类型），同时也包括企业以往的记录和信息。海关无论是对出入放行、关税征收与减免，还是区内企业风险管理、账目审查、货物抽查都实现了计算机控制，且各个平台信息共享，极大地提高了作业效率，促进了贸易便利化。

（4）手续简化，集中一次性报关。如美国自由贸易区，可以集中一整批货物，进行一周一次报关。德国汉堡港①也采取类似的集中报关制度。

（5）全天候、多样化提供便利服务。如美国的自由贸易区、德国的汉堡港、荷兰的鹿特丹港、我国香港地区的自由港、新加坡的自由贸易区都无一例外地提供 24 小时运营。新加坡自由贸易区还定期举办与货物通关有关的课程，使贸易商充分了解通关实务、通关文件需求及许可文件申请程序等。

7.4.3　对上海自贸区监管的建议

根据监管的一般理论和国外经验，结合国内外经济形势和上海自由贸易试验区建设的目标，并参照《中国（上海）自由贸易试验区管理办法》（简称《自贸

---

① 德国汉堡自由贸易港区，随着欧盟统一市场的形成已失去意义，因此作为自由贸易港区现已取消，但其取得的历史经验仍有借鉴意义。

区管理办法》），对未来中国（上海）自由贸易试验区在监管提以下建议。

1. 监管机构的设立

按当今监管法理论，监管的成功与否与监管机构的权威性有关。一个具有准立法权、准司法权与准行政权的，权威性、独立性的、委员会制的监管机关是监管成功的关键。因而，在中央层面，中央政府应充分授权，成立"中国（上海）自由贸易试验区管理委员会"作为统一的自由贸易区协调管理机构，负责制定管理自由贸易港区的法律、法规、规章，制定自由贸易区管理办法和实施细则；受理自由贸易区的设立申请、审批和注销；在宏观上指导监督各自由贸易区的建设和发展；对各自由贸易区的运营、管理进行评估。

考虑到我国现实体制，以及自由贸易区的业务涉及海关、交通、贸易、税收、外汇等方方面面，因而，这一机构应对应于海关总署、国家发改委、财政部、国家工商行政管理总局、国家税务总局、国家外汇管理局建立相应的业务部门。

但从目前涉及机构设置的法律、法规看，只有《自贸区管理办法》，且属于上海市政府的地方性行政法规，其第四条的规定，中国（上海）自由贸易管理委员会（简称"管委会"）只是上海市政府的派出机构，这样其独立性、权威性就大打折扣。这种地位，决定了其不可能具有现代规制机关应具有的准立法、准司法权，其行政权也受到很大限制。因而，需要专门项立法对自贸区管理委员会的性质、定位、功能和作用、机构设置、权限、职责予以详细规定，以保障其其有的权威性、独立性。这是自贸区能否良好运行的关键。①

2. 监管的指导思想

就理想看，完善的自贸区监管应遵循以下五点指导方针及相应的规定：①在遵循依法、依规监管原则的基础上，力求在制度上保障规制制定的透明、参与，采取规制影响分析制度和吸收产业标准，并随社会经济发展而调整规制，使规制更加合理科学。②考虑国情，与国际惯例接轨，充分体现经济全球化形势下贸易便利化的最新发展和最有效做法。③贯彻"一线放开、二线管住、区内自由"的监管理念。一线不办理进出境手续，二线按一般进出口货物办理海关手续，实行"一次申报、一次检查、一次放行"；区内货物的存储、流动、买卖等活动通过电子数据备案，可自由流转。④促进自由贸易区内的自由连通机制的形成。⑤加强自由贸易区与区外的联动互动机制。

---

① 美国是世界上对外贸易区（自由贸易区）数量最多的国家，也是对外贸易区法制最完备的国家。美国国会于 1934 年通过了《对外贸易区法》，后来又在此基础上制定了《美国对外贸易区委员会通用条例》，对对外贸易区的组织机构及权限作了详细规定。

但从目前《自贸区管理办法》的制定过程来看，未遵循科学合理性的原则及相关的程序的基本要求。具体来说，由于没有《自由贸易区法》，也没有专门的授权法，因而，其依法、依规显然不足。另外，我国没有《行政程序法》，也没有相关的"自贸区规制程序法"，因而，合理规制所需的透明性、参与、公私合作、影响分析等制度性规定缺乏，导致管理办法的制定的合理性缺乏，这从其内容缺陷就可看出。

另外，要加快专项立法研究，为试验区规范运作提供法制保障，分析调整不适合区域发展的现有法规和规章，保障试验区有法可依，细化操作规程。

3. 具体监管的法律建议

1）一线逐步放开

（1）实行舱单预申报管理方式。对于入境货物，海关根据舱单数据放行，在一定时间内要求区内企业向海关进行详细申报。探索实施货物的分类管理，待条件成熟时，逐步简化直至取消备案清单。

（2）实行"进境检疫、进口检验"管理方式。进境货物从入境口岸直通进区，除需在区内销售、使用或企业主动申请预检验外，检验检疫部门仅对相关货物实施动植物检疫、卫生检疫、环保检验和放射性检验等。对于法定检验的进口货物，区内企业可选择在进区后、报关进口前的任何时候向检验检疫机构报检。

2）二线高效管住

（1）实现区内企业出区货物直接申报。推动区内企业电子账册信息、联网监管信息与口岸监管系统对接，实施手续简化，"多单一审"集报关作业模式，最终实现区内企业出区货物直接申报。

（2）实现自由贸易区与国内海关特殊监管区域间信息的便捷流转。通过电子信息联网，对跨区域流转的保税货物进行联动监管。加强卡口管理，完善现场查验和事后核销模式，逐步简化流转程序和途中监管手续，实现结转便利。

（3）实行"集中监管，方便进出"监管模式。区内设立集中查验场站，受理查验预约，货到即查，查毕即放。对申请预检验商品提前施检，货物分批出区采取核查货证、快速放行等措施。对保税展示、保税租赁货物，实行"一次检验，多次进出"，即对保税展示货物采取登记监管方式，允许多次出区展示；对保税租赁货物在首次出租完毕返回区内后，再次租赁出区的，凭承租人责任承诺放行出区。

3）区内货物流动自由

（1）统一自由贸易区的关区代码，企业代码不变，便利区内企业经营。探索统一监管政策，建立一体化监管模式。

（2）连通不同自由贸易港区，实现各自由贸易港区以及区内货物移动。对各自由贸易港区货物移动视作同一区内运作，以诚信企业开展试点，以电子账册管理为手段，对进出转存货物实施全过程监管，实现区内流动自由。

（3）扩大保税延展货物运作。将保税延展货物入区纳入海关监管，在试验区内选择高资信企业开展试点，加强账册管理和卡口物控，完善优化监管办法。

（4）实现区内口岸货、保税货同步运作常态化。探索放宽同步运作中的保税货物比例要求，支持跨国物流集成商开展多种业务形态运作。

（5）支持消费品保税展示。依托信息化系统，以分送集报形式和临时出区方式在特定场所开展保税展示业务。

4）保障措施

（1）建立试验区"大通关"信息平台。依托地方电子口岸，逐步整合区内海关、检验检疫、工商、税务、外管等部门管理信息，推动企业综合资信库、物流信息平台与联网核查等"大通关"应用项目不断完善和统一，最终实现货物申报、受理、审批、监管的"单一窗口"模式。

（2）试点试验区统一电子围网管理。以账册管理为基础，结合智能卡口控制，物联网监控，逐步建立快速响应的智能化监管平台，试点自由贸易试验区电子围网管理。

（3）调整和完善特殊监管区域口岸查验单位现有管理体制，整合组建各自相对统一的口岸监管机构。优化配置海关、检验检疫、海事等现有监管资源，理顺统一的监管作业模式，最大限度简化区域间的通关手续，形成四区政策统一、联动发展的规模效应。

5）功能拓展与政策突破

（1）大力推进中转集拼业务发展。进一步简化监管手续，在实验区内扩大试点规模，发挥区港联动效应，完善相关中转集拼信息化支撑平台，推进空运普货国际中转和快件中转集拼常态化运作。

（2）实施"企业自主选择应税货物状态"政策。对试验区保税加工货物销往内地，试行按其对应进口料件或按实际报验状态征收关税的政策。

（3）支持加快发展实体性总部经济。培育和吸引国内外跨国投资企业，探索适应企业在境内外投资过程中订单流、资金流与物流不一致情况的新型监管方式。

（4）继续深入推进文化贸易、服务外包、融资租赁、期货保税交割、保税船舶登记、维修检测等创新型功能产业的发展。

7.4.4　结语

各国自贸区发展的历史说明，科学合理的监管，对于防止其弊端、发挥其有益功能，从而促进自贸区的良好运行、实现设立自贸区的目的至关重要。

自贸区科学合理规制的形成，固然要遵循其他国家在自由贸易区监管中形成的"一线放开，二线管住，区内自由"的原则与惯例，并借鉴其行之有效的监管措施和手段，完善区内具体的监管制度，并结合我国社会经济发展现实，寻求功能拓展与政策突破，但更不能忽视我国 20 世纪 80 年代末以来规制改革形成的共识。这是自贸区内具体监管制度能否持续合理运行的基本制度保障。

为此，自贸区监管还需要两方面最基本的法律、法规：其一，制定自贸区管理委员会条例，对管委会的组织结构、职能部门、权限予以明确界定，以保障其独立性和权威性。其二，制定自贸区规制程序规则，对自贸区监管机关制定规范性文件的程序予以规定，确保其监管规则制定的透明、利益相关者参与、区内经营者合作，并要求其进行影响分析和实施期限规定分析。

7.5　上海自贸区的劳动标准与人员流动管理①

继 2013 年 9 月国务院批准《总体方案》与上海市政府颁布《管理办法》后，有关部门正在紧锣密鼓地制定更为细致的自贸区管理规则。以美国为首的 TPP、TTIP 为代表的全球新一轮贸易谈判，以及美、欧、日启动的包含 21 个成员国的 PSA 谈判如火如荼，虽然内容大都保密，但均涉及劳动标准的问题。上海自贸区寻求与国际经贸标准相衔接，但与新贸易谈判中的国际劳动标准相比，仍有改进余地。美国在 TPP 谈判中强调维护劳工权益，执行国际劳工组织四大基本原则，包括结社自由和集体谈判、禁止强迫劳动、禁止童工劳动、禁止就业歧视等条款。自贸区规则如能未雨绸缪、适当应对，将为国家层面的自贸区立法以及中美、中欧谈判中获得有利局势打下良好基础。

7.5.1　国际劳动标准与自贸规则的关联史

本节所使用的"国际劳动标准"概念是由国际劳工组织（ILO）理事会确认的，以八个最基本的国际劳工公约为核心形成的一整套国际劳动标准。国际劳动标准，也被称为劳工的基本权利，涵盖四个领域：自由结社与集体谈判；禁止童工劳动；禁止强迫劳动；同工同酬以及消除就业歧视。国际劳工组织认为，为保护工作中的人权，不论成员国经济发展水平状况如何，均应遵守这八项公约的规定。在国际自贸谈判中，无论在多边性的全球贸易谈判中还是地区性、双边性的贸易谈判中，都涉及劳动标准问题，并且都与美国等发达国家的极力倡导直接相关。

1. 多边贸易谈判下国际劳动标准的进展停滞

在国际自由贸易谈判中，劳动标准问题成为焦点由来已久。1995 年 WTO 西

① 本部分主要内容分别以"国际劳动标准对我国自贸区规则的冲击与应对"和"上海自贸区的人员流动管理制度"为题，发表于《上海财经大学学报》2014 年第 3 期和《法学》2014 年第 3 期。

雅图会议上，美国提出的在世界贸易组织协议中列入保护劳工权利的所谓"社会条款"（a social clause），主张在贸易与投资协议里写入关于保护劳动权的条款，缔约方如果违反该条款，其他缔约方可以予以贸易制裁。当时即遭到发展中国家的强烈反对。在 2001 年 11 月 WTO 多哈第四次部长级会议上，美国重提劳动标准与贸易规则挂钩，当时对中国劳动立法形成潜在的压力。因为一旦 WTO 规则中引入国际劳动标准，中国将因劳动立法与国际劳动标准的差距而遭到"合法"的贸易制裁。WTO 最后妥协的结果是劳动标准问题没有作为下一轮谈判的新议题，但在部长宣言中再次强调了劳动标准问题，重申在 1996 年新加坡部长级会议上发表的关于国际公认的核心劳动标准的宣言："我们注意到国际劳工组织对全球劳动标准问题正在进行的工作。"以 ILO 在劳工问题上的权威性转移了 WTO 在该领域的关注，也标志着国际劳动标准在 WTO 这一最大的多边贸易谈判协定中被完全剔除。然而，这并不代表中国国内立法与自贸区规则可以忽视国际劳动标准，恰恰相反，国际贸易地区性与双边谈判中国际劳动标准又成为一项主要的议题。

2. 地区性、双边性自贸谈判中的成功突破

美国在 WTO 中引入劳动标准的努力虽然失败，但在其主导的地区性或双边自由贸易谈判中，从未放弃过在劳动标准事项上施加压力。在这些地区性或双边性贸易谈判中，就如何有效地在国际贸易中实施劳动标准，如何有效地保护劳工权利，美国成功地实现了导向性控制，并以在自由贸易协议中直接写入劳动标准条款，或是以附加劳工合作协议的方式实现了国际贸易与劳动标准的挂钩。

1993 年美国、加拿大和墨西哥签署的《北美自由贸易协议》是全球第一个明确涉及劳工权益的贸易协议，其具体内容体现在附加的《北美劳工合作协议》（NAALC）中，该协议列出了 3 个签字国要致力于提高的 11 项"劳工原则"，不但涵盖了核心劳动标准的 4 项内容，而且还有其他保护劳工权益的条款。NAALC 的目标是使每一缔约方实施"国内劳动法"以保护劳工权利，内容包括改善每一个签约国劳工的工作状况、促进维护劳工权利的原则、交换信息、在劳工活动中进行合作、有效地实施劳工法、在劳工管理方面实施透明度原则；每一缔约方有权建立自己的劳动标准；建立三国劳工合作委员会，三国分别设置国家管理办公室；建立合作和评估机构；建立一个争端解决机制，以保护劳工权利不受公司和政府的侵犯等。

1993 年《北美自由贸易协定》后的每个美国优惠贸易协定（Preferential trade Agreement）都包括了与劳工权利和劳动法执行有关的义务。笔者在美国贸易代表办公室的官方网站上搜索到的美国自 NAFTA 之后与 20 个国家签订的自由贸易协定，几乎都包括了劳工条款。例如，《美国-柬埔寨纺织品服装贸易协

定》（1999 年 12 月 31 日）、《美国-智利自由贸易协定》（2003 年 6 月 6 日）、《美国-新加坡自由贸易协定》（2003 年 6 月 6 日）、《美国-巴林自由贸易协定》（2004年 9 月 14 日）、《美国-澳大利亚自由贸易协定》（2004 年 8 月 15 日）等。除此之外，美国还积极同其他地区和国家进行双边投资条约和双边贸易与投资框架协议的谈判，并提倡在所达成的协议中涵盖劳动标准的条款或保护劳工权益的条款（Elliott，2011）。

不仅美国，欧盟、北美甚至南美在地区性自贸协定中都设定了劳动标准条款。欧盟在 2000 年 6 月签署的《ACP -EU》伙伴协议的谈判框架，以及 2002 年 9 月同非洲、加勒比海及太平洋沿岸国家集团的谈判议程中都包含了劳动标准。2002 年 1月欧盟针对发展中国家改变了普惠制政策，对尊重核心劳动标准的国家，关税减少原来的三分之一。按照该政策，申请者如能符合国际劳动标准，在 WTO 规定的基础上其大量产品的关税将减少 7%，否则只减少 3.5%，对严重而系统损害国际劳动标准的国家，将其被排除在所有普惠制关税优惠之外。最不发达国家如能尊重核心劳动标准，其产品（武器除外）将享受免税待遇（刘波，2006）。加拿大与智利、哥斯达黎加的自由贸易协定也附加了有关劳动标准问题的协议。

纵观国际劳动标准与自贸协定的关联史，可见劳动标准与自贸规则的两种合作模式前景截然不同：在多边合作谈判下进展停滞，但在地区性、双边性的贸易谈判中逐渐成为一项基本的贸易规则。可以预见，劳动标准在地区性、双边谈判中还会继续发挥影响力，特别是在美国企图建立的国际自由贸易新秩序中，以 TPP 为主导的谈判体系将劳动标准放在了重要的位置。

7.5.2　国际自由贸易新谈判中劳动标准问题的新动向

1. 美国政府的转向与影响

在我国学界曾有一种观点，认为国际劳动标准是以美国为首的发达国家试图通过贸易来实现贸易保护主义的目的（龚柏华和刘军，2005），"这必然使发展中国家难以执行，也不可能接受。所以与其说劳动标准问题是一个贸易问题，不如说是一个人权问题"（周长征，2001）。其实，问题的实质往往比表象更复杂，仅以"人权牌"或"贸易保护论"来解释自贸规则中劳动标准的冲击，是一种传统"南北"斗争意识的简单化体现，不利于对问题的深入分析。要探究劳动标准与自由贸易规则的关系，必须从美国政府政治生态的发展着眼，美国国内的政治左派与右派对于劳动标准的态度相当不同，2007 年左派民主党控制国会后，对美国在劳动标准事项上的强硬态度起了相当大的作用。

1）2007 年前美国主导的劳动标准——无约束力的条款

在国际贸易谈判中，美国政府在国际劳动标准方面，碍于国内法本身距离

ILO 的八个公约有一定差距，对于国际劳动标准的态度相当微妙。首先，八个核心公约中，美国政府仅仅批准了两个，一为禁止强迫劳动；二为禁止使用童工。克林顿总统曾向参议院递交《（就业与职业）歧视公约》（第 111 号公约），但并未被批准。其次，未被批准的 6 个公约都与美国法律有抵触，从而遭到选民们的反对。根据 2010 年国际自由工会联合会（ICFTV）为 WTO 撰写的报告《八个核心劳动标准在美国》，美国雇主组织的反工会活动非常普遍，对工人结社权的立法及其实施的保护都严重不足，罢工和集体谈判的权利受到严格限制，尤其是对一些公共领域和特定私人领域的工人更是如此。一些法律团体和州政府反对强迫劳动方面的公约，因为这将限制私营公司在商业领域使用监狱劳动；农场组织拒绝批准《最低就业年龄公约》（第 138 号公约），因为在美国法律中，家庭农场劳动的最低年龄是 14 周岁。选民担心，在自由贸易谈判中引入 ILO 的劳动标准，并且成为有法律约束力的条款，将成为事后在美国执行国际劳动标准的理由（Elliott，2012）。换句话说，在执行国际劳动标准方面，美国政府本身并不是理直气壮的。这就为我们在国际贸易谈判中坚持中国标准提供了筹码。

2007 年之前，国会由共和党控制，对追逐利润的资本相当友好，虽然美国双边贸易协定仍要求缔约国"执行本国的劳动法"，但只有一个激励性条款，呼吁缔约国尽力保证本国劳动法与 ILO 的核心原则一致，也就是说，劳动标准虽然写进了贸易协定，但没有有约束力的条款支持。上文所提到的 NAALC 与诸多贸易协定，实际上都仅强调了执行"本国劳动法"，并没有强制性地要求协约国变更劳动法制以适应国际劳动标准。

2）2007 年后民主党控制——劳动标准条款具有约束力

2007 年，民主党重新控制了国会多数，"左倾"的民主党与布什政府在劳动事项上达成妥协，其结果是向劳动标准前行了一大步。民主党的奥巴马政府在国际贸易谈判中强调劳动标准，也获得了主要共和党人的支持。之后，在美国与哥伦比亚、韩国、巴拿马和秘鲁等国谈判的贸易协定上，劳动标准事项的措辞有所改变，主要体现为增加了具有法律约束力并且可执行的条款，要求各方在"法律法规以及据此的法律实践"中"采用与保持"ILO 在 1998 年宣言中的劳动权利。

3）劳动标准条款对内国劳动法的影响途径

在自贸谈判中，美国将劳动标准与自贸规则挂钩惯用的方式主要有：第一，通常是指出谈判国劳动法在协定中确定应变革之处。基于此，巴林、摩洛哥、阿曼、智利及危地马拉进行了重要的劳动法制改革，至少是部分符合了与美国贸易谈判的需要；第二，在协定中仍然以脚注的形式注明了该项义务仅仅指 ILO 宣言中的基本原则，在操作上更多地寻求与 ILO 国际劳动标准在细节方面的技术性一致，而不是引用这些公约。美国对哥伦比亚、巴拿马以及秘鲁劳动法改革施加的巨大压力说明了这一点（Hornbeck，2009）。

2. 国际贸易新谈判中劳动标准问题的发展动向

1）TTIP 对劳动保护标准的高度坚持

虽然 TTIP 意在消除贸易壁垒，促进自由贸易，但在谈判中，欧盟与美国在劳动保护上达成了基本一致，主要包括两点：第一，TTIP 的主要目标是保证贸易与经济活动不损害社会环境。TTIP 应允许各谈判成员国自己定义与规制内国劳动保护水平，对劳动标准的谈判应当是不偏不倚地适用于各方的。这意味着允许各成员国保留内国劳动保护水平，同时允许其持续地运用国际协定标准和协议，对内国法与政策进行修改（Herrnstadt，2013）。第二，成员国的劳动保护既不应当被认为是一种伪善的保护主义，也不应当作为一种贸易与投资的竞争手段被降低。禁止成员国行政机关为促进贸易与投资，放宽执行劳动法律的行为。

2）TPP 谈判中的强制性劳动标准条款

（1）劳动标准条款的强制性效力。在 2011 年 12 月美国众议院筹款贸易小组委员会的听证会上，贸易谈判代表 Demetrios Marantis 建议，政府的目标是区域范围的劳动文本适用于所有缔约国，他特别提到，2011 年 5 月新的劳动标准条款，即应该在劳动标准条款中加入有法律约束力的条款，应取代早期签订的"执行本国法"的协定（Elliott，2012），尽管这项建议是否将被 TPP 目前接受不得而知，但 TPP 在 2011 年 5 月还没有签订协定的伙伴国，包括文莱、新西兰、马来西亚和越南都必须接受新的劳动标准条款。

越南与文莱向来被美国视为"非民主国家"，人权与劳动权问题严重。根据现有的 ILO 原则，越南是 TPP 谈判国中劳动法改革压力最大的国家。美国认为，越南很明显违反了结社自由原则，它要求所有工会加入国家控制的工会联合会，并限制罢工权，而越南具有的劳动力密集型出口份额又使得该问题更加突出。美国在劳动标准方面的要求遭到了越南、文莱、新加坡、智利以及马来西亚等国的强烈反对，但其态度仍相当强硬。

（2）对谈判国劳动法制的影响。为了适应 TPP 谈判，越南进行了劳动法改革的大讨论，研究批准 ILO 结社自由与集体谈判公约的可能性，但迄今为止笔者尚未发现越南批准了该公约。不过，由于预期劳动标准方面的压力是 TPP 谈判的重要内容，越南 2009 年发起了一个"更好的工作"（Better Work）项目，ILO 和国际金融公司（IFC）合作进行监督，以期改善劳动法的执行。文莱不如越南在 TPP 中受关注，因为其经济体很小，又具有高度的自然资源依附性。但在文莱提高 ILO 宣言原则的年度公报中，政府暗示正在考虑批准结社自由公约。

（3）TPP 协议草案中的争议焦点。目前通过维基解密公布的 TPP 草案中，有关劳动保护的内容主要有三项：争议纠纷解决机制、谈判的地方覆盖面以及强迫劳动。争议纠纷解决机制是指劳动法事项上，应当在协约国之间有法律约束力的纠纷解决机制，由此，自贸协议将对协约国的劳动法制产生强制性影响。该事项是 TPP 中劳动标准的争议焦点，现有的资料披露，截止到 2013 年 11 月，仅有澳大利亚和美国同意，日本持保留意见，新西兰仍未表明立场，其他国家一律拒绝。

就强迫劳动的谈判事项，仅墨西哥表示拒绝，其他国家一律同意，可见禁止强迫劳动已成为通行性的国际标准。有趣的是，就谈判的地方覆盖面问题，大多数发达国家都持拒绝立场，而发展中国家都同意，这与大多数发达国家为联邦制政治结构，难以直接决定地方法制的背景有关。

7.5.3　自贸区规则的基础——国内劳动法与国际劳动标准的差距

国际自贸新谈判中的劳动标准条款逐渐从倡导转为强制，使得自贸协约国的劳动法制与自贸规则的联系更为直接，凡是不符合自贸规则约定的国内劳动法，很可能转变为贸易障碍，阻碍协约国享受自由贸易的种种优惠。在美国主导构建的国际自由贸易新秩序中，劳动标准正在成为越来越强势的条款，并会对将来各种自贸协定产生冲击。不论中国自贸区采取何种应对方式，我们首先应对我国劳动法制与国际劳动标准的基本差异有清楚的认识。

迄今为止，我国共批准了 25 个国际劳工公约。8 项基本劳工公约中，我国也批准了 4 项。现行的劳动标准与国际劳动标准相比，除在自由结社和集体谈判、平等就业方面有些差距外，在禁止童工以及禁止强迫劳动等劳动标准方面已基本符合国际劳动标准。总体上说，我国在劳动标准方面有较好的法律基础，但是缺陷也非常明显。具体来说，我国劳动法在核心劳动标准事项上的基本情况如下。

1. 自由结社与集体谈判

我国政府未批准 ILO 在该领域中的两个公约：1948 年的《结社自由和保护组织权公约》（第 87 号公约）；1949 年的《组织权和集体谈判权公约》（第 98 号公约）。在自由结社事项下，我国立法的差异主要表现在：①成立组织是否需要事先批准；②工会是否享有充分的自治；③工会能否自由联合。

在集体谈判事项上，我国立法与 ILO 公约最大的区别是：公约的要求是国家采取措施，建立劳动者组织和雇主以及雇主组织就工资和劳动条件展开谈判的程序，雇主一方可以是单个雇主或者雇主联合会，我国法律设计的集体谈判制度则主要是"用人单位与本单位职工"之间的集体谈判（张冬梅和沈剑锋，2012）。另外，在关于罢工权问题上，我国立法至今未有明确的态度。

从美国在 TPP 谈判中对待越南和文莱的强硬态度可见，在自由结社和集体谈判事项上美国立场坚定。在压力之下，越南与文莱不得不改善内国的劳动法制，但无法一蹴而就。客观地说，中国在劳动标准上面临的最大挑战同样来自于该领域。由于自由结社涉及国家与社会关系的规范性秩序，集体谈判又涉及国家权力的集中问题，在国内的改革难度是非常大的。

2. 禁止使用童工

中国已于 1999 年和 2002 年分别批准了《最低就业年龄公约》（第 138 号公约）和 1999 年的《禁止和立即行动消除最恶劣形式的童工劳动公约》（第 182 号公约）。在国内法层面，目前我国已经基本形成了以宪法为根本，以《未成年人保护法》、《劳动法》和《义务教育法》等专门法律及《禁止使用童工规定》等行政法规为主干，以刑法为补充的保护未成年人权利、禁止童工的法律体系。从基本框架上看，中国劳动立法与国际劳动标准之间差别不大，但是具体制度的设计上，正如学者所指出的，童工现象在现实中屡禁不止，与法律责任不健全与执法不力有很大关系（宋玥，2013），例如，行政机关对童工现象基本上持"民不举、官不究"的态度，出现行政不作为甚至失职渎职行为鲜有被追究法律责任的；对于童工权益的损失，比如拖欠的或过低的劳动报酬、加班加点工作、劳动条件恶劣的补偿或赔偿，都没有明确规定，使用童工以及事后追偿所依据的标准低于法定劳动标准。

3. 禁止强迫劳动

在禁止强迫劳动领域，中国在自贸谈判中实际处于较为有利的地位。中国目前尚未批准《禁止强迫劳动公约》（第 29 号公约）和 1957 年的《废除强迫劳动公约》（第 105 号公约）。在禁止强迫劳动方面，我国的《宪法》、《刑法》、《劳动法》、《劳动合同法》、《妇女权益保障法》和一些行政法规都有相关的规定。

在禁止强迫劳动领域，国际上最关注的是中国的劳改制度和劳教制度。要注意的是，劳改制度与劳教制度性质区别很大，国际公约一般不禁止经过司法程序判决的对罪犯的劳动改造，如第 29 号公约规定，"经过法院判决"的、"置于公共当局监督和控制之下"的、不是被"私人、公司或社团雇佣或安置"的强制性劳动不能看作强迫劳动。因此，劳改制度只要规范化，并不能算违反国际核心劳动标准。2013 年年底全国人大常委会通过了《关于废止有关劳动教养法律规定的决定》，彻底在中国终结了劳动教养制度。

4. 同工同酬以及消除就业歧视

国际劳动标准中，同工同酬实际上是在反歧视，尤其是反性别歧视的语境下使用的。然而，我国立法对同工同酬原则实施了进一步的拔高，使其逐渐脱离了反歧视的语境。中国在 1990 年批准了 1951 年的《男女同工同酬公约》（第 100 号公约），2006 年批准了 1958 年的《消除就业和职业歧视公约》（第 111 号公约）。我国 2008 年的《劳动合同法》与 2012 年《劳动合同法（修正案）》都对劳动者的同工同酬做出了新的规定，但都没有完全把握反歧视这一背景，从而造成了执法与司法中的许多困惑（闫东，2011）。

消除就业歧视在中国法律体系中是个更为复杂的问题，我国《宪法》、《妇女权益保护法》、《劳动法》、《就业促进法》都对此做了相应规定。但在《劳动法》第 12 条中，中国仅将歧视限定为"民族、种族、性别、宗教"四个领域，对户籍歧视、年龄歧视以及其他因素的歧视等并未涉及。更为严重的是，就业歧视的司法救济在我国仍然是处于边缘化的司法问题，国内近几年来炒得轰轰烈烈的反就业歧视案，极少得到理想的判决。在这方面，中国法律的提升空间很大。

7.5.4　中国自贸区规则对劳动标准条款的应对

1. 中国应对劳动标准挑战的"试验田"

如前所述，在国际贸易新谈判中，劳动标准已经成为日益重要并且刚性化的谈判内容。中国自贸区面临着国际竞争新格局的挑战，又背负着深化国内改革的压力，要在下一轮中美、中欧谈判中抢占主动权，利用自贸区与美国主导的自贸区竞争，劳动标准是绕不去、避不开的重要问题。然而，劳动标准的适用是全国性的，在地区性、双边性的自贸谈判中，强调的也是谈判国的劳动法制。因而，自贸区应对国际劳动标准的挑战，最主要的意义是提供一块"试验田"，通过"先行先试"的尝试，形成可推广、可复制到全国的劳动标准。在劳动标准事项上，必须兼顾两方面：一方面是在国内法基础上，巧妙设置规则，正面积极引导国内立法向国际劳动标准靠拢，为我国深度参与国际自贸新谈判提供有力筹码；另一方面，又要维护国内劳动法与相关制度发展的正常轨迹，防止新制度的出台对社会造成冲击，或由于太不适应现实而成为具文。

2. 规则设计的考量基础：劳动标准内部化难易程度

自贸区规则的设计所应作的判断，应当是劳动标准在我国立法中内部化的难易程度。例如，内部化较为容易的事项，应当在自贸区规则设定中有所体现，内部化较难的事项，自贸区规则可以通过倡导性或激励性规定。如表 7-1 所示（田野和林菁，2009）。

表 7-1　国际劳动标准中不同规范在中国的内部化

国际劳动标准事项	在国内制度结构的层次	内部化的难易程度
禁止童工、同工同酬与消除性别歧视	立法设定的规则和程序	容易
集体谈判、消除户籍歧视	国家权力的集中和分散程度	中等
自由结社	确定国家和社会关系的规范性秩序	难

3. 规范的方式——强制型与倡导型规范并用

根据表 7-1，目前自贸区规则对劳动标准事项的应对，应当是在禁止童工、同工同酬与消除性别歧视等领域，根据国际劳动标准对立法做一些查漏补缺，提高执法水平。在集体谈判与消除户籍歧视事项上，应当通过激励性条款消弭障碍。对于自由结社事项，如能够与国家管理层协调一致，也有可能开展试点性的改革（表 7-2）。

表 7-2　我国在劳动标准领域中的重点改革方向及其规则类型

劳动标准领域	重点	规则类型
禁止童工	立法、提升执法水平	强制型
同工同酬	立法与执法、司法	强制性
集体谈判	立法与执法	倡导型
强迫劳动	提升执法水平	强制型
劳动争议处理	立法与执法、司法	强制、倡导相结合
消除就业歧视	立法与执法、司法	强制、倡导相结合

TPP 谈判中特别强调劳动法的执法。我国在禁止童工、禁止强迫劳动等事项上，目前主要的缺陷不是缺乏标准，而是在实际中贯彻不力。自贸区的法制建设中，应当有完备的劳动执法制度，应改善劳动行政管理体制，建立合理的劳动标准执行机制。但是应当注意，在劳动标准事项上，一味强调提高劳动标准并非理性的态度。TPP 的劳动标准强调了能被普遍适用的基础劳工权利部分，至于工资、工时与福利等标准，由于与各国发展水平密切相关，不应当强调普遍统一性（Elliott，Freeman，2003）。对于一些具体的劳动标准，如工时、工资等加强执法不一定意味着提高劳动标准，而是可以根据经济水平弹性化。

必须看到，由于经济、社会与文化发展水平的差异，劳动保护标准在发展中国家与发达国家之间必定存在分歧。客观地说，与 TPP 中的发展中国家相比，中国目前的劳动保护标准处于中上水平。尽管劳动标准条款不可避免，但归根到底体现了国家间的博弈能力，中国在将要进行的国际贸易谈判中，不必过分迁就发达国家设定的劳动标准，而应当根据本国整体发展情况，做出适合自身的承诺。

7.5.5　我国在《服务贸易总协定》中承诺的人员流动自由度

1. 人员流动的界定

按照 WTO《服务贸易总协定》（GATS）的相关规定，服务贸易的提供方式包括跨境交付、境外消费、商业存在和自然人流动四种。除了跨境交付外，其余三种服务贸易行为都会发生人员流动。由于境外消费主要表现为境外旅游或求学，与上海自贸区的关联度较低，因此，对上海自贸区而言，人员流动应主要关注商业存在与自然人流动这两类服务贸易方式。

商业存在（Commercial Presence）是指一成员的服务提供者在任何其他成员境内建立商业机构（附属企业或分支机构），为所在国和其他成员的服务消费者提供服务，以获取报酬。此种服务提供方式涉及的商业机构的设立、运转都会产生人员流动问题。服务提供者（个人、企业或经济实体）到国外开业，投资设立合资、合作或独资的服务性企业，在 GATS 的框架下是市场准入与国民待遇的重要内容，如个人到国外开业属于禁止准入领域，则不可能以商业存在的形式实现人员流动。设立在国外的服务性企业，如果需要聘用外国人，将通过自然人流动方式解决。因此，商业存在的人员流动，只包括个人到国外投资设立服务性企业一种情况。自然人流动是指一成员方的自然人到任何其他成员方境内提供服务，以获取报酬，一般包括商务访问者和销售人员、公司内部的调动人员、独立的职业人员以及合同服务提供者。

鉴于自然人流动是最主要的人员流动方式，本研究所讨论的上海自贸区人员流动，主要是指自然人流动（但不排除有可能涉及商业存在）。从过去 10 年的世界贸易发展来看，自然人流动的自由化状况并不乐观，其开发程度及创造价值都远不及其他三种贸易方式。实际上，自然人流动目前是 GATS 中规模最小的服务提供方式，占整个服务贸易额的比例不到 2%，在所有贸易部门中有 90% 以上的市场入口将这种方式排除在外，且与自然人流动相关的协定中有 90% 只限于技术类自然人的流动（李军华和李若瀚，2012）。但是，正如加入 WTO 是为了进一步激发中国市场经济的活力一样，建设上海自贸区也是为了促进包括服务业在内的市场经济发展。如果能够充分发挥自然人流动对服务贸易的促进作用，无疑将提升上海自贸区的贸易总量和贸易水平。

2. 我国在 GATS 中对人员流动自由度的承诺水平

（1）水平承诺。水平承诺指的是其中列明的内容适用于减让表中所列的所有服务部门和分部门。需要注意的是，如果对于某种提供方式在水平承诺中列明了限制措施，即使在部门承诺中没有限制，后者也被视为受到限制。在服务贸易具体承诺减让表中，我国对自然人入境和临时居留有关的措施进行的水平承诺包括如下几项：①允许在中国领土内已设立代表处、分公司或子公司的成员的公司经理、高级管理人员和专家等高级雇员通过公司内部流动入境，其入境首期可停留3年。②在中国领土内的外商投资企业雇佣从事商业活动的成员的公司经理、高级管理人员和专家等高级雇员，按有关合同条款规定给予居留许可，或首期居留3年，以时间短者为准。③服务销售人员，即不在中华人民共和国领土内长驻、不从在中国境内的来源获得报酬、从事与代表一服务提供者有关的活动，以就销售该提供者的服务进行谈判的人员，如此类销售不向公众直接进行，并且该销售人员的入境期限为90天。该水平承诺中，准入的三类自然人中有两类是高级人才，允许他们停留的期限相对较长，而且与商业存在有关。这反映了我国对人员流动的相对保守态度，对于纯粹的自然人流入，我国的基本态度是尽量限制，只部分地允许高级人才的进入（李先波和李琴，2005），并且对允许流入的自然人也尽量缩短首期居留的时间。

（2）部门承诺。从我国对服务业具体部门的市场准入和国民待遇的具体承诺看，对各个部门的商业存在和自然人流动都作了有保留或不作承诺的限制，没有一个没有限制的承诺。表7-3和表7-4是根据《中国加入世界贸易组织法律文件》附件9计算出的商业存在与自然人流动在市场准入和国民待遇限制状况中的占比。由两表可以看出，由于商业存在和自然人流动的严格限制是市场准入的核心壁垒，故我国对商业存在和自然人流动的限制较为严厉。有一多半的部门受到约束限制，另外一些部门则不作承诺；承诺的广度和深度依然有限，特别是"没有限制"的部门所占比例为零；在对服务贸易具有深远影响的商业存在的承诺方面，与其他成员（包括发展中国家）有明显的差距。这虽与我国服务业和服务贸易发展不成熟有关，但也同时反映出我国在市场准入或国民待遇方面的门槛要求较高，所保留的对市场准入和国民待遇限制措施的商业约束性较强。

表 7-3　中国对服务业具体部门市场准入的限制状况

（商业存在和自然人流动在每类中的占比）　　　　　（单位：%）

类别		商务	通信	建筑	分销	教育	环境	金融	健康	旅游	娱乐	运输
没有限制	商业存在	4	0	0	0	0	0	0	0	0	0	0
	自然人流动	0	0	0	0	0	0	0	0	0	0	0
有保留	商业存在	46	100	100	76	50	23	33	0	0	100	100
	自然人流动	50	67	0	100	100	100	76	0	50	0	29
不作出承诺	商业存在	67	100	100	0	0	50	0	100	24	50	77
	自然人流动	50	33	0	0	0	0	24	100	50	100	71

表 7-4 中国对服务业具体部门国民待遇的限制状况

（商业存在和自然人流动在每类中的占比） （单位：%）

具体部门		商务	通信	建筑	分销	教育	环境	金融	健康	旅游	娱乐	运输
没有限制	商业存在	35	58	0	60	0	100	18	0	25	0	13
	自然人流动	0	0	0	0	0	0	0	0	0	0	0
有保留	商业存在	15	8	100	40	100	0	59	0	25	0	10
	自然人流动	50	67	100	100	100	100	76	0	50	0	29
不作出承诺	商业存在	50	33	100	0	0	0	24	1000	50	100	77
	自然人流动	50	33	0	0	0	0	24	100	50	100	71

很明显，我国在 GATS 下达成的承诺减让表只是服务贸易自由化的一小步，在此前提之下，上海自贸区应有所创新和突破，从而形成可复制、可推广的经验。

7.5.6 目前我国对人员流动的实际管理水平

目前，我国对上海自贸区人员流动管理的主要依据是中国落实 GATS 承诺的内国法，因此要全面了解我国人员流动的自由度，还必须考察我国特别是上海在实践中的做法以及出现的问题。现有涉及人员流动法律法规所包含的制度主要有：①签证制度。依据的主要是《中华人民共和国外国人入境出境管理法》及其《实施细则》，以及其他法律法规。②就业许可制度。依据的主要是《外国人在中国就业管理规定》及其《实施细则》。以就业为目的到中国的外国人，必须先依据《就业管理规定》获得就业许可，才能得到相应的签证及居留许可。而自然人流动过程中所面临的经济需求测试、签证制度、执业资格认证等三大壁垒，在我国同样现实存在，并在相当程度上还更为严厉。不可否认，在这些贸易壁垒中，有些是必要的，但有些仅仅是增加了人员流动的难度，损害了经济体的开放与活跃程度，上海自贸区在多大范围内能够去除人员流动壁垒，是今后制度创新中应当重视和研究的课题。

1. 对自然人流动的市场准入限制

目前我国对入境的外国自然人规定了教育、培训和资历等准入资格，主要表现在：①资格认证。主要包括自然人必须具备大学本科毕业证；必须在中国境内有明确的用人单位，并且个体经济组织与私人均不能作为用人单位，这明显比《中华人民共和国劳动合同法》对本国用人单位的界定要严格。②与国外教育体制、资格认证制度的差异。目前在我国申请就业证必须具有大学本科及以上学历。但是各国的教育体制、资格认证制度存在巨大的差异，有些国家的职业培训制度使得不具有大学学历的人员更适合某些种类的工作，但是这些差异使外国服务提供人员入境时受到限制，被我国的就业许可制度拒之门外。

2. 签证制度的限制

为了保护国内劳动力市场，我国利用签证实行有目的地阻挡自然人流动，但同时，签证制度的缺陷也导致了无谓的贸易壁垒或经济上的损害。具体表现在：

（1）有些签证手续繁琐且不必要。依据现行法律规定，持其他签证入境的外国人，如果之后在中国找到工作，不能立即申请工作签证，而是必须回到其母国，在母国申请工作签证。又如，持商务签证进入中国的自然人，再次申请商务签证只能少于 6 个月，并且只能申请一次，不能再次申请。这往往给自然人造成很多麻烦，当这些人员不得不流动时，繁琐的手续并没有阻碍自然人的流动，只是徒增了本国公司用人的成本。

（2）签证制度对自然人流动重视不够，我国目前法律只规定了七类签证，与自然人流动直接有关的仅有两类，以致在实践中有些合理的自然人流动找不到对应的签证类型，如实习生的管理等。这种粗线条的分类不利于对入境外国人身份的识别和管理，因为签证类别的划分越详细、越科学，就越便于行政官员的操作管理。此外，对于口岸签证，《外国人入境出境管理法实施细则》规定了可以予以办理的十种情形，规定十分严格，不利于自然人流动。

3. 歧视性待遇与限制

（1）居住期限的限制。我国签发的工作许可证受期限的限制，延长或续签的程序相当麻烦，且价格昂贵、审查严格，如此一来，通常会打击境内公司雇佣外国人员的积极性。根据《外国人在中国就业管理规定》第 18 条的规定，外国人在华就业劳动合同期限最长为 5 年。实践中，《外国人就业证》的期限通常比 5 年更短。例如，上海市外国人就业证期限有效期一般不超过一年，北京为两年。①

（2）就业的年龄限制。由于我国现有的退休年龄大幅度低于欧美国家，导致其他国家远未达到退休年龄的劳动者，在中国由于年龄限制，无法申请就业许可证，在中国就业。

（3）提供无犯罪记录的苛刻要求。目前有些地方法规要求外国人提交自 18 周岁始无犯罪记录的证明，但是在程序上设置不合理，变成了每申请一次就要提交一次。而公安部门等其他相关部门在对外国人申办居留许可或入境手续时，也会对其是否有犯罪记录进行审核，其专业性更强，对信息真实性的鉴别手段更丰富。就业申请人办理无犯罪记录证明文件面临耗时长、花费大、程序繁琐等问

---

①　根据两地劳动行政部门的相关规定，只有用人单位实际到位的注册资金在 300 万美元以上或者外国跨国公司在上海设立地区总部的外国人，其就业证期限最长为 5 年。

题，欧美等国家普遍需历时三到四个月才能获得相关证明文件，这给用人单位以及就业申请人带来了极大的不便。上海在该事项上的管理目前虽较为科学，但其他地区仍存在这一做法，当上海自贸区经验向全国推广时，极有必要强调这一事项。

（4）居住的异地限制。目前有地方法规限制外国人在境内的异地居住，然而，外国人异地居住难以避免，特别是雇佣外国人公司在中国有若干分支机构时，出于工作需要，异地居住显然是合理的。上海自贸区在 28 平方公里以内签发的签证，是否能够允许外国人在国内的自由流动，是一个必须要充分考虑的问题。

7.5.7　国际组织或协约中人员流动约束度情况

上文所论述的我国在 GATS 中的承诺以及国内法的实践，正是上海自贸区在人员流动事项上的现实基础。然而，有吸引力的自由贸易区制度结构，必然是在世界范围内的竞争与比较。因此，上海自贸区人员流动自由度需不需要进一步放开，就有必要比较国际上自由贸易区以及自由贸易港等在人员流动规制方面的通行做法。

1. 欧盟与欧洲经济区

欧盟是世界上最大也是最自由的经济区。除了受少数例外情形限制外，《欧盟条约》第 18 条赋予每个欧盟公民在任何成员方领土内有自由移动和定居的权利，主要包括劳动者进入其他成员国就业、与家庭成员一起定居在其他成员国、在工作条件和就业等方面享受与本国国民平等待遇，享有自主开业和自由提供服务的权利。欧洲自由贸易联盟与欧盟组成的欧洲经济区也在协定（The Agreement on the European Economic Area，EEA Agreement）中规定，成员国不得在就业、报酬和其他工作条件等方面基于国籍对其实施歧视待遇，但公共服务如政府权力行使等领域除外。短期服务提供者可以不受限制地享受国民待遇，当然政府权力的行使以及运输、金融和电信方面的服务所要求的特别条件下的例外不包括在内（"EEA Agreement"第三章第一部分）。

2004 年欧盟再一次扩大之后，老成员国根据自身的情况分别对新加入的成员国劳动力的流入做出了不同安排。如英国、爱尔兰和瑞典对新加入成员国进入其劳动力市场没有设定限制，而很多国家都针对新加入的 8 个成员国的劳动力流入采取不同期限的过渡性措施。欧盟在自然人流动方面做出的努力体现了这一发展趋势（李先波，2010）。欧盟各成员国均承诺允许来自于其他成员国的劳动者以寻找就业为目的在欧盟和欧洲自由贸易协会成员国间自由流动和停留，在获得工作后长期居住在这些国家境内。此外，欧盟通过《欧洲共同体条约》、《阿姆斯特丹条约》、《申根协定》和《马斯特里赫特条约》等一系列条约和欧洲议会的指令，使得欧盟国家国民跨国流动的自由化程度在区域性组织中是最高的。随着申根版图的再一次扩大，拥有"申根签证"的成员国国民和第三国国民可以不需其他手续而在 24 个申根国家之间自由流动。

2. 其他区域性合作组织

一些国际上的联盟组织不仅超越了 GATS 下成员方作出的高技术人员流动的承诺，而且还为一般劳动力的流动或者特定类型人员流动的完全自由化提供了便利，从而加强成员国在服务贸易领域内的合作，提高竞争力以应对服务贸易自由化对发展中成员国的冲击。

1）东盟

《东盟服务贸易框架协定》（Asean Framework Agreement On Services，AFAS）根据区域经济一体化的要求已经确定将空中运输、商务服务、建筑服务、金融服务、海运、电信和旅游作为其自由化的 7 个优先部门。2007 年成员国又在菲律宾达成《物流服务部门一体化协议》，将物流也作为服务业发展的一个优先部门。而且，AFAS 自 1995 年缔结后实施十多年来，各成员国已经先后达成了诸多协议，相比 GATS 而言，各成员国自然人流动方面的承诺或多或少有所扩大。例如，缅甸在 GATS 下仅仅在一个部门作出了关于自然人流动的承诺，而在东盟内部对自然人流动开放的部门扩大到 20 个，成为东盟在 AFAS 下承诺幅度变化最大的成员国（《东盟服务框架协议》ASEAN Framework Agreement on Services）。

为了促进专业服务人员的自由流动，早日实现服务一体化，东盟成员国 2005～2009 年共达成了关于相互承认工程师、护士、建筑服务、测量职业资格认证、医疗卫生行业实习生、牙科实习生和会计服务等七项相互承认协定。尽管这七项协定在细节上存在一定的差别，但它们共同的内容都是：在其中一个签字国经过注册或取得相关职业资格证明的专业服务提供者可以在其他的签字国得到平等承认。当然认证程序的具体实施和有关标准、规范的制定仍然由各个成员国自主决定。这种安排免除了认证程序，扫除了服务提供者流动的重大障碍，并为这些种类的服务提供者在全球范围内的自由化流动提供了可资借鉴的重要经验，代表了将来国际社会对专业人员流动进行规制的法律走向（李先波和李琴，2005）。

2）北美及加拿大

各国为保护本国劳动力市场，对自然人流动的态度在 GATS 生效的初期比较保守，在双边和区域性协定中也少见关于自然人流动的灵活措施。这种局面也在近几年发生了根本性的转变。一些区域性贸易协定和双边协定对自然人流动作出了新的规定。这些规定以互惠为原则，允许成员方相互为服务提供者的流动提供某些便利的措施。这些措施具有使用劳动种类多、审核手续简单、审批周期短及在劳动国居住期长等特点，因此，比 GATS 更易灵活操作。

《北美自由贸易协定》的第 16 章规定了商务人士流动的便利条款，《加拿大-智利自由贸易协定》的相应部分也使用了类似的模式。两个协定都限定在短期进入而且仅适用于成员方的公民。其规定的市场准入基本上限于四类技术水平较高的人员，即投资者、公司内部调任者、商务访问者和专业人员，协定还对其进行了界定。但是，这些类别并不限于服务行业的人员，还包括了与农业或制造业活动有关的人员。劳动力证明或劳动力市场测试不适用于这四类人员，投资者、公司内部调任者和专业人员需要工作许可，但商务访问者可以免除。美国向加拿大和墨西哥提供的签证，有效期为一年且可以更新。加拿大公民可以基于其美国雇主所作出的信件陈述在进入地点自动获得签证，但是墨西哥公民则必须由其雇主递交一份劳工岗位申请，然后再在美国驻墨西哥大使馆申请该签证。《加拿大-智利自由贸易区协定》没有便利进入的条款，但智利商务人士可以申请就业许可，针对四类高技术人员的劳动力市场测试予以取消，双方均不得实施或保持对任何除了这些较为有影响的区域性贸易协定外作出的与自然人流动相关的自由化安排。还有一些区域性组织如亚太经合组织和东南部非洲共同体等对自然人流动也作出了灵活的规定（李先波和谢文斌，2013），如前者在各成员方间实施商务旅行卡（Business Travel Card）计划，可以使持卡人凭有效护照和旅行卡在 3 年内无须办理入境签证，自由往来于已批准入境的各方之间，并在主要机场入出境时享有使用此商务旅行卡专用通道的便利。这一措施大大便利了商务人员的自由流动，为亚太经合组织成员国之间的高层商务沟通创造了较为便利的条件。

3. 香港的实践

香港作为自由港，是全球最自由开放的经济体和最具发展活力的地区之一，具有重要的国际金融、贸易、航运中心地位。虽然上海自贸区着力发展的金融与服务业和香港支柱产业雷同，有可能成为香港的有力竞争对手，但是不可否认，香港运行市场经济多年，其间积累的经验和成绩远非其他地区可以轻易赶上的。上海自贸区只有求同存异，一方面借鉴香港的经验和做法，另一方面则需根据自身特点进行制度创新。

在人员流动方面，香港的自由度大大高于上海，比如，香港在 WTO 协议框架下，对服务业具体部门的市场准入和国民待遇的限制仅限于金融业（GATS/EL/39）；又如，香港作为自由港，对于服务贸易的四种类型在市场准入方面，对跨境交付和境外消费都无限制，只有对于商业存在，保留了一些服务必须是有香港执业执照的注册会计师或律师，或独资或合伙制事务所的规定，在自然人流动类型上，香港仅对公司总经理、高级经理等高级人员流动做了一定的限制。再如，对于国民待遇原则，香港采取了比内地宽松得多的承诺（Appendix 1 to Annex x List of Commitments on Movement of Natural Persons of Hong Kong，China）。

7.5.8　我国已有的探索及上海自贸区的选择

在上海及我国其他开放的沿海城市，针对人员流动中的问题，已经有些创新的做法[①]，主要包括为海外高层次人才提供出入境以及就业许可证的便利条件，但这种做法仅仅针对高层次人才，并没有成为一种常规制度，因而尚不具有制度创新的意义。应当认识到，在多边贸易体制下，人员流动不仅受到多边贸易体制规则的制约，区域和双边贸易协定以及各国和地区的相关立法对此也具有重要的影响。为此，笔者认为，加强上海自贸区人员流动自由度的制度建设应当从以下几个方面着手。

1. 积极完善对未列入"负面清单"项目的配套改革

外商投资准入特别管理措施（负面清单）圈定了在这些开放领域清单上，有关市场准入和国民待遇问题的限制。对于未列入清单的外商投资一般项目，则将按照内外资一致的原则，这大大增加了人员流动的领域。但是，"负面清单"的管理模式应当与消除隐形壁垒的措施同步推进，如在项目核准、行政管理、公共财政、金融支持等方面的配套改革需及时跟进，才能使这些领域的人员真正"流动"起来。

2. 适度松动签证制度

应当改革现有签证制度中繁琐且不必要的规定，如外国人就业必须持工作签证入境，可以利用自贸区"境内关外"的特点予以变更，规定履行一定手续可以直接在境内就业。对于现有签证制度中没有覆盖到的类型，如外国实习生等，可通过政策予以明确。对于商务签证入境，应制定灵活的可转化为工作居留签证的制度，为人才流动提供便利。

3. 简化就业许可手续

放宽就业许可证的期限规定，对一般外国就业人员，可以考虑将就业许可证

---

① 参见《临港地区建立特别机制和实行特殊政策的三十条实施政策》（上海市临港地区开发建设管理委员会 2013～2015 年执行）、《天津滨海新区吸引、培育和使用人才的指导意见》（天津滨海新区区政府 2008 年起执行）、《上海市推进国际贸易中心建设条例》（上海市第十三届人民代表大会常务委员会 2013 年 1 月 1 日起实行）、《天津市公安局服务滨海新区开发开放出入境新举措》（2007 年）。

期限放宽到 3 年或劳动合同期。适度放宽就业的年龄限制，可以考虑放宽到 63
周岁或 65 周岁。尽量简化就业许可手续，对限制领域的自然人流动，不再需要
主管部门批准，一律经劳动行政部门报批，避免多层、多头管理，拖延时间。对
于特殊专业技术岗位，可以允许无本科学位人才申请。放宽居住异地限制。梳理
现行就业许可制度与劳动合同法之间的关系，通过相应政策化解两者之间的
冲突。

　　尽管中国在 GATS 下对于服务贸易有具体的承诺，但作为在一国之内的自
由贸易试验区，完全可以摆脱区域及双边协定的影响，遵循市场准入和国民待遇
的原则，精简不必要的繁琐程序，制定适宜本区的人员流动管理制度，积极为自
贸区的制度创新提供新的发展思路和亮点，以简单、高效而又安全的人员流动制
度保障自贸区的发展建设。

7.6　上海自贸区的司法试验[①]

　　在新时期，中国司法已经历三轮改革，但在如何满足社会与公众的司法需
求，以及进而在国家政治框架内寻求一合理位置，为国家与社会的长治久安提供
保障，满足各方期待上，始终未能有一准确定位。在中国司法业已启动新一轮改
革之际，恰逢人称堪与深圳特区改革意义相比的中国（上海）自由贸易试验区揭
牌成立（张利红，2013）；能否将中国（上海）自由贸易试验区的司法试验作为
新一轮司法改革的"试验田"与"风向标"？根据国务院公布的《中国（上海）
自由贸易试验区总体方案》，中国（上海）自由贸易试验区的目的有二[②]：一曰
改革。也就是说在自由贸易试验区内实行新规，经过若干时间实施，将在全国范
围内或全国若干地区实施。二曰开放。自贸区成熟的新规，将在我国与包括美国
在内的其他国家的投资、贸易协定谈判中，转化成国际社会经贸新规则，从而参
与国际经贸新秩序的建构。在这两个角度上，司法必然有其参与担当。或者可以
说，司法是必须要参与自贸区新规的建构以及推动自贸区上述两个功能的实现
的。于是，司法试验构成了中国（上海）自贸区试验的重要部分。

7.6.1　专门的自贸区审判机关是司法试验的机构保障

　　中国（上海）自由贸易试验区成立后，会涉及大量的商事纠纷，商事争端解
决机制便提上了议事日程。考虑国外那些比较成熟的自贸区运转情况，我们发现

---

　　① 　本部分主要内容以"中国（上海）自由贸易试验区的司法试验"为题，发表于《法学》2013 年第
12 期）。

　　② 　见国务院公布的《中国（上海）自由贸易试验区总体方案》的总体要求。

它们基本上都成立专门的法院来处理这些商事纠纷。因此，应该成立中国（上海）自由贸易试验区法院，且作为中级法院建制的专门法院。理由如下：

（1）有利于解决目前法院案多人少的矛盾。现在中国东南沿海法院处于"诉讼爆炸"的时代，特别是在上海，基层法院年人均平案近 300 件（席建声，2013），一线法官穷于应对案件。在这种情况下，若不成立专门的自贸区法院，增加一线法官的机构与编制，让本来就疲于奔命的浦东新区法院的法官们再承接自贸区与日俱增的案件，很难提高自贸区案件审理的质量，不利于自贸区案件裁决的精品化。

（2）有利于新型案件的及时裁决与及时总结，有利于立法机关及时汲取司法中的经验。在自贸区实行新规，会出现大量新型案件，而这些案件的及时裁决，有助于自贸区的良性运行。而我国属于成文法国家，司法案件的及时总结，便于立法机关在制定法律过程中及时汲取其中的经验。

（3）有利于新型案件的专门审理。在自贸区，由于实行新规，从目前所开放的领域以及负面清单管理来看，案件的类型主要有投资、贸易、金融、海商、税收争议、行政以及普通商事等七大类型。而且这些类型案件相较于国内其他地方而言，都有其特殊性。因此，在自贸区设立法院，再按案件类型实行分庭管理，显得十分必要。分庭审理使新型案件审理专门化，有助于提升案件审理质量与提高司法效率，也有助于将来自贸区新规在全国其他地方进行复制与推广，并提供司法经验与成案指引。

（4）作为中级法院建制的专门法院，有利于减少法院层级，便于自贸区法院及时向立法机关与最高法院提供立法建议与司法建议。

7.6.2　整合 ADR 机制：司法的边界

在中国（上海）自贸区内已成立上海国际经贸仲裁院，可以根据当事人双方的仲裁协议或仲裁条款进行裁决，加之中国国际经贸仲裁委员会、中国海事仲裁委员会以及上海仲裁委员会等，可以说自贸实验区内企业可以选择的中国仲裁机构有多家。此外，当事人双方还可以约定境外的仲裁机构进行仲裁，因此，自贸实验区内企业并不缺乏仲裁机构的选择。但是，包括仲裁在内的非诉讼多元纠纷解决（ADR）机制如何整合，这涉及司法权的边界问题。

1. 仲裁的优势

在商事交易的发展过程中，由于商人们对交易事项的理解基于行为习惯、信息不对称性以及不确定性的把握等原因，出现纠纷是难以避免的。为了促进商事交易的迅捷与交易安全，纠纷的解决首先仰赖于双方的和解与第三方商人的调解，其次寻求中立的第三方商人的仲裁，在这种解决纠纷的路径中隐含着下列内在逻辑：其一，对于商事纠纷的解决，商人共同体具有自我裁决力。不仅裁决人（或调解人）熟悉商事交易规则，也符合一般人性的特征——首先认为熟人间更具安全感和信任感。其二，商事纠纷的解决，是经商的一种技艺。而这种技艺，构成商人共同体的共同经验与规则，属于商人共同体间共同分享的经验与传统。因此，根据商人共同体发展出的调解与仲裁，即形成今天通行于国际经贸领域的现代商事仲裁，具有现代司法所不具有的独特优势：第一，秘密性。仲裁庭向来以不公开审理为原则，因此，仲裁便具备秘密性，而这种秘密性减少了商事交易秘密泄露的可能性，这就是仲裁成为许多商人首选的解决纠纷的方式的原因所在。第二，自愿性。现代仲裁必须建立在双方约定的仲裁条款或仲裁协议的基础上。而这种自愿性体现了商人自治的特性，有利于商人自我治理与自我保护。第三，终局性。一审终局提高了解决纠纷的效率。所以，在构筑一个国家或地区的多元纠纷解决机制中，首先就要有机整合 ADR 机制，特别是发挥仲裁机制的作用，让仲裁充分体现秘密性与自愿性。是以，在中国（上海）自贸区中是否允许境外仲裁机构的介入，便成为一个需要讨论的议题。境外仲裁机构特别是香港仲裁机构的率先引进，在整合 ADR 机制中可以发挥良好的功效：一则可以更好地发挥仲裁的优势，促进商人自治与自我裁决传统的发展；二则可以促进境内仲裁机构间的有效竞争，完善境内仲裁机构的各项规则。

仲裁的秘密性与资源性的优势，与司法机构形成有效竞争，使司法机构的裁决更加透明、更加中立、更有效率，并使司法权的边界得以清晰化。

2. 不可裁决的争议事项内容的确定化

国际仲裁协议下争议事项的不可仲裁性专指一国法律禁止以仲裁形式解决一些争议或索赔，争议不具有可仲裁性，即仲裁失去管辖权（杨良宜，2006）。因此，为协调仲裁的自愿性与国家司法主权的强制性间的关系，各国法律通常都会规定不可仲裁性事项，即规定属于公共政策范围内的争议事项，应由法院管辖。

我国《仲裁法》采取概括方式列举了不可仲裁事项（《仲裁法》第三条）。我国《民事诉讼法》第二百六十六条规定，因在中华人民共和国履行中外合资经营企业合同、中外合作经营企业合同、中外合作勘探开发自然资源合同发生纠纷提起的诉讼，由中华人民共和国人民法院管辖。《民事诉讼法》第二百三十七条规定，人民法院认定执行该裁决违背社会公共利益的，裁定不予执行。《民事诉讼法》的上述两条规定，是否意味着中外合资经营企业合同、中外合作经营企业合同、中外合作勘探开发自然资源合同具有不可仲裁性？抑或只能由境内仲裁机构仲裁？违背社会公共利益的争议事项具有不可仲裁性？从法律解释学的角度来看，应该说，并不存在上述问题。但是，由于自贸实验区对企业的核准制度改为备案制，且实行负面清单管理模式，因此，对于不可仲裁争议事项仅由《仲裁法》第三条规定之，似过于简陋。所以，应进一步明确规定公共政策范围事项的不可仲裁性，且采取列举式，从而划定司法权的边界。

只有在充分整合 ADR 机制的基础上，在多元纠纷解决机制中，司法作为定纷止争的主要方式，才能在竞争中凸显其公开性、公正性与效率，从而保障当事人的权利。

7.6.3　法官负责制

中国共产党第十八届三中全会通过的《中共中央关于全面深化改革若干重大问题的决定》再次重申了我国"八二宪法"的规定，确保依法独立公正行使审判权检察权，并进一步明确改革审判委员会制度，完善主审法官、合议庭办案责任制，让审理者裁判，由裁判者负责。最高人民法院所开启的新一轮司法改革，必然以此为归依，深化司法改革。那么，在自贸区试验中，司法试验亦可以此为指针，推行法官负责制，强化司法独立。

所谓的法官负责制，是指法官独立进行裁判，并承担责任。在自贸区，除非应成为先例的案件，否则，案件皆不通过审委会讨论，直接由法官独立作出裁判。

在自贸区实行法官负责制，一则可以使司法处于独立与透明的地位，增加司法的公正性与权威性；二则可以使司法赢得当事人，特别是外商的信任，并且，还可减少司法流程，提高司法效率。

另外，实行法官负责制，还应该辅之以调裁分离制度，即法官应区分调解官与裁判官两个群体，负责调解的法官不应该成为该案的裁决法官，否则会出现以裁判作为调解的威慑力迫使当事人就范的弊端。甚至可以考虑由法院聘请通晓商事规则、熟悉调解技巧的社会人士充任调解官。

7.6.4　尊重商业判断规则

商业判断规则是由英美法院在长期的司法实践中逐渐发展起来的一项重要的司法规则（Branson，2002），该规则以保护董事、经理人和控制股东，使其不致陷入因商业判断而动辄得咎的困境为基础，进而发展成为避免法院再为事后判断以保护董事基于诚信而为商业判断的一种制度。在国外此项规定被广泛运用于公司收购、股利分配、公司资本减少等方面（Moll，2003）。美国特拉华州以其"最佳"服务（施天涛，2006）成为美国许多大公司注册的首选（王凌红和郭小梅，2012），就与其法院系统尊重商业判断规则有很大的关系。

特拉华州的最高法院在 Aronson vs. Lewis 一案中，对商业判断规则进行了阐述。这一表述已经成为公司法上经典的表述，并被频繁引用（王凌红和郭小梅，2012）。它将商业判断规则作为一种推定，即"推定公司的董事在决策过程中是在信息充分的基础上，善意而为，并且诚实地相信其所做所为是为了公司利益的最大化。如果董事没有滥用决策权，那么其所进行的判断就将为法院所尊重。而如果要让董事承担责任，就必须提出证据推翻该判断"。特拉华州最高法院认为，董事"应当运用一般谨慎和理智的人在同一条件下所运用的全部注意"。所谓"推定"，即推定董事的决策过程不违反董事注意义务。因此，如果让董事承担责任，原告就必须提出证据推翻该决定（王凌红和郭小梅，2012）。

美国法律研究院在《公司法治理原则——分析与建议》中对商业判断规则做了详细规定："（a）一名高级主管或董事在履行其高级主管或董事的职能时对公司负有诚信义务。其方式是代表他或她合理地相信是为了公司的最佳利益，并且是以一个普通审慎的人在相同的地位、相似的情况下，合理相信所应当给予的。在（c）款（即商业判断规则）的规定可以适用的情况下，本（a）条款的内容从其规定。（c）款规定，高级主管或董事在作出一项商业判断时是符合下述条件的，即履行了本节中规定的诚信义务：（1）与该商业判断的有关事项没有利益关系；（2）所知悉的有关商业判断的事项的范围是高级主管或董事在当时情况下合理相信是恰当的；（3）理性地相信该商业判断是为公司最佳利益所作出的。"（美国法律研究院，2006）

尊重商业判断规则，应该成为自贸区法院的一项重要司法规则，其主要理由有：其一，法院对公司治理领域的介入，以程序性审查为主，而非以实质的司法判断来取代商业判断。如此，可以吸引资本的投入，使自贸区成为吸引外资的"乐土"。其二，相对于商人来说，法官所作出的司法判断并不具备足够的信息优势，而尊重商业判断更有助于企业的经营。其三，尊重商业判断，有助于商人自治体的繁荣与发展，从而促进企业经营的创新，进而推动商业领域的革新。

7.6.5 遵循先例原则

遵循先例原则为英美法系的司法传统。在判例法国家，若无遵循先例原则，判例法无从发展起来。但随着全球经贸一体化的进展，特别是第二次世界大战以后，大陆法系国家，如德国、日本等，也开始发展判例，甚至将判例直接视为法源。在我国，最高人民法院也开始颁布指导性案例。尽管对指导性案例的性质认定，各学者间有着不同的理解（陈兴良，2012；刘作翔和徐景和，2006；王立明，2012），但无论是将指导性案例视为判例，作为法源直接引用，还是认为指导性案例只能"参照"，皆涉及遵循先例的司法思维。

"英美法学家认为判例法区别于法典法的特征在于，法典法是呈现在世人面前的高度抽象化、系统化和规范化的条文，从中难以窥见现实生活中法律现象的原貌，而且许多法律规范本身就是依据理性的预见假定而创制的。法典法在很大程度上是一个脱离生活现实的形而上学体系，不仅难以把握，而且其真实可靠性也令人怀疑。相反，判例法不是逻辑推理的产物，而是人类'完备理性'的自然表述，是共同经验的反应，是以人们共同的生活习惯为基础的。判例法产生于司法判决，是对以往案例的真实记录，是活生生的法律，看得见，摸得着。"（封丽霞，2003）。因此，在判例积累过程中，遵循先例成为一个恒定的法则。

"每一个判例都是具体的、针对个案的处理方法，以后的法官审理案件时，需要在大量的先前判例中寻找适用于本案的特定判例，对这些判例法作出归纳分析，确定其所确立的法律原则和规则，并适用于本案，这样，该特定判例便构成本案的先例。"（钱弘道，2004）确定先例的一系列方法和活动，被称为"区别技术"，通过区别技术，法官在审理案件时往往有几种可能性：一个是遵从有约束力的判例；另一个是推翻前例；再一个是拒不适用某一前例。换句话说，既不遵从也不推翻，而是对该前例和现在的案件加以区别，认为包含该前例的案件和现在案件之间在实质性事实和法律方面有着重大差别，因而不援引这一前例（陆洲和李华围，2013）。

在自贸区试验法院中，引进"遵循先例"原则是必要的：首先，在自贸区，各类经贸规则在试验过程中很难规范化，因此，只能采取"边干边学"的哲学态度。而交由司法来裁决的，也只能要求法官采取经验论的哲学理念，这与判例法的经验论哲学基础是相吻合的。其次，自贸区在三年内必然缺乏成文法（法典法）的支撑，而各类商事纠纷要得到比较圆满的解决，最适当的方法乃是发展判例（或指导性案例），借以弥补成文法的不足。最后，判例法在大陆法系的发展，或者我国发展指导性案例，其功能之一就在于克服成文法的滞后性，而在自贸区中，法治与经贸的同步发展是形成"法治化、国际化、市场化"营商环境的重要保证。而发展判例或指导性案例，则离不开遵循先例的司法原则。

当然，在自贸区引进"遵循先例"原则，必须设置下列制度条件：首先，自贸区法院必须有判例或指导性案例。凡通过审委会讨论的案件，可以直接成为自贸区法院的判例或指导性案例，作为后来案件的"先例"。其次，上级法院可以通过二审或再审，发展自贸区的判例或指导性案例。最后，遴选或培养一批通晓国际经贸规制、熟谙英美法传统的法官。

7.6.6　商事惯例直接成为法源

商事习惯，分为商事惯例与一般交易习惯两类。前者是指在商业活动中经长期的反复实践而形成的，并为从事相关商业领域的当事人广泛知悉与经常遵守的商业做法。交易习惯是指在交易行为当地或者某一领域、某一行业通常采用，并为交易对方订立合同时所知道或者应当知道的做法；或者指当事人双方经常使用的习惯做法①。对于商事惯例，我国法律仅规定了国际商事习惯或国际惯例的法源效力②。若在自贸区法治建设过程中，欲将商事习惯作为法源，必须解决下述两个问题：

（1）商事惯例与国际惯例的关系。我国现有的规定国际惯例的法律基本上指向国际商事惯例。而国际商事惯例是商事惯例的重要组成部分。按现有法律规定，国际商事惯例具有法源效力，应该不存在法律上的障碍。但国内商事惯例呢？在自贸区内，法律的适用具有一体化的特点，因此，并不该区分国内商事惯例与国际商事惯例。另外，可以通过最高法院颁布司法解释的方式，规定自贸区的商事惯例与国际商事惯例密不可分，构成国际惯例的重要组成部分，从而具有法源效力。商事惯例认定的实质条件有二：其一，广泛知悉；其二，经常遵守。

（2）一般交易习惯的效力。根据最高人民法院《关于适用〈中华人民共和国合同法〉若干问题的解释（二）》第七条之规定，交易习惯需满足下述主客观要件，并经提出主张的一方当事人举证后，方能适用：主观要件，即"为交易对方订立合同时所知道或者应当知道"；客观要件，即"在交易行为当地或者某一领域、某一行业通常采用"。因此，一般交易习惯并不具有法源效力，而是具有契约效力。正因如此，自贸区法院在审查一般交易习惯效力时，更应当尊重合同自治原则，除非违反法律强制规定；否则，一般交易习惯则具有合同的同等效力，予以适用。

7.6.7　法律是一体适用

按照现行的法律规定，我国的内外贸法律体系是两套系统，即调整内贸（内资）与调整外贸（外资）的法律系统是区隔的。在自贸区中，首先必须打破这种区隔，即实施内外贸规则一体化。因此，作为调整内外贸的两套法律系统必须一体化。对自贸实验区法院来说，就面临着法律的一体适用问题，也即无论内贸（内资），还是外贸（外资）都适用相同的法律问题。

对于自贸区司法而言，法律的一体适用，首先，适用外贸（外资）法律系统。也就是说，当两套法律系统针对一种行为模式有两套处理模式时，优先选择适用外贸（外资）法律系统，因为自贸区肩负建立高标准国际经贸规则的使命。其次，只有涉及冲突法规范时，内贸（内资）与外贸（外资）才有区别，因为外贸（外资）还得适用冲突法规范。最后，法院必须进一步核理、清理内外贸（资）两套法律系统中所有冲突的法律规范并报送有关立法机关或上级法院，通

---

① 参见最高人民法院《关于适用〈中华人民共和国合同法〉若干问题的解释（二）》第七条之规定，《中华人民共和国合同法》规定了"交易习惯"的法条共九条，即第二十二条、第二十六条、第六十条、第九十二条、第六十一条、第一百二十五条、第一百三十六条、第二百九十三条、第三百六十八条。

② 我国的《民法通则》、《海商法》、《票据法》、《民用航空法》、《归侨侨眷权益保护法》等。

过立法或司法解释的方式废止或修订这些法律。

7.6.8　结论

（1）自贸试验中法院的设立、有机整合 ADR 机制、法官负责制、尊重商业判断、遵循先例原则、商事惯例成为法源、法律的一体适用等构成了自贸区司法试验系统。而这个系统要发挥充分优势，则无法舍弃其中任何一部分。

（2）只有经过自贸区司法试验并成熟的做法，才能成为可复制、可推广的司法经验与规则的组成部分。

本章参考文献

常健，张强．2013．商业判断规则：发展趋势、适用限制制度及完善——以有限责任公司股份分配为视角．法商研究，（3）：136-146.

曹康泰．2009．序//吴浩，李向东．国外规制影响分析制度．北京：中国法制出版社．

曹炜．2013．完善政策环境加快发展离岸贸易．上海企业，（7）．

陈安．1999．国际投资法学．北京：北京大学出版社．

陈兴良．2012．案例指导制度的法理考察．法治与社会发展，（3）：73-80.

陈兴良．我国案例指导制度功能之考察．中国检查官，2012，（9）：13-19.

陈志毅．2011．金融宏观审慎监管：趋势、挑战与中国适用前瞻．上海金融，（12）：74-80.

封丽霞．2003．法典法、判例法抑或"混合法"：一个认识论的立场．环球法律评论，（3）：332-328.

龚柏华，刘军．2005．从 WTO 和人权国际保护角度评在中国推展 SA8000 标准．比较法研究，19（1）：111-116.

龚柏华．2013．中国（上海）自由贸易试验区外资准入"负面清单"模式法律分析．世界贸易组织研究与动态，（6）：23-33.

黄新祥．2012．外高桥保税区离岸贸易的发展现状、问题与对策．特区经济，（3）：61-63.

经济合作与发展组织．1997．规制影响分析：经济合作与发展组织成员国的最佳表现．

经济合作与发展组织．1998．Foreign Direct Investment and Economic Development.

李先波，李琴．2005．后 WTO 时代中国的自然人流动．中国法学，（6）：177-188.

李先波，谢文斌．2013．南部非洲发展共同体自然人流动法律规制研究．湘潭大学学报，37（3）：64-69.

李先波．2010．自然人流动规制的晚近发展及其对中国的启示．法学研究，（1）：182-196.

刘波．2006．国际贸易与国际劳工标准问题的历史演进及理论评析．现代法学，（28）：121-129.

刘昌荣．2011．兰生发力离岸贸易．上海国资，（9）：42-43.

刘作翔，徐景和．2006．案例指导制度的理性基础．法学研究，（3）：16-29.

陆洲，李华围．2013．通过法律论证的司法正义——两大法系比较及其启示．西北大学学报（哲学社会科学版），43（1）：41-48.

美国法律研究院．2006．公司法治理原则-分析与建议（上卷）．楼建波，陈炜恒等译．北京：法律出版社．

欧美合作确保全球物流安全．http://iipdigital.usembassy.gov/st/chinese/article/2011/06/20110628132223x0.2352673.html. June 27，2011.

彭羽，沈克华，张娟．2012．中国企业大规模"走出去"趋势下离岸贸易发展的政策环境研究．华人企业走向国际化对外贸易、直接投资和国际化管理——第十二届"上发中心—上外贸"上海贸易中心建设论坛论文集．

彭羽，沈克华．2013．香港离岸贸易对珠三角地区产业发展的影响研究．国际经贸探索，（2）．

钱弘道．2004．英美法讲座．北京：清华大学出版社：10.

商务部研究院外资研究部主任马宇答记者问．2013-11-05. http://news.sina.com.cn/c/2013-

10-25/024428525358. shtml.

上海自贸区负面清单开放程度前所未有 . 2013-11-25. http：//news. xinhuanet. com/local/2013-
　　10/18/c _ 125558791. htm.

上海自贸区破冰 香港能否安枕 . http：//stock. sohu. com/20130903/n386378000. shtml［2013-
　　09-20］.

施本植，张荐华，蔡春林 . 2006. 国外经济规制改革的实践及经验 . 上海：上海财经大学出版社 .

施琍娅 . 2011. 论国际货币清算规则下的本币金融开放 . 上海金融，（10）：5-8.

施天涛 . 2006. 公司法 . 北京：法律出版社：85.

史秀芬 . 2011-02-28. 对央行行使宏观审慎监管职能的思考 . 金融时报 .

宋金奇 . 2005. SA8000，不是贸易壁垒的壁垒 . 江苏商论，（11）：100-101.

宋玥 . 2013. 我国禁止童工的立法及其完善——从国际劳动标准的角度 . 中国劳动关系学院学
　　报，32（1）：18-22.

孙玉敏 . 2013. 离岸贸易的上海实践——专访英力士管理（上海）有限公司总经理王雷 . 上海
　　国资，（7）：20-21.

汤世强 . 2010. 上海发展离岸贸易问题研究 . 科学发展，（12）：38-53.

田野，林菁 . 2009. 国际劳工标准与中国劳动治理——一种政治经济学分析 . 世界经济与政治，
　　2009，（5）：6-16.

王立明 . 2012. 我国案例指导制度若干问题研究 . 法学，（1）：71-80.

王林生，张汉林 . 2006. 发达国家规制改革与绩效 . 上海：上海财经大学出版社 .

王凌红，郭小梅 . 2012. 美国公司法中商业判断规则研究 . 长江论坛，（5）：55-59.

席建声 . 2013. 上海市普陀区人民法院工作报告 . 上海普陀人大网 . http：//rd. shpt. gov. cn/
　　details/208 _ 8161. html.

香港特别行政区政府统计处 . 2009. 2007 年香港服务贸易统计报告 . http：//www. info. gov. hk/gia/
　　general/200902/05/P200902050144. htm［2013-10-30］.

香港特别行政区政府统计处 . 2013. 2011 年香港服务贸易统计 . http：//www. statistics. gov. hk/pub/
　　B10200112011 A N 11B0100. PDF.

香港特别行政区政府统计处 . 2015. 服务贸易-概念及方法 . http：//www. censtatd. gov. hk/
　　gb/？param＝b5uniS&url＝http：//www. censtatd. gov. hk/hkstat/sub/sc240 _ tc. jsp.

徐军华，李若瀚 . 2012. GATS框架下自然人流动规则的问题和出路 . 世界贸易组织动态与研
　　究 . 上海对外贸易学院学报，（1）.

闫东 . 2011. 同工同酬原则的语境和困境 . 环球法律评论，33（6）：19-28.

杨良宜 . 2006. 仲裁法 . 北京：法律出版社：513，557.

杨群 . 2013-09-19. 沪上跨国公司地区总部 432 家 . 解放日报，第 1 版 .

袁欣 . 2011. 开展国际离岸贸易结算制度创新 . 上海人大，（8）：25-26.

张冬梅，沈剑锋 . 2012. 全球治理背景下的工会法律参与 . 中国劳动关系学院，26（4）：
　　21-26.

张利红 . 2013-09-29. 中国（上海）自由贸易试验区 9 月 29 日正式挂牌 . 新华网 . http：//news.
　　xinhuanet. com/local/2013-09/29/c _ 125466984. htm.

赵学森 . 2006. 以创新推动保税区转型发展——赴国外自由贸易区考察的启示与思考 . 企业之

友，（2）.

郑少华.2013.中国（上海）自贸区的开启的法治意义.上海财经大学、《法学》编辑部第一届
　　自由贸易法制论坛论文集内部交流稿.

植草益.1992.微观规制经济学.朱绍文译.北京：中国发展出版社.

中国美国商会：上海自贸区负面清单应缩减.http：//news.sina.com.cn/c/2013-10-25/
　　024428525358.shtml.

中国企业改革和发展研究会.2005.经济全球化与企业社会责任运动.上海企业，（11）.

中国人民银行调查统计司课题组.2012.协调推进利率汇率改革和资本账户开放.中国金融，
　　（9）：9.

周长征.2001.WTO 的社会条款之争与中国的劳动标准.法商研究，（3）：95-105.

周胜强，李向前，范芮彤.2012.我国中央银行在宏观审慎监管框架中的核心作用.财经问题
　　研究，（12）：60-65.

朱敏.2013.利率市场化的宏观和微观影响及改革建议.经营管理者，（9）.

ASEAN Framework Agreement on Services. 2013. http：//www. aseansee. org/29087 htm.
　　August 4.

Branson D M. 2002. The role that isn't a rule-The business judgment rule. 36 Valparaiso
　　University Law Review，631.

Elliott K A，Freeman R B. 2003. Can Labour Standards Improve under Globalization?
　　Washington DC：Institute for International Economics.

Elliott K A. 2011. Labor Rights//Chauffour J -P. Maur J C. Preferential Trade Agreement
　　Policies for Development：A Handbook. Washington DC：World Bank.

Elliott K A. 2012. Labor Standards and the TPP. Lim C L，Elms D K，Low P. The Trans-
　　Pacific Partnership. Cambridge University Press.

Gao H. 1997. An examination of the conflict between trade liberalization and domestic cultural
　　policy with special regard to the recent dispute between the United States and China on
　　restrictions on certain cultural products. Asian Journal of WTO and International Health
　　Law & Policy，2 ASJWTO 313.

Government H K. Appendix 1 to Annex x List of Commitments on Movement of Natural Persons of
　　Hong Kong，China. https：//www. tid. gov. hk/english/trade ＿ relations/hkefta/files/list ＿
　　commitments ＿ movement. pdf，last visit on October 2，2013.

Herrnstadt O E. 2013-11-01. Labor Rights，Manufacturing，and the Transatlantic Trade and Investment
　　Partnership. http：//www. epi. org/publication/labor-rights-manufacturing-transatlantic/.

Hornbeck J F. 2009. Free Trade Agreements：U. S. Promotion and Oversight of Latin American
　　Implementation. Integration and Trade Sector，Policy Brief ＃ICG-PB-I02，Washington
　　DC：Inter-American Development Bank.

Kennedy K. 2003. A WTO Agreement：A solution in search of A problem? University of
　　Pennsylvania Journal of International Economic Law，Spring. 24：77

Meijia V M. 2003. The modern foreign investment laws of the Philippines. Temple International
　　and Comparative Law Journal，Fall. 484-485.

Moll D R. 2003. Shareholder Oppression and Dividend Policy in the Close Corporation. 60 Washington and Lee Law Review，60：841.

Schott J. 2013. 区域贸易协定与中美双边贸易关系. 新金融评论，（3）.

Smith J. 2007. Amending the Philippines'law governing foreign property ownership：The extent to which Mexican Law can serve as a workable template? Georgia Journal of International and Comparative Law，35：614-642.

The 2010 California Transparency in Supply Chain Act. 2013-11-14. http：//www. fairlabor. org/ sites/default/files/documents/reports/fla ＿ ctisca. pdf.